Johannes Mand

Lese-/ Rechtschreibförderung für Migrantenkinder

Grundlagen, Diagnostik, Methoden

Verlag W. Kohlhammer

ISBN 978-3-17-021908-3

Inhaltsverzeichnis

1 Einleitung

Die deutschen Schulen haben sich in den letzten Jahrzehnten sehr verändert. Lehrer, die noch vor 50 Jahren unterrichteten, hatten es vermutlich auch damals mit unterschiedlichen Schülern zu tun. In den Schulen waren Kinder aus reichen Familien und Kinder aus armen Familien. Sie unterrichteten vor allem Kinder von Eltern, die nicht studiert hatten. Nach der Grundschule besuchten die meisten Kinder eine Hauptschule. Auf den Hauptschulabschluss folgte die Lehre. Für andere Schüler war höhere Bildung vorgesehen. Bilinguale Kinder muss es auch schon damals gegeben haben. Einige wenige Kinder mögen zu den Sprachminderheiten in Deutschland gehört haben – Kinder, die nur Plattdeutsch sprachen in Norddeutschland z.B., oder die Kinder der dänischen Minderheit.

Mit der Migration aus Südeuropa in die Bundesrepublik Deutschland beginnt ein grundlegender Wandel. Wohnten die „Gastarbeiter" zunächst noch getrennt von ihren Familien in Wohnheimen, so stellt sich bald heraus, dass die Perspektiven von Migranten in Deutschland doch eher langfristig sind. Familienangehörige folgen. Mehr und mehr Menschen ziehen nach Deutschland. Fehlentwicklungen in Stadtplanung und Integrationspolitik führen zunächst zu Siedlungsschwerpunkten von „Ausländern" in weniger begehrten Wohnlagen, später zu ganzen Stadtvierteln mit mehrheitlich nicht deutscher Bevölkerung. Die Folge: Nicht nur im Ausland geborene Kinder, sondern auch die in Deutschland geborenen Nachkommen von Arbeitsmigranten, später auch von Übersiedlern, Asylbewerbern und Flüchtlingen entwickeln zu besorgniserregenden Anteilen keine ausreichenden Kenntnisse der deutschen Sprache.

Die demographische Entwicklung der letzten Jahre verstärkt diesen Effekt noch. Nach Zahlen des statistischen Bundesamtes haben zum Publikationszeitpunkt 19,3 % der deutschen Wohnbevölkerung einen Migrationshintergrund (Bundesamt für Statistik 2011a). In den Schulen kann bereits bundesweit ein Drittel der Schüler auf einen Migrationshintergrund verweisen, in Städten mit mehr als 500 000 Einwohnern sind es fast 50 Prozent (Beauftragte der Bundesregierung für Migration, Flüchtlinge und Integration 2010, 39, 90f; Statistisches Bundesamt 2011a). Das, was vor 50 Jahren nur seltene Ausnahmeerscheinung gewesen ist, ist nun zum Regelfall der pädagogischen Arbeit in deutschen Schulen geworden.

Diese Veränderungen haben erhebliche Auswirkungen. Seit einigen Jahren ist zwar in das öffentliche Bewusstsein gedrungen, dass Kinder aus Migrantenfamilien gerade in Sachen Lesen und Schreiben vergleichsweise häufig Probleme haben. Sie stellen etwa die Hälfte der Schüler, die auch am Ende ihrer Schulzeit keine hinreichenden Lesekompetenzen erreichen. Hinzu kommen die Förderschüler mit Migrationshintergrund, die ebenfalls zu beachtlichen Anteilen keine ausreichenden Lesekompetenzen entwickeln. Es handelt sich damit um eine Problemgruppe, die nach ersten Schätzungen etwa acht Prozent jedes Jahrgangs umfassen müsste – fünf Prozent in den Regelschulen, drei Prozent in den Sonderschulen. Rechnerisch bedeutet dies: Jede Grundschulklasse in Deutschland wird von mindestens einem

Kind mit Migrationshintergrund besucht, das nicht oder nur sehr schlecht lesen kann und das keine oder nur sehr schlechte Rechtschreibkenntnisse entwickelt. In vielen Klassen sind gleich mehrere dieser Schüler.

Vor diesem Hintergrund ist es eigentlich verwunderlich, dass Fragen der Lese-/ Rechtschreibförderung mit Migrantenkindern so selten untersucht sind. Nüchtern betrachtet ist z. B. bislang nicht hinreichend geklärt, wie die frühe Lese-/Rechtschreibentwicklung verläuft, wenn bilinguale Kinder in ihrer zweiten Sprache alphabetisiert werden (dies ist in Deutschland der Regelfall). Es ist unklar, warum so viele Migrantenkinder an deutschen Schulen Probleme beim Lesen und Schreiben entwickeln. Es gibt kaum verlässliche Angaben über die Effektivität von vorschulischen Präventionsprogrammen. Und auch über die Effekte schulischer Fördermethoden berichten in Deutschland nur sehr wenige Einzelstudien.

Dieses Buch soll an diesen Verhältnissen etwas ändern. Es versucht einen systematischen Überblick der deutschsprachigen und englischsprachigen Literatur zur Lese-/Rechtschreibentwicklung und zur Lese-/Rechtschreibförderung bilingualer Kinder. Die Frage nach den Effekten bilingualer Schulkonzeptionen wird zwar gleich an mehreren Stellen zum Gegenstand. Dieses Buch befasst sich aber weniger mit der Frage, wie in solchen bilingualen Schulen unterrichtet werden soll, sondern macht vor allem Aussagen über die Lese-/Rechtschreibförderung in der deutschen Sprache. Es versucht dabei, die Perspektiven von drei unterschiedlichen Berufsgruppen zu berücksichtigen: die Perspektiven von Erzieher/innen bzw. Elementarpädagog/innen, die Perspektiven von Lehrer/innen vor allem in Grundschulen und Förderschulen und die Perspektive von Therapeuten, die in der Legasthenieförderung arbeiten. Es richtet sich gleichermaßen an Fachschüler/innen bzw. Studierende der einschlägigen Studiengänge wie an erfahrene Praktiker.

In zweiten Kapitel dieses Buches geht es zunächst um die derzeit mehrheitsfähigen Modelle der Lese-/Schreibentwicklung bei monolingual deutschsprachigen Kindern. In einem zweiten Schritt werden Untersuchungsbefunde der nationalen und internationalen Forschung vorgestellt, die die Frage entscheiden helfen, welche Entwicklungs-Annahmen auch für bilinguale Kinder Gültigkeit besitzen. Das dritte Kapitel befasst sich mit diagnostischen Verfahren. Kinder mit Lese-/Rechtschreibproblemen erhalten in Deutschland unter zwei Voraussetzungen zusätzliche Förderangebote: Sie können als „lernbehinderte" Kinder in Förderschulen bzw. (selten) in integrativen Settings sonderpädagogische Förderung erhalten. Oder sie erhalten nach Einstufung als „Legastheniker" ambulante außerschulische Förderung. Das Kapitel untersucht deshalb, nach welchen Maßstäben und mit welchen Instrumenten derzeit entschieden wird, ob Migrantenkinder unter diese Labels fallen, und prüft, ob diese Entscheidungen angemessen sind. Weil der IQ faktisch als wesentliches diagnostisches Merkmal sowohl von „Lernbehinderung" wie auch von „Legasthenie" verstanden werden muss, bietet dieses Kapitel auch einen Überblick über die neue Entwicklung der deutschsprachigen und englischsprachigen Intelligenzforschung.

Im vierten Kapitel werden drei bislang nicht publizierte empirische Untersuchungen vorgestellt. Die Brennpunktstudie untersucht die Frage, welche Aussagen man über die Rechtschreibentwicklung vor allem russisch-deutschsprachiger Schüler machen kann. Die Förderschulstudie nutzt die besondere soziale Homogenität von Sonderschulfamilien, um empirische Aussagen über die Auswirkungen der sozialen Herkunft auf die Sprachentwicklung von bilingualen Kindern zu machen. Die Präventionsstudie vergleicht die Effekte von zwei unterschiedlichen Präventionsprogrammen auf die Lese- und Schreibentwicklung von bilingualen Kindern. Das fünfte Kapitel versucht schließlich, in Auseinandersetzung mit der einschlägigen nationalen und internationalen Forschung Aussagen darüber zu machen, wie Erzieher/innen, Lehrer/innen und Therapeut/innen ihre pädagogisch/therapeutische Arbeit gestalten müssen, damit auch bilinguale Kinder von den Angeboten profitieren.

Dieses Buch ist demnach ein erster, umfassender und systematischer Versuch, Handlungswissen über die Lese-/Rechtschreibförderung von Kindern und Jugendlichen mit Migrationshintergrund zu vermitteln. Es versteht sich ausdrücklich als Lehrbuch. Das heißt: Es trägt vor dem Hintergrund klarer und drängender Fragen der pädagogischen Praxis den Erkenntnisstand der nationalen und internationalen Forschung zusammen, erläutert die Befunde und versucht gleichzeitig, klare Schlussfolgerungen für die pädagogische Praxis zu ziehen.

2 Zur Entwicklung literaler Kompetenzen bei Migrantenkindern

Wie lernen Migrantenkinder Lesen und Schreiben? Diese Frage steht am Ausgangspunkt der pädagogischen Arbeit von vielen Erzieher/innen, Lehrer/innen und Therapeut/innen. Die Frage nach Entwicklungsmodellen hat für die praktische pädagogische/therapeutische Arbeit herausragende Bedeutung: Ohne Kenntnisse darüber, wie die Entwicklung der jeweiligen Kinder zumindest normalerweise verläuft, ohne Hypothesen darüber, welche nächsten Schritte der Lese-/Schreibentwicklung in einer Lerngruppe anstehen könnten, ist es nur sehr schwer möglich, Kindern und Jugendlichen die richtigen Angebote zu machen. Dies gilt für die frühe Förderung in den Kindertagesstätten. Dies gilt für die Förderung von deutschen Muttersprachlern. Und dies gilt auch für die Arbeit mit Kindern, für die die deutsche Sprache nicht erste Sprache ist. Ein Buch, das sich mit der Lese-/Schreibentwicklung von Migrantenkindern befasst, muss also Aussagen über Entwicklungsmodelle machen.

Bei näherer Betrachtung erweist sich die Suche nach Modellen der Entwicklung literaler Kompetenzen bei Migrantenkindern als außerordentlich schwieriges Unterfangen. Selbst dann, wenn man die Literaturrecherche auf die sprachliche Sozialisation von Migrantenkindern aller möglicher erster und zweiter Sprachen ausweitet – und dies tut dieses Buch[1] –, ist das Bild alles andere als klar und eindeutig. Dies mag damit zusammenhängen, dass sich die Lese-/Schreibentwicklung (auch) bei Migrantenkindern von einer Vielzahl von Variablen beeinflusst zeigt, die in wechselseitiger Beziehung stehen. In einem komplexen Kausalgeschehen den Überblick zu behalten, ist eine wirklich anspruchsvolle Aufgabe. Die Forschungsaktivitäten verlaufen zudem nicht unbedingt geradlinig, zielgerichtet und ausschließlich von klaren Fragestellungen und der Aussicht auf Erkenntnisgewinn geleitet. Sondern die Forschung – auch im Bereich der Lese-/Schreibentwicklung – unterliegt sachfremden Einflüssen. Manche Forschungsfelder entwickeln nur eine kurze Aktualität, um dann wieder für Jahre kaum beachtet zu werden. Die Forschung erfolgt manchmal nicht systematisch. Einzelaspekte werden manchmal sehr ausführlich untersucht. In anderen Bereichen fehlen zeitgleich belastbare Erkenntnisse zu sehr grundsätzlichen Fragen. Erziehungsideologien üben verwirrende Einflüsse aus. Dies alles hat in Sachen Lese-/Rechtschreibförderung von Migrantenkindern zu einer Situation geführt, in der zwar einerseits die tatsächlichen und vermeintlichen Probleme von Migrantenfamilien seit vielen

---

1 Die Aussagen dieses Kapitels beruhen auf einer Literaturrecherche in den Datenbanken FIS-Bildung, Psyndex und ERIC im Oktober 2010. Begriffe/Begriffsanteile der Freitextsuche waren „dyslexia", „reading", „diagnostic", „therap", „Lesen", „Schreib",„Legasth" kombiniert mit „culture", „bilingualism", „Migra" sowie „Auslaender". Gesucht wurde nach empirischen Untersuchungen, die Auskunft über die Lese-/Schreibentwicklung von Kindern geben konnten, die nicht in ihrer ersten Sprache alphabetisiert wurden.

Jahren die öffentliche Diskussion bestimmen. Andererseits fehlt es offensichtlich an Grundlagenforschung, und zwar in einem Ausmaß, dass nicht einmal auf die naheliegensten Fragen einigermaßen zuverlässige Antworten möglich sind. So ist zwar einigermaßen gesichert, dass Migrantenkinder vergleichsweise schlechte Leistungen in der Schule erzielen, dass sie große Anteile der schlechten Leser und Schreiber stellen. Man findet auch vielerlei Hinweise darauf, dass die erste Sprache der Kinder einen Einfluss auf die Leistungsentwicklung in der zweiten Sprache nehmen kann. Aber die vergleichsweise nahe liegende Frage danach, welchen Verlauf die Lese- und Schreibentwicklung von bilingualen Kindern üblicherweise nimmt, die Frage nach hilfreichen und wenig hilfreichen Methoden ist alles andere als gut untersucht.

Man kann darüber diskutieren, ob es sinnvoll ist, sich einleitend mit Lese-/ Schreibentwicklungsmodellen für deutsche Muttersprachler zu befassen. Denkbar wäre ja immerhin, dass die Leseentwicklung, dass die Schreibentwicklung in unterschiedlichen Sprachen weitgehend unterschiedliche Wege nimmt. Dennoch scheint zumindest ein kurzer Blick auf Entwicklungsannahmen für monolinguale Kinder deutscher Sprache hilfreich zu sein, nicht zuletzt um ein gemeinsames Verständnis von den Verhältnissen bei deutschen Lese- und Schreibanfängern zu erhalten. Von diesen Kenntnissen gehen ja nicht nur die meisten mit der Alphabetisierung von Migrantenkindern befassten Pädagog/innen und Therapeut/innen aus. Sondern diese Kenntnisse sind auch für mögliche Vergleichszwecke unverzichtbar. Die Beschreibung dieses Entwicklungsmodells orientiert sich dabei an einem Buch des Autors (Mand 2008) und greift u. a. auf dort veröffentlichte Schaubilder zurück.

Wie kann man die wissenschaftliche Diskussion zur Lese-/Schreibentwicklung monolingualer Kinder am kürzesten beschreiben? Für Pädagog/innen und Therapeut/innen, die sich erstmalig mit Modellen der literalen Entwicklung befassen, sind zunächst drei Einsichten der wissenschaftlichen Diskussion von besonderer Bedeutung.

Erstens ist wohl wichtig festzuhalten, dass die Begriffe Lesefähigkeit oder (Recht-)Schreibfähigkeit wohl offensichtlich zu kurz greifen. Lesen kann zwar als Fähigkeit verstanden werden, aus Buchstaben auf Laute zu schließen und aus diesen Informationen Rückschlüsse auf die zu erlesenden Wörter und Sätze zu ziehen. Aber diese Kompetenz besitzen Erstklässler genauso wie Träger von Literaturpreisen, Menschen, die in der Welt der Schrift sicher zu Hause sind, und Menschen, die kaum in der Lage sind, die zentrale Aussage eines BILD-Zeitungs-Artikels zu verstehen. Auch die Kompetenz, Gehörtes oder Gedachtes einigermaßen gemäß allgemein anerkannter Regeln niederzuschreiben, kann sehr unterschiedlich ausfallen. Diese Begriffslücke schließt seit einigen Jahren der englische Begriff „Reading Literacy". Zwar weist Ulich (2003, 6) zu Recht darauf hin, dass „Reading Literacy" eigentlich wohl mit Lese-/Schreibkompetenz übersetzt werden muss. Faktisch werde der Begriff allerdings in einem weiteren Zusammenhang verwendet, als Text- und Sinnverständnis, Vertrautheit mit Büchern, als Fähigkeit, sich schriftlich auszudrücken, Vertrautheit mit Schriftsprache oder gar Medienkompetenz.

Zweitens muss man sich wohl von der Auffassung verabschieden, dass Kinder das Lesen und Schreiben erst in der Schule erlernen. Denn: Dass ganz wesentliche Bestandteile der Literacyentwicklung z.T. weit vor der Einschulung beginnen, ist in der Lese- und Schreibentwicklungsforschung inzwischen weitgehend unbestritten. Ob man dabei wirklich so weit gehen muss, das erste Hinterlassen von Spuren mit einem Stift auf Papier als erste Stufe der Schreibentwicklung zu werten (Bartnitzki u.a. 1996, 12f.), mag dahin gestellt sein. Aber wenn Kinder etwas später Kritzelbriefe an ihre Eltern richten, haben sie immerhin verstanden, dass Schrift und gesprochene Sprache in enger Beziehung stehen. Und wenn sie kleineren Geschwistern oder Puppen und Teddybären „vorlesen", dann wird in der Tat eine besondere Intonation, eine besondere Erzählhaltung sichtbar, die bereits einiges mit „Lesen" zu tun hat.

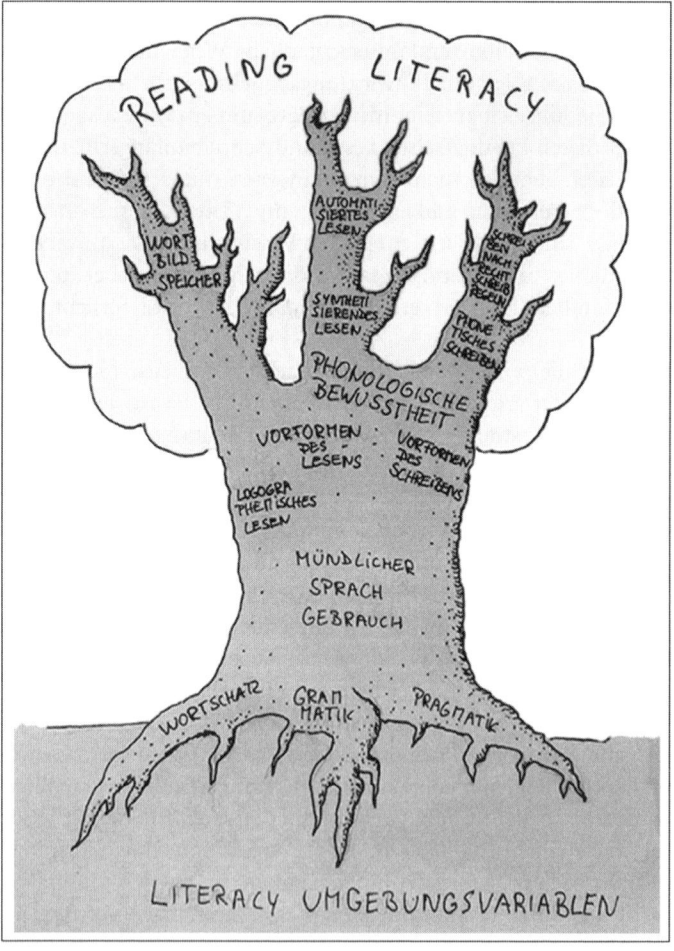

Abb. 1: Literacy-Baum (aus Mand 2008)

Dritte Einsicht: Die Entwicklung des Lesens und Schreibens vollzieht sich in qualitativ und quantitativ unterscheidbaren Phasen. Erstklässler lesen z. B. grundlegend anders als Zehntklässler. Und Zweitklässler schreiben auch anders als Viertklässler. Im Verlauf der letzten Jahre haben sich unterschiedlich differenzierte Modelle entwickelt. Den Ausgangspunkt dieser Hinwendung zu Entwicklungsmodellen markieren nach Analyse von Dehn (1999, 577 f.) die Thesen von Uta Frith. Mag es auch unterschiedliche Auffassungen z. B. darüber geben, welche Unterstufen in den jeweiligen Entwicklungskonzeptionen bedeutsam sind, so deutet sich in den zentralen Annahmen ein Konsens an.

Ausgangspunkt der Lese-/Schreibentwicklung ist dabei wohl die sprachliche Sozialisation im Elternhaus. Diese kann naturgemäß sehr unterschiedlich ausfallen – etwa in einem Umfeld, in dem ständig gelesen und geschrieben wird, oder in einem Haushalt, der kein einziges Buch enthält. Diese Literacy-Umgebungsvariablen beeinflussen die Entwicklungswege, die Kinder nehmen. Verwendet man das Bild eines Baumes (Abbildung 1), könnte man vielleicht sagen, etwa wie der Boden, in dem ein Baum wurzelt, Einfluss auf sein Wachstum nehmen kann, so nehmen Literacy-Umgebungsvariablen Einfluss auf das Entwicklungsgeschehen im Lesen und Schreiben. Diese Beziehung lässt sich zwar nicht als Kausalbeziehung, und sicher auch nicht im Sinne notwendiger Voraussetzungen verstehen. Denn aus Kindern, die in Haushalten ohne Bücher aufwachsen, können durchaus kompetente Leser und Schreiber werden. Präventionsprogramme, die an den Literacy-Umgebungsvariablen ansetzen (Familiy-Literacy-Programme), etwa indem sie bildungsfernen Familien Bücher zur Verfügung stellen oder Elternkurse anbieten, haben gelegentlich auch eher überschaubare Effekte (z. B.: Griffin Morrison 1990, Evans u. a. 2000, Rabkin 2004, Hammer/Miccio 2006). Aber dass z. B. die Buchtitelliste Lernbehinderung besser vorhersagen kann als Intelligenz (Wocken 2006, 38, 599), unterstreicht doch recht eindrücklich die Bedeutung der Literacy-Umgebungsvariablen.

In aller Regel lernen Kinder in ihren Familien sprechen. Und diese sprachliche Kommunikation kann als wesentliche Voraussetzung für den weiteren Entwicklungsverlauf verstanden werden. Sie erlernen die Bedeutung der Wörter (Semantik), sie verwenden grammatikalische Strukturen. Und sie setzen sprachliche Mittel auch zur Kommunikation ein: Sie bitten, sie drohen, sie entschuldigen sich, sie versprechen etwas, um nur einige geläufige Sprechakte zu benennen (Pragmatik).

Schon vergleichsweise früh entwickelt sich das logographemische Lesen. Denn Kinder sind schon in sehr frühem Alter ohne Kenntnisse von Buchstaben in der Lage, ganze Wortbilder als Zeichen für ein Wort zu erkennen – z. B. wenn es darum geht, beim Einkauf begehrte Süßigkeiten (auch) anhand der Wortbilder zu identifizieren oder die Schriftzüge auf (Spielzeug-) Autos zu nutzen, um Hypothesen über deren Funktion zu machen (z. B.: Polizeiautos). Es handelt sich dabei tatsächlich um Lesen im eigentlichen Sinne. Und diese Kompetenzen bleiben im weiteren Entwicklungsverlauf durchaus erhalten. Einige Leser/innen kennen das aus Urlaubsreisen: Bei Einkäufen in Länder nicht lateinischer Schriftsprache bleibt kaum ein anderer Weg, als Wortbildlernen, um Hypothesen darüber entwickeln zu können, was die Lebensmittelverpackungen letztlich enthalten.

Als bedeutsame Vorstufe sowohl des Lesens wie auch des Schreibens wurde seit einigen Jahren die phonologische Bewusstheit identifiziert. Bei der phonologischen Bewusstheit handelt es sich um die Fähigkeit, Laute aus gesprochener Sprache herauszuhören und mit ihnen umzugehen (Bradeley/Bryant 1983, Lundberg u. a. 1987, Walter 2002, Weber 2002, 51). Ob man nun in phonologische Bewusstheit im weiteren Sinne, also z. B. der Fähigkeit sprachliche Einheiten wie Reime und Silben zu erkennen (Skowronek/Marx 1989), und in phonologische Bewusstheit im engeren Sinne unterscheidet (bezieht sich auf Laute ohne semantische oder sprechrhythmische Bezüge) – wesentlich ist die Erkenntnis, dass es sich wohl um eine Art Schlüsselkompetenz der Literacyentwicklung handelt. Zwar ist der Weg über die phonologische Bewusstheit nicht der einzige Weg zur Lesekompetenz. Aber dass die Fähigkeit, Laute aus gesprochener Sprache zu identifizieren, mit ihnen umzugehen, angesichts der beachtlichen phonetischen Basis der meisten Sprachen einige Bedeutung haben muss, ist nachvollziehbar. Zumindest scheint ein wichtiger Entwicklungspfad der Lese-/Schreibentwicklung über die Phoneme zu verlaufen – wenn Kinder direkt nach ihrer Einschulung beginnen, Laute und Buchstaben zuzuordnen, um sich Wörter Laut für Laut zu erlesen z. B. (synthetisierendes Lesen), und wenn Kinder diese Kenntnisse dazu benutzen, Wörter so zu schreiben, wie man sie spricht (phonetisches Schreiben). Diese Fähigkeit scheint auch nicht nur von kurzfristiger Bedeutung zu sein. Erwachsene verlieren die Fähigkeit, synthetisierend zu lesen oder phonetisch zu schreiben, keineswegs. Sie sind z. B. in der Lage, Fremdwörter erstmalig zu erlesen oder sie können zumindest den Versuch machen, ihnen nicht bekannte Wörter oder Namen anderer Sprachen zu schreiben.

Die nächsten Schritte der Entwicklung bestehen im Bereich Schreiben in der zunehmenden Integration von Rechtschreibregeln. Wirklich belastbare Kenntnisse darüber, welche Regeln in welcher Reihenfolge erworben werden, konnte die Literaturrecherche nicht ermitteln. Zwar scheint es sinnvoll anzunehmen, dass einfache, eindeutige Rechtschreibregeln früher erworben werden als komplexe und wenig eindeutige. Aber empirisch abgesichert ist diese Annahme kaum.

Die Schreibung von -ST- bzw. -SP- am Silbenanfang (spricht man wie /Scht/ oder /Schp/ – schreibt man aber: -st- bzw. -sp-) ist z. B. eindeutig geregelt. Eine Vermittlung dieser Regel an Schreibanfänger ist also nicht unbedingt aufwendig. Dehnungsregeln sind dagegen wirklich komplex. Denn sie erfordern nicht nur die Unterscheidung von Vokalen und Konsonanten, sondern man muss Vokallänge und Vokalkürze unterscheiden (nur lange Vokale werden gedehnt). Man muss gelegentlich trotz anders lautender Informationen der Lehrer/innen erkennen, dass eine verwirrende Zahl von Schreibungen möglich ist und dass diese Schreibungen alles andere als nach nachvollziehbaren Regeln erfolgen. Schreibanfänger müssen Wörter nach Vokallänge (können gedehnt werden) und Vokalkürze (können doppelte Konsonanten enthalten) unterscheiden. Das muss man also nicht unbedingt am Anfang der Schreibentwicklung lernen.

Es ist auch nicht so, dass sich die Rechtschreibentwicklung Stufe für Stufe vollzieht. Als ersten wichtigen Unterschied beispielsweise zum Piagetschen Modell der kognitiven Entwicklung kann man wohl festhalten, dass frühe Rechtschreibstrategien nicht deshalb verschwinden, weil sie überwunden sind. Zweitens gilt: Befindet sich ein Schreibanfänger in der phonetischen Phase, dann muss dies nicht heißen, dass er ausschließlich nach phonetischen Regeln schreibt. Es ist keineswegs ungewöhnlich, dass Erstklässler vergleichsweise früh anfangen, Wörter orthographisch korrekt zu schreiben, und dies z.T. obwohl sie auf der Ebene der phonetischen Strategien noch Probleme haben. Kinder wenden also zeitgleich unterschiedliche Strategien der Rechtschreibung an. Es ist also eher ein Nebeneinander von Strategien, vielleicht mit zeitweilig dominanten Vorlieben, als eine Abfolge aufeinander aufbauender Phasen.

Tab. 1: Schreibung des langen/i/ – eine Auswahl

i	ie	ih
Chinese	Bier	ihr, ihm, ihre,
Christine	bieten	
dir	die	
Figur	Liebe	
Frisur	Miete	
Mandarine	Riese	
Mine	Spiegel	
Pisa	vier	
Risiko	Wiege	
Tiger	Wiese	
Zitrone	Ziege	

Dass es durchaus möglich ist, phonetische Strategien mit der korrekten Anwendung komplexer Rechtschreibregeln zu kombinieren, zeigt der Text von Serkan (Abbildung 2). Serkan setzt ganz offensichtlich phonetische Strategien ein: Er schreibt z.B. -sacht- anstatt -sagt-, weil er aus einem Teil Deutschlands kommt, in dem man dieses Wort tatsächlich so ausspricht, als würde es mit -ch- geschrieben. Es handelt sich wohl um den Versuch, so zu schreiben, wie man spricht. Möglich, dass auch noch Problemvokale zu erkennen sind – das /m/ schreibt er zumindest unsicher („Sanstagnorgen"). Gleichzeitig wendet er aber eine Vielzahl von Rechtschreibregeln an: Er setzt z.B. die Konsonantenverdopplungsregeln weitgehend richtig ein („dri**bb**eln", „Schu**ss**", „mu**ss**" – nicht aber bei: be**s**er), auch eine korrekte Dehnung ist dabei („sp**ie**lt").

Schreibanfänger machen also möglicherweise wirklich vieles auf einmal – sie setzen phonetische Strategien ein, schreiben also wie sie sprechen. Sie setzen Rechtschreibregeln ein. Und sie gleichen das Ergebnis auch mit dem Wortbildspeicher ab. Die Rechtschreibentwicklung kann also nicht als Abfolge aufeinander aufbauender Stufen verstanden werden. Es mag zwar sein, dass in bestimmten

Phasen bestimmte Strategien häufiger vorkommen. Aber orthographisch korrekt ___ben kann man fast nur, wenn man die phonetische Basis des Schreibens ___ beherrscht (Graphem-Phonem-Korrespondenzregeln), wenn man zusätzlich Rechtschreibregeln einsetzt und zugleich auf einen Wortbildspeicher zurückgreifen kann, um offene Fragen zu entscheiden.

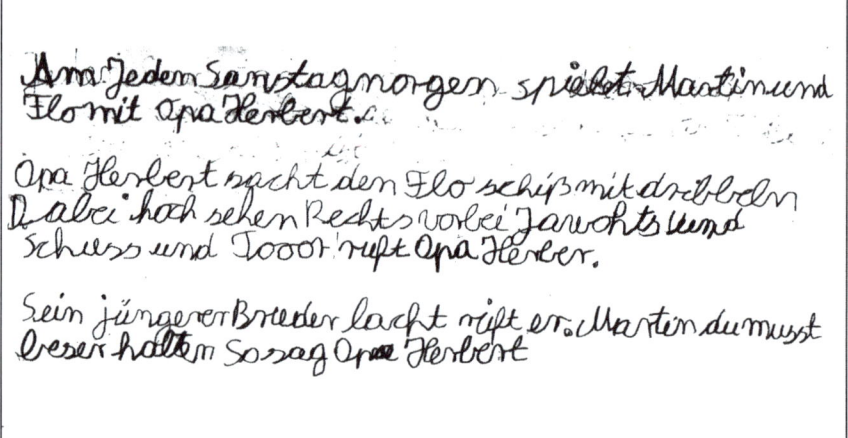

Abb. 2: Serkan schreibt eine Inhaltsangabe

In der Leseentwicklung folgen dem Synthetisierenden Lesen, also dem am Anfang langsamen und stockenden Umsetzen von Buchstaben in Laute, vergleichsweise rasch Automatisierungsprozesse. Kinder erkennen immer schneller, welche Wörter sie lesen sollen. Sie müssen immer weniger Wörter wirklich ganz bis zum Ende erlesen. Bald genügt schon ein kurzer Blick. Ihr Lesen wird immer mehr zur Verifikation und Falsifikation von Silben-, Wort- und Satzerwartung (Artelt 2007). Und diese Verifikation orientiert sich nicht mehr an vollständig erlesenen Wörtern. Sondern es sind einige wenige Buchstaben, die in einem sehr kurzen Zeitraum fixiert werden, um zu entscheiden, mit welchem Wort, mit welchem Satz man es zu tun hat (Radach u. a. 2002). Beim Lesen gleiten die Augen nicht über den Text, sondern sie springen in für den erreichten Stand der Leseentwicklung spezifischen Abständen (Sakkaden). Diese Erkenntnisse hat ein Teil der Legastheniediskussion zum Anlass genommen, eine visuelle Theorie der Legasthenie zu entwickeln (eine Übersicht bei Bott 2005, 234 ff). Dieses Lesen als Verifikation von Silben-, Satz- und Worterwartung impliziert dabei einerseits visuelle Fertigkeiten, andererseits aber auch ein umfangreiches Wissen über den Aufbau von Wörtern („Wortbildspeicher"), Sätzen und Texten. Es ist anzunehmen, dass diese Strategien zumindest am Anfang der Entwicklung auf Fertigkeiten aufbauen, die Kinder schon in einer sehr frühen Stufe der Leseentwicklung beherrschen (logographemisches Lesen).

Je mehr kompetente Leser/innen auf diese Weise lesen, je weiter sich ihre Kenntnisse über Aufbau und Struktur unterschiedlicher Textsorten entwickelt haben, desto mehr steigt die Lesegeschwindigkeit. Textsorten unterscheiden lernen, wissen, wo man die zentrale Aussage eines Textes findet, Tabellen interpretieren können, Querlesen können, dies alles macht schließlich Reading Literacy aus. Letztlich geht es darum, sich in der Welt der Schrift bewegen zu können. Und dies umfasst in westlichen Kulturen sehr viele Leseanlässe und vergleichsweise umfangreiches Wissen. Zur Reading Literacy gehört inzwischen z. B. nicht nur das Lesen in Printmedien, sondern auch die Nutzung des Internets. Die Anwendungen reichen von Informationsbeschaffung (die nächste Zugverbindung suchen, in Datenbanken recherchieren usw.), über das Schreiben und Lesen von E-Mails bis hin zu Wissensbeständen über den Aufbau von Homepages und Benimmregeln in Social Networks.

Betrachtet man die Lernvoraussetzungen von Kindern nicht deutscher Muttersprache bei der Einschulung, so ist eigentlich sehr leicht erklärbar, warum so viele Kinder mit Migrationshintergrund besondere Schwierigkeiten in der Literacyentwicklung zeigen (Abbildung 3). Die Probleme sind umfassend. Sie beginnen mit den Literacy-Umgebungsvariablen. Denn die besondere soziale Lage von Migranten führt dazu, dass ihre Kinder häufig in Familien aufwachsen, in denen Lesen und Schreiben weniger bedeutend ist, in Familien, die nur wenige Bücher besitzen, gelegentlich in Familien, in denen weder die Großelterngeneration noch die Eltern in ihrer ersten Sprache lesen oder schreiben können.

Der Wortschatz ist bei vielen Migrantenkindern nicht gut entwickelt (Daseking u. a. 2008, 8). Und Wortschatzprobleme haben gravierende Auswirkungen auf fast allen Stufen der Leseentwicklung. Wörter, die man nicht kennt, können Erstleser zwar synthetisierend erlesen – ohne Kenntnis der Wortbedeutung ist dies aber nicht sehr hilfreich. Wortschatzprobleme dürften sich auch bei der Entwicklung von Silben-, Wort- oder Satzerwartung oder beim Aufbau des Wortbildspeichers unangenehm bemerkbar machen. Mögliche Folgen: Probleme in der Lesegeschwindigkeit und Probleme im Textverständnis. Grammatikalische Probleme dürften vor allem auf das Leseverständnis wirken. Denn wer was mit wem macht, entscheidet sich (auch) in deutschen Texten an grammatischen Formen.

Grammatikalische Kenntnisse sind auch die Voraussetzung für die Anwendung vieler Rechtschreibregeln. Wer Pluralformen nicht bilden kann, wer nicht fehlerfrei konjugieren kann, dürfte z. B. erhebliche Probleme mit der Umlautung (Mäuse-Maus, Bäckerei-backen) oder mit der Auslautverhärtung bekommen (Hand/Hände, Hund/Hunde). Im Lesen dürften lückenhafte grammatikalische Kenntnisse zudem negative Auswirkungen auch auf Automatisierungsprozesse erhalten.

Man kann also wirklich gut erklären, warum viele Migrantenkinder Probleme in der Lese-/Schreibentwicklung zeigen bzw. warum sie im deutschen Schulsystem häufig nur unterdurchschnittliche Leistungen erbringen. Eine inzwischen beeindruckende Vielzahl an Untersuchungen benennt dabei die Rahmenbedingungen für Bildungserfolg und Bildungsversagen von Migrantenkindern (Abbildung 4): Es ist z. B. hilfreich für den Bildungserfolg von Kindern mit Migrationsgeschichte, wenn sie über gute Kenntnisse in ihrer zweiten Sprache (Deutsch) verfügen (die Forschungsübersicht des AKI 2006 [Esser 2006]). Ein hohes Leseinteresse wirkt

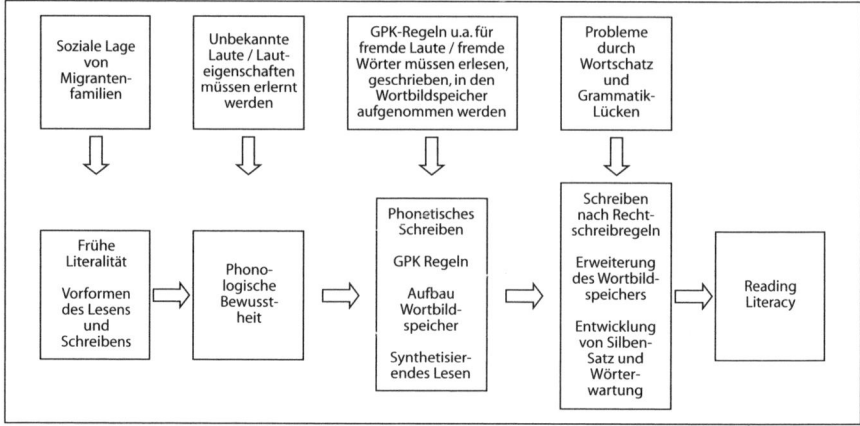

Abb. 3: Negative Einflüsse auf die Lese-/Schreibentwicklung von Migranten-Kindern

sich positiv aus (Ruesch 1997). Hilfreich sind: eine umfangreiche Buchtitelliste des Elternhauses, ein hoher beruflicher Status der Eltern und ein hoher Bildungsstand (AKI 2006), ein hoher sozioökonomischer Status. Eltern mit Migrationshintergrund, die gute Deutschkenntnisse vorweisen können, haben häufig im deutschen Bildungssystem erfolgreiche Schüler. Und das gleiche scheint auch für assimilationsorientierte Eltern zu gelten (Nauck u.a. 1998). Probleme werden dagegen wahrscheinlich, wenn die Verkehrssprache in der Familie nicht Deutsch ist (AKI 2006: Tiedemann & Billmann-Mahecha 2007), wenn die Mütter sehr jung sind (Nauck u.a. 1998), wenn die Kinder erst spät nach Deutschland einreisen (Johnson/Newport 1989, 79, Jasso/Rosenzweig 1990, 320f, Dustmann & Fabbri 2003, 705, Rumbaut 2004, 1193). Auch der Umstand, aus einer Familie mit vielen Geschwistern zu kommen, macht einen Erfolg im deutschen Bildungssystem weniger wahrscheinlich. Besuchen Migrantenkinder Schulen mit vielen Schülern aus statusniedrigen Familien oder gar Schulen, deren Schuleinzugsbereich durch ethnolinguistische Konzentration gekennzeichnet ist (AKI 2006), so sinken die Chancen auf Bildungserfolg deutlich.

Korrelative Befunde kann man aber nur selten direkt in kausale Beziehungen übersetzen. Und auch für die Entwicklung von Interventionsstrategien eignen sich solche Übersichten leider nur bedingt. Dass z.B. Migrantenkinder, die (zum Erhebungszeitpunkt) aus Familien kommen, deren Eltern über gute Deutschkenntnisse verfügen, heißt z.B. definitiv nicht, dass man die Bildungschancen von Migrantenkindern verbessern kann, indem man die schlechten Deutschkenntnisse ihrer Eltern verbessert. Denn vermutlich unterscheiden sich die erfolgreichen Familien eben nicht nur in ihren Deutschkenntnissen von den wenig erfolgreichen Familien. Vermutlich ist das eher so: Die Kinder der reichen, gebildeten Akademikerfamilien haben gute Chancen im deutschen Bildungssystem – dies gilt für Kinder mit Migrationshintergrund ebenso wie für Kinder ohne Migrationshintergrund. Rei-

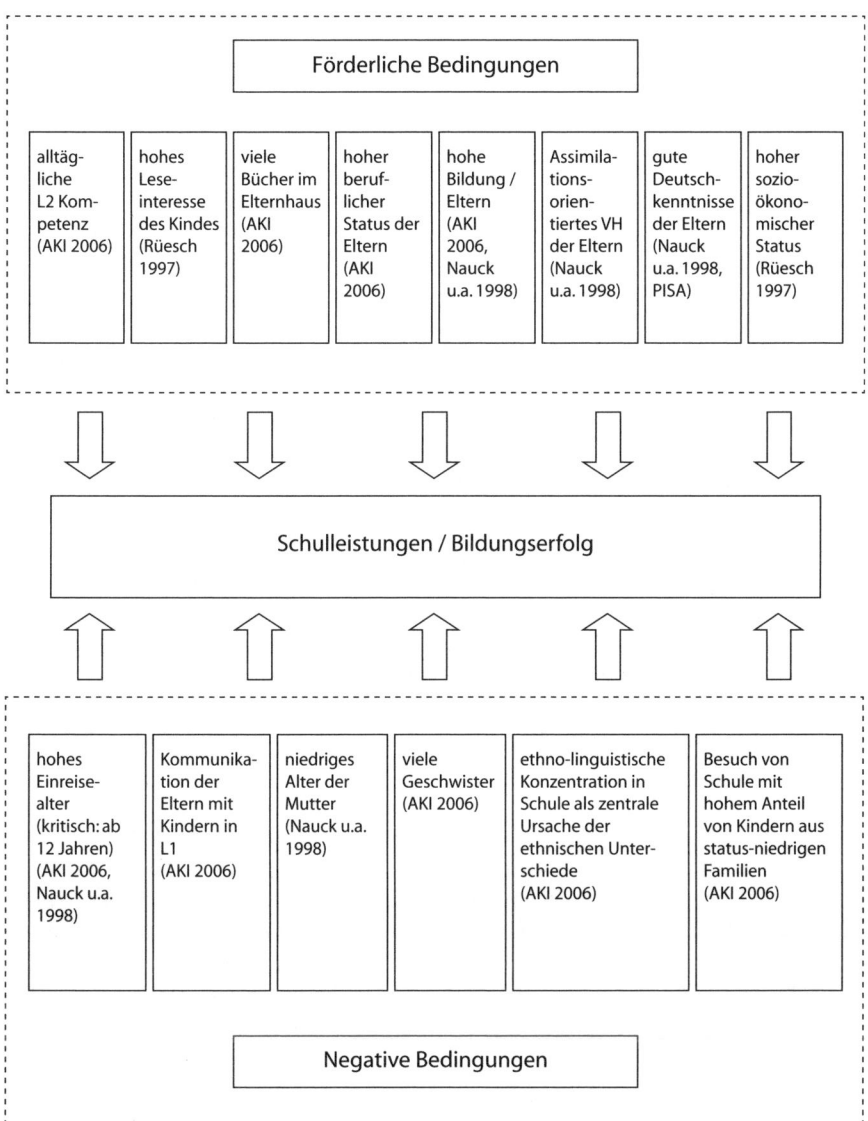

Abb. 4: Bedingungen für Schulleistungen und Bildungserfolg von Migrantenkindern (Mand 2008)

che, bildungsorientierte Familien mit Migrationshintergrund zeichnen sich dabei u. a. dadurch aus, dass die Eltern über gute Deutschkenntnisse verfügen. Die Folge: Kinder aus Familien, deren Eltern gute Deutschkenntnisse vorweisen können, haben gute Chancen im deutschen Bildungssystem. Es ist wenig wahrscheinlich, dass ein Sprachkurs bei sprachlich marginalisierten Eltern bäuerlicher Herkunft das bewirkt, was in diesen reichen Akademikerfamilien entscheidend ist.

2.1 Modelle sprachlicher Bildung

Nun mag es vergleichsweise unkompliziert sein, Befunde zusammenzutragen, die erklären, warum Kinder mit Migrationsgeschichte in deutschen Schulen schlecht abschneiden. Eine ganz andere Aufgabe entsteht aber, wenn man ein Modell entwickeln will, das die Lese-/Rechtschreibentwicklung von Migrantenkindern vorhersagen soll. Hier sind zunächst unterschiedliche Rahmenbedingungen zu beachten.

Dirim/Mecherill (2010, 107) unterscheiden in Anlehnung an Reich/Roth (2002) drei Modelle sprachlicher Bildung: einsprachige Modelle, zweisprachige Modelle und mehrsprachige Modelle. In einsprachigen Modellen sind zwei Wege möglich: Der Weg der Submersion – Kinder, deren erste Sprache nicht die Schulsprache ist, werden in die regulären Klassen eingeschult – und der Weg der Immersion – Kinder erhalten Unterricht in einer Weise, die auf die besonderen Bedürfnisse der Schüler eingestellt ist (z. B. durch Lehrer, die für den Unterricht der Schulsprache als Zweitsprache eingestellt sind). Bei zweisprachigen Modellen werden wesentliche Anteile des Unterrichts in zwei verschiedenen Sprachen angeboten. Dabei ist es möglich, dass Unterricht zunächst nur in sprachhomogenen Gruppen und in der Erstsprache erfolgt. Die zweite Sprache kommt später hinzu und wird dann schließlich zur einzigen Unterrichtssprache (transitorische Modelle). Denkbar ist aber auch, dass die erste Sprache während der gesamten Schulzeit als Medium des Unterrichts erhalten bleibt (Language-Maintainance-Modelle) oder dass Schüler gemeinsam in beiden Sprachen unterrichtet werden (two-way-immersion).

Ausgehend von dem Bild des Literacybaumes kann man also zunächst annehmen, dass die Lese-/Schreibentwicklung in Deutsch beginnend mit der Einschulung parallel zur Alphabetisierung in der ersten Sprache erfolgt (Abbildung 5). Das Ergebnis ist Bilingualität. Diese Konstellation entspricht der ersten der drei Abbildungen. In der Begrifflichkeit von Reich/Roth 2002 handelt es sich um immersive Modelle entweder des zweisprachigen oder mehrsprachigen Unterrichts. Dies dürfte eine an deutschen Schulen eher selten anzutreffende Variante sein.

Abb. 5: Modelle sprachlicher Bildung bei Migrantenkindern

Auch die zweite Variante, die deutlich spätere Alphabetisierung in Deutsch – etwa als Folge einer Unterrichtung in Deutsch als Fremdsprache auf Basis einer soliden Alphabetisierung in der ersten Sprache – kann man an deutschen Schulen nur sehr selten beobachten. Derlei würde z. B. in Language-Maintainance-Modellen zu erwarten sein. Und derlei Konstellationen kann man vielleicht auch bei Migrantenkindern antreffen, die nach einigen Jahren Beschulung an Schulen im Herkunftsland nach Deutschland einwandern.

Die dritte Variante – ein Alphabetisierungsmodell, das darin beschrieben werden kann, dass bislang mehr oder weniger nur in ihrer jeweiligen Erstsprache kompetente Schüler in Deutsch alphabetisiert werden, ohne dass nennenswerte Angebote in der ersten Sprache erfolgen – nennt man Submersion. Teilweise bricht die Förderung der Erstsprache mit der Einschulung weitgehend ab. Die Schüler werden in Deutsch alphabetisiert. Eine Lese-/Schreibförderung in der ersten Sprache findet kaum statt oder unterbleibt ganz.

Ohne hierzu genaue Zahlen ausweisen zu können – Migrantenkinder in Deutschland werden in aller Regel unter nicht immersiven Bedingungen alphabetisiert. Dass die Verhältnisse so sind, hat ganz unterschiedliche Gründe. Einigermaßen klar ist das Ergebnis schulischer Förderung – und hier sind die Zahlen alles andere als ermutigend. Migranten in Deutschland sind nur selten bilingual. Sie müssen vielmehr z. T. mehrheitlich zu der Gruppe der sprachlich marginalisierten Leser bzw. Schreiber gerechnet werden. Esser (2006, 53) errechnet z. B. auf Basis der Zahlen des soziöokomischen Panels von 1993 im Schreiben einen erschreckenden Anteil von 53 % sprachlich marginalisierter Türken und Italiener, von 47 % Griechen und von 29 % der Bewohner des ehemaligen Jugoslawien. Nicht ganz so drastisch lesen sich die Befunde des Berichts der Bundesregierung. Hier verweist man z. B. unter Verwendung der Daten des Mikrozensus auf die Unterschiede in den Schulabschlüssen (FH-Reife/Abitur 2008 bei 12,5 % der Schüler ohne Migrationshintergrund und 8,9 % der Schüler mit Migrationshintergrund; kein Schulabschluss bei 31 % der Schüler ohne Migrationshintergrund und 43 % der Schüler mit Migrationshintergrund. Beauftragte der Bundesregierung für Migration 2010, 98).

Wenn die ganz überwiegende Mehrzahl von Migrantenkindern unter nicht immersiven Bedingungen Lesen und Schreiben lernt, dann ist es sicher angemessen zu untersuchen, wie eine solche Entwicklung unter den Bedingungen schulischen Alltags verläuft. Die Literaturrecherche greift dabei ausdrücklich nicht nur auf die nationale Forschung, sondern auch auf internationale Forschungsbefunde zurück. Dieses Vorgehen ist allerdings mit einigen Unsicherheiten behaftet. Denn dass z. B. spanisch sprechende Einwandererkinder in den USA, die Englisch lernen, oder russische Migrantenkinder, die Hebräisch lernen, auf die gleichen Probleme stoßen wie türkische Muttersprachler, die in deutschen Schulen alphabetisiert werden, ist keineswegs gesagt.

Das zentrale Problem einer Bewertung der Befunde kann vermutlich darin beschrieben werden, dass die Lese- und Schreibentwicklung von Migrantenkindern von einer Vielzahl von unterschiedlichen Variablen beeinflusst wird, die möglicherweise in Teilen auch noch untereinander korrelieren. Wenn z. B. gilt, dass die Lese-/Schreibentwicklung von allen Kindern sehr stark auch von sozialen Variablen beeinflusst wird (Family-Literacy, Lesemotivation, Buchtitelliste im Elternhaus usw.), und man gleichzeitig feststellen kann, dass Migrantenkinder spezifischer Migrantengruppen vor allem aus Familien stammen, in denen allein schon von den sozialen Bedingungen her schlechte Voraussetzungen für einen guten Verlauf der Literacyentwicklung gegeben sind, dann ist das auch ein Problem für die Forschung. Man kann mit besonderen Auswertungsmethoden feststellen, worauf man die Probleme dieser Kinder zurückführen kann – auf die sozialen Verhältnisse, auf Besonderheiten der ersten Sprache (L1 für Language 1) oder auf Besonderheiten der Lese-/Schreibförderung (immersive Förderung, zweisprachige Förderung, Submersion usw.). Eine Ursachenanalyse ist nur dann möglich, wenn die jeweiligen Bedingungen sauber erhoben wurden und auch kontrolliert werden können. Korrelative Befunde allein können dabei grundsätzlich als nicht ausreichende Basis für Hypothesen über Kausalbeziehungen verstanden werden. Besondere Aufmerksamkeit gilt entsprechend empirischen Studien, die das Zusammenwirken von mehreren unterschiedlichen Variablen auf den Verlauf der Lese-/Schreibentwicklung untersuchen.

2.2 Genetische Faktoren und sprachliche Anlagen

Der erste Schritt besteht zunächst allerdings darin, festzustellen, welche Variablen überhaupt einen Einfluss auf die Lese-/Schreibentwicklung haben können. Abbildung 6 versucht einen ersten Überblick. Versucht man die Abbildung von links nach rechts bzw. von oben nach unten zu lesen, so kann man erstens feststellen, dass (auch) bei Migrantenkindern die genetische Ausstattung bzw. sprachliche Anlagen eine Rolle spielen müssen.

Diese These basiert zunächst auf empirischen Untersuchungen der Legasthenieforschung, die feststellen, dass es im Bereich Legasthenie ziemlich deutliche Hinweise auf einen genetischen Faktor gibt. Schulte-Körne (2002, 32 ff.) berichtet z. B. von molekulargenetischen Untersuchungen, die zumindest Hinweise auf Gen-Orte erlauben (z. B.: Smith u. a. 1983, Cardon u. a. 1994, Grigorenki u. a. 1997, Fisher u. a. 1999, Gayan u. a. 1999). Neuroanatomische Befunde weisen darauf hin, dass bei Leseschwachen Hirnareale schwächer aktiviert werden, die für die Buchstaben und Wort-Wahrnehmung und Verarbeitung wichtig sind (Salmelin u. a. 1996: signifikant geringere Aktivierung des linken occipito-temporalen Anteils des Cortex bei Leseschwachen beim stillen Lesen von Wörtern). Andere Areale scheinen bei Leseschwachen stärker aktiviert zu werden, ein Befund, der als kompensatorische Überaktivierung interpretiert wird. Schulte-Körne weist darauf hin, dass die Region des Gyrus temporalis auch als Wernickes Wortschatzregion bezeichnet wird. Hier könnte das hirnphysiologische Korrelat von lexikalischen Funktionen lokalisiert sein (25 ff).

In der Dissertation von Bott (2005) werden Auswirkungen von drei Trainings-programmen auf das MEG (Magnet-Enzephalo-Graphie) bei 64 LRS Kindern der 3. und 4. Klassen untersucht (Kontrollgruppe: 22 unbeeinträchtigte Kinder). Bott verweist in Analyse neurophysiologischer Korrelate der Dyslexie (englisch für: Legasthenie) u. a. auf Studien zu Ereignis-Korrelierten-Potentialen (EKP) bei audi-tiver Stimulation: In MEG-Studien liegen bei unbeeinträchtigten Stichproben die Generatoren der Komponenten im primären und sekundären auditorischen Cor-tex im Temporallappen. Die Komponenten weisen kontralateral zur stimulierten Seite eine größere Amplitude und kürzere Latenz auf. Im Planum Temporale, das in der linken Hemisphäre als Teil des Wernicke-Areals an der Sprachverarbeitung beteiligt ist, zeige sich eine besondere Asymmetrie (in der linken Hemisphäre). Bott berichtet, dass diese Asymmetrie normalerweise schon im Kindesalter belegt werden kann. Sie verstärkt sich bis zur Adoleszenz. Bei LRS-Kindern wird diese Asymmetrie dagegen häufig nicht gefunden (43 f.).

Zusätzlich zu diesen strukturellen Asymmetrien zeigen sich auch Unterschiede bei der Lokalisierung der frühen auditorischen ERP (Event Related Brain Poten-tials). Bei unbeeinträchtigten Personen liegen diese Quellen in der rechten Hemi-sphäre weiter anterior (vorne) als in der linken. Bei Dyslexie-Patienten fehlt diese Asymmetrie häufig (45).

Der genetische Einfluss wird mit vier verschiedenen Analyseverfahren unter-sucht: Familienstudien untersuchen das Risiko für Verwandte der Betroffenen (Bott 2005, 54 f. in Orientierung an Rutter u. a. 1999). Segregationsuntersuchun-gen in Stammbaumstudien geben Aufschluss über die Art der Vererbung. Mole-kular-genetische Analysen versuchen die für LRS relevanten Genorte zu identifi-zieren und die genetischen Veränderungen zu erkennen. Bott zitiert einen Überblick von Schulte-Körne (2001 d), der zu dem Schluss kommt, dass alle Familienstudien zur Legasthenie eine signifikant erhöhte Rate an betroffenen Geschwistern und Eltern zeigen. Dabei zeigen sich keine Unterschiede zwischen Leseproblemen und Rechtschreibproblemen. Auch Zwillingsstudien verweisen nach Befunden von Schulte-Körne (2001) auf deutliche genetische Einflüsse. Ins-gesamt könnten etwa 50–60 % der Varianz der Lese-/Rechtschreibstörungen durch genetische Faktoren erklärt werden. Schulte-Körne (2002) nennt als mit LRS assoziierte Genorte die Chromosomen 1, 2, 3, 4, 15 und 18. Bott hält für wahrscheinlich, dass Hinweise auf weitere Genorte entdeckt werden; und hofft darauf, dass die Identifikation der Interaktion der verantwortlichen Gene helfen könne, die neurobiologischen Zusammenhänge und ihre Beziehungen zu basalen Prozessen der phonologischen und visuellen Informationsverarbeitung zu verste-hen.

In der Untersuchung von Bott kommen zum Einsatz: ein Training der phono-logischen Verarbeitung (Buschmann-Methode), ein PC-Training der temporalen Verarbeitung und ein Training von kognitiven Strategien und Regeln (Marburger Rechtschreibtraining). Die Untersuchung ermittelt dabei Hinweise auf eine beson-

Abb. 6: Entwicklung literaler Fertigkeiten in der zweiten Sprache (Language 2/L2)

deres Verteilungsmuster im MEG: Die Kontrollgruppe zeigt die typische asymmetrische Organisation. Die LRS-Kinder zeigten dagegen eine symmetrische Organisation, bei der die Quelle in der rechten Hemisphäre signifikant weiter anterior lokalisiert war als in der linken Hemisphäre. Bott interpretiert diese Befunde als Hinweise auf eine fehlende Aktivierung phonologischer Prozesse bzw. als Hinweis auf ein phonologisches Verarbeitungsdefizit. Das Training selbst erweist sich in allen Trainingsgruppen als vergleichbar effektiv. Im MEG zeigen sich Veränderungen der MMF-Amplitude für die Computertrainingsgruppe nach dem Training der linken Hemisphäre und für die Buschmanngruppe in der rechten Hemisphäre. Die Autorin wertet die Befunde als Nachweis von phonologischen Verarbeitungsdefiziten auf kortikaler Ebene. Weil aber keine differentiellen Trainingseffekte nachgewiesen werden können, gebe es keinen Beleg für einen kausalen Zusammenhang von phonologischen Defiziten und LRS (187 f.).

Ein solcher Nachweis scheint der Studie von Guttorm u. a. (2010) zumindest in Ansätzen zu gelingen. In ihrer Literaturrecherche weisen die Autoren zunächst darauf hin, dass ERP-Wellen, die üblicherweise Sprach- und Hörverarbeitung betreffen, sprachbehinderte oder lesebeeinträchtigte Kinder von nicht beeinträchtigten Kindern unterscheiden. Mit ERP sei es zudem möglich, vergleichsweise früh die Wahrnehmungsverarbeitung zu untersuchen, in der Kindheit oder sogar schon bei Neugeborenen (391). Frühere ERP Studien der Autor/innen ermittelten Hinweise auf signifikante Abweichungen bei Neugeborenen aus Familien mit und ohne Legasthenie-Risiko. Hier gab es bezogen auf die Laute /ba/, /da/ und /ga/ Hinweise auf unterschiedliche Verarbeitungsmuster (Guttorm u. a. 2001, Guttorm u. a. 2003). Darüber hinaus gibt es Hinweise auf eine umfangreichere Aktivierung der rechten Hemisphäre. In folgenden Studien konnte gezeigt werden, dass eine erweiterte und verlängerte predominante Sprachverarbeitung in der rechten Hemisphäre, die typisch für Risikoneugeborene ist, mit schwachen rezeptiven Sprachmustern im Alter von 2,5 bis 5 Jahren assoziiert ist. Zudem erlaubt diese atypische erweiterte und verlängerte predominante Sprachverarbeitung in der rechten Hemisphäre eine Vorhersage von schwachen vorschulischen Lesekompetenzen wie z. B. von phonologischen Kompetenzen (Guttorm u. a. 2005). Probleme in der Verarbeitung von Lauten gelten wiederum bekanntlich als wichtige Ursache für die Entstehung von Legasthenie oder andere Probleme in der Entwicklung der Leseflüssigkeit (392).

In der (2010) veröffentlichten Studie von Guttorm u. a. werden über Mütterbegleitungszentren Finnlands Kinder gesucht, die zumindest einen Elternteil mit Legasthenie aufwiesen und einen nonverbalen IQ von mindesten 85 erreichten. Die Kinder der Kontrollgruppe sollten keinen Elternteil mit Legasthenie haben. IQ, Schulabschlüsse und sozioökonomischer Status wurden kontrolliert. Das ERP wurde bei 49 Neugeborenen erhoben, die sich in einer ruhigen Schlafphase befanden. Zwei Versuchsgruppen-Kinder und drei Kontrollgruppenkinder schieden aus der Studie im Nachhinein aus. Ein weiteres Kind der Versuchsgruppe wurde aufgrund der Diagnose „Asperger-Syndrom" ausgeschlossen. In den Vergleich gehen demnach 23 Kinder mit Legasthenie-Risiko und 20 Kinder ohne Legasthenie-Risiko ein, die wiederum in drei etwa gleich große Gruppen hinsichtlich der ERP-Reaktion auf die /ga/-Silbe vergleichbar waren. Als Stimulus wurden drei synthetisch erstellte (/ba/, /da/, /ga/) und vier natürlich produzierte Silben (/paa/, /taa/, /kaa/ und /ka/) verwendet (393). Das EEG wurde an sechs Punkten des Schädels ermittelt (frontal, temporal, zentral, parietal; 394). Später wird die Entwicklung der phonologischen Bewusstheit erhoben (395).

Die Studie ermittelt hoch signifikante ERP-Unterschiede zwischen den Risiko-Neugeborenen der Versuchsgruppe und den Neugeborenen der Kontrollgruppe. In der Risikogruppe zeigen 79 % eine positive Amplitude in der rechten Hemispäre. In der Kontrollgruppe sind es 72 % (395). Bei einer Teilpopulation der Risikogruppe zeigen sich zudem hoch signifikante Unterschiede in Sachen phonologischer Bewusstheit (Kinder aus der Risikogruppe mit positiven Amplituden in der rechten Hemisphäre nach dem Impuls /ga/ versus Kinder aus der Kontrollgruppe mit einer negativen Amplitude in der rechten Hemisphäre nach dem Impuls /ga/; 396).

Die Literaturrecherche ermittelt über die genannten Studien hinaus weitere Hinweise auf Originalarbeiten, die auf neuropsychologische Merkmale von LRS-Kindern verweisen (Boets u.a. 2008, Schulz u.a. 2009, Wolf u.a. 2010). Diese Studien fügen allerdings den hier diskutierten Fragen keine neuen Aspekte hinzu. Man kann also festhalten: Die Legastheniediskussion ermittelt eine Vielzahl von Belegen für die Wirksamkeit sprachlicher Anlagen und genetischer Faktoren. Es ist durchaus möglich, dass spezifische Probleme des Schriftspracherwerbs von LRS Kindern eine genetische Basis haben. Es ist dabei *einerseits* denkbar, dass diese besonderen Merkmale nur eine Teilpopulation der LRS-Kinder betreffen. Die Diagnose LRS/Legasthenie bezieht sich nach dieser Auffassung also möglicherweise erstens auf Kinder und Jugendliche, bei denen für den Schriftspracherwerb ungünstige neurophysiologische Besonderheiten und genetische Faktoren nachgewiesen werden können, und zweitens auf solche, bei denen derlei Merkmale nicht belegt werden können. *Andererseits* ist durchaus möglich, dass sich alle Leser und Schreiber durch spezifische genetische Merkmale oder spezifische sprachliche Anlagen unterscheiden.

Nun befasst sich dieses Buch weniger mit der Frage nach der Verursachung von Legasthenie als vielmehr mit den Auswirkungen von Migration und Bilingualität. Gibt es also Beziehungen zwischen den genetischen bzw. neurophysiologischen Studien der Legasthenieforschung und der Bilingualismus-Forschung? Ein *erstes Motiv*, sich mit der Frage nach den neurophysiologischen Korrelaten der Legasthenie zu befassen, geht zunächst auf die Überlegung zurück, dass sich Bilingualität und Legasthenie nicht ausschließen. Das Problem: Die Forschungslage in dieser Frage ist sehr überschaubar. Von Suchodoletz (2007) weist darauf hin, dass bei jungen Erwachsenen kaum mehr feststellbar sei, ob die Lese-/Rechtschreibprobleme aufgrund einer Lese-/Rechtschreibschwäche entstanden seien oder aufgrund unzureichender Förderung im Erwerb der Zweitsprache. Auf der Basis der Beobachtung, dass LRS Kinder mehr Fehler in Aufgaben zur phonologischen Bewusstheit, zur phonologischen Merkfähigkeit sowie beim Lesen von Pseudowörtern machen, aber in Aufgaben zur Benennungsgeschwindigkeit bessere Ergebnisse erreichen als nicht LRS-Kinder, sei von Everatt u.a. (2002) ein spezifisches Testverfahren entwickelt worden. Der Cognitive Profiling Test soll auf dieser Basis zwischen LRS und unzureichender Lesefähigkeit aufgrund Zweisprachigkeit differenzieren. Im pädagogischen Alltag wird eine seriöse Diagnose von Legasthenie bei Migrantenkindern allerdings durch eine Vielzahl von anderen Problemen behindert. Anders als offenbar von Everatt u.a. (2002) vermutet, zeigen sich bei Migrantenkindern gelegentlich erhebliche Probleme in der phonologischen Bewusstheit (Swanson 2005). Intelligenztests reagieren zudem unerfreulich unterschiedlich auf Kinder mit und ohne Migrationshintergrund. Rechtschreib-tests weisen nur selten Normen für Migrantenkinder und noch seltener für unter-schiedliche Muttersprachen aus (ausführlicher in Kapitel 3). Und zudem ist auch denkbar, dass LRS-Kinder mit Migrationsgeschichte unzureichende Förderung beim Erwerb der zweiten Sprache erhalten. Wenn man zusätzlich davon ausgeht, dass Legasthenie ein eher für Mittelschichtszusammenhänge entwickeltes Stö-rungsbild ist, während Lernbehinderung eher die für Unterschichtskinder passen-de Konzeption ist, wird wahrscheinlich, dass von sozialen Variablen erhebliche Störeffekte ausgehen müssen.

Ein zweiter Anlass, sich mit neurophysiologischen Ursachen von Legasthenie zu befassen, entsteht durch die Frage nach unterschiedlichen Verarbeitungsmecha-nismen beim Erstspracherwerb und Zweispracherwerb. Denn es ist ja durchaus möglich, dass sich hier besondere Effekte nachweisen lassen, Hinweise auf spezi-fische Verarbeitungsmuster z. B. oder auf unterschiedliche Anforderungsstrukturen unterschiedlicher Sprachen. Hinweise auf solche Unterschiede ermittelt die Studie von Breznitz u. a. (2004). Breznitz u. a. untersuchen die Gehirnaktivitäten norma-ler und legasthener Leser während der Lektüre von Sätzen der ersten Sprache (Hebräisch) und der Lektüre von Sätzen der zweiten Sprache (Englisch). In ihrer Literaturrecherche verweisen sie zunächst auf die Interdependez-Hypothese von Cummins (1979), die u. a. davon ausgehen lässt, dass Probleme in der ersten Sprache auch Probleme in der zweiten Sprache nach sich ziehen. Sie verweisen weiter auf Ganschow u. a. (1991), die davon ausgehen, dass fremde Sprachen anders codiert werden als die erste Sprache (707 f.). Die Forschung habe sich seitdem u. a. mit der Frage befasst, ob erste und zweite Sprache an gleichen Orten im Gehirn bzw. in gleichen neuralen Einheiten verarbeitet werde (709).

Die Studie von Breznitz u. a. vergleicht 15 legasthene Studierende mit 15 normal entwickelten, leistungsgleichen Lesern (L1: Hebräisch, L2: Englisch). Die L2-Kenntnisse (Hörverständnis, Sprachflüssigkeit) werden mit dem Oral Language Test for English as Second Language erhoben. Die Studie untersucht u. a.: die Lesefähigkeit in Hebräisch und Englisch, die Decodierfähigkeiten (One-Minute-Test), das Leseverständnis, die Lesegenauigkeit und die Lesegeschwindigkeit (Un-tertests des Israeli Psychometric SAT Test), Worterkennungsmuster (Orthographie, Diktatleistungen, Phonemkenntnisse), das Arbeitsgedächtnis (Working Memory Completion: Sätze vervollständigen, in denen das letzte Wort fehlt), Untertests des Rapid Automized Naming, Verarbeitungsgeschwindigkeit (Untertests aus dem WAIS). Zusätzlich wurden EEG (Electro-Encephalo-Gramm), Atlas und ERP erho-ben (Event-Related Potentials), während die Probanden Satzaufgaben zu 120 Heb-räischen und 120 Englischen Sätzen lösen sollten. Die Gehirnaktivität wurde mit dem LORETA Programm untersucht (lokalisiert die Gehirnaktivitäten). Der Ein-fluss der nonverbalen Intelligenz wird kontrolliert (Raven Standard Progressive Matrices). Es werden ausschließlich normal sehende Rechtshänder untersucht, die auch keine Hinweise auf neurologische oder emotionale Vorerkrankungen aufwie-sen (715, 117 f.).

Die Befunde verweisen zunächst auf sprachliche Unterschiede zwischen Versuchs- und Kontrollgruppe (Aufmerksamkeitsspanne, Arbeitsgedächtnis, Buchstabenbenennung, Wortbenennung, Verarbeitungsgeschwindigkeit, Sprachflüssigkeit in Hebräisch und Englisch, Satzaufgaben in Hebräisch und Englisch). Darüber hinaus werden Unterschiede im ERP sichtbar. Bei der Verarbeitung englischsprachiger Sätze zeigen sich zwischen legasthenen und nicht-legasthenen Versuchspersonen Unterschiede.

Während beide Gruppen die höchste Dichte der Gehirnaktivität in der Brodmann Area 39 zeigen, ergeben sich bei legasthenen Probanden zusätzlich Aktivierungen in der Brodmann Area 13 (vor allem rechte Seite des Angular Gyrus), die normalerweise mit der Verarbeitung komplexer visueller Information in Verbindung gebracht wird. Ob hebräische oder englische Sätze bearbeitet werden, hat bei normalen Lesern keine unterschiedlichen Effekte (732 f.).

Auch die Übersichtsarbeit von Johansson (2006, 26) berichtet, dass der Zweitspracherwerb möglicherweise spezifische kortikale Veränderungen bewirken kann. Johansson geht in Analyse der Befunde aber resümierend davon aus, dass beim Erwerb der ersten und zweiten Sprache letztlich die identischen Regionen beteiligt sind. Die gefundenen Unterschiede gehen seiner Meinung nach darauf zurück, dass unterschiedliche Sprachen unterschiedliche Aufgaben an ihre Sprecher beinhalten, die zudem je nach Zeitpunkt des Erwerbs und erreichtem Kompetenzniveau deutlich variieren können.

Vor dem Hintergrund der hier berichteten Befunde muss man demnach davon ausgehen, dass (auch) sprachliche Anlagen über den Verlauf der Literacy-Entwicklung entscheiden. Der Ausgangspunkt der Entwicklung ist also keineswegs für alle Menschen gleich. Von einem dominierenden Einfluss physiologischer Faktoren, von einer determinierenden Wirkung ungünstiger sprachlicher Anlagen kann aber wohl nicht ausgegangen werden. Man muss sich das vermutlich so vorstellen: In dem komplexen Bedingungsgefüge, das auf die Lese-/Schreib-Entwicklung Einfluss nehmen kann, gibt es auch einen Faktor, den man vielleicht mit dem Begriff „sprachliche Anlagen" beschreiben kann. Und diese sprachlichen Anlagen erlangen im Zusammenspiel mit anderen Variablen Wirksamkeit.

2.3 Der Einfluss der Intelligenz

Der Einfluss der Intelligenz auf die Literacyentwicklung ist vor allem deshalb untersucht, weil er in das Blickfeld der Legasthenieforschung geraten ist. Der Zusammenhang zur Intelligenzforschung ist dabei fast konstitutiv, gilt doch der Nachweis einer zumindest durchschnittlichen Intelligenz als Voraussetzung der Legasthenie-Diagnose. Kinder mit einer großen Diskrepanz zwischen Lese-/Rechtschreibleistungen und IQ sind nach traditioneller Auffassung als Legastheniker einzustufen. Kinder, bei denen Lese-/Rechtschreibleistungen und IQ niedrig ausfallen, gelten als „allgemein leistungsschwach" (IQ > 85) oder als „lernbehindert" (Förderbedarf Lernen, IQ: 70–85).

Beides soll für die legasthenen Kindern wohl nicht gelten. Besondere Brisanz erhält die nun seit Jahrzehnten während Debatte um das Diskrepanzkriterium (Zusammenfassungen bei Weber 2002, 99 f.; Deimel 2002, 122 f.; Walter 2005, 68 f.) nun dadurch, dass sich der IQ keineswegs als aussagefähiges und abgesichertes Merkmal erweist. Intelligenztests reagieren z. T. sehr deutlich auf soziale (Einflüsse von sozialer Herkunft, ökonomischen Variablen und Bildung) bzw. kulturelle Einflüsse (dramatisch schlechtes Abschneiden von ausgewählten ethnischen Gruppen der Weltbevölkerung). Unterschiedliche Intelligenztests erheben sehr unterschiedliche Intelligenz-Quotienten. Und der IQ erweist sich zudem insbesondere im unteren Bereich keineswegs als besonders stabil.

2.4 Soziale und kulturelle Einflüsse

Eine Vielzahl von Untersuchungen bildet den Einfluss sozialer Variablen auf die Lese-/Schreibentwicklung (auch) von Migrantenkindern ab. Dies lässt sich bereits an den Migrantenquoten in unterschiedlichen Bildungsgängen ablesen. Dabei deutet sich ein negativer Zusammenhang zwischen Bildungserfolg und Migrationshintergrund an. Bildungsinstitutionen, deren Abschlüsse nur geringe Lebenschancen bieten, haben hohe Migrantenanteile. Bildungsinstitutionen, deren Abschlüsse attraktiv sind, haben niedrige Migrantenanteile. Es kann also kaum verwundern, dass Migrantenkinder in der Förderschule Lernen überrepräsentiert sind (Kornmann/Klingele/Iriogbe-Ganninger 1997, Kornmann/Burgard/Eickling 1999, Wocken 2000, Klein 2001, Kornmann & Kornmann 2003). Denn ein Abgangszeugnis Förderschule Lernen qualifiziert bestenfalls für ein Leben am Rande der Gesellschaft. Die Förderschule Lernen muss dabei als ein Schultyp verstanden werden, der sich vor allem durch die homogene soziale Zusammensetzung seiner Schülerschaft von anderen Schulen unterscheiden lässt. Kein Schultyp in Deutschland ist durch derart hohe Anteile von Kindern aus sozialen Randgruppen gekennzeichnet. Förderschüler unterscheiden sich von Haupt-/Realschülern bzw. Gymnasiasten vor allem durch soziale Variablen – in der Studie von Wocken sind dies z. B. die Bücherzahl im elterlichen Haushalt und die täglichen Fernsehstunden (Wocken 2006, 41 f.). In den Gymnasien und in den Universitäten sind Jugendliche bzw. Studierende mit Migrationshintergrund dagegen unterrepräsentiert. Der Integrationsbericht der Beauftragten der Bundesregierung (2010, 91, 142) verweist auf Zahlen des statistischen Bundesamtes, die für die ausländischen Jugendlichen einen Anteil von 4,4 % der Gymnasiasten errechnen. Auch an den Universitäten sind Studierende mit Migrationshintergrund unterrepräsentiert (11 % versus 13 %).

Der Einfluss von Literacy-Umgebungsvariablen wird in einer Vielzahl von Einzelstudien untersucht. Kalia und Reese (2009) ermitteln z. B. bei indisch-englischsprachigen Sprechern Einflüsse von Verwendung der englischen Sprache zu Hause auf die Entwicklung der phonologischen Bewusstheit. Sie berichten zudem von Einflüssen der elterlichen Lektüre von Büchern auf die Schreibfertigkeiten (print-skills). Allerdings finden sich gelegentlich auch Untersuchungen, deren Ergebnisse die Bedeutung der Umgebungsvariablen relativieren. Die Studie von Hammer u. a. (2003) findet bei spanischsprachigen Familien keinen signifikanten Einfluss von mütterlichen Literacy-Aktivitäten bzw. von literalen Mutter-Kind-Aktivitäten auf die frühe Leseentwicklung (Hammer 2003, 351). Hammer u. a. (2009) finden Gender-Unterschiede im Englischsprachgebrauch spanisch-englischsprachiger Mütter (bei Jungen sprachen die Mütter häufiger Englisch). Dies hat aber keinen Einfluss auf die Literacy-Entwicklung der untersuchten 72 bilingualen Vorschulkinder. In welchem Umfang Mütter spanisch reden, hat allerdings Einfluss auf die Entwicklung des Spanisch-Wortschatzes. Tiedemann und Billmann-Mahecha (2007) finden bei 620 Viertklässlern deutlich reduzierte Lesekompetenzen bei Kindern mit Migrationshintergrund. Verkehrssprache und Freizeitsprache erklären auch bei Kontrolle des nonverbalen IQ einen substanziellen Anteil der Leseverständnisvarianz.

Nun wirken soziale Herkunft und Migrationshintergrund offensichtlich in die gleiche Richtung. Unterschichtskinder haben schlechte Bildungschancen. Und Familien mit Migrationshintergrund stammen oft aus sozialen Randgruppen. Ist es möglich, soziale Einflüsse von sprachlichen oder kulturellen Einflüssen zu trennen?

Es hat in der Tat einige Versuche gegeben, eine solche Unterscheidung vorzunehmen. Als wertvoller Ansatzpunkt empirischer Forschung haben sich dabei die je nach erster Sprache erheblich variierenden Schulleistungen von Migrantenkindern erwiesen. Die Untersuchung von Nauck u. a. (1998, 716 ff.) führt mit den Daten des sozio-ökonomischen Panels (SOEP) aus 11 Befragungswellen (1984–1994) eine Regressionsanalyse durch. Die Studie verwendet also eine empirische Auswertungsmethode, die (wie oben gefordert) Aussagen über das Zusammenwirken unterschiedlicher Variablen auf den Schulerfolg von Migrantenkindern erlaubt. Wesentlicher Befund der Studie: Das unterschiedliche Abschneiden von Migrantengruppen in Deutschland ist darauf zurückzuführen, dass diese Migrantengruppen in unterschiedlichen sozialen Verhältnissen leben. Es ist also nicht die Nationalität, die erklären kann, warum z. B. türkische Jugendliche in deutschen Schulen schlechter abschneiden als griechische Jugendliche. Sondern griechische Jugendliche sind häufiger in Deutschland geboren oder waren bei der Einreise jünger, sie haben jüngere Mütter, sie haben häufiger Eltern mit höherer Bildung und wachsen mit höherer Wahrscheinlichkeit in einem die Assimilation begünstigenden Elternhaus auf. Auch die Untersuchung von Ruesch (1998) belegt beeindruckend die Wirkung sozialer Variablen. Auch Ruesch versucht eine Einschätzung der Wirkung unterschiedlicher Einflussfaktoren. Die Studie nimmt eine Sekundäranalyse der Schweizer Daten der Reading-Literacy-Study der International Association for the Evaluation of Educational Achievement vor (Elley 1994). Sie kann dabei fünf Merkmale identifizieren, die zusammen immerhin 28 % der Streuung der Leseleistungen erklären (nach der Rangfolge ihrer Bedeutung): 1. sozioökonomischer Status der Familie, 2. Leseinteresse des Kindes, 3. kulturelle Herkunft der Familie, 4. Hausaufgabenunterstützung des Kindes, 5. Stellenwert des Lesens in der Interaktion zwischen Eltern und Kind. Dabei zeigt sich: Leistungsniveau, kulturelle und soziale Chancengleichheit sind interdependente Dimensionen. Dies bedeutet: Je höher das Leistungsniveau, desto größer fallen die Leistungsunterschiede zwischen Kindern aus verschiedenen sozialen Schichten aus, aber desto geringer sind auch die Leistungsunterschiede zwischen Immigranten und Schweizer Schülern.

Die Kontextmerkmale Minoritätenanteil einer Klasse, Niveau und Heterogenität der sozioökonomischen Zusammensetzung einer Schülergruppe und Klassengröße können gemeinsam 30 % der Streuung in Bezug auf das Leistungsniveau, 91 % in Bezug auf die kulturelle Chancengleichheit und 16 % in Bezug auf die sozioökonomische Chancengleichheit erklären.

Dabei gilt: Der Minoritätenanteil steht weder in Beziehung zum Leistungsniveau noch zur kulturellen oder sozialen Chancengleichheit, wenn die anderen Kontextmerkmale kontrolliert werden.

In welchem Ausmaß die hier beschriebenen Variablen in ein Kausalmodell eingehen können, ist damit allerdings noch nicht geklärt. Auch die von Ruesch beschriebenen Merkmale werden vermutlich eher indirekt wirksam. Was genau dazu führt, dass arme und ungebildete Migrantenkinder Probleme im Lesen und Schreiben entwickeln, ist allerdings bislang noch nicht gut verstanden. Es ist z. B. unwahrscheinlich, dass man mit einer Erhöhung des Monatseinkommens die Verhältnisse wirksam ändern könnte. Und auch die Zuweisung einer größeren Wohnung dürfte an Problemen der Lese-/Schreibentwicklung nicht viel ändern. Dass Kinder, die gerne lesen, weniger Probleme in der Leseentwicklung haben, ist nicht ganz überraschend. Oder um diese Zusammenhänge in einer anderen Perspektive zu betrachten: Kinder mit schlechten Leseleistungen lesen nicht gern.

Ohne genaues Verständnis der kausalen Zusammenhänge ist es zudem auch kaum möglich, wirksame Interventionsprogramme zu entwerfen. Evans u.a. (2000) verweisen auf einen schwach positiven Einfluss der Arbeit an Literacy-Umgebungsvariablen. Die Übersichtsarbeit von Schweinhart (2001) verweist auf eine Arbeit von Gilliam und Ziegler (2000), die immerhin von moderaten Effekten von 13 staatlichen Förderprogrammen sprechen. Dass die Wirksamkeit von an den eher an den Familien ansetzenden Maßnahmen eher überschaubar ausfallen, kann man entsprechend auch als Hinweis darauf verstehen, dass die Bedeutung von Literacy-Umgebungsvariablen entweder bislang überschätzt wird oder zumindest: dass sich die wirksamen Momente offenbar nur schwer ändern lassen.

2.5 Interdependenzhypothese und Schwellenhypothese

Dass Migrantenkinder häufig aus armen und ungebildeten Familien stammen, hat in der Bilingualismusforschung der letzten Jahrzehnte keine gewichtige Rolle gespielt. Nicht die Suche nach wirksamen sozialen Variablen, sondern die Suche nach dem Einfluss der ersten Sprache bestimmt die Forschung. Dabei ist es vor allem die als „Interdependenzhypothese" oder als „Schwellenhypothese" diskutierte Position (Cummins 1979), die wirksam wird. Dies bedeutet: Ein erheblicher Anteil der in der Literaturrecherche ermittelten Studien bezieht sich explizit oder zumindest implizit auf die Annahme, dass die erreichten Kompetenzen in der ersten Sprache erheblichen Einfluss auch auf den Spracherwerb in der zweiten Sprache ausüben.

Nun könnte man meinen, dass empirische Untersuchungen eigentlich leicht eine Entscheidung in dieser für die Sprachförderungen nicht ganz unbedeutenden Frage herbeiführen könnten. Eine genauere Analyse zeigt aber: Der Nachweis oder auch die Widerlegung der Schwellenhypothese erweist sich als eine ziemlich anspruchsvolle Aufgabe. Anhänger der Schwellenhypothese fühlen ihre Position gelegentlich bestätigt, wenn sie feststellen, dass Migrantenkinder im deutschen Bildungssystem nicht besonders erfolgreich sind, insbesondere dann, wenn Befunde darauf hinweisen, dass diese Problemschüler keine besonders guten Kenntnisse in ihrer ersten Sprache haben. Auch Erfolge von Schulen mit umfangreichen Angeboten in der ersten Sprache gelten ihnen als Beleg für die Richtigkeit ihrer Annahmen (Gogolin u. a. 2003, 45 f.). Umgekehrt verweisen Gegner der Schwellenhypothese bzw. Gegner bilingualen Unterrichts darauf, dass keineswegs alle Migrantengruppen gleichermaßen schlecht in deutschen Schulen abschneiden. Und sie betrachten angebliche Erfolge bilingualer Förderung mit ausgesucht kritischem Blick (Esser 2006, 76 ff.). Das Problem an beiden Positionen: Studien, die die Wirksamkeit bilingualer Förderung belegen, Studien, die zeigen, dass viele Migrantenkinder im deutschen Schulsystem Probleme entwickeln, Untersuchungen, die darauf hinweisen, dass es auch einige erfolgreiche Migrantengruppen gibt, oder Publikationen, die auf Methodenprobleme in Wirksamkeitsnachweisen von bilingualen Schulversuchen verweisen, sind ungeeignet, eine Entscheidung herbeizuführen. Denn die wenig erfolgreichen Migrantengruppen können auch deshalb wenig erfolgreich sein, weil sie spezifische soziale Merkmale teilen, die einen Bildungserfolg unwahrscheinlich machen. Besonders erfolgreiche Migrantengruppen können umgekehrt erfolgreich sein, weil in diesen Gruppen besonders häufig Familien vertreten sind, deren ökonomische Rahmenbedingungen einen Bildungserfolg wahrscheinlich machen. Erfolge oder Misserfolge von Schulversuchen im Bereich bilingualer Förderung können zudem auch auf eine besondere Zusammensetzung der Schülerschaft zurückgehen. Erschwerend kommt hinzu, dass keineswegs feststeht, ab welchem Niveau eine für den Erwerb der zweiten Sprache ausreichende Schwelle erreicht ist. Anders formuliert: Die Erklärungskraft der Schwellenhypothese mag zwar hoch sein. Die Ansprüche an die empirische Forschung sind aber beträchtlich.

Wie könnte ein Nachweis der Gültigkeit der Schwellenhypothese aussehen? Untersuchungen, die bedeutsame Literacyvariablen kontrollieren und nachweisen, dass Migrantenkinder mit schlechten Kenntnissen in ihrer ersten Sprache schlechte Kenntnisse in ihrer zweiten Sprache erreichen (Tabelle 2, Position 1), sprechen für die Gültigkeit der Schwellenhypothese, belegen sie aber nicht zuverlässig. Denn immerhin können ja andere Ursachen dafür vorliegen, dass die Kinder aus diesen Familien schlecht abschneiden – eine nicht angemessene schulische Förderung in der zweiten Sprache z.B. oder Vorurteile unter Lehrer/innen und Erzieher/innen. Es ist sogar möglich, dass (Bezugs-)Gruppeneffekte wirksam werden, also dass Migrantenkinder z.B. auch deshalb schlecht abschneiden, weil sie sich lediglich mit anderen leistungsschwachen Kindern ihrer ethnischen Gruppe vergleichen. Das Problem bei der Verifikation nach dieser Strategie kann also darin beschrieben werden, dass der Einfluss einer kaum überschaubaren Vielzahl von Variablen kontrolliert werden muss. Nur so kann wirklich sichergestellt werden, dass die untersuchten Kinder nur deshalb schlechte Leistungen in ihrer zweiten Sprache erreichen, weil sie in ihrer ersten Sprache das hierfür erforderliche Sprachniveau leider nicht erreicht haben. Das zweite Problem: Es ist keineswegs klar, wie man sich die Schwelle vorstellen muss. Handelt es sich um ein absolutes, bei allen Kindern aller Sprachen einheitliches Niveau, das als notwendige Bedingung verstanden werden muss? Welche Dimensionen sind genau wesentlich (Wortschatz, Grammatik, mündlicher Sprachgebrauch, Schriftsprachkenntnisse usw.)? Geht von Sprachkenntnissen der ersten Sprache, die dieses Mindestniveau überschreiten, keine zusätzliche positive Wirkung auf den Erwerb der zweiten Sprache aus? Spielt das Alter eine Rolle?

Falsifikationsversuche scheinen da ein leichter zu beschreitender Weg zu sein. Gesucht sind dabei Studien, die feststellen, dass Migrantenkinder trotz massiver Probleme in der ersten Sprache zumindest die Lese-/Schreibfertigkeit erreichen, die man vor dem Hintergrund ihrer Intelligenz, vor dem Hintergrund sprachlicher Anlagen und vor dem Hintergrund ihrer sozialen/kulturellen Herkunft erwarten kann (Tabelle 2, Position 3). Zwar tauchen auch bei der Falsifikation einige der oben diskutierten Probleme wieder auf (Wie schlecht müssen die Kenntnisse in der ersten Sprache sein, damit die Falsifikation gilt? Wie gut müssen die Kenntnisse in der zweiten Sprache sein? Welche Variablen müssen kontrolliert werden?) Dennoch scheint es einfacher zu sein, die Gültigkeit der Schwellenhypothese zu widerlegen. Denn für die Falsifikation reichen streng genommen nur einige wenige, gut dokumentierte Beispiele. Die Verifikation benötigt dagegen repräsentative Untersuchungen.

Etwas aufwendiger dürften schließlich Untersuchungen sein, die Trainingseffekte vergleichen. Dabei ist zunächst unverzichtbar, dass vor dem Training hinsichtlich der einschlägigen Literacyvariablen keine bedeutsamen Unterschiede zwischen Versuchsgruppe (also Migrantenkinder mit bilingualer Förderung) und Kontrollgruppe bestehen (also Migrantenkinder ohne bilinguale Förderung).

33

Tab. 2: Studien zur Schwellenhypothese

Verifikation	Falsifikation	Geringe Beweiskraft
1. Untersuchungen, die bei Kontrolle von bedeutsamen Literacyvariablen belegen, dass ein enger, notwendiger Zusammenhang zwischen (Schrift-)Sprachkenntnissen in der ersten und in der zweiten Sprache bestehen. 2. Untersuchungen, die bei Kontrolle von bedeutsamen Literacyvariablen (z. B.: IQ, sprachlichen Anlagen, soziale und kulturelle Einflüsse) belegen, dass ein Training der Erstsprache gemeinsam mit einem Training der Zweitsprache effektiver ist als das Training allein der Zweitsprache	3. Untersuchungen, die bei Kontrolle von bedeutsamen Literacyvariablen belegen, dass Migrantenkinder mit guten Schriftsprachkenntnissen in der zweiten Sprache auch schlechte Schriftsprachkenntnisse in der ersten Sprache haben können. 4. Untersuchungen, die bei Kontrolle von bedeutsamen Literacyvariablen belegen, dass bilinguale Förderung nicht effektiver ist als die Förderung der zweiten Sprache.	6. Untersuchungen, die einen allgemeinen Einfluss der ersten Sprache auf die zweite Sprache belegen. 7. Untersuchungen, die auf eine erfolgreiche bilinguale Förderung verweisen, ohne bedeutsame Literacy Variablen zu kontrollieren 8. Untersuchungen, die auf wenig erfolgreiche bilinguale Förderungen verweisen, ohne bedeutsame Literacy Variablen zu kontrollieren 9. Untersuchungen, die auf erfolgreiche nicht-immersive Förderung verweisen, ohne bedeutsame Literacyvariabeln zu kontrollieren.

Es gilt in einem zweiten Schritt festzustellen, ob das Training von erster und zweiter Sprache bei gleichem Aufwand zu besseren Ergebnissen führt als das Training allein der zweiten Sprache. Dabei stützen streng genommen Erfolge für die bilingualen Schüler nur dann die Schwellenhypothese, wenn gilt, dass diese Kinder zu Beginn der bilingualen Förderung hinreichend schlechte Kenntnisse in ihrer ersten Sprache haben. Ein weiteres Problem bei diesen Studien: Anhänger bilingualer Förderung gehen davon aus, dass erst ein mehrjähriger, fachbezogener Unterricht im Medium der Erstsprache wirksam wird. Als zusätzliche Bedingungen werden die Güte der Implementierung sowie die Akzeptanz und Unterstützung durch die ganze Schule genannt (Gogolin u. a. 2003, 45 f.). Empirische Untersuchungen, die sicherstellen können, dass eine derart lange und umfangreiche Förderung bei Kontrolle einschlägiger Literacyvariablen sowohl im bilingualen Setting als auch im nicht-bilingualen Setting unter vergleichbaren Bedingungen erfolgt (vergleichbar gut ausgebildete Lehrer, vergleichbare Klassenzusammensetzung, vergleichbare Akzeptanz der jeweiligen Konzeptionen in Versuchsgruppenschulen und Kontrollgruppenschulen usw.), sind kaum realistisch.

Ein Verzicht auf eine Kontrollgruppe, systematische Unterschiede zwischen Versuchs- und Kontrollgruppe führen daher zwangsläufig zum vollständigen Verlust der Aussagekraft der entsprechenden Untersuchungen. Wer Studien vorlegt, die zeigen, dass Schüler, die in Schulen mit bilingualen Angeboten unterrichtet wurden, überdurchschnittliche Leistungen erzielen, hat z. B. das Problem, dass von solchen Schulen Anziehungskräfte auf die Eltern besonders leistungsorientierter Familien ausgehen können. Und es ist durchaus möglich, dass solche Schulen auch besondere Anziehungskräfte auf besonders gute bzw. besonders gut ausgebildete Lehrer ausüben oder dass die in diesen Schulen arbeitenden Lehrer besonders motiviert zur Tat schreiten. Es ist also nicht klar, ob mögliche Erfolge auf bilinguale Angebote zurückgehen (vgl. auch Esser 2006, 76 f.).

Geringe Beweiskraft haben schließlich auch Untersuchungen, die eher allgemeine Einflüsse der ersten Sprache auf die Entwicklung der zweiten Sprache nachweisen (Tabelle 2, Position 6). Zwar sind derlei Befunde als notwendige Voraussetzung für die Schwellenhypothese zu verstehen (ohne Zusammenhang keine Schwellenhypothese). Aber sie belegen diese Position nicht hinreichend. Denn Zusammenhänge zwischen erster und zweiter Sprache können schließlich auch bestehen, ohne dass eine kausale Beziehung in der behaupteten Richtung vorliegt.

2.6 Der Einfluss der ersten Sprache auf die vorschulische L2-Entwicklung

Dass von der ersten Sprache allgemeine Einflüsse auf die Entwicklung der zweiten Sprache ausgehen, ist inzwischen vergleichsweise gut belegt. Die Stichproben sind allerdings in der Regel klein und nicht über Zufallszahlen ausgewählt. Soziale Variablen sind nur selten kontrolliert. Und vergleichsweise häufig geraten frühe Phasen der Literacyentwicklung in den Mittelpunkt der Aufmerksamkeit.

Die Forschungsübersicht von Bialystok (2007) geht davon aus, dass drei Typen von Fertigkeiten die Literacy-Entwicklung beeinflussen: Kompetenzen im mündlichen Sprachgebrauch, Verständnis der symbolischen Konzepte des Gedruckten und metalinguistische Bewusstheit. Bei bilingualen Kinder zeigen sich Entwicklungsvorteile (Verständnis der symbolischen Konzepte des Gedruckten), Entwicklungsnachteile (Kompetenzen im mündlichen Sprachgebrauch) und manchmal auch nur geringfügige Unterschiede (metalinguistische Konzepte). Die neuere Forschung zeige erstens, dass einige Aspekte der Lesefähigkeit in allgemeinen kognitiven Fertigkeiten wurzeln und zwischen einzelnen Sprachen leicht übertragbar sind (z. B. phonologische Bewusstheit). Andere Aspekte (z. B. Decodieren) sind spezifischer für die jeweilige Sprache und müssen in jedem neuen Schreib-System neu erlernt werden. Diese Hinweise finden sich in unterschiedlichen Sprachen und bezogen auf unterschiedliche Teileelemente sprachlicher Entwicklung. Besondere Entwicklungsverläufe von bilingualen Kindern könnten aber aufgrund der letztlich doch begrenzten Bedeutung der vorschulischen Fertigkeiten nicht sehr weit über den Zeitraum nach der Einschulung hinausreichen. Auch könne man keineswegs davon ausgehen, dass die gefundenen Zusammenhänge eindeutig zu Lasten von bilingualen Kindern gehen.

Im Rahmen der hier durchgeführten Literaturrecherche wird zunächst der Transfer sprachlichen Wissens von L1 auf L2 untersucht. Einen ersten Schwerpunkt bilden Untersuchungen aus Asien bzw. zur Entwicklung von Sprechern asiatischer Sprachen: Bialystok u. a. (2005) berichten von einem Vergleich von insgesamt 200 monolingual englischsprachigen, bilingual englisch-chinesischsprachigen und chinesischsprachigen Englischlernern hinsichtlich ihrer phonologischen Bewusstheit und hinsichtlich ihrer Kompetenzen in Wort-Decodierungsaufgaben. Die phonologische Bewusstheit entwickelte sich je nach Instruktion und Ausmaß des Kontaktes (language exposure) und wird in unterschiedlichen Sprachen eingesetzt. Die Decodierfähigkeiten entwickeln sich dagegen in jeder Sprache separat. Die Auswirkungen des Bilingualismus fallen unterschiedlich aus (je nach Struktur der Sprache, Sprachkenntnissen und Alphabetisierungserfahrungen). Wang und Lee (2006) finden einen starken Zusammenhang phonologischer Skills bei 45 koreanisch-englischsprachigen bilingualen Kindern. Phonologische Werte in Koreanisch erlaubten eine Vorhersage der Leistungen im englischen Pseudowortlesen. Einen Transfer im Bereich Orthographie konnte allerdings nur in begrenztem Umfang festgestellt werden. Liow und Lau (2006) finden unterschiedliche Auswirkungen phonologischer und orthographischer Bewusstheit auf frühe Buchstabierfähigkeiten bei monolingualen und mandarin-englisch bzw. englisch-mandarin-sprachigen und malaysisch-englischsprachigen Kindergartenkindern. Kim (2009) stellt fest, dass 31 koreanisch-englischsprachige Kinder unterschiedlich auf koreanische Programme zur Förderung der phonologischen Bewusstheit reagieren. Die phonologische Bewusstheit in Koreanisch hat positive Auswirkungen auf die Entwicklung phonologischer Bewusstheit in Englisch.

Auch die Studie von Luk und Bialystok (2008) befasst sich mit phonologischer Bewusstheit. Die Autorinnen argumentieren, dass der Zusammenhang zwischen phonologischer Bewusstheit und Lesen inzwischen nicht mehr kontrovers sei, weisen aber auf Unterschiede zwischen unterschiedlichen Schreibsystemen hin. Die phonologische Bewusstheit sei insbesondere beim Lesen auf dem Wort-Level bzw. bei der Wortidentifikation bedeutsam (269 f.). Man müsse darüber hinaus davon ausgehen, dass die phonologische Bewusstheit im Zusammenspiel mit anderen Variablen (z. B. Wortschatz, Arbeitsgedächtnis, kognitive Faktoren) auf die Entwicklung der Lesekompetenz wirke. Die Autorinnen weisen weiter darauf hin, dass Studien über Kinder, die in zwei Schreibsystemen lesen lernen, Korrelationen in der Entwicklung der phonologischen Bewusstheit ermitteln. Die Lesefertigkeit in beiden Sprachen korreliert allerdings weniger deutlich. Bei der Wortidentifikation sei die Forschungslage unklar. Die gefundenen unterschiedlichen Befunde je nach Sprache haben nach Auffassung der Autorinnen damit zu tun, dass unterschiedliche Schreibsysteme unterschiedliche Anforderungen an kognitive Fertigkeiten stellen. Dies werde in den analysierten Studien bislang nicht kontrolliert (270 f.). Zudem verändere sich der Zusammenhang zwischen Lesen und phonologischer Bewusstheit auch je nach Sprache. Eine Sonderrolle nehme dabei die chinesische Sprache ein (Kantonesisch; 271).

Die Studie von Luk & Bialystok untersucht 57 kantonesisch-englischsprachige Kinder im Alter von 6 Jahren. Die Kinder sind bilingual, weil ihre Eltern oder Großeltern aus Hongkong nach Kanada einwanderten. Die Kinder sind nach Einschätzung der Autorinnen in etwas größerem Umfang der Englischen Sprache ausgesetzt (Englischtraining: täglich, Kantonesisch-Training: wöchentlich). Auf einer fünfstufigen Skala (1 kantonesisch – 5 englisch) stufen die Eltern den häuslichen Sprachgebrauch auf 2,98 ein. D. h.: Die Eltern sprechen etwas häufiger englisch als kantonesisch. Kantonesisch kann nach Auffassung der Autorinnen als tonaler Dialekt auf Basis des Mandarin verstanden werden. Eine explizite schriftliche Basis gibt es nicht. Die verwendeten Lehrbücher stammten aus Hong Kong. Zwischen der gesprochenen und geschriebenen Sprache herrschen nur lockere Beziehungen (272).

Die Erhebungsinstrumente der Studie sind: Der Peabody Picture Vocabulary-Test Third Edition (PPVT-III, also ein Wortschatztest), der Ravens Coloured Matrices Test (CPM, also ein nonverbaler Intelligenztest), eine aus einer anderen Studie entnommene Aufgabe zur Erhebung des verbalen Arbeitsgedächtnis (Bialystok u. a. 2004), in der es darum geht, einen in englischer Sprache gesprochenen Zahlencode in chronologischer Reihenfolge zu wiederholen, Aufgaben zur Silbenauslassung in englischer und chinesischer Sprache, eine Aufgabe zur Phonembeginn-Löschung in Pseudowörtern in englischer und chinesischer Sprache, eine Aufgabe zur Phonemzählung in englischer Sprache, eine Aufgabe zur Unterscheidung von unterschiedlichen tonalen Merkmalen (tonal awareness), ein englischsprachiger Subtest zur Wortidentifikation aus dem Woodcock-Reading-Mastery-Test sowie eine Leseaufgabe in Chinesisch (eine Liste von 25 chinesischen Wörter; 274 ff.).

Die Ergebnisse zeigen hoch signifikante Unterschiede im Wortschatz (der englischsprachige Wortschatz ist umfangreicher). Die Aufgaben zur Silbenlöschung ermittelten keine signifikanten Unterschiede. In beiden Sprachen gelingt eine Silbenlöschung besser, wenn die zu löschende Silbe am Wortende positioniert ist. Es gibt keine signifikanten Unterschiede in den Leseaufgaben (277 f.). Die Korrelationsanalyse innerhalb der jeweiligen Sprache ermittelt in Englischer Sprache hoch signifikante positive Zusammenhänge

- zwischen Wortschatz und Silbenlöschung am Wortanfang
- zwischen Wortschatz und Arbeitsgedächtnis
- zwischen Wortschatz und Wortidentifikation
- zwischen Silbenlöschung am Wortanfang und Phonem-Zählung
- zwischen Phonemlöschung am Wortanfang und Phonemzählung
- zwischen Phonemlöschung am Wortanfang und IQ
- zwischen Phonemlöschung am Wortanfang und Arbeitsgedächtnis sowie
- zwischen Phonemlöschung am Wortanfang und Wortidentifikation
- zwischen Phonemzählung und Wortidentifikation
- zwischen IQ und Wortidentifikation sowie
- zwischen Arbeitsgedächtnis und Wortidentifikation.

Die Befunde der Korrelationsanalyse in kantonesischer Sprache fallen deutlich spärlicher aus und betreffen zudem in Teilen andere Kompetenzen (jeweils hochsignifikante Zusammenhänge).

- Der Wortschatz korreliert mit der Wortidentifikation.
- Die Silbenlöschung in der Wortmitte korreliert mit der Phonemlöschung am Anfang.
- Die Phonemlöschung am Wortende korreliert mit dem Arbeitsgedächtnis.
- Die Fähigkeit zur Identifikation tonaler Merkmale korreliert mit dem IQ (278).

Eine Untersuchung der Zusammenhänge zwischen den untersuchten Sprachen (280) ermittelt bei Kontrolle von Arbeitsgedächtnis und Intelligenz positive, hochsignifikante Zusammenhänge in den Variablen

- Silbenlöschung am Wortanfang (chinesisch und englisch) sowie Silbenlöschung am Wortanfang (chinesisch) und Silbenlöschung am Wortende (englisch)
- Silbenlöschung am Wortende (chinesisch und englisch) sowie Silbenlöschung am Wortende und Phonemlöschung am Wortanfang
- Phonemlöschung am Wortanfang (chinesisch) und Wortschatz (englisch), Phonemlöschung am Wortanfang (chinesisch) und Phonemlöschung am Wortanfang (englisch) sowie Phonemlöschung am Wortanfang (chinesisch) und Wortidentifikation (englisch)
- tonale Bewusstheit (chinesisch) und Silbenlöschung in der Wortmitte (englisch) sowie tonale Bewusstheit (chinesisch und Wortidentifikation (englisch) und schließlich
- Wortidentifikation (chinesisch und englisch) (82).

Die Studie von Luk und Bialystok belegt damit einerseits, dass die phonologische Bewusstheit bei bilingual geförderten Kindern in so unterschiedlichen Sprachen wie Chinesisch und Englisch eine vergleichbare Bedeutung haben kann. Merkmale der Sprachentwicklung in englischer Sprache korrelieren mit Merkmalen der Sprachentwicklung in chinesischer Sprache. Die Studie ermittelt zudem, dass letztlich drei allgemeine Faktoren wirksam werden: Phonologische Bewusstheit, die Fähigkeit zur phonologischen Analyse und das verbale Kurzgedächtnis (86). Andererseits zeigen sich sprachspezifische Zusammenhänge und Unterschiede, die ziemlich deutlich als Bestätigung der Hypothese von den je unterschiedlichen kognitiven und sprachlichen Anforderungen an bilinguale Sprecher verstanden werden können.

Die besonderen tonalen Merkmale der chinesischen Sprache haben offenbar auch Auswirkungen auf die Verarbeitungsmuster. Wang u.a. (2008) vergleichen chinesisch-englisch-sprachige und koreanisch-englischsprachige Kinder hinsichtlich der Bedeutung von Lautverarbeitung (general auditory processing) und phonetischer Fertigkeiten beim Lesen englischer Texte. Einleitend weisen Wang u.a. zunächst darauf hin, dass die koreanische Sprache ein reichhaltigeres phonetisches System als die chinesische Sprache besitzt und mehr Parallelen zur englischen Sprache zeigt (628). Dass das Mandarin-Chinesisch vier tonale Merkmale aufweist

(629), führe zu einiger Aufmerksamkeit hinsichtlich der Sprachverarbeitungsforschung.

Eine Forschungsübersicht zeigt zunächst, dass für das Erlernen unterschiedlicher Sprachen letztlich die gleichen Lautverarbeitungsmechanismen verwendet werden (630). Die eigene Studie soll feststellen helfen, ob der chinesischen Sprache aufgrund ihrer tonalen Eigenschaften eine Sonderrolle zukommt.

Untersucht werden: Auditive Verarbeitung, tonale Verarbeitung in chinesischer Sprache, Phonemverarbeitung und Wortlesefertigkeiten in englischer Sprache bei kontrolliertem englischen Wortschatz. Demographische Merkmale und Literacy-Variablen werden ebenfalls erhoben (630). Die Stichprobe besteht aus 40 chinesischsprachigen und 35 koreanischsprachigen Migrantenkindern in Washington DC im Alter von 7 bis 8 Jahren (630 f.). Alle Schüler besuchten zweite oder dritte Klassen amerikanischer Grundschulen und Wochenendsprachschulen für Chinesisch und Koreanisch (631). Die Ergebnisse verweisen auf spezifische Unterschiede zwischen den chinesischen und koreanischen Probanden (634 f.). In einer Regressionsanalyse kann bei den chinesischen Kindern die allgemeine auditive Wahrnehmungsverarbeitung und die Kenntnisse in der Auslassung englischer Phoneme die Lesefertigkeiten in englischer Sprache vorhersagen. Bei den koreanischen Kindern zeigen sich nur Effekte der englischsprachigen Phonemauslassung (636 ff.). Die Autoren interpretieren diesen Befund als Hinweis darauf, dass die tonalen Merkmale der chinesischen Sprache besondere Auswirkungen auf die auditive Wahrnehmungsverarbeitung haben (641).

Die Auswirkung einer koreanischen Erstsprache auf die Entwicklung der phonologischen Bewusstheit in Englisch untersucht die Studie von Kim (2009). Kim verweist zunächst darauf, dass eine vergleichende Untersuchung der koreanischen und englischen Sprache besonders sinnvoll ist, weil es sich um besonders deutlich unterschiedliche Sprachen handelt. Die phonetischen Einheiten unterhalb der Silbenebene unterscheiden sich deutlich (845). Die Studie untersucht die Sprachentwicklung von 31 koreanischen Muttersprachlern im Alter von 5,22 Jahren (847). Eingesetzt werden Testverfahren zur Erhebung der phonologischen Bewusstheit in koreanischer und englischer Sprache (848), Wortlesetests in Englisch und Koreanisch (849) und Pseudowort-Lesetests in Englisch (um Transfer-Strategien zu ermitteln, 849 f.). Die Ergebnisse verweisen zunächst auf moderate Zusammenhänge innerhalb der jeweiligen Sprachen (vor allem bezogen auf die phonologischen Untertests). Die Werte in der phonologischen Bewusstheit in koreanischer und englischer Sprache korrelieren sehr stark (852). Eine Regressionsanalyse zeigt, dass die phonologische Bewusstheit in Koreanisch die Ergebnisse im englischen Pseudowortlesen vorhersagen kann (Anteil erklärter Varianz bei etwa 9 %; 853).

Ibrahim u. a. (2007) analysieren die Auswirkungen der phonologischen Bewusstheit auf die Lese- und Schreibkompetenz hebräischsprachiger, russisch-hebräischsprachiger und arabisch-hebräischsprachiger Schüler. Die Stichprobe besteht aus 59 Kindern aus Nord-Israel (20 drusische Kinder arabischer Muttersprache, 20 monolinguale Kinder hebräischer Muttersprache, 19 bilinguale russisch-hebräischsprachige Kinder; 302). Zum Einsatz gelangt ein Test-Verfahren zur Analyse der phonologischen Bewusstheit, in der es um Auslassung von Silben geht (Beipiel: sag das Wort „Market" ohne -ark; 301). Darüber hinaus kommen ein Wortschatztest aus der WISC-R in arabischer und hebräischer Sprache und ein selbst konstruierter Lesetest zur Anwendung (303 f.).

Die Ergebnisse ermitteln zunächst die Spracherfahrung als signifikanten Haupteffekt für die Entwicklung der phonologischen Bewusstheit und für die Entwicklung des Wortschatzes (305). Arabische Sprecher zeigen in der phonologischen Bewusstheit bessere Ergebnisse als die monolingualen hebräischen Sprecher. Die russisch-hebräischsprachigen Kinder schnitten in den Silbenauslassungsaufgaben besser ab als die monolingualen Kinder. In den Lesetest schneiden die bilingualen russisch-hebräischsprachigen Kinder und die monolingualen hebräischsprachigen Kinder hochsignifikant besser ab als die arabischsprachigen Kinder (308).

Die Zusammenhänge zwischen phonologischer Bewusstheit und Lesen fallen entsprechend bei den arabischsprachigen Kindern etwas schwächer aus (monolinguale hebräischsprachige Kinder: Anteil der erklärten Varianz mehr als 60 %, arabische Kinder: Anteil der erklärten Varianz bei 30 %; 307). Die Autoren vermuten, dass arabische Muttersprachler deshalb größere Schwierigkeiten mit arabischer Orthographie zeigen, weil die arabische Orthographie eine höhere visuelle Komplexität aufweist (311).

Saiegh-Haddad u. a. (2010) finden bei 20 russisch-hebräischsprachigen Kindern sprachspezifische Einflüsse auf die Entwicklung der phonologischen Bewusstheit.

Untersucht wird in dieser Studie, in welchem Ausmaß die jeweiligen Kinder in der Lage sind, Buchstaben-Paare zu unterscheiden, die in besonderer Beziehung zueinander stehen (phonologisch ähnlich, orthographisch ähnlich, phonologisch und orthographisch ähnlich). Zwar unterscheiden sich monolinguale hebräischsprachige Kinder von den russisch-hebräischsprachigen Kindern. Diese Unterschiede erreichen aber nur in Teilen das erforderliche Signifikanzniveau (Saiegh-Haddad u. a. 2010, 368).

Leikin u. a. (2010) untersuchen 39 bi-literate, 41 monoliterate russisch-hebräisch-sprachige und 41 monolinguale hebräischsprachige Sprecher. In dieser Studie werden u. a. Hintergrund-Daten erhoben (IQ, Literacy-Variablen, vgl. Leikin u. a. 2010, 275). Die Studie ermittelt Hinweise darauf, dass ein früher Erwerb russischer Basis-Literacy-Skills positive Auswirkungen auf die Decodierungs und Buchstabierfähigkeit in Hebräisch hat, auch wenn IQ, Gender und Literaccyvariablen kontrolliert werden (276 f.). Dabei schneiden die bilingualen Kinder bei Schuleintritt in allen linguistischen, metalinguistischen und kognitiven Variablen besser ab als ihre monolingualen Peers.

Eine für die hier untersuchten Fragen besonders bedeutsame Untersuchung zur Sprachentwicklung von finnisch-russischsprachigen Kindern findet sich bei Silven und Rubinov (2010). Silven und Rubinov (2010, 387) verweisen in ihrer Forschungsübersicht zunächst darauf, dass die Überlegenheit bilingualer Sprecher in Sachen phonologischer Bewusstheit inzwischen gut belegt sei. Auch gebe es Hinweise darauf, dass gute Kenntnisse in der ersten Sprache auch positive Effekte in der zweiten Sprache haben können. Als bedeutsam habe sich dabei u.a. der Umfang und auch der Zeitpunkt erwiesen, in dem Kinder zwei Sprachen ausgesetzt sind. Sie verweisen in diesem Zusammenhang auf eine belgische Studie von de Houwer (2007), die bei beachtenswerter Stichprobe (n = 1899) feststellen kann, dass zwei von drei Kindern auch dann die Minoritäten-Sprache erwerben, wenn nur ein Partner diese Sprache spricht. Falle der Anteil der zu Hause genutzten Minoritätensprache allerdings unter 50 Prozent, steige die Wahrscheinlichkeit, dass Kinder diese Sprache verlieren, deutlich.

Die von Silven und Rubinov durchgeführte Studie kommt den oben beschriebenen Bedingungen einer Falsifikation der Schwellenhypothese vergleichsweise nahe. Die eigentliche Fragestellung der Studie hat dabei zunächst nicht viel mit den Problemen der Schwellenhypothese zu tun. Denn Gegenstand der Untersuchung ist die Frage, ob die Häufigkeit der Interaktionen in der ersten und oder zweiten Sprache Auswirkungen auf die Sprachkompetenzen haben. Die Stichprobe besteht aus 26 monolingualen finnischsprachigen Kindern und 28 bilingualen russisch-finnischsprachigen Kindern (390). Silven und Rubinov verwenden dabei einigen Aufwand auf die Kontrolle möglicher Störeinflüsse: Bildungsabschlüsse der Mutter, berufliche Variablen und materieller Standard sind in beiden Stichproben in etwa vergleichbar (392). Auch in Sachen Tagesbetreuung werden nur geringe Unterschiede sichtbar (397). 25 von 28 bilingualen Kindern sind dabei in finnischsprachiger Betreuung. Interviews zeigen: Die bilingualen Elternteile nutzten die (russische) Muttersprache zur Interaktion mit ihrem Kind während der ersten sieben Lebensmonate. Hieran hat sich auch acht Monate später nur wenig geändert. Die sprachliche Umfeld kann vergleichsweise gut mit der One-parent-one-language-Konstellation beschrieben werden. Die Entwicklung der Kinder wird dabei u.a. mit Testverfahren untersucht, die von finnischer Sprache in die russische Sprache übersetzt werden. Verwendung findet der Wortschatztest der finnischen Version der WISC III bzw. der russischen Version der WISC (394). Zwei Wortsets werden ausgewählt, um das Wissen über Wortbedeutungen ausführlicher zu analysieren. Zweites Erhebungsinstrument ist der Finnische Morphologietest, der die morphologische Struktur von Kunstwörtern untersucht (Nomen, Verben, Adjektive und Adverbien). Für die russischen Kinder wird eine Übersetzung verwendet. Die phonologische Bewusstheit wird mit fünf Aufgaben aus einschlägigen Testverfahren erhoben (Aufgaben zu Reimen und Alliterationen, zum Reimen und zur phonetischen Bewusstheit [phonemic awareness], 395). Auch das phonologische Arbeitsgedächtnis wird untersucht. Dabei kommen Aufgaben aus der WISC III zum Einsatz.

Die Ergebnisse zeigen vielfältige Beziehungen zwischen der Entwicklung in finnischer und russischer Sprache (398 ff.). Sprachkompetenzen in Finnisch und Russisch korrelieren z.B. deutlich in den phonologischen Aufgaben. Die Leistungen der monolingualen Kinder liegen dabei über dem Durchschnitt. Die Leistungen der bilingualen Kinder erreichen in russischen Aufgaben unterdurchschnittliche Werte. Der Umfang der Tagesbetreuung (Monate) und die Häufigkeit von täglichen Aktivitäten hat nur bei den bilingualen Kindern einen signifikanten

Einfluss auf die Sprachentwicklung (in Finnisch). Vor dem Hintergrund, dass die bilingualen Kinder vor allem in den Tageseinrichtungen der finnischen Sprache ausgesetzt sind, ist dies allerdings nicht überraschend. Positive Auswirkungen hat auch die Häufigkeit der Bilderbuchlektüre in Finnisch (bessere Ergebnisse in semantischen, morphologischen und phonologischen Aufgaben). Hilfreich ist auch TV-Konsum bzw. Videokonsum in Finnisch (positive Auswirkungen auf semantische Aufgaben). Auch der Umfang der häuslichen Interaktionen in Finnischer Sprache verbessert die finnischen Sprachkenntnisse (morphologische Aufgaben, phonologische Aufgaben). Vergleichbare Auswirkungen zeigen sich auch in der Entwicklung der russischen Sprachkompetenzen: Die familialen Interaktionen in Russisch wirken auf die Entwicklung von morphologischen und semantischen Kompetenzen in russischer Sprache.

Eine Clusteranalyse teilt nun die monolingualen Kinder in zwei Subgruppen ein: (1) Kinder mit guten Finnisch-Kenntnissen [n = 15] und (2) Kinder mit schlechten Finnisch-Kenntnissen [n = 10]. Bei den bilingualen Kinder sind drei Sub-Gruppen unterscheidbar: (3) Kinder mit guten Finnischkenntnissen und schlechten Russischkenntnissen [n = 2], (4) Kinder mit schlechten Finnischkenntnissen und schlechten Russischkenntnissen [n = 13] und (5) bilinguale Kinder mit ausgewogenen Russisch- und Finnischkenntnissen (balancierte bilinguale Kinder; n = 5). In diesen Gruppen zeigen sich signifikante Unterschiede im Ausmaß familialer Interaktionen in Finnisch bzw. Russisch, nicht aber Einflüsse anderer Stichprobenmerkmale (Gender des Kindes, Geschwisterposition, Legasthenierisiko in Familie, Alter von Vater und Mutter, Erziehungsjahre der Elternteile; 403 f.).

Zusammenfassend heben Silven und Rubinov hervor, dass die Sprachkenntnisse in der ersten und zweiten Sprache bei den untersuchten Kindern vor allem davon abhängen, in welchem Umfang die untersuchten Kinder den jeweiligen Sprachen ausgesetzt waren. Die bilingualen Kinder zeigten keine besseren Werte in der phonologischen Bewusstheit. Bilinguale Kinder mit balancierten Kenntnissen in Finnisch und Russisch waren dabei nicht nur ausgewogen beiden Sprachen ausgesetzt, sondern verfügten darüber hinaus auch über Lese- und Spielerfahrungen in der Minderheitensprache. Die besten Finnischkenntnisse entwickelten sich bei Kindern, die lange Zeit in (finnischsprachigen) Tageseinrichtungen verbrachten und deren Eltern von häufigen häuslichen triadischen Interaktionen in Finnisch berichteten (404 f.).

Bei näherer Analyse zeigt sich allerdings, dass die Untersuchungsbefunde auch anders gewertet werden können, als Silven und Rubinov vorschlagen. Zwar kann man sicher auch den nicht besonders überraschenden Befund festhalten, dass die Sprachentwicklung von bilingualen Kindern auch damit zusammenhängt, in welchem Umfang die Kinder mit welcher Sprache in Kontakt kommen. Aber für die hier diskutierten Fragen sind andere Ergebnisse bedeutsamer. Ein Vergleich der in der Clusteranalyse ermittelten Gruppenstärken zeigt zunächst deutlich: Es gibt wohl vergleichsweise viele bilinguale Kinder mit schlechten Finnisch-Kenntnissen. Diese Gruppe ist deutlich größer als die Gruppe mit ausgewogenen bilingualen Sprechern. Und sie ist um ein Vielfaches größer als die Gruppe mit schlechten

Russisch-Kenntnissen und guten Finnisch-Kenntnissen. Insgesamt gibt es fast doppelt so viele Kinder mit schlechten Finnisch-Kenntnissen (Gruppe 4) wie Kinder mit guten Finnisch-Kenntnissen (Gruppe 3 und 5). Bei den monolingualen Kindern ist dagegen das Verhältnis der Kinder mit guten und schlechten Finnisch-Kenntnissen in etwa ausgeglichen. Weil soziale Herkunft und auch andere bedeutsame Varibalen kontrolliert sind, kann man diese Studie also auch als Hinweis darauf verstehen, dass Bilingualität als Risikofaktor für die Sprachentwicklung in beiden Sprachen betrachtet werden muss. Die durchgeführte Clusteranalyse erlaubt zudem Aussagen zur Schwellenhypothese. Gruppe 3 (schlechte Russisch-Kenntnisse/gute Finnischkenntnisse) bildet zwar nur eine kleine Minderheit (unter zehn Prozent der Stichprobe, und aufgrund des geringen Stichprobenumfangs nur 2 Individuen). Für die Falsifikation der Schwellenhypothese sind aber, wie oben gezeigt, nicht unbedingt große, repräsentative Untersuchungen erforderlich.

Die Studie von Silven und Rubinov zeigt ziemlich deutlich, dass ein früher und ausführlicher Kontakt mit der Mehrheitssprache sinnvoll ist. Sie zeigt darüber hinaus, dass sich bei bilingualen Kindern durchaus gute Sprachkenntnisse der Mehrheitssprache entwickeln können, obwohl die Kenntnisse in der Minderheitensprache bescheiden ausfallen.

Ebenfalls gut untersucht ist die Sprachentwicklung von spanisch-englischsprachigen Kindern. Branum-Martin u. a. (2006) stellen bei 812 spanisch-englischsprachigen Kinderngartenkindern Crosslanguage-Zusammenhänge in Sachen phonologischer Bewusstheit fest. Hammer und Miccio (2006) berichten von einer Studie mit spanisch-englischsprachigen Vorschulkindern aus einkommensschwachen Familien. Die rezeptiven Sprachfähigkeiten in Spanisch und Englisch beeinflussen positiv die Identifikation von Anlautwörtern. Ein Einfluss der Literacy-Umgebung wurde nicht gefunden. Anthony u. a. (2009) ermitteln bei 158 spanisch-englischsprachigen Kindern Auswirkungen der phonologischen Bewusstheit und des spanischen Wortschatzes auf die Entwicklung bilingualer phonologischer Bewusstheit. Proctor und Elaine (2009) stellen bei spanisch-englischsprachigen Kindern fest, dass der bilinguale Status die Cognate-Awareness vorhersagen kann.

Hammer u. a. (2009) finden Gender-Effekte im Englischsprachgebrauch spanisch-englischsprachiger Mütter (bei Jungen sprechen die Mütter häufiger Englisch; untersucht wurden 72 bilinguale Vorschulkinder). Dies hat aber lediglich Einfluss auf die Entwicklung des Spanisch-Wortschatzes. Gabriele u. a. (2009) weisen bei spanisch-englischsprachigen Kindergarten-Kindern aus New York eine Auswirkung von Syntax und Hörverständnis in L1 auf das Sprachverständnis in L2 nach. Dies gilt insbesondere für Kinder, die dominant in L1 sind. Proctor u. a. (2010) finden bei 91 spanisch-englischsprachigen Viertklässlern starke Interdependenzen bei der Buchstabenkenntnis, moderate für das Leseverständnis und geringe Interdepenzen zwischen mündlichem Sprachgebrauch in Spanisch und Leseverständnis in Englisch. Marchman u. a. (2010) weisen den Einfluss des Wortschatzes auf die Spracherkennung bei 26 bilingualen spanisch-englischsprachigen Kindern nach. Dabei sind die Korrelationen zwischen den Sprachen schwach (n. s.: Wortschatzumfang Spanisch x Wortschatzumfang Englisch).

Zu Fragen des L1-Einflusses auf die L2-Sprachentwicklung in Englisch ermittelt die Literaturrecherche auch Hinweise auf eine Übersichtsarbeit. Figueredo (2006) verwendet die Datenbanken ERIC und PsycINFO. Er ermittelt insgesamt 27 Studien, die sich mit dem Einfluss der ersten Sprache auf die Entwicklung englischer Sprachkompetenzen befassen (874). Die Studien verwenden mehrheitlich Methoden der qualitativen Sozialforschung, eine Metaanalyse (also eine Übersichtsarbeit, in der eine Berechnung von Effektstärken erfolgt) unterbleibt deshalb (877). Die Übersichtsarbeit von Figueredo kommt zu zwei Hauptergebnissen. Erstens gebe es Hinweise auf sowohl positive wie auch negative Transfer-Effekte von L1 auf L2. Zweitens zeigt sich, dass der Einfluss der ersten Sprache zurückgeht, wenn sich Wissensbestände zur Buchstabierfähigkeit in Englisch entwickeln. Die zweite Sprache hat demnach u. a. auch (negative) Effekte auf die Entwicklung der ersten Sprache (878). Die Transfer-Effekte beziehen sich dabei vergleichsweise häufig auf phonetischen Einflüsse (11 Studien, 876 f.) und auf die Ebene der Graphem-Phonem-Korrespondenzregeln. Figueredo (2006, 881) geht zusammenfassend davon aus, dass die Studien mit der Interdependenzhypothese von Cummins übereinstimmen, und vermutet, dass z. B. ein Schüler mit schlechten L1-Wortschatz und geringen L1-Buchstabierfähigkeiten nur wenig vom Transfer sprachlichen Wissens von L1 auf L2 profitiere. Dem gegenüber müsse man davon ausgehen, dass ein Schüler mit gutem L1-Wortschatz, guten L1-Buchstabierkenntnisse nach einem mehrere Jahre umfassenden Besuch von L1-Schulen gute Voraussetzungen für den Erwerb von englischen Graphem-Phonem-Korrespondenzregeln mitbringe (882). Zudem seien auch Gemeinsamkeiten bzw. Unterschiede zwischen L1 und L2 zu berücksichtigen (886). Einschränkend verweist Figueredo u. a. auf das Problem, dass die meisten Studien die L1-Kenntnisse nicht besonders genau erheben (897).

Die Literaturrecherche ermittelt auch zwei Hinweise auf die Untersuchung türkischer Muttersprachler: Rinker u. a. (2010) machen darauf aufmerksam, dass türkisch-deutschsprachige Kindergartenkinder gelegentlich noch nicht vollständig das deutsche phonetische System erworben haben, obwohl sie in Deutschland geboren wurden und in einer deutschsprachigen Umgebung immersiv gefördert wurden. Es gibt also Hinweise darauf, dass bei türkisch-deutschsprachigen Kindern eine wichtige Voraussetzung für einen erfolgreichen Schriftspracherwerb beeinträchtigt sein kann. Die Längsschnittstudie von Limbird/Stanat (2006) untersucht kognitive Grundfähigkeiten, phonologische Bewusstheit, Wortschatz, verbales Arbeitsgedächtnis, Wortdekodierung und Leseverständnis bei 100 bilingual-türkischsprachigen und 69 monolingual deutschsprachigen Kindern der ersten bis dritten Klassen. Die bilingual türkischsprachigen Kinder zeigten nicht signifikante Leistungsvorteile in der phonologischen Bewusstheit und signifikante Leistungsnachteile im Wortschatz. Einige Ergebnisse deuten darauf hin, dass die phonologische Bewusstheit für die Lesekompetenz türkischer Kinder eine geringere Rolle spielt (93). Die Studie wird in 14 von insgesamt 59 Klassen durchgeführt, die am Projekt „BeLesen" teilnehmen. Der Anteil der Kinder nicht deutscher Herkunftssprache beträgt in allen Klassen mehr als 50 %. Der Berliner Sozialstrukturatlas stuft die Wohnlage auf einer siebenstufigen Skala zwischen sechs und sieben ein. Die Stichprobe ist also verzerrt.

Wie sind die im Rahmen dieses Kapitels bislang vorgelegten Studien zu frühen Zusammenhängen zwischen erster und zweiter Sprache insgesamt zu werten? Zunächst ist es wichtig festzustellen: Ja, es gibt Hinweise darauf, dass L1-Kompetenzen und L2-Kompetenzen in einem (meist positiven) Zusammenhang stehen. Die hier berichteten Befunde bestätigen damit zunächst das Resümee der Übersichtsarbeit von Bialystok (2007). Nun haben korrelative Zusammenhänge ein wichtiges Problem: Sie können auf kausale Zusammenhänge hinweisen. Sie müssen dies aber nicht tun. Angewendet auf die hier diskutierten Fragen ist beispielsweise denkbar, dass Zusammenhänge zwischen erster und zweiter Sprache auf sprachübergreifende Kompetenzen zurückgehen. Korrelationen zwischen der phonologischen Bewusstheit in L1 und L2 würden z. B. auf ein und dieselbe sprachliche Kompetenz zurückgehen, etwa einer allgemeinen, sprachübergreifenden Fähigkeit, Laute aus gesprochener Sprache zu analysieren. Dass Kinder, die hier besondere Kompetenzen aufweisen, derlei in ihrer ersten und in ihrer zweiten Sprache belegen können, wäre dann nicht ganz überraschend. Korrelationen können sich zweitens auch dann ergeben, wenn nicht die korrelierenden Variablen, sondern andere Kräfte in kausaler Beziehung bestehen. Als möglicher Kandidat werden z. B. soziale Einflüsse diskutiert. Durchaus möglich also, dass zwar einerseits Korrelationen zwischen L1 und L2 nachgewiesen werden können, andererseits aber nicht die sprachlichen, sondern die sozialen Merkmale von bilingualen Familien wirksam werden.

Gibt es also Studien, in denen solche Störeinflüsse ausgeschlossen werden? Die Antwort, die eine Analyse der einschlägigen Untersuchungen geben kann, ist in ihrer Eindeutigkeit überraschend: Keine der hier vorgestellten Untersuchungen ist geeignet, Kausalbeziehungen zwischen L1 und L2 zu belegen. Die ausgewerteten Studien unternehmen entweder keinen Versuch, den Einfluss von sozialen Variablen zu kontrollieren, oder sie tun dies nur in unzureichendem Maße. Eine der wenigen Studien, die derlei zumindest versucht (Silven & Rubinow 2010), kann zwar Zusammenhänge zwischen L1 und L2 nachweisen. Die Studie belegt aber gleichzeitig auch, dass bilinguale Kinder häufig schlechte L2-Kenntnisse erwerben und gute L2-Kenntnisse keineswegs zwingend auch gute L1-Kenntnisse voraussetzen.

Damit gilt: Hinweise auf Studien, die klar und nachvollziehbar zeigen, dass ein präzise benanntes Niveau einer vorschulischen L1-Kompetenz nicht unterschritten werden darf, um eine angemessene Entwicklung in L2 nicht zu gefährden, liegen nicht vor.

2.7 Der Einfluss der ersten Sprache auf schulische L2-Lernaktivitäten

Untersuchungen, die besondere Entwicklungsverläufe von bilingualen Kindern in schulischen Zusammenhängen zum Gegenstand haben, werden deutlich seltener veröffentlicht. Eine Zusammenfassung zu Sprachgruppen ist hier kaum mehr möglich. Und diese Untersuchungen beziehen sich in aller Regel auch eher auf die ersten Klassen, denn auf einen späteren Zeitpunkt.

Krampen u. a. (2002) berichten von einer Luxemburger Studie zur Leistungsentwicklung von 258 bilingualen und trilingualen Kindern (Klasse 1–5). Sie stellen fest, dass bei Bilingualität ein vergleichbarer Wortschatzzuwachs in beiden Sprachen ermittelt werden kann. Wortschatz und Wortschatzzuwachs erweisen sich als unabhängig von der allgemeinen Intelligenz. Swanson u. a. (2006) stellen bei einer Untersuchung von bilingualen Risikokindern fest, dass das Arbeitsgedächtnis (working memory) in L1 die Fortschritte im Lesen in L2 vorhersagt. Proctor u. a. (2009) ermitteln bei 35 bilingualen und monolingualen Fünftklässlern einen Einfluss des Wortfeldwissens (depth of word knowledge) auf das Leseverständnis und zwar insbesondere bei Schülern mit durchschnittlichen und überdurchschnittlichen mündlichen Sprachkompetenzen.

Ktori und Pitchford (2008) untersuchen die Auswirkungen von Bilingualität auf die Buchstabenerkennung bei insgesamt 92 Erwachsenen (griechisch-englischsprachig bilingual versus englischsprachig monolingual in jeweils zwei Altersgruppen; 268). Die auf einem Notebook zu identifizierenden Buchstaben waren entweder in beiden Alphabeten, ausschließlich im englischen oder ausschließlich im griechischen Alphabet enthalten (269). Die Ergebnisse zeigen u. a. einen Effekt des Alters (die älteren Erwachsenen reagieren langsamer) und Effekte der Bilingualität (alle Versuchspersonen identifizieren den 1. Buchstaben schneller als den 2. Buchstaben, die monolingualen englischsprachigen Versuchspersonen identifizieren den 4. Buchstaben schneller als den 5. Buchstaben, 273 ff.). Die Autoren bringen diese Fertigkeiten englischsprachiger Versuchspersonen mit den Unterschieden zwischen der griechischen und englischen Sprache in Verbindung. In der griechischen Sprache seien die Beziehungen zwischen Lauten und Buchstaben mehr oder weniger eindeutig (transparent orthography). In der Englischen Sprache sind diese Beziehung komplex (deep orthography; 277). Man kann die Studie von Ktori und Pitchford (2008) entsprechend als Hinweis darauf verstehen, dass unterschiedliche Sprachen unterschiedliche Lesestrategien hervorbringen können.

Ähnliche Befunde zeigen sich auch bei Greenberg und Saint-Aubin (2008). Die Autoren weisen zunächst darauf hin, dass die Wahrnehmung von Buchstaben u. a. davon abhängt, welche Bedeutung das jeweilige Wort im Text hat (Missing Letter Effect). Der gleiche Effekt zeige sich auch bei bilingualen Lesern, wenn Wörter in L1 und L2 gleich geschrieben werden (Homograph: z. B. das „pour" in Englisch und Französisch). In zwei Experimenten soll festgestellt werden, ob das Erlesen der jeweiligen Wörter vom Kontext abhängig ist und sich von Satz zu Satz ändert (switching) oder ob sich die Lektüre dieser Wörter davon abhängig erweist, in welcher größeren sprachlichen Umgebung sie zu lesen sind (non-switching; 111). Das erste Experiment der vorgestellten Studie vergleicht 24 Studierende mit englischer Muttersprache mit 36 französisch-englischsprachigen Studierenden. Es verwendet zwei Texte. Der erste Text mit 1450 Wörtern verwendet 40 mal das Wort „on" (in Englisch: auf – in Französisch: es). Das Wort „on" erscheint dabei in 20 französischen und in 20 englischen Sätzen. (113). Der zweite Text (1401 Wörter) verwendet das Wort „son" (englisch: Sohn – französisch: sein) ebenfalls in 20 englischen und in 20 französischen Sätzen. Die englischen und französischen Passagen werden zufällig kombiniert. Zusätzlich sind jeweils acht Sätze ohne Homograph enthalten. Die Homographen standen niemals am Anfang oder am Ende des Satzes. Bei den bilingualen Studierenden wird zusätzlich die Lesekompetenz erhoben (Nelson-Denny Reading Test Form G). Die Versuchspersonen werden zudem aufgefordert, jedes „n" einzukreisen. Die Ergebnisse zeigen signifikante Unterschiede im Leseverständnis zwischen den monolingualen und bilingualen Studierenden. Die bilingualen Studierenden schneiden dabei besser ab. Bilinguale Studierende machten zudem auch weniger Auslassungsfehler (115). Experiment 2 bezieht sich auf frühere Untersuchungsergebnisse, die belegen, dass sich der Missing-Letter-Effect als abhängig vom jeweils ausgewählten Buchstaben und seiner Position erweist (115). Zudem gibt es Hinweise darauf, dass die Wahrnehmung des fehlenden Buchstabens nach der Wortidentifikation erfolgt (116). Am zweiten Experiment nehmen 30 Studierende französischer Muttersprache teil (116). Verwendet werden Textpassagen mit dem Homograph „an" (englisch: ein – französisch: Jahr) und „pour". Die Zielbuchstaben waren „a" und „r". Ergebnis: Die Studierenden machen mehr Auslassungsfehler bei „an" als bei „pour" (116). Dabei erwies sich die Sprache der Sätze als ausschlaggebend. Die Autoren werten die Befunde als weiteren Beleg dafür, dass die Unterdrückung nicht angemessener Bedeutungen bei Homographen über postlexikale Verarbeitungsunterschiede erfolge (117). Für die in diesem Kapitel untersuchte Fragestellung erscheint bedeutsam, dass Bilingualität bzw. Biliteralität offenbar unter spezifischen Bedingungen Auswirkungen auf den Leseprozess haben kann. Auch die Untersuchung von Shafireo und Khakhurin (2009) unterstützt diese Auffassung. Shafiro und Kharkhurin 2009 belegen bei russisch-englischsprachigen bilingualen Sprechern, dass die L1-Phonologie einen Einfluss auf die visuelle Wahrnehmungsverarbeitung von L2 Wörtern hat.

Die Studie von Wang u. a. (2009) untersucht die Bedeutung der morphologischen Bewusstheit bei 46 koreanisch-englischsprachigen Zweit- bis Viertklässlern. Die Autoren verweisen zunächst auf vorangehende Studien und stellen fest, dass die morphologische Bewusstheit und die Beziehungen zum Leselernen zunehmende Aufmerksamkeit in der Literatur erhalte (132). Sie weisen darauf hin, dass Morpheme als kleinste bedeutungstragende Einheit verstanden werden. Wörter ließen sich z. B. in morphematische Wörter („room") und multimorphematische Wörter unterscheiden (bathroom). Morpheme können weiter z. B. auch in gebundene und freie Morpheme unterschieden werden (gebundene Morpheme können nicht als Wort allein stehen, Beispiel: das s- in dogs). Die inflektionale Morphologie befasst sich mit der Frage, in welcher Form sich Wörter mit einer bestimmten grammatikalischen Funktion im Satz verändern. Die ableitende Morphologie befasst sich mit den Prinzipien, nach denen neue Wörter konstruiert werden (Beispiel: invisable – visable oder national – nation). Grammatikalische Belange spielen hier keine Rolle. Die Forschung zeige, dass die Entwicklung der ableitenden Kompetenzen hinter der zusammensetzenden und inflektionalen Entwicklung zurück bleibt. Ableitende Kompetenzen entwickelten sich nicht vor der dritten oder vierten Klasse (Mahony u. a. 2000). Der vergleichsweise späte Erwerb der ableitenden morphologischen Kompetenzen erfordert die Analyse von komplexen phonologischen Veränderungen. Zudem gebe es deutliche Zusammenhänge zum Leseerwerb (ein Überblick bei Ehri u. a. 2003). Dieser Zusammenhang sei aber noch nicht gut verstanden. Die morphologische Bewusstheit liefere neben der phonologischen Bewusstheit einen wichtigen Beitrag zur Leseentwicklung (133).

Die koreanischen Sprache zeichnet sich nach Analyse der Autor/innen u. a. auch durch eine reiche morphologische Struktur aus. Wie in der englischen Sprache gibt es Zusammensetzungen, Ableitungen und Inflektionen. Die Beziehungen zur Phonologie sind allerdings weniger deutlich als in englischer Sprache. So verändern sich z. B. die mittleren Vokale niemals. Lediglich die End-Konsonanten unterliegen einem Assimilierungsprozess (134).

Zur Bedeutung der morphologischen Bewusstheit in der Entwicklung koreanischer Kinder und ihre Beziehungen zum Lesen liegen zum Publikationszeitpunkt kaum belastbare Untersuchungen vor. Die von Wang u. a. durchgeführte Studie befasst sich mit der Übertragung von sprachlichen Wissen von L1 auf L2. Der Beitrag der morphologischen Bewusstheit zur Leseentwicklung steht im Vordergrund (134). Auch Wortschatz und die phonologische Bewusstheit in koreanischer und englischer Sprache, Wortlesekompetenzen und Leseverständnis werden erhoben (134 f.). Untersucht werden 65 koreanisch-englischsprachige bilinguale Schüler aus drei öffentlichen Schulen in Washington DC. Die Schüler besuchten darüber hinaus Wochenendschulen, in denen u. a. eine Literacy-Förderung auf Koreanisch angeboten wird. Das mittlere Alter beträgt 7.85 Jahre (135). Die Ergebnisse zeigen zunächst eine Vielzahl von innersprachlichen Korrelationen. In den englischen Aufgaben zeigen sich hoch signifikante Korrelationen der morphologischen Bewusstheit (ableitende Morphologie) mit allen untersuchten Variablen, also dem Alter, mündlichen Wortschatz, mit dem Abschneiden in Phonemauslassungsaufgaben, mit dem Wortlesen und Leseverständnis. Die Zusammenhänge in koreanischer Sprache fallen schwächer aus. Hier zeigen sich hoch signifikante Zusammenhänge zum Abschneiden in Phonemauslassungsaufgaben, zum Wortschatz und zum Wortlesen sowie ein signifikanter Zusammenhang zum Leseverständnis (138). Die Befunde der Regressionsanalyse verweisen auf innersprachliche und intersprachliche Zusammenhänge. Die innersprachlichen Zusammenhänge in englischer Sprache zeigen, dass die morphologische Bewusstheit die Lesekompetenzen nach Alter, Wortschatz und phonologischer Bewusstheit erklären kann (12 % bzw.

9 %). Die morphologische Bewusstheit in koreanischer Sprache leistete ebenfalls einen Beitrag zur Varianz-Erklärung des Wortlesens und des Leseverständnisses (12 % bzw. 9 %). Die intersprachlichen Zusammenhänge: Wortlesen in Englisch kann (auch) durch die morphologische und durch die phonologische Bewusstheit in Koreanisch vorhergesagt werden (4 %). Das Wortlesen in Koreanisch wird dagegen durch morphologische Bewusstheit in Englisch und die Werte in den englischsprachigen Phonemauslassungsaufgaben erklärt (jeweils 7 %; 139 f.). Wang u. a. werten die Befunde als Hinweis darauf, dass die morphologische Bewusstheit eine für die Leseentwicklung wichtige Kompetenz ist, und zwar bezogen sowohl auf die englische Sprache wie auch bezogen auf die koreanische Sprache. Zudem zeige die Untersuchung, dass die morphologische Bewusstheit auch eine besondere Rolle beim Erwerb von Lesekompetenzen in einer zweiten Sprache spiele. Hier übertragen Kinder die Kenntnisse von ihrer ersten Sprache auf die zweite Sprache.

Wie sind die Befunde zu den auf schulische Leistungen bezogenen Zusammenhängen zwischen erster und zweiter Sprache zusammenfassend zu werten? Es ist zunächst auffällig, dass die Forschungslage deutlich unbefriedigender ausfällt als im Bereich vorschulischer Fertigkeiten. Die vorliegenden Studien belegen bei bilingualen Schülern einen Einfluss der ersten Sprache auf die zweite Sprache auch bezogen auf schulische Fertigkeiten wie Lesen und Rechtschreiben. Das Problem der hier vorgestellten Untersuchungen besteht dabei einerseits darin, dass die Versuchspersonen nicht unbedingt mit der in der deutschen bildungspolitischen Diskussion virulenten Vorstellung von Bildungsversagern mit Migrationshintergrund in Übereinstimmung zu bringen sind. In den Studien zum Buchstabenlesen werden z. B. Studierende untersucht. In der Studie von Wang sind es Schüler, die nicht nur eine staatliche Schule besuchen, sondern auch eine Wochenendschule, in der sie in ihrer Muttersprache alphabetisiert werden. Andererseits sind die Studien weder darauf angelegt, die Schwellenhypothese zu belegen, noch sind ihre Befunde geeignet, dies zu tun. Die gefundenen Parallelen in der späteren Entwicklung von L1 und L2 können verschiedene Ursachen haben. *Erstens* muss man wohl auch nach der Einschulung von sprachübergreifenden Kompetenzen ausgehen, etwa von einer besonderen Fähigkeit mit Lauten in der gesprochenen Sprache umzugehen oder von einer besonderen Fähigkeit, morphematische Strukturen zu analysieren. Diese sprachübergreifenden Kompetenzen könnten in L1 und L2 vergleichbare Auswirkungen haben. *Zweitens* ist aber auch denkbar, dass die Leseentwicklung in allen oder doch zumindest in vielen Sprachen notwendig bestimmte Schritte durchlaufen muss. Hierzu gehört mit einiger Sicherheit die phonologische Bewusstheit. Darüber hinaus gilt offenbar auch: Wer Lesekompetenzen in einer Sprache erwerben will, in der z. B. spezifische Veränderungen der Morpheme grammatikalische Bedeutung haben, für den ist die Fähigkeit, diese Veränderungen zu analysieren, sicher ziemlich hilfreich.

Über den allgemeinen Nachweis von derlei Parallelen hinausgehende Hinweise auf einen Zusammenhang zwischen der Lese-/Schreibentwicklung in der ersten und in der zweiten Sprache konnten allerdings nicht gefunden werden. Selbst wenn man alle in den einschlägigen Datenbanken zum Erhebungszeitpunkt verfügbaren Hinweise auf L1-Einflüsse einbezieht, ist es auch bei Schulkindern weder möglich, die in der ersten Sprache notwendigen Qualifikationen (also die „Schwelle") präziser zu beschreiben, noch ist auch bei wohlmeinender Wahrnehmung eine Untersuchung in Blick, die auch nur von ihrer Anlage her geeignet wäre, die Gültigkeit der Schwellenhypothese zu belegen. Die meisten der hier vorgelegten Studien greifen einen Teilaspekt der Lese-/Schreibentwicklung heraus und finden zarte Hinweise auf einen Einfluss der L1-Kompetenzen, und dies auch noch weitgehend ohne den Versuch, Stör-Variablen von nachgewiesener Bedeutung (soziale Herkunft, Bildungsvariablen usw.) zu kontrollieren.

Wer die Schwellenhypothese nicht durch Rückgriff auf die internationale Forschung belegen kann, der kann die in ihr enthaltenen Annahmen auch nicht auf die Situation in Deutschland übertragen. Hätte die Literaturrecherche einigermaßen überzeugende Belege dafür bereit gestellt, dass ein bestimmtes L1-Niveau als notwendige Voraussetzung für die Entwicklung von L2 verstanden werden muss, dann hätte man durchaus diskutieren können, ob die Probleme von Migrantenkindern in Deutschland nicht zu wesentlichen Anteilen auch darauf zurückgehen, dass nur so wenig für die Förderung der Muttersprache von Migrantenkindern getan wird.

Dass Kinder mit zwei Sprachen aufwachsen, hat nach dieser Sicht der Dinge also zwar einen gewissen Einfluss auf den Verlauf der schulischen Lernentwicklung (in vermutlich beiden Sprachen). Hinweise darauf, dass Kompetenzen in der ersten Sprache determinierende Bedeutung für den Erwerb der zweiten Sprache haben können, liegen aber bislang nicht vor.

2.8 Effekte bilingualer Förderung

Als letzter Baustein der Argumentationskette sollen schließlich die Effekte billingualer Förderung untersucht werden. Denn immerhin ist ja denkbar, dass sich bilinguale Förderkonzeptionen auch dann als wirksam erweisen, wenn sich Schwellenhypothese und Interdependenzhypothese nicht belegen lassen. Kann man also davon ausgehen, dass bilinguale Förderkonzeptionen als effektiver Weg verstanden werden müssen, Kenntnisse in der zweiten Sprache zu erwerben?

Die Literaturrecherche ermittelt überraschend wenig aktuelle Originalarbeiten, die sich mit der Effektivität bilingualer Förderung befassen. Obwohl die Bedeutung hoher methodischer Standards, insbesondere auch die Notwendigkeit der Kontrolle von sozialen Variablen bzw. die Kontrolle von Literacyumgebungsvariablen eigentlich offensichtlich ist (vgl. auch de Ramirez u.a. 2006), werden die eingangs formulierten Bedingungen (Kontrolle sozialer Variablen, Kontrolle IQ, Kontrolle Literacyumgebungsvariablen) selbst in der neueren Forschung nur selten eingehalten.

Einen wichtigen Schwerpunkt bilden zunächst wieder die Studien zu spanisch-englischsprachigen Schüler/innen. Tong u.a. (2008) berichten von einer Längsschnittstudie, die den Erwerb des Englischen und Spanischen in zwei bilingualen Programmen vergleicht (Developmental Bilingual Education/DBE typical practise). Eine Kontrolle der sozialen Herkunft erfolgt nicht. Die Autoren weisen allerdings darauf hin, dass im Schuleinzugsbereich über 45 % der Schüler mit Spanisch als erster Sprache aufgewachsen sind. Die Mehrheit der Schüler kommt aus Familien mit niedrigem sozioökonomischen Status und erhält deshalb preisreduzierte oder vollständig kostenfreie Schulmahlzeiten (505). Die Aufteilung in Versuchs- und Kontrollgruppe erfolgt nach der Berechnung von Zufallszahlen (28 Elementary schools, Start der Studie am Ende der Kindergartenzeit mit 302 Schülern in der Versuchsgruppe und 187 Schülern in der Kontrollgruppe; Ende Klasse 2: 121 Schüler in der Versuchsgruppe und 121 Schüler in der Kontrollgruppe). Insgesamt 77 Lehrer nehmen an der Studie teil. Sie werden nach Berechnung von Zufallszahlen auf die Klassenstufen verteilt (505 f.).

Das in der Studie von Tong u. a. untersuchte DBE-Modell (Versuchsgruppe) arbeitet dabei mit einem Spanisch-Anteil von 70 % im Kindergarten, 60 % in der ersten Klasse und 50 % in der zweiten Klasse. Zunächst steht der mündliche Sprachgebrauch von Spanisch und Englisch im Vordergrund. Später erhalten schriftliche Fertigkeiten mehr Bedeutung (507). Die Intervention beginnt mit Lehrer-Workshops im Umfang von drei Stunden pro Woche. Es handelt sich also um eine Studie, in der auch Schulentwicklungsanteile in das Design einfließen. Die Schüler werden in einer ersten Phase im Sprachunterricht, im Mathematikunterricht, in Wissenschaften und im Bereich Sozialverhalten (Social Instruction Studies) unterrichtet. Dabei wird flexibel entschieden, ob die Unterrichtsprache Spanisch oder Englisch ist. Ein Englisch Training wird durchgeführt (Santillana Intensive English for 40 minutes, später: Early Intervention in Reading). Gut ausgebildete Paraprofessionels arbeiten mit Schülern, die sich sehr langsam entwickeln (Kommunikationsspiele; 508). Das Training der phonologischen Bewusstheit spielt im Rahmen der Förderung eine besondere Rolle. U. a. wird die Phonem-Graphem-Korrespondenz explizit unterrichtet (510). Die Kontrollgruppe erhält dagegen eine Förderung im Rahmen eines Transitionalen bilingualen Programms mit täglich 45 Minuten Englisch-Unterricht für Englisch als Zweitsprache. Die Spanisch-Anteile sind etwas höher (80 % Spanisch im Kindergarten, 70 % Spanisch in der ersten Klasse und 60 % Spanisch in der zweiten Klasse). Der Spanisch-Unterricht unterscheidet sich in drei Aspekten von der Versuchsgruppe: Er hat einen größeren Umfang. Die Trennung zwischen den Sprachen ist weniger rigide und in der Englischförderung unterbleiben Erläuterungen in L1 (511).

Untersucht werden Buchstabenkenntnisse, die phonologische Bewusstheit in Englisch (Comprehensive Test of Phonological Processing/CTOPP) und Spanisch (Test of Phonological Proocessing-Spanish/TOPP-S) sowie die Sprachentwicklung (Woodcock Language Proficiency Battery Revised/WLPB-R und der Dynamics Indicators of Basis Literacy Skills/DIBELS; 511–515).

Die Ergebnisse (516 ff., 521 f.) zeigen sowohl in englischer wie auch in spanischer Sprache einige moderate Effekte zugunsten der DBE-Gruppe. Dies gilt für die

Variablen: Spanische Buchstabenkenntnisse (Effektstärke =.25), phonologisches Blending in Englisch und Spanisch (Effektstärke =.44 bzw. 0.38), Wortsegmentierung Englisch (Effektstärke =.71 bzw. 21), Hörverständnis in Englisch und Spanisch (Effektstärke =.48 bzw. .19), Wortschatz und Satzgedächtnis in Englischer Sprache (mit Effektstärken >.27). Die Effekte in Englischer Sprache fallen also stärker aus als die Effekte in Spanisch. Die Leseentwicklung unterscheidet sich weniger deutlich. In Sachen Leseflüssigkeit in englischer Sprache erreicht die Versuchsgruppe nur geringfügig bessere Werte (Effektstärke =.16). In spanischer Sprache schneidet die Kontrollgruppe in der Leseflüssigkeit besser ab (Effektstärke =–.26), im Leseverständnis liegt die Versuchsgruppe wieder vorn (Effektstärke .38).

Die Autoren werten diese Befunde als Hinweis darauf, dass ein bilinguales 70 : 30 Programm zu etwas besseren Englischkenntnissen und zu geringfügig besseren Spanisch-Kenntnissen führt als ein 80:20 Programm (522). Für die hier untersuchte Frage nach der Effektivität von bilingualer Förderung ist die Studie allerdings nur begrenzt aussagefähig. Der Aufbau der Studie erlaubt vor allem aus zwei Gründen keine Aussagen über die Effektivität bilingualer Förderprogramme. Ein erstes Problem ist die offensichtlich zugunsten von Kindern aus armen Familien verzerrte Stichprobe. Wenn überhaupt lassen sich also aus dieser Studie nur Aussagen über Hispanics aus randständigen und vermutlich bildungsfernen Familien machen. Gegenstand des Vergleichs sind zudem zwei bilinguale Programme. Aussagen über die Effekte bilingualer Förderung im Vergleich zu immersiven oder submersiven Programmen sind also nur begrenzt möglich.

Versucht man dennoch eine Interpretation, so sprechen die Befunde nicht unbedingt dafür, dass die Förderung von L1 ein guter Weg ist, L2-Kenntnisse zu verbessern. Es ist zwar nicht ganz klar, welche Unterschiede der hier untersuchten Programme welche Wirkungen entfalten. Aber es ist doch auffällig, dass das Förderprogramm, das die deutlichsten Erfolge in Englischer Sprache erzielt, gleichzeitig auch das Förderprogramm ist, das die höheren Englischanteile besitzt. Möglicherweise muss man also davon ausgehen, dass der Umfang der Förderung in Englischer Sprache die entscheidende Variable ist.

Die Längsschnittstudie von Branum-Martin u. a. (2010, 1 f.) untersucht bei 1991 von insgesamt 421 Lehrern unterrichteten Kindern in einem Zeitraum von Kindergarten bis zur 2. Klasse die Effekte von Förderprogrammen (ein immersives Englischprogramm und ein spanisch-sprachiges Förderprogramm) auf die Entwicklung von Buchstaben-Wort-Identifikationen (letter-word-identification). Die Stichprobe hat offenkundig besondere soziale Merkmale: Die Autoren berichten davon, dass 79 % der Kinder einen Vater hatten, der im Ausland geboren wurde. 75 % der Familien verdienen weniger als 30 000 $ im Jahr. Dies ist für die USA ein deutlich unterdurchschnittliches Einkommen. Wesentliches Erhebungsinstrument sind die englische und die spanische Version der Letter-Word-Identification-Tests der Woodcock-Language Profiency Battery Recvised (2). Die Ergebnisse zeigen nach Analyse der Autoren, dass Unterricht in Spanisch die englischen Sprachentwicklung unterstützen kann (facilitate). Die Effektstärken (eigene Berechnung) liegen bei 0,34 in englischer Sprache und 1,06 in spanischer Sprache (Branum-Martin 2010, B-1).

Auch die Studie von Branum-Lee u. a. (2011) ist aufgrund der methodischen Merkmale nur wenig geeignet, Aussagen über die hier untersuchten Fragen zu machen. Auch in dieser Studie ist es wieder die Zusammensetzung der Stichprobe, die Probleme macht. Die mitgeteilten Mittelwerte zeigen zunächst, dass sich Versuchs- und Kontrollgruppe zu Beginn der Intervention deutlich unterschieden. In englischer Sprache schneidet die Kontrollguppe sowohl vor Interventionsbeginn wie auch in der letzten Erhebung etwas besser ab als die Versuchsgruppe. Der moderate Effekt kommt also dadurch zustande, dass sich der Abstand zwischen den beiden untersuchten Gruppen vermindert. In spanischer Sprache sind die Verhältnisse umgekehrt. Hier startet die Versuchsgruppe mit besseren Befunden. Zwar bessern sich auch die Ergebnisse der Kontrollgruppe. Aber der Abstand zwischen Versuchsgruppe und Kontrollgruppe vergrößert sich (B-1). Die Unterschiede zwischen Versuchs- und Kontrollgruppe verweisen also darauf, dass unterschiedliche Kinder in den Vergleich eingehen. Vor dem Hintergrund der inzwischen weitgehend unstrittigen Einflüsse von sozialen Merkmalen und sprachlichen Kompetenzen sind die gefundenen Effekte entsprechend weitgehend wertlos. Übersieht man diese Methoden-Probleme, kann man die Studie von Branum-Lee u. a. bestenfalls als weiteren Hinweis darauf werten, dass bilinguale Förderprogamme die Kenntnisse in erster und zweiter Sprache fördern können – ein Befund, der sicher kaum geeignet ist, die Schwellenhypothese zu belegen.

Einige Studien befassen sich mit besonderen Formen des Fremdspracherwerbs. Saiegh-Haddad und Geva (2008) vergleichen die phonologische und morphologische Bewusstheit bei 43 englisch-arabischsprachigen Kindern der Klassen drei bis sechs in Kanada. Die Eltern dieser Kinder sprechen arabisch. Die Verkehrsprache in den Familien ist ausschließlich englisch. Keines der untersuchten Kinder hat eine arabische Muttersprache. Die Untersuchung wird in einer Privatschule durchgeführt. Die Kinder kennen die arabische Sprache seit ihrem Kindergarten. Seit der ersten Klasse beginnen Unterweisungen mit sechs Wochenstunden in arabisch, teilweise als Leseförderung (zwei Stunden), teilweise als religiöse Unterweisungen (vier Stunden; 487). Untersucht werden also die Auswirkungen eines frühen Fremdsprachunterrichts mit besonderen kulturellen Rahmenbedingungen und unter Bedingungen einer religiösen Erziehung. Ergebnis der Studie: Die bilinguale Förderung führt offenbar zu signifikanten Korrelationen in der phonologischen Bewusstheit, nicht aber in der morphologischen Bewusstheit (490). Morphologische und phonologische Bewusstheit erlaubten eine Vorhersage in englischer Sprache. Eine Vorhersage von Wortlesen erlaubte nur die phonologische Bewusstheit. Eine Vorhersage komplexen Wortlesens war in beiden Sprachen mit der morphologischen Bewusstheit möglich. Das Pseudowortlesen konnte nur durch die phonologische Bewusstheit vorhergesagt werden.

Interessant ist auch die Studie von Van der Leij u. a. (2010). Hier stehen nicht Migrantenkinder im Mittelpunkt. Sondern die Effekte bilingualer Förderung werden bei niederländischen Schülern mit niederländischer Muttersprache erprobt. Es geht darum herauszufinden, ob die Erteilung von Unterricht in der Unterrichtssprache Englisch positive Effekte auf die Sprachentwicklung nehmen kann. Bei kleiner und auch nicht ganz befriedigend kontrollierten Stichprobe (n = 46) finden van der Leij u.a. (2010, 430 f.) bei den bilingual in Niederländisch und Englisch unterrichteten Zweit- und Drittklässlern im Vergleich zu den monolingual unterrichteten Kindern bessere Leistungen in Englischtests und auch in einigen niederländischen Tests (crosslinguistic transfer, Orthographiewissen, Leseverständnis; van der Leij u.a. 2010, 430 f.).

Die diesem Kapitel zugrunde liegende Literaturrecherche ermittelt zudem auch Hinweise auf einige neuere, 2005 oder später erschienene Übersichtsarbeiten. Besonders bedeutsam erscheint hier zunächst die Arbeit von Slavin und Cheung (2005). Die Metaanalyse vergleicht bilinguale Förderprogramme mit immersiven Programmen für Migrantenkinder in englischsprachigen Ländern. Die Autoren verweisen dabei zunächst auf vorangehende Übersichtsarbeiten aus den 1980er und 1990er Jahren, die z.B. mittlere Effektstärken von 0.21 (Rossel & Baker 1996) bis 0.41 (Green 1997) errechnen (255 f.). In ihren eigenen Forschungsüberblick nehmen Slavin und Cheung Studien auf, in denen entweder eine Zufallsstichprobe über die Aufnahme in Versuchs- oder Kontrollgruppe entschied oder andere Verfahren eingesetzt wurden, die sicherstellen, dass Versuchs- und Kontrollgruppe vergleichbar waren (matching). Zusammenfassend halten die Autoren fest: Von insgesamt 17 aufgenommenen Studien befassen sich 12 mit der Effektivität der frühen Leseförderung für spanisch-dominante Englischlerner. Neun dieser Studien ermitteln Vorteile für die bilinguale Förderung – bei vier Studien werden keine signifikanten Unterschiede ermittelt. Die mittlere Effektstärke liegt bei + 0.45 bzw. bei + 0.33, wenn man die Befunde nach Stichprobenumfang gewichtet. Dies werten Slavin und Cheung als Hinweise auf eine Wirksamkeit bilingualer Förderung, weisen aber auf die Notwendigkeit weiterer Forschung hin. Wichtig seien insbesondere Längsschnittstudien und randomisierte Studien (247).

Wie muss man derlei Befunde bewerten? Zunächst fällt ins Auge, dass die zitierten Studien auf ein zum Teil wirklich beträchtliches Alter kommen. Man kann eigentlich allein schon aus diesem Grund Zweifel anmelden, ob das, was vor 20–30 Jahren für spanischsprachige Migrantenkinder in englischsprachigen Ländern gegolten haben mag, heute überhaupt noch substanzielle Bedeutung für das deutsche Schulsystem haben kann. Die in den Überblick aufgenommenen Studien weisen darüber hinaus auch nach Ansicht Slavin und Cheung gravierende Methodenprobleme auf. Die Untersuchung von Plante (1976) kontrolliert z.B. nicht die Leistungen im Pretest (also in der Untersuchung vor Beginn der Leseförderung). Zudem gibt es unterschiedliche Wiederholeranteile in Untersuchungs- und Kontrollgruppe (deutlich mehr Wiederholer in der Kontrollgruppe). In einer weiteren Studie (Huzar 1973) erhält die bilinguale Gruppe insgesamt 90 Minuten täglich Leseförderung (45 Minuten in Spanisch und 45 Minuten in Englisch) – die Englisch-only-Kontrollgruppe arbeitet dagegen nur mit 45 Minuten Leseförderung (in Englisch). Zudem arbeiten Versuchs- und Kontrollgruppe mit unterschiedlich konzipierten Förderprogrammen. Auch die nach Einschätzung der Autoren am häufigsten zitierte Studie von Ramirez u.a. (1991) hat Schwächen in der Stichprobe (Aufteilung der Schüler in Versuchs- und Kontrollgruppe).

Eine Kontrolle der sozialen Herkunft (sozioökonomischer Status) versuchen offenbar nur sechs Studien des Forschungsüberblicks. Beschränkt man sich auf Studien, die derlei Einflüsse zumindest in Ansätzen kontrollieren, so verschieben sich die Gewichte merklich. Drei Studien, die (moderate) Effekte ermitteln, stehen nun drei Studien gegenüber, in denen lediglich geringe Effekte bilingualer Förderung ermittelt werden (Ramirez u. a. 1991: 0,53/Campeau u. a. 1975: 0,54/Maldonado 1977: 0,00/Alvarez 1975: California Achievement Test 0,12 English reading vocabulary: −0,23 English reading comprehension −0,06/Cohen 1975: 0,00/Campeau 1975 b: 0,42).

Die mittlere Effektstärke (eigene Berechnung) erreicht nur noch 0,165. Die Effektstärke sinkt also von moderaten Werten auf nicht mehr bedeutsame Werte, wenn soziale Variablen kontrolliert werden.

Tab. 3: Stichprobenauswahl bei Ramirez u. a. 1991, 57 ff.)

immersive Förderung	transitionale Förderung/ Early Exit	transitionale Förderung/ Late Exit
Unterrichtssprache Englisch L1 wird nur informell genutzt	Unterrichtssprache L1 und L2	Unterrichtssprache L1 und L2 (Muttersprache oder nahe an der Muttersprache)
Lehrer haben Kenntnisse über Sprachentwicklung bzw. über die Förderung von Kindern mit schlechten Englischkenntnissen. Die Lehrer sind bilingual in der Sprache ihrer Schüler (mündlicher Sprachgebrauch)	Lehrer sind bilingual	Lehrer sind bilingual
Es gibt eine geringfügige L1-Komponente. Die unterrichteten Kinder mit schlechten Englischkenntnissen sprechen die gleiche erste Sprache. Es gibt eine bilinguale Vergleichsgruppe. Auswahl der Programme nach Interviews, in denen Lehrer, Unterrichtsmedien, Lehrpläne, student assignments, classroom-management und Verspätungsquoten erhoben werden	Unterricht in L1 nicht mehr als eine Stunde am Tag. Unterricht in L2 erst dann, wenn L1-Fähigkeiten ausreichend entwickelt sind oder zeitgleich. Übergang in reguläre Klassen, sobald ein ausreichendes L2-Niveau erreicht wurde (normalerweise nach 2–3 Jahren). Die Nutzung der ersten Sprache wird begrenzt. Unterricht wird auch im begrenzten Umfang in L2 erteilt.	Unterricht in L1 in 50 % des Unterrichts je nach Fach. Unterricht in L2 erst dann, wenn L1-Fähigkeiten ausreichend entwickelt sind. Mathematik wird in L1 unterrichtet. Übergang in reguläre Klassen, sobald ein ausreichendes L2-Niveau erreicht wurde (normalerweise nach der 5. oder 6. Klasse). Lehrer besitzt kulturelle Sensibilität, verwendet kulturell sensible Unterrichtsmaterialien und Aufgaben.

Eine exemplarische Analyse der nach Angaben von Slavin und Cheung meist zitierten Untersuchung des Überblicksbeitrags weckt weitere Zweifel an der Bedeutsamkeit der ausgewählten Studien. Die Studie von Ramirez u. a. (1991,

54) versucht einen Vergleich von immersiven Programmen mit Early-Exit und Late-Exit transitionalen Programmen (also Programmen, in denen bilinguale Förderung nur für einen begrenzten Zeitraum angeboten wird) hinsichtlich englischer Sprachkenntnisse und nicht sprachlicher Fertigkeiten. Die Stichprobe ist groß (2352 Schüler in 554 Klassen). Die Autoren behaupten zwar keine Repräsentativität, glauben aber, dass ihre Untersuchung die Effektivität der untersuchten Programme gut reflektiert, und behaupten, dass für die politische Entscheidungsfindung ausreichende Standards erreicht sind (80).

Bei näherer Analyse werden allerdings relativ schnell zwei wirklich bedeutsame Methodenprobleme sichtbar: Das erste Problem entsteht durch einen Verzicht auf Zufallszahlen bei der Aufteilung der Schüler in Versuchsgruppe (transitionale bilinguale Förderung) und Kontrollgruppe (immersive Förderung). Soziale Variabalen werden im Verlauf der Studie zwar umfänglich erhoben (Einkommen, Schulabschluss, Beruf, vgl. 87 ff.). Aber es liegen keine ausreichende Hinweise darauf vor, dass dies einen Einfluss auf die Zusammensetzung von Versuchs- oder Kontrollgruppe hat (70 f.). Es stellt sich also die Frage, welche Eltern aus welchen Motiven ihre Kinder in welcher Gruppe untergebracht haben.

Darüber hinaus gibt es vergleichsweise deutliche Hinweise auf Unterschiede bei den Lehrer/innen mit klaren Vorteilen für die transitionale Late-Exit-Förderung (Tabelle 3). Besonders bemerkenswert sind dabei die L2-Kenntnisse. Offenbar ist nur bei den Late-Exit-Programmen Lehrer notwendig, dass muttersprachliche Kenntnisse in Englisch vorliegen. Dies öffnet Spekulationen über die Sprachkenntnisse der Lehrer in der Kontrollgruppe und auch in der Early-Exit-Gruppe einigen Raum. Der Ergebnisteil verweist zusätzlich auf deutlich bessere Spanisch-Kenntnisse der Late-Exit-Lehrer (212). Als ethnische Herkunft wird zudem weit häufiger Hispanic angegeben (in Klasse 1: 67,5 % – 52 % – 93 %). Darüber hinaus könnte der offenbar für eine Aufnahme in die Studie erforderliche Nachweis kultureller Sensibilität und die Verwendung kulturell sensibler Unterrichtsmaterialien und -aufgaben als Hinweis darauf verstanden werden, dass in dieser Gruppe besonders überzeugte Lehrer aktiv sind, die offenbar auch besondere Unterrichtsmaterialien verwenden. Zusammenfassend halten Ramirez u.a. entsprechend fest, dass die Lehrer der Late-Exit-Gruppe besser ausgebildet sind und mehr Kenntnisse im Umgang mit Minoritäten haben (215).

Tab. 4: Hinweise auf Unterschiede zwischen Versuchsgruppe und Kontrollgruppe in der Untersuchung von Ramirez u.a. 1991 (380, 384, 391)

Soziale Variablen	Immersiv	Early exit	Late exit
Jahreseinkommen 5000 – 7500 $	16,5 %	9,4 %	30,4 %
Bücher in Englischer Sprache	34 %	36,8 %	42,7 %
Bücher in spanischer Sprache	25 %	27,4 %	48,7 %
Spanischsprachige Zeitungen	28 %	27,7 %	54,1 %
Mutter hilft bei Hausaufgaben	52,6 %	52,9 %	74 %

Zudem ermittelt der Ergebnisteil (auch) Hinweise auf gravierende strukturelle Unterschiede zwischen Versuchs- und Kontrollgruppe. Bemerkenswert ist dabei z. B., dass in der immersiven Kontrollgruppe und in Teilen auch in der Early-Exit-Gruppe vergleichsweise häufig in Einzelförderung oder in Kleingruppen gearbeitet wird (mehr als 10 Schüler in 45,2 % bzw. 36 % in Klasse 1, während in der Late-Exit-Gruppe vorrangig mit mehr als zehn Schülern gearbeitet wird, 63,7 %). Vor dem Hintergrund, dass Einzelförderung bzw. Kleingruppenförderung in der Regel vor allem bei besonders schwachen Schülern durchgeführt wird, ist dies möglicherweise ein Hinweis auf gravierende Unterschiede in der Zusammensetzung von Versuchsgruppe(n) und Kontrollgruppe (185).

Weitere Belege für diese These zeigen die Befunde hinsichtlich der erhobenen sozialen Variablen: Late-Exit-Schüler haben zu etwas größeren Anteilen Eltern mit geringem Einkommen. Sie haben häufiger Eltern, die Bücher besitzen oder spanischsprachige Zeitungen lesen. Sie haben häufiger Mütter, die ihnen bei den Hausaufgaben helfen (Tabelle 4). Auch in Sachen sonderpädagogischen Förderbedarfs unterscheiden sich Versuchsgruppen und Kontrollgruppe. Sprachbehinderungen werden bei 28,4 % der Schüler mit immersiver Förderung (!), bei 22,7 % mit Early-Exit-Förderung und bei 4,9 % der Schüler mit Late-Exit-Förderung festgestellt (410). Selbst die Ergebnisse der Förderung (Lehrerurteil) sprechen nicht unbedingt einheitlich für besondere Vorteile bilingualen Unterrichts: Betrachtet man z. B. die Anteile schlechter Leser in L2, dann führt nicht bilinguale Förderung zu weniger Problemschülern, sondern (zumindest in der vierten Klasse) die immersive Förderung (Tabelle 5).

Tab. 5: Unterdurchschnittliche Lesefertigkeiten in Englisch nach Einschätzung der Lehrer in der Untersuchung von Ramirez u. a. 1991, 283 f.

Klasse	Immersiv		Early exit		Late exit	
	Lesen	Schreiben	Lesen	Schreiben	Lesen	Schreiben
Kindergarten	28,2 %	14,8 %	33,3 %	50 %	0 %	0 %
1	30,7 %	51,4 %	27,5 %	27,1 %	46 %	32 %
2	44,3 %	63,8 %	21,6 %	34,6 %	58,9 %	23,9 %
3	19 %	29,4 %	22,9 %	39,8 %	42,2 %	49,4 %
4	27,9 %	27,9 %	30 %	41,7 %	38,2 %	19,2 %

Zusammenfassend bleibt damit nur festzuhalten: Die Untersuchung von Ramirez u. a. (1991) ist aus methodischen Gründen weitgehend ungeeignet, Aussagen über die Effektivität bilingualer Förderung zu machen. Gravierend sind erstens die Unterschiede zwischen Versuchs- und Kontrollgruppe. Um belastbare Befunde zu ermitteln, ist es sicher erforderlich, dass die Zuweisung in Versuchsgruppe und Kontrollgruppe entweder auf der Berechnung von Zufallszahlen basiert oder doch zumindest Auswertungsverfahren verwendet werden, die sicherstellen, dass nur die Schüler in die Untersuchung eingehen, die zu Beginn der Förderung vergleichbar sind. In der Untersuchung von Ramirez u. a. unterscheiden sich

Schüler von Versuchs- und Kontrollgruppe nachweislich in hoch bedeutsamen Variablen.

Es sollte zweitens sichergestellt sein, dass zwischen Versuchs- und Kontrollgruppe keine bedeutsamen Unterschiede hinsichtlich der Qualität der Förderung entstehen. Auch diese Frage ist bei Ramirez u. a. (1991) nicht geklärt. Man muss sich also die Frage stellen, was in dem Vergleich wirksam wird: der Umstand, dass Kinder vergleichsweise lange in ihrer ersten Sprache unterrichtet werden, der Umstand, dass bilingual geförderte Kinder häufiger aus Familien kommen, die eine erfolgreiche Lese-/Schreibentwicklung wahrscheinlich machen, der Umstand dass die unterrichtenden Lehrer der Versuchsgruppe besser qualifiziert sind, der Umstand, dass die Lehrer der Versuchsgruppe sich als besonders überzeugte Anhänger bilingualer Förderung erweisen, oder der Umstand, dass besonders gestaltete Unterrichtsmaterialien eingesetzt werden oder besondere Unterrichtsmethoden verwendet werden.

Im deutschen Sprachraum ermittelt die diesem Kapitel zugrunde gelegte Literaturrecherche keine Hinweise auf aktuelle Forschung zur Effektivität bilingualer Förderung. Die bekannteren deutschsprachigen Übersichtsarbeiten sind offenbar nicht in von Datenbanken erfassten Zusammenhängen veröffentlicht (Online-Quellen). Sie stützen sich dabei in Teilen auf die oben diskutierten englischsprachigen Originalarbeiten und Übersichtsbeiträge und kommen dabei zu konträren Befunden. Gogolin u. a. (2003, 45 f.) vertreten die Auffassung, dass von bilingualen Angeboten positive Effekte für die Sprachentwicklung in erster und zweiter Sprache ausgehen. Ausgangspunkt ihrer Analyse bilden dabei Untersuchungen, die nach Ansicht der Autor/innen für einen straffen Zusammenhang zwischen der ersten und zweiten Sprache sprechen. Zwar sei eine direkte Kausalität nicht nachgewiesen. Schädliche Folgen einer Förderung der ersten Sprache könnten aber nicht belegt werden. Die Forschungsbilanz der Arbeitsstelle Interkulturelle Förderung (Esser 2006) kommt zu einem anderen Urteil. Esser weist darauf hin, dass positive Effekte bilingualer Förderung zu beachtlichen Anteilen in Studien berichtet werden, die erhebliche Methodenprobleme aufweisen (76 ff.). Beschränke man die Analyse auf Studien, die Mindeststandards von Metaanalysen erfüllen (Versuchsgruppen-Kontrollgruppen-Vergleich, Pre-Test Post-Test-Untersuchungen, Randomisierung, Kontrolle von Hintergrundvariablen), so verschwänden die positiven Effekte bilingualer Förderung.

Wie kann also die Forschungslage in Sachen Effektivität bilingualer Förderung zusammengefasst werden? Es gibt zunächst vergleichsweise wenige an einigermaßen attraktiven Publikationsorten veröffentlichte Original-Arbeiten der internationalen Forschung, die sich mit der Frage nach der Effektivität bilingualer Förderung befassen. Dies mag in Teilen damit zu tun haben, dass Arbeiten zu den Effekten bilingualer Förderung nicht unbedingt selten gravierende Methodenfehler aufweisen. Die Methodenfehler erreichen dabei auch bei prominenten Studien gelegentlich ein derart irritierendes Ausmaß, dass der eigentliche Anlass der jeweiligen Studie – der Wunsch Aussagen über die Effektivität bilingualer Förderung zu machen – ad absurdum geführt wird. Schließt man in Überblicksbeiträgen erfasste

Untersuchungen aus, die auf eine Kontrolle der für die Literacyentwicklung (nicht nur) von Migrantenkindern unzweifelhaft hoch bedeutsamen sozialen Variablen verzichten, sinken die Effektstärken auf ein statistisch nicht mehr bedeutsames Niveau. Greift man schließlich auf Untersuchungen zurück, die methodische Mindeststandards einigermaßen einhalten, so ermitteln selbst überzeugte Anhänger bilingualer Förderung bestenfalls Hinweise darauf, dass bilinguale und immersive Förderung vergleichbar effektiv sind (Slavin u. a. 2010, 10). Nüchtern betrachtet ist es damit Anhängern bilingualer Förderung in Jahrzehnten engagierter Forschung ganz offensichtlich nicht gelungen, den Nachweis zu führen, dass die schulische Förderung der ersten Sprache dazu führt, dass sich die Sprachkenntnisse in der zweiten Sprache maßgeblich verbessern.

2.9 Falsifikation oder Verifikation der Schwellenhypothese?

Reichen die in der Datenbankrecherche ermittelten Untersuchungen nun aus, um Aussagen über die Schwellenhypothese zu machen? Zunächst sei an dieser Stelle noch einmal daran erinnert, dass die Verifikation der Schwellenhypothese als wirklich anspruchsvolle Aufgabe zu betrachten ist. Eine Falsifikation ist dagegen vergleichsweise billig zu haben. Denn die Schwellenhypothese erfordert eigentlich zwingend einigermaßen gute L1-Kenntnisse bei Migrantenkindern, die gute L2-Kenntnisse erreichen. Gelingt es also einer methodisch einigermaßen angemessen entwickelten Studie, Schüler vorzuweisen, die trotz schlechter L1-Kenntnisse gute L2-Kenntnisse erwerben können, darf man die Schwellenhypothese als widerlegt betrachten. Die hier durchgeführte Literaturrecherche konnte zwar keine Hinweise auf derlei Studien ermitteln, die methodischen Mindeststandards einigermaßen genügen. Die Studie von Silven/Rubinov (2010) hat aber immerhin Falsifizierungspotential. Denn in dieser Untersuchung ermittelt die Clusteranalyse immerhin eine Gruppe von Schülern, die trotz schlechter L1-Kenntnisse (in diesem Fall: russisch) gute L2-Kenntnisse entwickelt (in diesem Fall: Finnisch).

Zudem gibt es auch Untersuchungen, die verwandte Strategien anwenden. Stanat u. a. (2010) untersuchen die Auswirkungen von Migrantenanteilen in Hamburger Schulklassen. Dabei wurde zunächst festgestellt: Hohe Migrantenanteile können die mittlere Schulleistungen von Schulklassen beeinträchtigen. Und eine nahe liegende Erklärung ist: Es sind die schlechten Schulleistungen der Migrantenkinder, die für die unterdurchschnittlichen Ergebnisse der Klassen sorgen. Stanat u. a. (2010) stellen nun anhand der (belastbaren) Daten der Hamburger KESS-Studie fest (n = 10 447, Ende 4. und Ende 7. Klasse), dass sich der negative Einfluss von Migrantenanteilen nach Kontrolle der sozialen Zusammensetzung der Schülerschaft deutlich reduziert und schließlich nach Kontrolle der mittleren Ausgangsleistungen der Schüler verschwindet. Anders formuliert: Dass Migrantenanteile die Klassenergebnisse negativ beeinflussen, ist nicht unbedingt eine Folge von Bilingualität oder gar ungeeigneter Förderangebote der Lehrer. Sondern diese Beziehung scheint vor allem dadurch verursacht zu sein, dass Migrantenkinder häufig aus armen Familien stammen. Das kann man nicht unbedingt als Falsifikation der Schwellenhypothese werten, aber kommt dem nahe. Denn die Untersuchung von Stanat u.a. (2010) zeigt ziemlich deutlich: Vieles von dem, was in der populärwissenschaftlichen Diskussion als Folge von Bilingualität gehandelt wird, ist offenbar in Wirklichkeit eine Folge sozialer Ungleichheit. Die Studie kann man zudem als schöne Ergänzung der Befunde von Nauck u.a. (1998) werten, die belegen können, dass die Ranglistenunterschiede verschiedener Migrantengruppen ebenfalls eher auf soziale denn auf sprachliche Besonderheiten zurückgehen.

Auch die Verifikationsversuche nehmen ungewöhnlich aufwendige Wege. Anstatt zu versuchen, einen starken Zusammenhang zwischen Sprachkenntnissen in der ersten und zweiten Sprache bei schwachen Lernern nachzuweisen, entscheiden sich viele Studien für die deutlich aufwendigere Evaluationsforschung. Das Problem an dieser Strategie: Sie erfordert viel Zeit (auf Längsschnittstudien kann man nicht verzichten). Sie erfordern einen erheblichen administrativen Aufwand (man muss Schulen überzeugen, die Sprachförderung in z.T. erheblichem Ausmaß zu verändern). Sie erfordern die Kontrolle vieler bedeutsamer Variablen (vergleichbare Lehrer, vergleichbare soziale Herkunft, vergleichbare Literacyumgebungsvariablen usw.). Zudem ist es nicht ausgeschlossen, mit einem misslungenen Verifikationsversuch auch dem gegnerischen Lager in die Hände zu spielen. Denn Untersuchungen, die keinen Vorteil bilingualer Förderung ermitteln, haben zumindest Falsifizierungspotential.

Die hier durchgeführte Literaturrecherche ermittelt zwar einige Verifikationsversuche dieser Art. Aber offenbar sind die methodischen Anforderungen eine besondere Herausforderung. So kann eigentlich kein vernünftiger Zweifel daran bestehen, dass soziale Variablen in der Lese-/Rechtschreibentwicklung eine wichtige Rolle spielen. Und dass der Umgang mit Büchern, mit Schriftlichem, der in den jeweiligen Familien gepflegt wird, Einfluss auf die Lese-/Schreibentwicklung haben kann, ist eigentlich bei einschlägigen Literaturrecherchen kaum zu übersehen. Es ist anerkannter Standard von Evaluationsstudien, dass Kontrollgruppen verwendet werden. Und derlei lässt sich sinnvoll auch kaum ohne Pre-Test untersuchen. Vor diesem Hintergrund ist der geringe Anteil belastbarer Untersuchungen eigentlich erschütternd. Es ist dabei ja nicht so, dass ein wirklich neues Forschungsgebiet betreten wird.

Zu allem Unglück ist die Schwellenhypothese zudem nicht einmal zwingend mit dem Erfolg bilingualer Förderangebote verbunden. Für die Schwellenhypothese sprechen Erfolge bilingualer Angebote eigentlich nur dann, wenn erstens die L1-Fähigkeiten vor der Förderung als hinreichend schlecht verstanden werden müssen (mit dem Problem, dass eigentlich unbekannt ist, welche Kenntnisse in welcher ersten Sprache als hinreichend schlecht gelten müssen). Zweitens müssen die Angebote in L1 ausreichend sein (im Umfang, in der Qualität des Angebots, in der Dauer des Angebots). Und drittens müssen die Effekte überzeugend ausfallen. Dass die wenigen Übersichtsarbeiten bestenfalls von moderaten Effekten bilingualer Angebote berichten, verweist somit gleich in mehrfacher Hinsicht auf die begrenzte empirische Basis der Schwellenhypothese.

Vollkommen irritierend ist schließlich die ausführliche Konzentration der Forschung auf Parallelen der Sprachentwicklung bzw. Literacyentwicklung zwischen erster und zweiter Sprache. Dass Migrantenkinder vielleicht je nach Muttersprache typische Rechtschreibfehler machen, dass sie Wissen von der ersten Sprache voreilig in die zweite übertragen (Interferenzen), muss eben nicht heißen, dass sie viele Fehler dieser Art machen oder dass ihre Probleme in den jeweiligen Schulsystemen auf diese Weise erklärt werden können. Dass die Entwicklung in spezifischen Bereichen bei einigen bilingualen Kindern vielleicht zeitweilig langsamer verläuft, schließt nicht aus, dass diese Kinder nach ein oder zwei Jahren ihren Rückstand aufholen. Und selbst wenn diese Befürchtungen in Teilen zutreffen sollten, dann ist keineswegs gesagt, dass bilinguale Förderung der richtige Weg ist, die vermuteten Probleme zu beheben. Man kann in diesem Bereich also durchaus empirische Untersuchungen durchführen, aber das hat kaum etwas mit der Schwellenhypothese zu tun.

Bezieht man abschließend die hier referierten Untersuchungen auf die Schwellenhypothese, so ist ein erstaunlich klares Bild möglich.

- Es gibt erstens ziemlich deutliche Hinweise darauf, dass das schlechte Abschneiden von Migrantenkindern im deutschen Bildungssystem zu ganz erheblichen Anteilen durch soziale Variablen erklärt werden kann. Migrantenkinder haben nach diesen Befunden nicht etwa deshalb Probleme im Lesen und Schreiben, weil sie keine guten (also vermeintlich: „bilingualen") Angebote in der Schule erhalten. Sondern sie haben Probleme, weil sie häufig aus armen Familien stammen.
- Die Forschungslandschaft in Sachen Schwellenhypothese weist aus etwas mysteriösen Gründen seit Jahrzehnten gravierende Mängel auf. Viele Untersuchungen gehen am eigentlichen Kern des Problems vorbei. Viel zu viele andere haben gravierende Methodenfehler, und dies in einem solchen Ausmaß, dass man gelegentlich an dem empirischen Sachverstand der Autoren/innen zweifeln muss.
- Die wenigen bislang vorgelegten einigermaßen belastbaren Untersuchungen weisen in Teilen ein beachtliches Alter auf. Sie taugen allerdings bislang weder zur Verifikation der Schwellenhypothese, noch belegen sie mehr als – gemessen an dem für bilinguale Förderung erforderlichen beachtlichen Aufwand – kümmerliche Effekte. Zudem ist unklar, ob die Ergebnisse von Studien, die vor zwanzig bis dreißig Jahren mit Schülern durchgeführt wurden, deren zweite Sprache Englisch werden sollte, für das deutsche Schulsystem heute überhaupt irgendeine Bedeutung haben.

61

2.10   Der Einfluss der zweiten Sprache

Dass Sprachkenntnisse der zweiten Sprache Einfluss darauf nehmen, welches Niveau der L2-Lese-/Schreibentwicklung erreicht werden kann, sieht auf den ersten Blick zunächst wie eine banale Einsicht aus. Bei näherer Betrachtung zeigen sich aber durchaus bedeutende Probleme. Es lässt sich zwar zeigen, dass Migrantenkinder, die gute deutsche Sprachkenntnisse aufweisen, die eine hohe Lesemotivation zeigen, deren Eltern gut Deutsch sprechen, die zudem auch noch aus einem assimiliationsorientierten Elternhaus stammen, in der Schule erfolgreich sind (Nauck u.a. 1998, 716 f.; Ruesch 1998, 237; Esser 2006, 34 f.). Das Problem ist aber: Diese Befunde können auf Kausalbeziehungen verweisen. Sie müssen dies aber keineswegs tun.

Vor dem Hintergrund der bislang in diesem Kapitel diskutierten Inhalte muss man sich z. B. die Frage stellen, ob bilinguale Kinder, die mit guten Deutschkenntnissen eingeschult werden, ob bilinguale Kinder, deren Eltern gut deutsch sprechen, möglicherweise aus besonderen Familien stammen. Bedeutsam sind also Untersuchungen, die einen Zusammenhang zwischen vorschulischem Sprachniveau in L2 und späteren L2-Lese-/Rechtschreibleistungen auch bei z. B. hinsichtlich sozialer Herkunft kontrollierten Stichproben nachweisen können. Und interessant sind Förderprogramme, in denen überzufällige Effekte von Schüler- oder Elterntrainings nachgewiesen werden können, wenn entweder die Zuweisung zu Versuchs- und Kontrollgruppe auf der Basis von Zufallszahlen erfolgt oder bedeutsame Variablen auf anderen Wegen kontrolliert werden.

Wie sieht die Forschungslage in dieser Hinsicht aus? Zunächst muss man wohl festhalten, dass die Literaturrecherche weitaus weniger Hinweise auf Untersuchungen ermittelt, die sich mit den Auswirkungen guter L2-Kenntnisse befassen, als z. B. solche, die einen Zusammenhang der Entwicklung zwischen L1 und L2 belegen wollen. Dies sollte man allerdings nicht unbedingt überbewerten, verläuft die wissenschaftliche Diskussion doch gelegentlich nach eigenen Gesetzmäßigkeiten.

Die in der Literaturrecherche ermittelten Untersuchungen zeichnen ein mehr oder weniger einheitliches Bild. Wer sich mit der Frage befasst, was erfolgreiche Kinder aus Migrantenfamilien ausmacht, stellt häufig fest: Sie verfügen über beachtliche Sprachkenntnisse in der Landessprache. Dabei wurden unterschiedliche Merkmale von Kenntnissen in der Zweitsprache untersucht. In der Dissertation von Avramidou (Versuchsgruppe n = 34 bilinguale griechisch-deutschsprachige Kinder/Kontrollgruppe n = 46 monolinguale griechischsprachige Kinder) zeigen sich bei den bilingualen Kindern signifikante Korrelationen zwischen der phonologischen Bewusstheit und späteren Rechtschreibleistungen (Avramidou 2003, 152). Eine Vorhersage ist allerdings nicht möglich – dies spricht ziemlich deutlich gegen den Nachweis von Kausalbeziehungen. Hinweise auf eine explizite Kontrolle der sozialen Herkunft liegen nicht vor. Die Studie vergleicht wohl Schüler, die in München eine private griechische Schule besuchen, mit griechischen Grundschülern. Bemerkenswert ist aber wohl der Hinweis, dass die Eltern der

Stichprobe keinen akademischen Beruf ausüben – weder in der Versuchsgruppe noch in der Kontrollgruppe (92).

Auch die Studie von Limbird/Stanat (2006) kann Hinweise auf eine besondere Bedeutung der phonologischen Bewusstheit ermitteln. Hier fällt der Zusammenhang zwischen der phonologischen Bewusstheit der 100 bilingual türkisch-deutschsprachigen Kinder und der Leseleistungen deutlich größer aus als bei den untersuchten 69 monolingualen Kindern (r =.71 für türkisch-deutschsprachige Kinder, r =.38 für monolingual deutschsprachige Kinder). Die phonologische Bewussheit spielt aber bei der Vorhersage der Lesekompetenz überraschender Weise eine geringere Rolle als bei der monolingual-deutschsprachigen Kontrollgruppe. Auch in der Studie von Limbird/Stanat ist die soziale Herkunft nicht systematisch kontrolliert. Die Autor/innen weisen darauf hin, dass die kognitiven Fähigkeiten und die sozioökonomische Situation der ausgewählten 14 Klassen den insgesamt 59 Klassen gleichen, die am Berliner Projekt „BeLesen" teilnehmen. Vor dem Hintergrund der weiter mitgeteilten Merkmale der Stichprobe (mindestens 50 % Kinder nicht deutscher Herkunftssprache, Soziallage in einer siebenstufigen Skala des Sozialindex zwischen Stufe sechs und sieben) bedeutet dies, dass in der Studie von Limbird/Stanat wohl vor allem Kinder aus armen und wenig gebildeten Familien untersucht werden (Limbird/Stanat 2010, 102).

Swanson (2005, 339 f.) stellt in Auseinandersetzung mit der US-amerikanischen Forschung zunächst fest, dass inzwischen erhebliche Anteile der Schüler Englisch als zweite Sprache erwerben. Viele dieser Schüler zeigten Literacy-Probleme. Forschungsbedarf bestehe vor allem hinsichtlich der Bedeutung der phonologischen Bewusstheit. Die empirische Untersuchung wird an Schülern der fünften bis achten Klassen einer größtenteils bilingualen Junior-Highschool durchgeführt. Die Schüler haben einen geringen sozioökonomischen Status. Spanisch ist die häufigste erste Sprache. 62 % der Schüler sind mexikanischer Herkunft, 15 % sind philippinischer Herkunft und 11,5 % sind kaukasischer Herkunft. Die schlechten Lesefertigkeiten haben die Schulverwaltung dazu veranlasst, ein dreistufiges Lesetraining anzubieten. In welchem Semester das Lesetraining erfolgt, wird ohne Rückgriff auf explizite Kriterien entschieden. Zu Beginn des Semesters wird der Gates-Mc Ginitie-Lesetest durchgeführt. Schüler, die sich auf der Stufe von Sechstklässlern befinden, werden in Kursen gefördert, die Schwerpunkt auf das Leseverständnis legen. Schüler, die sich auf der Stufe von Fünftklässlern befinden, werden in Kursen gefördert, in denen Einheiten zum Leseverständnis durch ein computergestütztes Lesetrainingsprogramm ergänzt werden (Leseverbesserung, Leseflüssigkeit). Schüler, die die Leistungen von Viertklässlern oder schlechtere Leistungen erreichen, werden auf Probleme in der phonologischen Bewusstheit (Lindamood Auditory Conceptualisation Test) bzw. auf Probleme in den Submerkmalen der Leseentwicklung untersucht (Woodcock Reading Mastery Test). Etwa 25 % der Siebtklässler erfüllen in jedem Jahr die Kriterien für die Förderung der phonologischen Bewusstheit. Die Zuordnung zur Versuchsgruppe (Förderung der phonologischen Bewusstheit; n = 35) erfolgt auf der Berechnung von Zufallszahlen. Die (Warte-) Kontrollgruppe umfasst 33 Schüler.

Die Versuchsgruppe erhält ein von Swanson entwickeltes Training der phonologischen Bewusstheit im Umfang von 45 Stunden ausschließlich in englischer Sprache. Es umfasst Aufgaben zur Phonem-Segmentation, Phonem-Manipulation und Blending sowie Aufgaben zum Lesen von Pseudowörtern. Das Vorgehen wird dabei vergleichsweise präzise von den Leistungsfortschritten der Schüler abhängig gemacht. Sind z. B. die Schüler in der Lage, gesprochene Drei-Laut-Pseudowörter mit einer 90-prozentigen Zuverlässigkeit zu segmentieren, übertragen sie diese Kenntnisse auf geschriebene Pseudowörter und auf Buchstabierübungen. Darauf folgen Vierlaut-Wörter und Fünflaut-Wörter nach dem gleichen Verfahren (340 ff.). Die Ergebnisse zeigen (341 f.) moderate bis starke Effekte des Trainings der phonologischen Bewussheit. Die Effektstärke erreicht einen beachtlichen Wert von 1,24 im Lindamood Auditory Conzeptualisation Test und moderate Effekte (0,38 bis 0,6) im Woodcock Reading Mastering Test (eigene Berechnung auf Basis der mitgeteilten Befunde; 341 f.). Die Unterschiede zwischen Versuchs- und Kontrollgruppe sind hoch signifikant. Swanson interpretiert die Befunde als Hinweis darauf, dass direkte, explizite und systematische Förderung der phonologischen Bewusstheit die Lesefertigkeiten schlechter Leser verbessern kann (342).

Bemerkenswert ist die Studie von Swanson in mehrfacher Hinsicht. Bedeutsam ist zunächst die eher beiläufig mitgeteilte Information, dass etwa 25 % der Fünftklässler der ausgewählten Brennpunktschule gravierende Probleme in der Entwicklung der phonologischen Bewusstheit haben. Weil derlei Fertigkeiten von Kindern normalerweise im Vorschulalter oder vielleicht noch im ersten Schuljahr entwickelt werden, verweisen diese Befunde also zunächst auf gravierende Versäumnisse in der Leseförderung der vorangehenden Schulen.

Vor dem Hintergrund der besonderen sozialen Zusammensetzung der Stichprobe kann diese Studie aber auch als Hinweis darauf verstanden werden, dass zwischen sozialer Herkunft und der Entwicklung der phonologischen Bewusstheit besondere Beziehungen bestehen. Offenbar sind Probleme in der Entwicklung der phonologischen Bewusstheit bei Familien aus schwierigen sozialen Verhältnissen weit verbreitet – und dies trifft offenbar auch für bilinguale Schüler zu.

Schließlich ist festzuhalten, dass Probleme in der phonologischen Bewusstheit unter bestimmten Bedingungen (offenbar: unzureichende Förderung in der Grundschule) auch in L2 noch relativ spät mit gutem Erfolg angegangen werden können. Die Studie verweist also auf die Wirksamkeit von Interventionen, die sich auch im immersiven, vielleicht sogar im submersiven Umfeld umsetzen lassen.

Die Untersuchung von McDonald (2006) untersucht mit der critical-period-Hypothese einen besonderen Aspekt des L2-Erwerbs. Die critical-period-Hypothese geht davon aus, dass der Zeitpunkt, an dem Fremdsprachlerner mit der zweiten Sprache in Kontakt kommen, einen gewichtigen Einfluss auf die Sprachentwicklung haben kann. Dabei gilt ein Einreise-Alter von mehr als 12 Jahren als problematisch. Beleg für die critical-period-Hypothese sind üblicherweise deutlich schlechtere Ergebnisse in L2-Grammatiktests. McDonald möchte nun der Frage nachgehen, ob derlei Probleme nicht eher durch niedrige L2-Arbeitsgedächtnis-

Werte, schlechte L2-Decodierungsfähgkeiten oder unangemessene L2-Verarbeitungsgeschwindigkeit erklärt werden können (381 f.).

Menschen, die eine zweite Sprache erlernen, neigen nach Analyse der Autorin dazu, ein niedrigeres Arbeitsgedächtnis in L2 zu entwickeln. Bei Muttersprachlern zeigen sich Zusammenhänge zwischen Arbeitsgedächtnis und Syntaktischer Performanz. Sie verweist in diesem Zusammenhang auf eine Studie von Blackwall und Baters (1995), in der eine zusätzliche Aufgabe (eine Zahlenfolge behalten) das Abschneiden in Grammatiktests beeinträchtigt. Die Befundlage sei hier aber nicht einheitlich (383). In Decodierungsaufgaben schneiden Menschen, die spät mit einer zweiten Sprache in Kontakt kommen, ebenfalls schlecht ab (Sanders u.a. 2002). Sie entwickeln deutliche Probleme, Phonementdeckungsaufgaben zu bewältigen, können Wörter in der zweiten Sprache bei Störgeräuschen schlechter identifizieren. Die Decodierungs- und Identifizierungsfertigkeiten korrelieren nach Bericht der Autorin ihrerseits wiederum mit der Fähigkeit, in Wiederholungsaufgaben grammatikalisch korrekte Sätze zu produzieren. Bei Muttersprachlern zeigen sich ähnliche Probleme, wenn sie Störgeräuschen ausgesetzt sind. Auch in Sachen Verarbeitungsgeschwindigkeit zeigen sich nach Analyse von McDonald spezifische Probleme von Menschen, die später mit einer Fremdsprache in Kontakt kommen. Sie verwenden z.B. mehr Zeit auf Aufgaben zur Beurteilung grammatikalischer Probleme (384).

Die Untersuchung vergleicht 50 Studenten englischer Muttersprache mit 50 Studenten, die in die USA mit 12 Jahren oder noch höherem Alter eingewandert waren. Einige dieser Schüler hatten allerdings Englischkenntnisse in der Mittelschule erworben. Im Rahmen des Experiments sollen die Studierenden Grammatikaufgaben lösen und währenddessen ihnen genannte Begriffe von Gegenständen sortieren (385). Die Decodierungsfähigkeiten wurden mit Aufgaben zur Phonemzerlegung erhoben (Zerlegung von Wörtern in Wortbestandteile). Die Verarbeitungsgeschwindigkeit wurde über eine Wortentdeckungsaufgabe untersucht. Den Probanden wurde ein Zielwort mitgeteilt und sie wurden gebeten, einen Schalter zu betätigen, sobald sie das betreffende Wort in gesprochenen Sätzen wahrnehmen. Die Grammatikaufgaben bestanden darin, dass in 50 Satzpaaren, von denen jeweils ein Satz die korrekte Form und der jeweils andere einen Fehler enthielt, die korrekte Version zu identifizieren (386 f.).

Die Ergebnisse zeigen nicht ganz überraschend, dass sich L2-Sprecher signifikant in Sachen Arbeitsgedächtnis, Verarbeitungsgeschwindigkeit und grammatikalischen Kompetenzen von L1-Sprechern unterscheiden. Bei den Decodierungsfähigkeiten zeigen sich lediglich leichte Unterschiede (p =.07; 388). Eine Korrelationsanalyse verweist vor allem auf starke Einflüsse der Decodierungs-Fähigkeiten und des Arbeitsgedächtnisses. Einreisealter und Umfang des Englischkontaktes korrelieren im direkten Vergleich schwach signifikant (389).

In einem zweiten Experiment sollen 300 Muttersprachler u.a. die gleichen Aufgaben zum Arbeitsgedächtnis, zur Zerlegung von Wörtern und zu grammatikalischen Kompetenzen bewältigen. Allerdings sollte zeitgleich eine Zahlenfolge im Gedächtnis behalten werden, ein störender Geräuschpegel musste ertragen werden oder die Sprachgeschwindigkeit war hoch (392, 396). Ergebnisse: Die Stressoren führen zu schlechteren Ergebnissen im Grammatiktest. Versuchspersonen mit gutem Arbeitsgedächtnis und guten Decodierfähigkeiten reagierten weniger auf die Stressoren als Personen, die in den jeweiligen Testverfahren schlecht abschneiden (395). Zudem zeigen sich Parallelen zwischen Versuchspersonen, die spät mit Englisch als Zweitsprache in Kontakt kamen, und Muttersprachlern, die die Grammatikaufgaben unter Stress bewältigen sollten (397).

Die Untersuchung von Mc Donald ist entsprechend geeignet, Zweifel an einer umfassenden Gültigkeit der critical-period-Hypothese zu bestärken. Eine zweite Sprache könne durchaus erfolgreich erworben werden, wenn ein Alter von 12 Jahren überschritten werde. McDonald weist abschließend auf Schwachstellen der Hypothese hin: Die Forschung zeige, dass L2-Lerner in einem jüngeren Alter schlechte Ergebnisse erzielen, wenn L1 und L2 gravierende Unterschiede aufweisen.

Der Zeitpunkt des Zweitspracherwerbs habe zudem auch jenseits der kritischen Periode einen Einfluss. Und schließlich gebe es eine erhebliche Vielfalt unter Personen, die Englisch als Zweitsprache erwerben. Und eine solche Vielfalt könne gut über Verarbeitungsprobleme erklärt werden (398).

2.11 Migration und soziale Benachteiligung

Das Bild, das die vielen Studien zeichnen, wird nun langsam klarer. Zwar ist es sicher zu früh, verbindliche Aussagen über die kausalen Beziehungen zwischen Bilingualität und Lese-/Rechtschreibproblemen zu machen. Aber für eine Formulierung von ersten vorsichtigen Hypothesen reicht die Befundlage aus.

Es wurde deutlich: Die vorliegenden Studien widerlegen die Schwellenhypothese eher, als dass sie sie stützen. Es gibt zwar Hinweise auf einen spezifischen Einfluss der in der ersten Sprache erworbenen Kenntnisse auf die Entwicklung der zweiten Sprache. Dieser Einfluss ist aber eher schwach. Er kann nur zu kleinen Anteilen erklären, warum in Deutschland Migrantenkinder so häufig Probleme in der Lese-/Schreibentwicklung zeigen. Es gibt Hinweise darauf, dass Literacyumgebungsvariablen einen Einfluss (auch) auf die Lernentwicklung von bilingualen Kindern haben. Wie viele Bücher im elterlichen Haushalt stehen, wie wichtig Lesen und Schreiben im Alltag der jeweiligen Familie ist, kann vor dem Hintergrund der enttäuschenden Effekte entsprechender Förderprogramme allerdings nur zu einem kleinen Anteil erklären, warum Migrantenkinder in Deutschland so häufig Probleme in der Lese-/Schreibentwicklung haben. Dies alles bedeutet sehr wahrscheinlich: Ob bilinguale Kinder Probleme im Lesen und Schreiben entwickeln, hat offenbar wenig mit Einflüssen der ersten Sprache zu tun, wenig mit Literacy-Umgebungsvariablen und vermutlich auch wenig damit, dass Schulen nicht in ausreichendem Maße bilinguale Förderangebote bereit stellen. Es sind

offenbar soziale Variablen, von denen entscheidende Wirkungen in einem Kausalmodell ausgehen müssen (Abbildung 7).

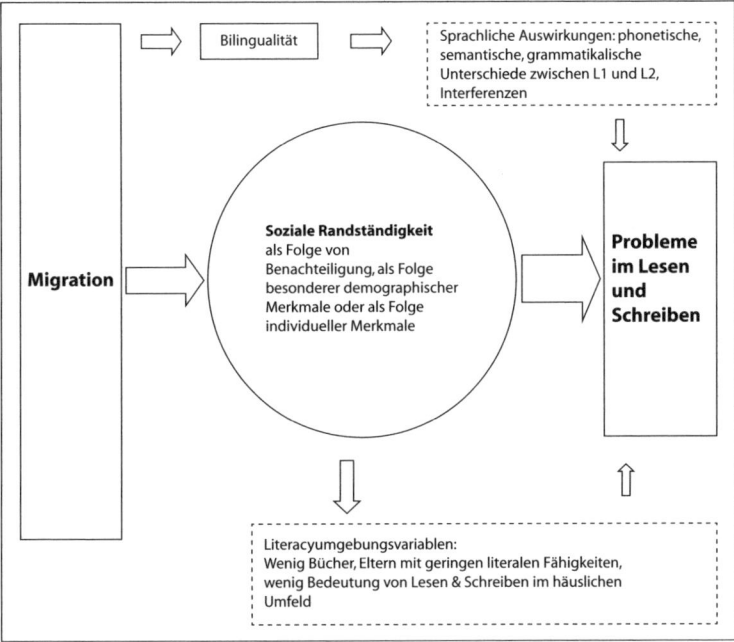

Abb. 7: Probleme in Lesen und Schreiben – Hypothesen zu kausalen Beziehungen

Wie kann dieses Modell beschrieben werden? Es ist *erstens* wahrscheinlich, dass die
schwierige soziale Situation einiger Migrantenfamilien darauf zurückgeht, dass
Menschen mit Migrationshintergrund Benachteiligungen ausgesetzt sind. Kinder,
Jugendliche oder Erwachsene mit Migrationshintergrund erhalten (auch) in
Deutschland möglicherweise zu beträchtlichen Anteilen keine faire Note in der
Schule, sie haben auf dem Ausbildungs-, Arbeits- und Wohnungsmarkt nur des-
halb schlechte Chancen, weil ihre ethnische Herkunft Vorbehalte auslöst. Und die
Motive der Zeitgenossen ohne Migrationshintergrund, die derlei Benachteili-
gungen begünstigen oder zumindest dulden, sind sicher nicht ehrenhaft. Das
Bundesamt für Verfassungsschutz geht für das Jahr 2009 von einem Rechtsextre-
mismuspotential von bundesweit etwa 26 000 Personen aus. Eine von der Universität Leipzig in Auftrag gegebene repräsentative Studie ermittelt gar, dass ein
Viertel der deutschen Bevölkerung (!) ausländerfeindlichen Aussagen ausdrücklich
zustimmt (Decker/Brähler 2005). Es ist nicht von der Hand zu weisen, dass derlei
Einstellungen die häufig sowieso schon schwierige Lage von Migrantenfamilien
zumindest verschärfen oder möglicherweise in Teilen sogar verursachen.

Die Forschungslage spricht *zweitens* dafür, dass es demographische Gründe
dafür geben muss, dass sich Migrantenfamilien in häufig schwierigen Soziallagen

befinden. Es sind z. B. Untersuchungen wie die von Nauck u. a. (1998), die vergleichsweise deutlich nachvollziehbar machen, dass die je nach ethnischer Herkunft ermittelten Unterschiede im Bildungssystem darauf zurückgehen, dass die jeweiligen Migrantengruppen unterschiedliche soziale Merkmale haben. Einwandererfamilien in Deutschland unterscheiden sich also auch deshalb hinsichtlich ihrer sozialen Merkmale von der Bevölkerung ohne Migrationshintergrund, weil Deutschland zu beachtlichen Anteilen auch arme und ungebildete Migranten aufgenommen hat. Dass derlei Benachteiligungsmuster sich offenbar über Generationen hinweg fortsetzen können, zeigt, wie wenig das deutsche Bildungssystem darauf ausgerichtet ist, Aufstiegschancen zu vermitteln und soziale Ungleichheiten abzubauen.

Drittens muss man bei allen Bedenken politisch korrekter Zeitgenoss/innen vermutlich auch davon ausgehen, dass individuelle Ursachen wirksam werden. Durchaus denkbar, dass Armut erst in Verbindung mit besonderen sprachlichen Anlagen wirklich gravierende Auswirkungen auf die Lese-/Schreibentwicklung haben kann. Mag es Mittelschichtsfamilien z. B. noch gelingen, die durch besondere Probleme in der phonologischen Verarbeitung entstehenden Lese-/Rechtschreibprobleme ihrer Kinder mit Hilfe von Therapiemaßnahmen oder durch Rückgriff auf Sonderbedingungen für legasthene Kinder zumindest in Teilen zu kompensieren, bleibt für Kinder armer Familien vielleicht wirklich nur die Sonderschule. Und einen solchen Lebensweg kann man insbesondere dann erwarten, wenn die Eltern weder in der Lage sind, ihr Kind wirksam zu unterstützen noch ausreichende Kenntnisse haben, sich gegen die manchmal doch deutlich von institutionellen Bedürfnissen beeinflussten Entscheidungen der beteiligten Lehrer/innen zur Wehr zu setzen. Wenn schon bei monolingualen deutschsprachigen lernbehinderten Schülern die Gleichung gilt: „Lernbehinderung = Herkunft aus sozialen Randgruppen plus x" – warum soll diese Gleichung nicht auch erklären können, warum Kinder aus Migrantenfamilien so häufig Probleme in der Literacyentwicklung zeigen?

Es ist zudem nicht ganz von der Hand zu weisen, dass soziale Randständigkeit nicht nur als Ursache von Literacyproblemen zu betrachten ist, sondern zusätzlich auch als deren Folge verstanden werden muss (Abbildung 8). Wer Probleme im Lesen und Schreiben hat, hat schlechte Bildungschancen. Wer schlechte Bildungschancen hat, hat geringe Aussichten auf eine Berufsausbildung bzw. auf eine Berufsausbildung in attraktiven Berufen. Die Digitalisierung der Arbeitswelt und der Export von Arbeitsplätzen für gering qualifizierte Menschen in dritte Länder macht unwahrscheinlich, dass Menschen, die nur sehr schlecht lesen und schreiben, in das Arbeitsleben integriert werden können. Gelingt also der Schule nicht oder nur unzureichend, Wesentliches an den literalen Kompetenzen der Kinder aus diesen Familien zu ändern, führen Literacy-Probleme zur sozialen Randständigkeit. Ein Kreislauf entsteht.

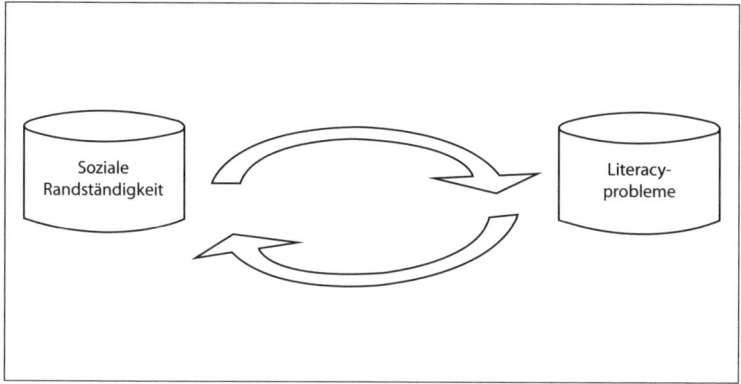

Abb. 8: These vom Kreislauf aus Armut und Literacyproblemen

Das Migrantenproblem in der Leistungsentwicklung könnte demnach weniger darin bestehen, dass nach Deutschland zu hohe Anteile von Migranten aus sozialen Randgruppen eingereist sind. Sondern das Problem könnte darin bestehen, dass zwar einst viele Migranten aus sozialen Randgruppen eingereist sein mögen, aber vor allem: dass es der deutschen Schule nicht (ausreichend) gelungen ist, den Kreislauf aus Armut und Literacyproblemen zu durchbrechen.

So eingängig das Bild von den dauerhaft randständigen Unterschichtsfamilien mit Migrationshintergrund auch sein mag. Man muss wohl darauf hinweisen, dass auch diese Frage außerordentlich schlecht untersucht ist. Zwar mögen viele Schulleiter aus Haupt- oder Förderschulen davon berichten, dass auch ihre Schule zuverlässig immer wieder aus besonderen Familien beliefert wird. Aber empirisch belegt sind derlei dynastische Effekte keineswegs.

Bemerkenswert ist in diesem Zusammenhang eine Studie von Seifert (2005). Seifert kann auf Basis von Daten aus dem Landesamt für Statistik NRW feststellen, dass nicht alle oder nicht einmal die Mehrheit der Kinder von Eltern ohne beruflichen Abschluss selbst keinen Hauptschulabschluss erreichen. Sondern es sind weniger als 10 %. Zahlen für Migranten sind in dieser Studie allerdings nicht gesondert ausgewiesen.

Damit lässt sich möglicherweise festhalten, dass das Bild von den dauerhaft am Rande der Gesellschaft lebenden Milieus von Bildungsverlierern bestenfalls Anteile des Problems erklären kann. Man muss sich das wohl so vorstellen: Auch am sozialen Rand der Gesellschaft gibt es ständig Bewegungen. Unten sind nicht immer die Kinder aus den gleichen Familien. Sondern: Viele Kinder aus diesen Familien schaffen den Aufstieg, erwerben gute Kenntnisse im Lesen und Schreiben, erwerben Schulabschlüsse, gehen in die Berufsausbildung. Einigen wenigen dieser Kinder gelingt dies nicht. Und diese Kinder bilden zusammen mit neuen Absteigern oder vielleicht auch mit neuen Zuwanderern eine neue Generation von Bildungsversagern. Soziale Herkunft aus der Unterschicht muss also ein Risikofaktor für Literacyprobleme verstanden werden. Vor dem Hintergrund der hohen

Unterschichtsanteile in den Förderschulen kann man vielleicht sogar davon ausgehen, dass fast eine Kausalbeziehung in Form einer notwendigen, aber nicht hinreichenden Bedingung vorliegt. Aber nur eine kleine Minderheit der Familien, die der sozialen Unterschicht zugerechnet werden können, hat Kinder, die Probleme mit dem Lesen und Schreiben entwickeln. Und es sind keineswegs immer die gleichen Familien. Dies spricht ziemlich deutlich für einen variierenden zweiten Faktor, ggf. auch für variierende weitere Variablen.

Nun kann der Hinweis auf soziale Variablen als zentrale Ursache von Problemen der Literacyentwicklung (auch) bei Migrantenkindern leicht missverstanden werden. Dass solche Variablen offenbar deutlich gewichtiger sind als sprachliche, aus der Bilingualität entstehende Variablen, vereinfacht die Lage nicht unbedingt. Denn die Wirkungsmechanismen sozialer Benachteiligung sind alles andere als klar. Und Ansatzpunkte für wirkungsvolle Interventionen sind derzeit noch nicht zu erkennen. Wie muss man sich die Wirkmechanismen vorstellen?

Zunächst ist es wohl sinnvoll, davon auszugehen, dass die Beziehungen nicht monokausal sind. Denn selbst dann, wenn Kinder eine ethnische Herkunft aufweisen, die vergleichsweise häufig mit Problemen im Lesen und Schreiben verbunden ist, dann sind niemals alle Kinder dieser ethnischen Herkunft betroffen. Sondern die Wahrscheinlichkeit, dass ein Kind dieser Herkunft Probleme in der Literacyentwicklung entwickelt, ist in diesem Fall nur deutlich höher. Betrachtet man z. B. die Sonderschulquoten im Bundesland NRW, dann lässt sich zwar feststellen, dass Kinder mit serbischer Staatsbürgerschaft fast sieben mal häufiger die Förderschule Lernen besuchen als Kinder deutscher Staatsbürgerschaft (Quelle Schulstatistik NRW Schuljahr 2006/2007; eigene Berechnungen für kreisfreie Städte NRWs). Aber dies bedeutet eben nicht, dass alle serbischen Kinder in den Sonderschulen zu finden sind oder auch nur die Mehrheit von ihnen. Die massive Überrepräsentierung geht vielmehr auf eine Sonderschulquote serbischer Schüler von 12,64 % zurück. Es muss also gelten: Kinder aus Migrantenfamilien entwickeln nicht allein deshalb Probleme in der Literacyentwicklung, weil sie aus einer ethnischen Gruppe stammen, in der derlei Probleme häufig sind. Sondern es muss gewichtige andere Gründe geben, die zu Rückständen in der Lese-/ Schreibentwicklung führen.

Welche sozialen Variablen werden wirksam? Der aktuelle Stand der Forschung erlaubt keine präzise Antwort auf die Frage nach Wirkmechanismen. Die Zusammenhänge können indirekt verlaufen. Und manchmal ist unklar, welche der vielen Einzelvariablen kausale Bedeutung haben und welche nur mit kausalen Faktoren korrelieren. Zudem gilt auch in Sachen sozialer Benachteiligung: Keineswegs alle Kinder einer benachteiligten Gruppe müssen Probleme im Lesen/Schreiben entwickeln. Probleme sind in diesem Milieu lediglich wahrscheinlicher. Die Anteile der Problemkinder sind also höher als in benachteiligten Familien ohne Migrationshintergrund (Abbildung 9). Viele Kinder aus benachteiligten Migrantenfamilien, aber keineswegs alle Kinder dieser Familien entwickeln Probleme im Lesen und Schreiben. Die Bedeutung sozialer Benachteiligung und damit die Anteile von Kindern mit Problemen im Lesen und Schreiben können je nach Ethnie nach-

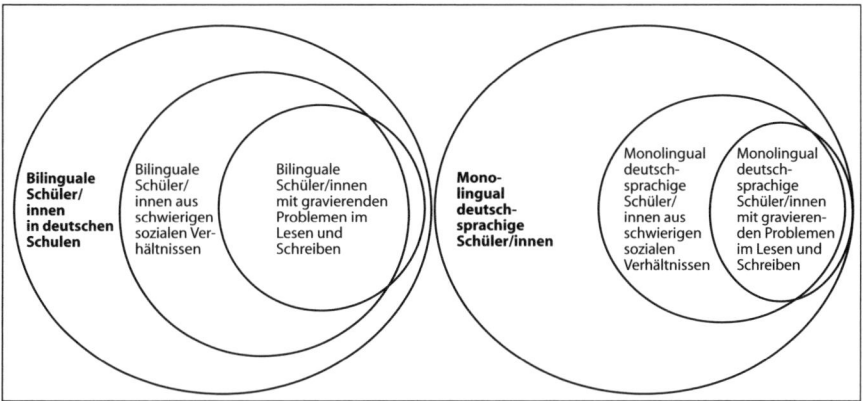

Abb. 9: Wirkung der Soziallage auf die Lernentwicklung im Bereich Lesen und Schreiben

weislich sehr unterschiedlich ausfallen. Und es ist auch durchaus möglich, dass es Familien unterschiedlicher ethnischer Herkunft in unterschiedlichem Ausmaß gelingt, den Kreislauf aus Armut und Literacyproblemen zu durchbrechen.

Die These von den primär sozialen Ursachen der Lese-/Rechtschreibprobleme von Migrantenkindern hat einige bedeutende Implikationen für die Forschung, für die Bildungspolitik und für die pädagogische Arbeit.

Für die Forschung ergibt sich zunächst die Notwendigkeit, diese These besser abzusichern. Die im Rahmen des dritten Kapitels vorgestellten empirischen Untersuchungen fügen in Teilen neue Erkenntnisse hinzu. Aber von ihrer Anlage her sind die dort publizierten Studien sicher nicht in der Lage, die Frage nach den sozialen Ursachen der Lese-/Rechtschreibprobleme von Migranten in Deutschland angemessen zu entscheiden. Erforderlich sind repräsentative Untersuchungen über die Lese- und Rechtschreibentwicklung von Migrantenkindern bei Kontrolle sozialer Variablen und – so möglich – bei präziser Analyse typischer Rechtschreibmuster je nach erster Sprache. Und wenn schon nicht die These von den primär sozialen Ursachen der Lese-/Rechtschreibprobleme von Migrantenkindern belegt ist, dann gelten diese Unsicherheiten in noch größerem Ausmaß für die hieraus abgeleiteten Annahmen. Besonders klar müssten derlei Befunde einerseits am unteren Ende des Leistungsspektrums zu erheben sein, in Förderschulen also z. B. Besonders vielversprechend sind zudem auch Studien, die sich mit dem oberen Ende des Leistungsspektrums befassen, also Untersuchungen z. B., die analysieren, welcher Anteil aller bilingualen Gymnasiasten schlechte Kenntnisse in ihrer (nicht-deutschen) ersten Sprache haben.

Darüber hinaus ist es wohl unverzichtbar, die Zusammenhänge zwischen sozialer Benachteiligung und Problemen in der Literacyentwicklung genauer zu verstehen – bei Migrantenkindern und bei Kindern ohne Migrationshintergrund. Dass soziale Variablen mit der Entwicklung des Lesens und Schreibens eng zusammenhängen, kann letztlich unterschiedliche Ursachen haben. Am einfachsten wäre es wohl, wenn sich die Familiy-Literacy-Variablen als das eigentliche Problem erweisen würden. Zu wenig Bücher in den Problemfamilien, zu wenig Vorleseaktivitäten, zu wenig Interesse an allem, was mit Lesen und Schreiben zu tun hat, das wäre ja etwas, was zum Gegenstand von Präventionsprogrammen werden könnte. Das Problem ist: Derlei Programme gibt es schon längst. Aber die Effekte sind eher überschaubar. Die These von einem nur schwer zu durchbrechenden Kreislauf aus Armut und Bildungsproblemen verweist darüber hinaus darauf, dass es nicht nur wichtig ist zu verstehen, warum so viele Kinder aus armen Familien so deutliche Probleme mit dem Lesen und Schreiben entwickeln. Sondern es ist auch wichtig nachvollziehen zu können, ob sich Benachteiligungskreisläufe feststellen lassen, die Generationen überdauern und wie man diese Kreisläufe durchbrechen kann.

Dass die These von den sozialen Ursachen der Lese-/Rechtschreibprobleme von Migrantenkindern auch Implikationen *für die Politik* haben muss, liegt auf der Hand. Zum einen kann man die Ergebnisse auf die Einwanderungspolitik beziehen und darüber nachdenken, welche Migrantengruppen für Deutschland besonders attraktiv sind. Dass diese Überlegungen sicher nicht als einzige Entscheidungsgrundlage gelten dürfen, liegt auf der Hand. Die Entscheidung, Flüchtlinge und Verfolgte aufzunehmen, darf sicher nicht an den literalen Kompetenzen der Verfolgten festgemacht werden oder schlimmer noch auf Basis von sozialen Merkmalen erfolgen. Anders verhält es sich bei der Migration aus wirtschaftlichen Motiven. Es ist nicht unbedingt verwerflich, wenn sich Einwanderungsländer überlegen, welche Migranten wirtschaftlich erwünscht sind und welche eher nicht. Und dies gilt sogar insbesondere dann, wenn sich das eigene Schulsystem als weitgehend unfähig erweisen sollte, den Kreislauf aus Armut und Lese-/Rechtschreibproblemen zu durchbrechen.

Einige Bedeutung haben die hier ermittelten Ergebnisse auch für die Bildungspolitik. Die Unterstützung von bilingualen Unterrichtsmodellen ist eine sicher ehrenwerte und sinnvolle Angelegenheit. Denn es ist ohne Zweifel wünschenswert, dass sich Migrantenkinder in der deutschen Sprache und in ihrer Muttersprache sicher bewegen können. Aber sollte sich nichts Wesentliches an dem Forschungsstand in Sachen Schwellenhypothese ändern, so muss man ernsthaft darüber nachdenken, ob die für muttersprachlichen Unterricht eingesetzten Mittel die richtigen Familien erreichen (nämlich solche aus schwierigen sozialen Verhältnissen) bzw. ob die Mittel für muttersprachlichen Unterricht nicht an anderer Stelle besser eingesetzt sein könnten. Ein eher schwacher und vielleicht auch noch nur indirekter Zusammenhang zwischen den Kompetenzen der ersten und zweiten Sprache, eher überschaubare Effekte bilingualer Förderung auf die Entwicklung von L2 sprechen zumindest nicht unbedingt für einen umfangreichen Ausbau bilingualer Modelle. Möglicherweise ist es einfach an der Zeit, bilinguale Unterrichtsmodelle als das zu verstehen, was sie von ihrer Anlage her letztlich auch sind: als Konzepte zur Förderung von Bilingualität. Für die Annahme, dass die Förderung nicht deutscher erster Sprachen von Migrantenkindern als besonders effektiver Weg zur Entwicklung von Deutschkenntnissen betrachtet werden muss, besteht zumindest nach Befunden dieses Kapitels kaum noch Anlass.

Bildungspolitische Interventionen sollten schließlich unbedingt in Beziehung gesetzt werden zu Forschungsbefunden über soziale Ursachen von Lese-/Rechtschreibproblemen. Es gilt dabei, zunächst präzise Wissensbestände über die Merkmale der Problemgruppen zu entwickeln. Erforderlich sind in einem zweiten Schritt Kenntnisse über wirksame Interventionen. Und erst dann, erst wenn klar ist, welchen Problemgruppen mit welchen Interventionen geholfen werden kann, macht es Sinn, über bildungs- und vielleicht auch sozialpolitische Steuerungsinstrumente nachzudenken.

Es ist schließlich nicht das erste Mal, dass Versuche unternommen wurden, mit Methoden der kompensatorischen Erziehung vermeintliche „Sozialisationsdefizite" von Unterschichtskindern zu beheben. Auch damals waren nicht ausreichend belegte Kausalmodelle die Basis von Interventionen. Heute kann man sagen: Die Benachteiligungsmodelle waren zu ökonomisch. Die im deutschen Bildungssystem mehrheitlich erfolgreichen Unterschichtskinder wurden übersehen. Bei den Aktivisten gab es wohl zu wenig Verständnis für die empirischen Implikationen der vermuteten Beziehungen und vielleicht auch zu viel Hoffnung auf revolutionäre Veränderungen. Dies alles hat dazu beigetragen, dass über Jahre hinweg beachtliche Ressourcen ohne nennenswerte Effekte eingesetzt wurden. Das muss man 40 Jahre später nicht unbedingt noch einmal wiederholen.

Für die *pädagogische Arbeit* hat die These von den sozialen Ursachen der Lese-/Rechtschreibprobleme von Migrantenkindern ebenfalls ganz erhebliche Bedeutung. Wenn man von zwar signifikanten, aber in ihrer kausalen Bedeutung letztlich nicht wesentlichen Zusammenhängen zwischen der ersten und der zweiten Sprache von Migrantenkindern ausgehen muss, dann entsteht für die pädagogische Arbeit eine vollkommen andere Ausgangslage. Die Befunde bedeuten zunächst, dass man sich wohl doch sehr weitgehend von der Vorstellung verabschieden muss, es gebe eine besondere, möglicherweise sogar für jede erste Sprache unterschiedliche Form der Förderung von Migrantenkindern. Wenn die Schwellenhypothese als nicht ausreichend belegt verworfen werden muss, dann entfallen nicht nur wichtige Grundlagen bilingualer Förderung, sondern es entfällt auch ein wichtiger Baustein der didaktischen Konzeptionen für den Unterricht mit Kindern nicht deutscher Muttersprache.

Migrantenkinder unterrichten heißt in Deutschland zunächst einmal häufig Kinder aus sozialen Randgruppen unterrichten. Das, was diese Kinder brauchen, hat nach dem derzeitigen Stand der Forschung eher wenig damit zu tun, dass es sich um bilingual aufgewachsene Kinder handelt. Und es ist unwahrscheinlich, dass z. B. russisch-deutschsprachige Kinder nur deshalb andere Methoden benötigen als z. B. türkisch-deutschsprachige Kinder, weil sich slawische Sprachen und Turksprachen in einer besonderen Weise von der deutschen Sprache unterscheiden. Kein Zweifel kann aber daran bestehen, dass Migrantenkinder in ihrer Lese- und Schreibentwicklung wirksame Hilfen benötigen. Diese Hilfen erfordern dabei vermutlich nicht zwingend besondere Kenntnisse über spezifische Entwicklungsverläufe von bilingualen Kindern. Sie müssen sich auch keineswegs grundsätzlich von dem unterscheiden, was Lehrer monolingualen Kindern aus sozialen Randgruppen anbieten sollen. Sondern sie müssen vor allem einer Forderung genügen: Sie sollten die Erfahrungen und die Informationen bereit stellen, die Kinder benötigen, um in der Lese-/Schreibentwicklung den nächsten Schritt zu tun.

3 Diagnostische Instrumente in der Arbeit mit Migrantenkindern

Wer erfolgreich mit Kindern nicht deutscher Muttersprache arbeiten will, muss diagnostisch arbeiten. Das hat zum einen damit zu tun, dass einfach zu wenig bekannt ist über mögliche Verläufe in der Lese- und Schreibentwicklung bei Kindern aller denkbarer erster Sprachen. Und es ist klar: Die Information, dass eine nicht deutsche erste Sprache vorliegt, reicht keineswegs aus, um auch nur einigermaßen angemessene Förderangebote bereit stellen zu können. Wenn etwas aus dem vorangehenden Kapitel klar hervorgegangen ist, dann dies: In aller Regel haben sehr unterschiedliche Variablen Einfluss auf die Spannbreite möglicher Entwicklungen. Man muss Interferenzen beachten. Wesentlich ist, welche Kinder welche Sprachfertigkeiten in welcher ersten Sprache erreicht haben und wann und in welchem Umfang ein Kontakt mit der zweiten Sprache stattfand. Ob und in welchen Ausmaß Probleme in der phonologischen Bewusstheit bestehen, kann gravierende Auswirkungen haben. Soziale und kognitive Varibalen kommen hinzu. Und selbst dann, wenn all das bekannt ist, was nach Stand der Forschung Einfluss auf die Verläufe der Lese-/Schreibentwicklung in der zweiten Sprache haben kann, selbst dann sind unterschiedliche individuelle Besonderheiten möglich. Vor diesem Hintergrund ist eine professionelle Sprachförderung für Migrantenkinder ohne diagnostische Arbeit überhaupt nicht denkbar.

3.1 Gute und schlechte Testverfahren

Nun haben sich in Pädagogik und Psychologie unterschiedliche diagnostische Schulen ausgebildet. Es gibt zum einen eine starke psychologisch geprägte diagnostische Tradition, in der es sehr deutlich darum geht, möglichst objektive, vergleichbare Aussagen über die Sprachfertigkeiten von Kindern zu machen. Instrumente der Wahl dieser diagnostischen Schule sind Testverfahren, die durch Standardisierung (vor allem der Testdurchführung und Auswertung) und den Vergleich zu einer Eichstichprobe sicherstellen wollen, dass die Ergebnisse z.B. unabhängig vom Testleiter ausfallen bzw. dass die Sprachfertigkeiten von Kindern vergleichbar werden. In Teilen der pädagogischen diagnostischen Tradition hat sich für ein solches diagnostisches Vorgehen der Begriff „Testdiagnostik" eingebürgert.

Es ist durchaus interessant, objektive Informationen über den Stand der Lese-/Schreibentwicklung von Kindern zu erhalten. Und auch die Frage, welchen Prozentrangplatz ein Kind erreichen kann, wenn man es mit einer möglichst umfangreichen, nach nachvollziehbaren Kriterien der Testtheorie gewonnenen, einigermaßen aktuellen Eichstichprobe vergleicht, ist sicher nicht ohne Bedeutung. Denn diese Informationen sind vielfach die Basis für die Verteilung von Mitteln, etwa für die Frage, ob Sprachförderung, ob Legastheietherapie finanziert wird, oder für die Frage, ob sonderpädagogische Förderung angemessen ist.

Einen vollkommen anderen Ansatz verfolgt der eher pädagogische Zugang zur diagnostischen Arbeit: die Förderdiagnostik. Hier geht es nicht darum, Kinder vergleichbar zu machen. Auch gibt es keine wie auch immer gearteten Normierungsvorgaben. Zentrale Aufgabe förderdiagnostischer Verfahren ist es vielmehr herauszufinden, durch welche Angebote individuelle Lernfortschritte erreicht werden können. Entstanden ist diese diagnostische Tradition im Zuge der Integrationsdebatte, also im Zuge der Auseinandersetzungen um Integration oder Inklusion von behinderten Kindern. Diagnostische Instrumente, die dafür entwickelt waren, möglichst trennscharf zwischen behinderten und nicht behinderten Kindern zu unterscheiden, erwiesen sich als nur begrenzt hilfreich in Institutionen, die sich der gemeinsamen Förderung dieser Kinder verschrieben hatten. Aus der Unzufriedenheit mit den alten testdiagnostischen Verfahrensweisen und dem Bedürfnis nach soliden Informationen für den Unterricht entstand die Förderdiagnostik.

Tab. 6: Diagnostische Schulen in Psychologie und Pädagogik

Traditionelle Diagnostik (Testdiagnostik)	Förderdiagnostik
Präzise Vorgaben zur Testdurchführung und Testauswertung sollen vor allem Reliabilität und Objektivität sicherstellen. Die Durchführung der Testverfahren mit vielen Probanden der Eichstichprobe soll die Testergebnisse vergleichbar machen. Methoden der traditionellen Diagnostik sind in der Regel nicht geeignet, Pädagog/innen und Psycholog/innen bei der Suche nach geeigneten Fördermethoden zu unterstützen. Sie sind nicht ausreichend sensibel, um ggf. auch kleine Ansätze individueller Lernentwicklungen zu erheben. Und sie können auch nicht in ausreichender Häufigkeit wiederholt werden, um die Lernentwicklung dauerhaft zu begleiten.	Die Spezialisierung auf den individuellen Einzelfall, die Verwendung qualitativer, nicht standardisierter Methoden sollen verstehen helfen, auf welcher Stufe der Entwicklung ein Kind/ein Jugendlicher/ein Erwachsener steht, und Pädagogen bei der Entwicklung von angemessenen Fördermaßnahmen unterstützen. Methoden der Förderdiagnostik sind aufgrund von Objektivitätsproblemen nicht in der Lage, Lese-/Rechtschreibprobleme von Kindern vergleichbar zu machen. Sie eignen sich deshalb z.B. weder zur Diagnose von Legasthenie/LRS noch für Verfahren zur Feststellung sonderpädagogischen Förderbedarfs

Zwischen beiden Traditionen entwickeln sich vor allem in den 1980er und 1990er Jahren erbitterte Auseinandersetzungen, die aus heutiger Sicht vor allem als Auswirkungen der Integrationsdebatte erscheinen. Denn: Nüchtern betrachtet sind für die Arbeit in inklusiven Zusammenhängen wie auch in Sondereinrichtungen beide Verfahren unverzichtbar. Es gibt nach wie vor Anlässe, verlässliche Informationen darüber zu erhalten, welchen Entwicklungsstand ein besonderes Kind im Vergleich zu allen anderen Kindern hat. Und unverzichtbar sind gleichzeitig auch Verfahren, die dabei helfen sollen, individuelle Entwicklungswege von Kindern zu entdecken und zu fördern. Beide Schulen haben also ihre Berechtigung.

Die vorangehenden Analysen haben gezeigt, dass sehr unterschiedliche Variablen darauf Einfluss nehmen, wie die Entwicklung mündlicher und schriftsprachlicher Kenntnisse in der zweiten Sprache verläuft. Und die unterschiedlichen Untersuchungen haben möglicherweise auch eine Ahnung davon vermitteln können, wie schwer es sein dürfte, einigermaßen frühe und zudem auch noch belastbare Vorhersagen über individuelle Entwicklungsverläufe zu treffen.

Ein zweites Problem entsteht durch die besonderen Merkmale des diagnostischen Marktes. Es mag zwar sein, dass im Bereich der Alphabetisierung von Migrantenkindern sehr viele Fragen noch vollkommen unzureichend erforscht sind. Und man kann sicher sagen, dass der erreichte Stand der Kenntnisse für die Konstruktion von Instrumenten mit angemessener Vorhersagekraft kaum ausreicht. Aber dieser Umstand hindert Testverlage keineswegs daran, entsprechende Testverfahren auf den Markt zu werfen. Testentwicklung ist eine ziemlich kostspielige Angelegenheit. Ob die Testverfahren wirklich das tun, was sie tun sollen, weiß man in der Regel erst nach Abschluss aufwendiger Untersuchungen. Und selbst wenn es gelingt, ein Verfahren zu entwickeln, das z. B. die Rechtschreibentwicklung von türkischen Migrantenkindern angemessen abbildet, dann garantiert dieser Umstand noch keineswegs raschen ökonomischen Erfolg. Es ist deshalb nicht verwunderlich, dass einige Verlage versuchen, ihr Geld auch mit aus unterschiedlichen Gründen letztlich ungeeigneten Verfahren zu verdienen.

Ein drittes Problem entsteht dadurch, dass nur sehr wenige Pädagog/innen im Verlauf ihrer Ausbildung überhaupt angemessene testdiagnostische Kenntnisse erwerben. Eine Testausbildung erhalten derzeit gerade einmal Studierende des Lehramts Sonderpädagogik. Lehramtsstudierende an Grund-, Haupt-, Gesamt- und Realschulen besuchen nur in sehr seltenen Ausnahmefällen Lehrveranstaltungen mit diagnostischen Fragestellungen (Krönung/Mand 2012). Auch in der Erzieher/innenausbildung spielen diagnostische Fragen eine eher untergeordnete Rolle. Und ob die nun an vielen Hochschulen entstandenen elementarpädagogischen Studiengänge an den beklagenswerten Zuständen im Elementarbereich etwas ändern werden, ist mehr als zweifelhaft.

An den hier skizzierten Rahmenbedingungen kann auch dieses Buch nicht viel ändern. Eine auch nur einigermaßen angemessene Aufarbeitung der Forschungslücken erfordert mehr Zeit, als ein einzelner Lehrender auch nur im Verlauf seines Berufslebens verwirklichen kann. Für die eigentlich gebotene Überarbeitung bestehender Verfahren oder gar für die Entwicklung neuer Instrumente reichen die Möglichkeiten sicher nicht aus. Und eine angemessene Einführung in die diagnostische Arbeit ist im Rahmen dieses Buches sicher nicht möglich. Für dieses Buch bleiben deshalb letztlich nur zwei Möglichkeiten: zeigen, wie man sich einen seriösen Markt-Überblick verschafft, und versuchen, zumindest die wichtigsten Qualitätsmerkmale von Testverfahren offen zu legen.

Wie geht man also vor, wenn man sich einen Überblick über die zur Verfügung stehenden Testverfahren verschaffen will? Im Prinzip unterscheidet sich das Vorgehen nicht von dem Vorgehen in anderen Bereichen wissenschaftlichen Arbeitens. Ausgangspunkt der Arbeit ist also eine Datenbankanalyse. Weil vergleichsweise viele unseriöse Anbieter auf den Markt drängen, ist es sinnvoll, mit den einschlägigen Fachdatenbanken zu arbeiten. Zur Zeit bedeutet dies: Ausgangspunkt ist eine Suche bei Testzentrale.de. In einem zweiten Schritt sollte die Vorauswahl im PSYNDEX geprüft werden. Testzentrale.de ist eine Datenbank des Hogrefe Verlags, umfasst aber einen beachtlichen Anteil der derzeit erhältlichen Testverfahren. Testzentrale.de arbeitet mit einer guten Suchfunktion. Die Kurzbeschreibungen der jeweiligen Testverlage enthalten in aller Regel aber nur einen Teil der benötigten Informationen. Und selbstverständlich stehen hier besonders geeignete Verfahren u. U. neben mäßig oder überhaupt nicht für die diagnostische Arbeit mit Migrantenkindern geeigneten Testverfahren. Der Vorteil an Testzentrale.de ist der einfache Zugang. Und man kann auch gleich die benötigten Verfahren bestellen.

Der einfache Zugang ist ein wesentlicher Unterschied zur Datenbank PSYNDEX. Hier handelt es sich um die am besten eingeführte deutsche Datenbank im Bereich Psychologie. Die Menüführung ist englisch, Suchbegriffe und Abstracts sind aber in Regel in deutscher Sprache verfasst. Der Zugang zum PSYNDEX kann in aller Regel an den PCs der Universitäts- und Landesbibliotheken der jeweiligen Regionen kostenfrei für jedermann erfolgen. Ein Zugang von zu Hause aus oder von der jeweiligen Dienststelle verursacht dagegen erhebliche Kosten.

Tab. 7: Vorgehen bei der Suche nach geeigneten Testverfahren

1. Datenbankanalyse in Testzentrale.de und im PSYNDEX
2. Vorauswahl potentiell geeigneter Verfahren
3. Forschungsstand prüfen (PSYNDEX bzw. FIS Bildung bzw. ERIC)
4. Eichstichprobe prüfen (Umfang, Alter, Zusammensetzung, Einbeziehung von Migrantenkindern)
5. Standardmessfehler prüfen

Eine Suche nach Rechtschreibtests ermittelt in aller Regel schnell sehr viele potentielle Kandidaten. Anfang 2011, als dieses Buch entstand, ermittelt eine Suche in der Datenbank Testzentrale.de bei Verwendung der Suchbegriffe „Rechtschreibung" und „Ausländer" 62 Treffer. Einige dieser Treffer scheiden schnell aus, etwa weil hier nicht nur Testverfahren, sondern auch Trainingsprogramme aufgeführt sind. Bei der Vorauswahl kann zunächst ein Blick auf die Eichstichprobe helfen. Testkonstrukteure führen ihr Verfahren in aller Regel an vielen Hundert Kindern durch, um einen Vergleichsmaßstab zu haben (Eichung). Dabei gilt zunächst, dass Alter und Umfang der Eichstichprobe ein wichtiges Gütemerkmal von Testverfahren sind. Die Gründe hierfür liegen auf der Hand: Die durchschnittlichen Lese- oder Rechtschreibleistungen können sich im Laufe der Zeit u. U. ganz erheblich ändern. Und: Je größer die Stichprobe, desto präzisere Ausgaben sind möglich.

Das Problem ist, dass Eichuntersuchungen unter Umständen wirklich viel Geld kosten. Ein Testverfahren muss entwickelt werden. Es muss Mitarbeiter geben, die die Stichprobe ziehen. Schulen müssen um Mitwirkung gebeten werden. Mitarbeiter für die Testungen müssen qualifiziert und bezahlt werden. Die Testhefte müssen ausgewertet werden. Die Befunde müssen in ein Statistikprogramm eingegeben werden. Und auch die statistische Auswertung ist eine komplexe Aufgabe, die hoch qualifiziertes Personal erfordert. Dies alles summiert sich leicht auf Beträge von deutlich mehr als 10 € pro Kind. Wer also mit einer Eichstichprobe von 1000 Kindern arbeiten will, muss demnach u. U. mehr als 10 000 € investieren. Vor diesem Hintergrund sind viele Testverlage nicht unbedingt daran interessiert, zu häufig in die Eichung zu investieren.

Der Umfang der Eichstichprobe ist ein zweites bedeutsames Merkmal von Testverfahren. Als grobe Faustregel kann man davon ausgehen, dass Eichstichproben ab einem Umfang von etwa 500 Kindern anfangen, interessant zu werden. Allerdings ist der erforderliche Stichprobenumfang u. a. auch davon abhängig, wie unterschiedlich die getesteten Kinder auf das neue Testverfahren reagieren. Diese Unterschiedlichkeit misst man üblicherweise mit dem statistischen Kennwert „Standardabweichung"[2].

Beispiel 1: Gesucht ist ein Intelligenztest. In die engere Auswahl kommen zwei Verfahren. Das erste Verfahren arbeitet mit einer Eichstichprobe von 2000 Kindern. Dabei wird eine Standardabweichung von 10 IQ-Punkten ermittelt. Das zweite Verfahren kommt bei einer Eichstichprobe von 1000 Kindern auf eine Standardabweichung von 3 IQ-Punkten. In einem solchen Fall ist das zweite Verfahren besser geeignet, obwohl die Eichstichprobe deutlich kleiner ist. Denn offenbar reagieren im Falle des ersten Verfahrens die untersuchten Kinder sehr unterschiedlich auf die Testaufgaben.

Ein weiterer Kennwert erheblicher Bedeutung ist der Standardmessfehler[3]. Man muss sich das in etwa so vorstellen: Testverfahren aller Art sind niemals zu 100 Prozent genau. Sie messen unscharf. Und dieser Unschärfebereich kann groß sein (großer Standardmessfehler) oder dieser Unschärfebereich kann auch vergleichsweise klein ausfallen (kleiner Standardmessfehler). Wer zwischen guten und schlechten Verfahren unterscheiden will, muss also unbedingt den Standardmessfehler beachten. Unglücklicherweise gibt es hier kein einheitliches Maß, das einem sagt, was als großer Standardmessfehler zu betrachten ist, und welcher Standardmessfehler als klein zu betrachten ist. Man muss die entsprechenden Informationen also auf die diagnostischen Entscheidungen beziehen.

Beispiel 2: In vergangenen Zeiten, als man noch versuchte, Lernbehinderungen allein über den Intelligenzquotienten zu diagnostizieren, hatte man für Lernprobleme dieser Art den Bereich zwischen IQ 85 und IQ 70 definiert. In der diagnostischen Arbeit musste man damals deshalb feststellen, ob sich der IQ der untersuchten Schüler in diesem Rahmen bewegt. Liegt der ermittelte IQ nun nahe an den Grenzen des Bereichs, also erreicht ein Schüler in einem Intelligenztest z. B. einen IQ von 83, so entsteht das Problem, dass man nicht genau wissen kann, ob Hinweise auf Lernbehinderungen vorliegen oder nicht, wenn der Standardmessfehler mehr als 3 Punkte beträgt. Und ein solcher Wert ist noch nicht einmal ein besonders unüblicher Wert. Dabei gilt: Je größer der Standardmessfehler, desto häufiger sind auch Situationen, in denen man nicht

---

2 Die Standardabweichung ist definiert als Quadratwurzel aus der Summe der Abstandsquadrate zum Mittelwert, dividiert durch die Zahl der Messungen.

3 Der Standardmessfehler ist definiert als Produkt aus Standardmessfehler und der Quadratwurzel aus der Substraktion von 1 minus Zuverlässigkeitskoeffizient).

genau weiß, ob ein Schüler in eine bestimmte Kategorie einzuordnen ist oder nicht. Ein Unsicherheitsbereich von ± 3 IQ-Punkten ist eigentlich bereits ärgerlich. Und Intelligenztestverfahren, die mit einem Standardmessfehler von mehr als ± 5 IQ Punkten arbeiten (müssen), sind für diagnostische Entscheidungen dieser Art kaum noch geeignet.

In der Diagnose von Lese-/Rechtschreibleistungen bei Kindern mit Migrationshintergrund kommen weitere Probleme hinzu. Die Alphabetisierung in einer zweiten Sprache hat deutliche Auswirkungen auf die Leistungsentwicklung. Es gibt erhebliche Unterschiede je nach erster Sprache. Kinder mit türkischer Erstsprache schneiden also deutlich anders ab als z. B. Kinder mit russischer Erstsprache. Man kann zwar unter Umständen entscheiden, lediglich die Leistungsentwicklung monolingualer deutschsprachiger Kinder zur Norm zu machen und untersuchen, wie gut oder wie schlecht die jeweiligen Migrantenkinder im Vergleich zu deutschen Muttersprachlern abschneiden. Besonders fair ist ein solches Vorgehen aber sicher nicht. Wer Rechtschreib-Testverfahren ohne spezifische Normen einsetzt, läuft Gefahr, bestimmte Schülergruppen systematisch zu diskriminieren.

Noch deutlicher werden die Befunde, wenn man die neuere Intelligenzforschung betrachtet: Die Übersichtsarbeiten der letzten Jahre verweisen sehr klar auf ethnische bzw. kulturelle Unterschiede in den jeweils erreichten durchschnittlichen IQ-Werten. Verwendet man ohne Kenntnis dieser Befunde problematische Testverfahren, kann dies zur Folge haben, dass für die Mehrheit der Migrantenkinder ausgewählter ethnischer Herkunft nur noch Sonderschulkarrieren sinnvoll erscheinen. Dies gilt z. B. für Sinti (Rushton u. a. 2007) oder für fast alle Kinder mit Subsahara-Migrationsgeschichte (Wicherts u. a. 2010).

Tab. 8: Prüffragen für Testverfahren in der Migrantenarbeit

1. Sind die Testverfahren aktuell?
2. Liegen Eichstichproben ausreichender Größe vor?
3. Werden Normen für Migrantenkinder oder besser noch: Werden nach unterschiedlichen ersten Sprachen differenzierte Normen mitgeteilt?
4. Reagieren die Probanden der Eichstichprobe sehr unterschiedlich auf die Fragen (hohe Standardabweichung)?
5. Ist der Standardmessfehler zu groß?
6. Lassen sich in den einschlägigen Datenbanken Hinweise auf systematische Probleme ausgewählter Migrantengruppen finden?

Es gibt also vergleichsweise klare Maßstäbe, die verbindlich zwischen guten und schlechten Testverfahren unterscheiden helfen. Schlechte Verfahren sind Verfahren mit alter Eichstichprobe. Schlechte Verfahren sind Verfahren mit kleiner Eichstichprobe. Schlechte Verfahren sind Verfahren, auf die Kinder sehr unterschiedlich reagieren (hohe Standardabweichung). Schlechte Verfahren sind unscharfe Verfahren (hoher Standardmessfehler). Und für die diagnostische Arbeit mit Migrantenkindern sind Verfahren, die keine nach erster Sprache gesondert ausgewiesenen Normen anbieten, in aller Regel unbrauchbar.

Über diese Verhältnisse müssten sich Testautoren und die die Verfahren vermarktenden Verlage letztlich vollkommen im Klaren sein. Denn man kann unterstellen, dass Lehrbuchwissen dieser Art bei den Verantwortlichen weit verbreitet ist. Die Gewinnorientierung der Verlage führt aber sehr häufig dazu, dass mögliche Probleme von Testverfahren nicht allzu offensiv bekannt gemacht werden. Unangenehme Informationen werden gelegentlich in Fußnoten des Handbuches versteckt oder im Vertrauen auf die statistische Unkenntnis des durchschnittlichen Kunden ganz verschwiegen. Nicht mehr ganz frische Verfahren werden als gut erprobt/weit verbreitet beworben. Anstatt auf Schwächen hinzuweisen, stellt man (vermeintliche) Stärken in den Vordergrund. Einige Verlage bringen mit erheblichem Werbeaufwand Neuauflagen in Umlauf, ohne in neue Eichstichproben zu investieren. Und zumindest in der Datenbank Testzentrale.de findet man die Informationen, die eigentlich kaufentscheidend sein sollten, leider nur sehr selten.

Wie soll man in der diagnostischen Arbeit mit diesen Problemen umgehen? In aller Regel dürfte ein Gang in eine nahe gelegene Hochschule unverzichtbar sein – und dies aus zwei Gründen. Erstens unterhalten zumindest Hochschulen, in denen Sonderpädagogik/Rehabilitationspädagogik oder Psychologie gelehrt wird, in der Regel Testausleihen, in denen zumindest nach freundlichen Bitten Einsicht in Testhandbücher gewährt wird. Zweitens kann man an den Rechnern der jeweiligen Hochschulbibliotheken z. B. in der Datenbank PSYNDEX feststellen, welche Testverfahren häufig in der Forschung eingesetzt werden. Und man kann im PSYNDEX auch Hinweise darauf finden, ob der Einsatz von einigen Verfahren in der Fachdiskussion umstritten ist.

Für Schüler mit Migrationsgeschichte kommen unterschiedliche Labels der diagnostischen Arbeit in Frage. Einige von ihnen mögen überdurchschnittliche Leistungen im Lesen und Schreiben erbringen. Viele Schüler dieser Gruppe kommen auf durchschnittliche Leistungen. Bei Migrantenkindern gibt es wie in jeder anderen Schülergruppe aber auch Schüler mit schwachen Schulleistungen. Und Schüler mit Migrationshintergrund können auch gravierende Rückstände in der Lese-/Schreibentwicklung entwickeln. Die drei erst genannten Labels bereiten den meisten Lehrer/innen in der Regel keine Sorgen. Gute, durchschnittliche und unterdurchschnittliche Schüler dürfte es wohl in allen Bevölkerungsgruppen geben. Das Problem sind die Schüler mit gravierenden Leistungsrückständen.

Dass Kinder mit Migrationshintergrund ein Problem in deutschen Schulen haben, ist erst durch die Schulleistungsstudien der letzten Jahre bekannter geworden. Und Anlass zur Sorge sollten nicht allein beachtliche Zahlen von Migrantenkindern mit gravierenden Rückständen in der Lese-/Schreibentwicklung bieten. Sondern auch geringe Anteile in der Leistungsspitze weisen auf systematische Schwächen des deutschen Schulsystems hin.

Für die besonders schwachen Schüler stehen in Deutschland letztlich zwei unterschiedliche Labels zur Verfügung, die auch für die Arbeit mit Migrantenkindern von einiger Bedeutung sind. Migrantenkinder, die nur sehr langsam lesen und schreiben lernen, können einerseits als „lernbehindert" eingestuft werden. Andersseits ist es möglich, das Label „Legasthenie" zu verwenden. Beide Diagnosen haben gravierende Auswirkungen auf den weiteren Schulweg, z. T. sogar bis in das

Berufsleben hinein. Die Auswirkungen der Diagnose „Lernbehinderung" übersteigen die Auswirkungen der Diagnose „Legasthenie" bei weitem. Und Lernbehinderung wird wohl weit häufiger diagnostiziert als Legasthenie.

3.2 Das Konzept Lernbehinderung

Sommer 2011, eine Konferenz in Berlin. Kolleg/innen aus ganz Europa sind angereist. Ihr Wunsch: Sie wollen verstehen, wie die deutsche Schule funktioniert. Sie interessieren sich dabei insbesondere auch dafür, welche Rolle behinderte Schüler spielen, was man unternimmt, um ihre Inklusion nachhaltig zu fördern. Ein erster Blick auf die Zahlen, bringt die deutschen Kolleg/innen in arge Erklärungsnot. Denn drei im internationalen Vergleich ziemlich peinliche Merkmale sorgen für Aufsehen. Die deutsche Schule stuft erstens sehr viele Kinder als „behindert" ein. Zweitens wird die überwiegende Mehrheit von ihnen in Sonderschulen unterrichtet. Und zu allem Unglück sind Kinder mit Migrationshintergrund auch noch überrepräsentiert.

Die Aufgabe, Kolleg/innen aus dem europäischen Ausland zu erklären, wie deutsche Schule funktioniert, eignet sich zwar sicher bestens auch für Planspiele in Ausbildungszusammenhängen. Denn es ist in der Regel wirklich hilfreich, das eigene Schulsystem zumindest für eine kurze Zeit aus der Perspektive des Auslands zu sehen. Die Konferenz ist aber real und entlässt nach wenigen Stunden einige konsternierte Erziehungswissenschaftler in den Berliner Sommer. Wo liegen die Probleme? Was hat das Konzept Lernbehinderung damit zu tun? Und welche besondere Rolle spielen Kinder aus Migrantenfamilien?

Ein nüchterner Blick auf die Zahlen der Kultus-Minister-Konferenz (2005) zeigt zunächst: In der Bundesrepublik Deutschland werden etwa drei Prozent aller Schüler der Klassen 1–10 als Schüler mit sonderpädagogischen Förderbedarf eingestuft. 88 Prozent von ihnen besuchen die Sonderschulen. Dabei zeigen sich ganz erhebliche Unterschiede von Bundesland zu Bundesland. Und es ist auch für ausgewiesene Fachleute nicht einfach zu erklären, warum in Sachsen-Anhalt 7,9 % Prozent der jeweiligen Jahrgänge Förderschulen besuchen und im Saarland nur 3,7 %.

In internationalen Zusammenhängen löst der Begriff „Lernbehinderung" dabei gelegentlich Irritationen aus. Ein erstes Problem sind die insgesamt hohen Anteile der als „lernbehindert" eingestuften Schülergruppe. Bezieht man sich auf die von Hausotter (2008, 82) vorgelegten Zahlen, so lässt sich z.B. festhalten, dass in Deutschland allein der Anteil als „lernbehindert" eingestufter Schüler/innen höher ausfällt als der Anteil aller Schüler/innen mit Behinderungen in Italien, Malta, Polen, Spanien, Schweden und Großbritannien. Ein zweites Problem besteht darin, dass nur wenige Staaten weltweit überhaupt mit der Kategorie „Lernbehinderung" arbeiten, geschweige denn Sonderschulen für diese Schüler vorsehen. Lernbehinderung ist also eine (mit wenigen Ausnahmen) sehr weitgehend „deutsche" Behinderung. Und man muss im internationalen Vergleich schon einige Mühen darauf verwenden, den Kolleg/innen zu erläutern, um welche Schülergruppe es sich handelt, warum diese Schüler im deutschen Schulsystem als „behindert" eingestuft werden und auch noch zu solch beachtlichen Anteilen Sonderschulen besuchen.

Wie kann man in einer solchen Situation das Konzept „Lernbehinderung" erklären? Ein erster Erklärungsversuch führt in die Geschichte der Sonderpädagogik. Hilfsschulen für die Langsamen, die Schlechtesten der Klasse, für die Minderbegabten, für die „Schwachsinnigen" waren einst Ausgangspunkt sonderpädagogischer Förderung. Zur Geschichte der Lernbehindertenpädagogik gehören sozialdarwinistische Begabungstheorien in der Kaiserzeit und rassistische Begabungstheorien in der Zeit des Nationalsozialismus. Hilfsschüler waren Opfer von Zwangssterilisation und Euthanasiemorden. Nach dem Krieg kommt es zu einer mehr oder weniger ungerührten Wiederaufnahme und Ausweitung des Sonderschulgeschäfts, und dies auf beiden Seiten der Mauer. Schüler mit schwachen Leistungen in besonderen Klassen oder Schulen zusammenzufassen, diesen Schülern spezifische Wesensmerkmale zuzuschreiben und auf Basis dieser Zuschreibungen anzunehmen, für diese Schüler seien besondere Bedingungen im Unterricht, besonders qualifizierte Lehrer/innen notwendig, hat eine lange Tradition in Deutschland. Die Folge: Lehrer/innen der allgemeinen Schule fühlen sich für diese Klientel einfach nicht mehr zuständig. Und so hat sich in Deutschland ein Schultyp entwickelt, der sich in anderen Ländern nicht entwickelt hat. Warum gerade Deutschland diesen Sonderweg beschritten hat, ist im Nachhinein schwer zu verstehen.

Ein zweiter Beschreibungsversuch ist inhaltlich. Lernbehinderte Schüler, das sind Schüler, die Probleme vor allem im Lesen und Schreiben haben, aber auch in der Entwicklung mathematischen Denkens nur langsame Fortschritte machen. Verhaltensprobleme gehören dazu. Es gibt vermutlich sogar mehr Schüler mit schwerwiegenden Verhaltensstörungen in der Förderschule Lernen als in der Schule für Erziehungshilfe (Mand 2004). Und man sollte wohl auch darauf hinweisen, dass in traditionellen Zusammenhängen der Bereich von IQ 70 bis IQ 85 noch immer als ausschlaggebend gilt. Nach internationalen Standards kann man also sagen: Lernbehinderte haben keine geistige Behinderung. Es handelt es sich nicht um Schüler mit Learning Disability. Und es handelt sich sicher auch nicht um Schüler mit Lese-/Rechtschreib-Schwächen/Legasthenie.

In der Auseinandersetzung mit dem Konzept „Lernbehinderung" sind einige begriffliche Besonderheiten zu beachten. Anders als es der Begriffsanteil „behindert" erwarten lässt, kann man z. B. bei diesen Schülern keineswegs einen einigermaßen handhabbaren medizinischen Anteil der Probleme feststellen. Klar diagnostizierbare Schädigungen (um die alte Begrifflichkeit aus der International Classification of Disability, Impairment and Handicap I aufzugreifen) oder Probleme auf der Ebene von Körperstrukturen (International Classification of functioning) werden bei Schüler/innen mit Lernbehinderungen üblicherweise nur sehr selten festgestellt. Belastbare Zahlen hierzu wurden zwar bislang nicht veröffentlicht. Aber dass Sonderschulen bei mehr als wenigen einstelligen Prozentzahlen ihrer Schüler Informationen darüber haben, welche Schädigungen die beobachtbaren Probleme im Lernen erklären könnten, ist schon sehr ungewöhnlich.

Der Begriff „Lernbehinderung", insbesondere seine substantivierte Anwendung auf die jeweiligen Schüler (der „Lernbehinderte") werden inzwischen vermieden. Auch das Adjektiv „lernbehindert" wird ungern verwendet. Politisch korrekt formuliert sind diese Kinder nicht mehr lernbehindert, sondern die Kinder haben „sonderpädagogischen Förderbedarf im Bereich Lernen". Die zuständigen Sonderschulen heißen nach mehreren Umbenennungsphasen derzeit Förderschulen, manchmal auch „Förderzentren". Und es ist zu erwarten, dass die UN-Behindertenrechtskonvention die nächste Stufe der Begriffsevolution in Gang bringen wird. Hinzu kommen werden möglicherweise der Begriff „Kompetenzzentrum" (NRW) oder der Begriff „Inklusive Schwerpunktschule" (Berlin), und dies alles möglicherweise ohne oder zumindest doch mit kurzfristig kaum spürbaren substanziellen Funktionsänderungen.

Tab. 9: Lernbehinderungen (aus Mand 2003)

Kernsymptome:
• Probleme im Schriftspracherwerb
• Probleme in der Entwicklung mathematischen Denkens
Begleitende Symptome:
• Probleme in den Beziehungen zu Mitschüler/innen und Lehrer/innen
• Probleme im Arbeitsverhalten
• Probleme im Bewegungsverhalten
• Probleme in Aufmerksamkeit und Wahrnehmung
• Probleme im Umgang mit Gefühlen

Ein dritter Versuch der Bestimmung des Begriffs „Lernbehinderung" geht soziologische Wege. Eine solche Analyse verweist auf die Entdeckung der hohen Unterschichtsanteile der Schule für Lernbehinderte. Sie verweist auf alte westdeutsche Ansätze, die in lernbehinderten Schülern vor allem soziokulturell benachteiligte Kinder entdeckten (Begemann 1970, 104) und marxistische Konzepte der Materalistischen Behindertenpädagogik (Hilfschüler als potentielle industrielle Reservearmee des Kapitalismus; Jantzen 1974, 120). Die Einsicht, dass nur eine kleine Minderheit aller Unterschichtskinder die Schule für Lernbehinderte besucht, und vielleicht auch die nachlassende politische Anziehungskraft sozialistischer Theorien führen zu einem Bedeutungsverlust der sozialisationstheoretischen Ansätze in den späten 1980er und in den 1990er Jahren. Erst mit den PISA-Studien zu Beginn des 21. Jahrhunderts, begünstigt vielleicht auch durch die zunehmenden Auswirkungen von Digitalisierung der Arbeitswelt und Globalisierung werden soziale Ungleichheiten wieder zum Thema.

Die systemische Sicht der Dinge: Die Allgemeine Schule entdeckt die Entlastungsfunktion von Sonderschulen. Es ist für viele Lehrer/innen angenehm, schwache und auffällige Schüler loswerden zu können, insbesondere dann, wenn es da eine Institution gibt, die sie nicht nur gerne aufnimmt, sondern auf besonders qualifizierte Lehrer/innen verweist, die (etwas) kleineren Klassen hervorhebt und eine spezialisierte Förderung dieser Problemschüler garantiert. Und auch Mittelschichtseltern dringen gelegentlich auf eine Überweisung von Problemschülern in Sonderschulen, zumindest dann, wenn sie sich um das Fortkommen ihrer leistungsstarken Kinder Sorgen machen.

Bleibt abschließend der Hinweis auf die rechtliche Situation: Förderbedarf im Bereich Lernen wird in den bei der Verfassung dieses Buches gültigen Kultusministerkonferenz-Empfehlungen definiert als „Beeinträchtigungen der Lern- und Leistungsentwicklungen", die so erheblich ausfallen, „dass sie auch mit zusätzlichen Lernhilfen der allgemeinen Schule nicht ihren Möglichkeiten entsprechend gefördert werden können" (KMK 1999, 6). Und derzeit sieht es nicht so aus, als würden die Kultusminister der Länder die Behindertenrechtskonvention zum Anlass nehmen, auf das Konstrukt „Lernbehinderungen" zu verzichten (KMK 2011, 7 f.)

3.3 Lernbehinderung als Behinderung von Migrantenkindern?

Dass sich Lernbehinderungen als besonderes Problem von Migrantenkindern erweisen, ist eine vergleichsweise neue Entwicklung. Nennenswerte Migrationsbewegungen mit Auswirkungen auf das deutsche Schulsystem können bestenfalls seit Ende der 1960er Jahre beschrieben werden. Es sind zunächst vor allem die Studien von Kornmann und Mitarbeitern, die die Überrepräsention von Migrantenkindern in den Förderschulen beschreiben (Kornmann/Schnattinger 1989, Kornmann u. a. 1997, Kornmann u. a. 1999, Kornmann/Kornmann 2003).

Die veröffentlichten Daten der Schulministerien haben zwar noch immer nicht in jedem Bereich die erforderliche Qualität erreicht (z. B.: Staatsbürgerschaft als Kriterium statt erster Sprache des Kindes oder Verkehrssprache in der Familie). Aber dennoch erlauben manche Tabellen doch beachtliche Einsichten. Dabei zeigt sich: Auch in den Förderschulen Lernen lassen sich sehr unterschiedliche Sonderschulquoten je nach ethnischer Herkunft unterscheiden (Tabelle 10).

Dass Kinder mit Migrationsgeschichte in deutschen Förderschulen überrepräsentiert sind, hat dabei vermutlich unterschiedliche Ursachen. Eine wichtige Rolle könnten die häufig schlechten Lese-/Rechtschreibkenntnisse spielen. Denn die Förderschule Lernen ist vor allen Dingen eine Sonderschule für Schüler, die schlecht lesen und schreiben können. Ist zwar eigentlich nicht so gedacht, dass Sonderschulen auch von Schülern besucht werden, die vor allem aufgrund einer anderen Muttersprache Schulleistungsprobleme zeigen. Aber es ist wahrscheinlich, dass ein Teil der Unterschiede auf diese Weise erklärt werden kann.

Die in Tabelle 10 je nach Staatsbürgerschaft variierenden Förderschulquoten verweisen allerdings auch auf eine andere Erklärung: Es sind wohl die mit der Migrationsgeschichte der jeweiligen ethnischen Gruppen verbundenen sozialen Merkmale, die zu einer Überrepräsention führen können. Familien mit serbischer Staatsbürgerschaft sind ethnisch häufig Roma. Die hohen serbischen Sonderschulquoten werden also möglicherweise durch noch viel höhere Sonderschulquoten von Roma erklärt. Dass die gelegentlich unter Dritte-Welt-Bedingungen sozialisierten Kinder dieser Familien in eher an deutschen Mittelschichtsstandards ausgerichteten Grundschulen auf Probleme stoßen, ist nicht ganz überraschend. Eine mögliche Auswirkung sind LB-Sonderschulquoten, die die Verhältnisse deutscher Schüler um ein Vielfaches (um fast den siebenfachen Wert) übersteigen.

Tab. 10: Sonderschüler mit Förderbedarf Lernen nach Staatsbürgerschaft in kreisfreien Städten NRWs (Quelle: Schulstatistik Schuljahr 2006/2007)[4]

Serbisch	12,64 %
Mazedonisch	6,15 %
Italienisch	4,04 %
Türkisch	3,41 %
Griechisch	2,65 %
Deutsch	2,09 %

Warum Kinder anderer Staatsbürgerschaften deutlich besser abschneiden, kann man ebenfalls mit den Besonderheiten der Migrationsgesichte erklären: Kinder griechischer Staatsbürgerschaft sind möglicherweise vielfach die Nachfahren von Flüchtlingen der Obristendiktatur. Sie stammen also letztlich eher aus einem akademischem Milieu. Und Kinder aus diesem Milieu scheinen sich in deutschen Schulen zumindest besser zurecht zu finden als z. B. die Nachfahren der Migranten, die aus der Türkei und Italien nach Deutschland kamen, um sich als „Gastarbeiter" zu verdingen. Die je nach Staatsbürgerschaft variierenden Sonderschulquoten bei Migrantenkindern lassen sich also vielleicht ähnlich wie die je nach erster Sprache variierenden Lese- und Rechtschreibkompetenzen zu wesentlichen Anteilen durch die soziale Zusammensetzung der betreffenden Migrantengruppen erklären. Lernbehinderung ist demnach zu erheblichen Anteilen eine soziale Kategorie.

---

4 Die Umcodierung der von der Abteilung Schulstatistik NRW freundlicherweise zur Verfügung gestellten Daten in SPSS übernahm Sebastian Gauseweg. Ihm danke ich an dieser Stelle noch einmal ausdrücklich.

3.4   Verhaltensprobleme bei Migrantenkindern

Bleibt schließlich das Merkmal „Verhaltensprobleme". Werden Migrantenkinder in deutschen Schulen auch deshalb häufiger als lernbehindert eingestuft, weil ihr (für deutsche Lehrer) fremdes Verhalten als Ausdruck von Verhaltensstörungen interpretiert wird?

Publikationen zu diesem Thema sind selten. Einen ersten Hinweis ermittelt eine Studie des Autors zu Sonderschulquoten in NRW (Mand 2006). Hier zeigen sich u. a. auch in Städten mit hohen Migrantenanteilen hohe Anteile „erziehungsschwierig" eingestufter Schüler. Die Beweiskraft solcher korrelativen Studien ist allerdings gering. Denn kommunale Migrantenanteile können sehr unterschiedliche Dinge aussagen. Sie können z. B. auf spezifische soziale Probleme verweisen. Und dass in Städten mit hohen Migrantenquoten viele als „erziehungsschwierig" eingestufte Schüler leben, muss noch nicht einmal heißen, dass es die Kinder der Migranten sind, auf die die Diagnose „erziehungsschwierig" zutrifft. Es ist demnach durchaus denkbar, dass in Städten mit hohen Migrantenanteilen eine spezifische deutsche Wohnbevölkerung verbleibt und dort für entsprechende Einstufungen sorgt.

Präzisere Angaben erlaubt wieder eine Interpretation der Schulstatistik NRW. Auch in dieser Tabelle beziehen sich die Angaben auf kreisfreie Städte im Schuljahr 2006/2007. Betrachtet man diese Zahlen, so lässt sich festhalten: Die Förderschule soziale/emotionale Entwicklung hat einen mittleren Migrantenanteil von 15,02 %. Der Ausländeranteil in allen Schülern der Primarstufe und Sekundarstufe I beträgt dagegen 18,04 %. In den Förderschulen emotionale und soziale Entwicklung sind Kinder mit nicht-deutscher Staatsbürgerschaft also unterrepräsentiert und nicht überrepräsentiert.

Eine Auswertung nach Staatsbürgerschaften zeigt aber gleichzeitig: Einzelne Nationalitäten können durchaus deutlich erhöhte Sonderschulquoten aufweisen. Die auffälligsten Werte haben auch hier wieder Schüler serbischer Staatsbürgerschaft. Der Abstand zwischen deutschen und serbischen Schülern fällt allerdings bei weitem nicht so deutlich aus wie im Bereich Lernbehinderungen.

Tab. 11: Schüler mit Förderbedarf im Bereich emotionale/soziale Entwicklung in kreisfreien Städten NRWs (Quelle: Schulstatistik Schuljahr 2006/2007 [eigene Berechnung])

Staatsbürgerschaft	Anteil Sonderschüler em/soz an allen Schülern
Serbisch	1,03 %
Italienisch	0,98 %
Deutsch	0,62 %
Türkisch	0,54 %
Mazedonisch	0,49 %
Griechisch	0,44 %

Erlauben erhöhte Sonderschulquoten Aussagen über interkulturelle Missverständnisse als Ausgangspunkt der Entwicklung von Verhaltensstörungen? Für eine solche Interpretation ist es wohl noch zu früh. Die Überrepräsention einzelner Nationalitäten in den Förderschulen emotionale/soziale Entwicklung kann auf unterschiedliche Ursachen zurückgehen. Denkbar ist z. B., dass wieder die soziale Zusammensetzung der betreffenden Schülergruppen als Erklärungsmuster dienen kann. Immerhin sind Schüler mit serbischer und italienischer Staatsbürgerschaft in beiden Sonderschultypen überrepräsentiert. Und auch die Förderschule emotionale/soziale Entwicklung kann man möglicherweise als Schule für die soziale Unterschicht verstehen. Es verwundert also wenig, wenn Migrantengruppen, die hohe Anteile von Familien aufweisen, die unter schwierigen sozialen Verhältnissen leben, auch hohe Anteile der erziehungsschwierigen Förderschüler stellen. Die deutlich geringeren Nationalitäten-Unterschiede im Vergleich zur Förderschule Lernen würden in diesem Fall lediglich darauf hinweisen, dass soziale Merkmale der jeweiligen Familien in der Förderschule emotionale/soziale Entwicklung eine etwas geringere Bedeutung haben.

Denkbar ist allerdings auch, dass gelegentlich interkulturelle Missverständnisse Ausgangspunkt von Sonderschulkarrieren von Migrantenkindern im Bereich emotionale und soziale Entwicklung werden können. Und dabei sind keineswegs Verweise auf ausländerfeindliche Orientierungen unter Lehrer/innen notwendig. Wie derlei Probleme aussehen könnten? Förderschüler mit schwerwiegenden Verhaltensproblemen sind vor allem Jungen. Und auf viele dieser Schüler trifft sicher häufig das zu, was man auffälliges Aggressionsverhalten nennen kann. Durchaus möglich, dass ein Teil der Probleme darin beschrieben werden kann, dass das von einigen Migrantenkindern entwickelte Rollenverständnis „männlicher" Verhaltensweisen nicht ganz mit den Vorstellungen ihrer Lehrerinnen in Deckung zu bringen ist. Ebenfalls ist nicht auszuschließen, dass Verhaltensmuster von Kindern, die in Flüchtlingslebenswelten sozialisiert werden, von Kindern, die zumindest zeitweilig unter Dritte-Welt-Bedingungen aufwachsen, nicht ganz in die heile Mittelschichtswelt von durchschnittlichen Grundschulen passen. Eine etwas andere Vorstellung von angemessener Kleidung, eine etwas andere Vorstellung von Hygiene, vielleicht auch etwas andere Vorstellungen von akzeptablen Mustern der Konfliktlösungen können auch an durchschnittlichen Schulen leicht Konfliktspiralen in Gang bringen, an deren Ende dann die Überweisung in eine Förderschule für erziehungsschwierige Schüler steht.

3.5   Das Konzept Legasthenie

Die Konzepte „Legasthenie" und „Lernbehinderung" funktionieren nach unterschiedlichen Gesetzmäßigkeiten. Zwar erkennen selbst ungeübte Beobachter in aller Regel schnell eine inhaltliche Übereinstimmung. Denn Kinder mit Lernbehinderungen haben offenbar ebenso gravierende Probleme im Lesen und Schreiben wie Kinder mit LRS. Die eigentlichen Besonderheiten erschließen sich allerdings erst bei näherer Analyse.

Zunächst muss man wohl sagen, dass „Legasthenie" deutlich seltener diagnostiziert wird als „Lernbehinderung". Zwar gehen wissenschaftliche Studien von einer Legasthenie-Prävalenzrate von etwa 5 Prozent aus (Petermann 2003, 12 f.), und liegen damit nicht weit von den Zahlen des Konzepts „Lernbehinderung" entfernt. Prävalenzraten und Verwaltungswirklichkeit sind aber gelegentlich zwei unterschiedliche Dinge.

Lernbehindert ist der, der eine Schule für Lernbehinderte besucht oder integrative Förderung im Bereich Lernen erhält. Der Besuch einer Förderschule oder die Einrichtung integrativer Förderung erfordert einige Verwaltungsakte, die Spuren hinterlassen. Schulgebäude werden gebaut. Lehrerstellen werden eingerichtet. Und über diese Ausgaben werden Daten erhoben und in inzwischen erfreulicher Qualität veröffentlicht. Wie viele Schüler in einer Region als „lernbehindert" eingestuft werden, lässt sich also vergleichsweise genau feststellen. Diese Eindeutigkeit der Verhältnisse gibt es im Bereich „Legasthenie" bzw. im Bereich „Lese-/Rechtschreibschwäche" leider nicht. Geht man von der Finanzierung aus und wertet lediglich die Kinder/Jugendlichen als legasthen, für die therapeutische Hilfen bereit gestellt werden, so kommt man unter Umständen auf unrealistisch kleine Zahlen. Im Land Nordrhein-Westfalen beziffert der Hilfen-zur-Erziehungsbericht (Landesjugendamt Westfalen 2010, 14) die Inanspruchnahme von ambulanten Maßnahmen nach § 35 a auf fünf Fälle pro 10 000 Kinder und Jugendlichen unter 21 Jahren. Präzise Angaben dazu, welche Anteile hiervon auf ambulante Legasthenietherapie entfallen, liegen nicht vor. Der Hilfe-zur-Erziehungsbericht 2010 informiert lediglich pauschal, dass sich 58,4 % der Maßnahmen auf schulische/berufliche Probleme von jungen Menschen beziehen. Geht man davon aus, dass hierin zumindest die LRS-Therapie-Angebote subsummiert sind, so ist zu vermuten, dass in NRW bis zu 0,5 Promille der Kinder und Jugendlichen unter 21 Jahren über das Jugendamt finanzierte Legasthenietherapie erhalten.

Eine andere Sicht auf die Verhältnisse erlaubt das Bundesland Mecklenburg-Vorpommern. Denn die dortige Verwaltungsvorschrift zur Förderung von Schülerinnen und Schülern mit besonderen Schwierigkeiten im Rechtschreiben und Rechnen vom 8. September 2005 erkennt in Lese-Rechtschreibschwierigkeiten eine Art besonderen Förderbedarfs, die je nach Ausmaß der Störung und Klassenstufe unterschiedliche Fördermaßnahmen notwendig macht (Binnendifferenzierung, Intervallförderung/Zusatzkurse, selbständige Klassen in den Jahrgangsstufen 2 und 3 sowie Förderung in Kleingruppen). Die Zahlen der Schulämter Mecklenburg-Vorpommerns: 1,49 % aller Grundschüler haben Lese-Rechtschreibschwierigkeiten.

Der Begriff Legasthenie ist im Vergleich zum Begriff Lese-/Rechtschreibschwäche der historisch ältere Begriff. Er impliziert die (umstrittene) Annahme besonderer organischer Schädigungen bzw. besonderer Verarbeitungsbesonderheiten. Die Kritik an dieser Auffassung führt zur Einführung des Nachfolger-Begriffs

„Lese-/Rechtschreibschwäche". Dieser Begriff führt allerdings inzwischen ein gewisses Eigenleben und wird inzwischen gelegentlich gar als eine Art schwach ausgeprägte Form von Legasthenie verstanden. Die Diagnose „Legasthenie" setzt dabei zunächst als Kernsymptom Lese-/Rechtschreibprobleme voraus. Also gilt: Ohne schlechte Befunde im Rechtschreibtest (seltener: im Lesetest) keine Diagnose von Legasthenie.

Tab. 12: Legasthenie/Lese-Rechschreibschwäche (in Orientierung an Deimel 2002, 125)

Kernsymptom: Probleme im Lesen/Schreiben
Ausschlusskriterium: unangemessene Beschulung, Sehstörung, Hörstörung
Diskrepanzdefinition: Schulleistung ist kleiner als IQ, Alter und Beschulung erwarten lässt. Die mit dem statistischen Auswertungsverfahren der Regeressionsanalyse erhobene Diskrepanz muss mindestens einen Umfang von 1,5 Standardabweichungen haben.
Notwendiges begleitendes Symptom: klinisch relevante Beeinträchtigung und Leidensdruck

Die Unterscheidung von legasthenen Kinder und Jugendlicher von anderen Gruppen ebenfalls rechtschreibschwacher Schüler/innen ist einigermaßen kompliziert: Die Diagnose „Legasthenie" erfordert dabei *erstens* hinreichend schlechte Befunde im Rechtschreibtest. Dabei wird keine absolute Größe wirksam, sondern die Testleistungen können sich je nach IQ unterscheiden. Hoch intelligente Kinder „dürfen" also besser im Rechtschreiben abschneiden als durchschnittlich intelligente Kinder. Dabei wird eine regressionsbasierte Berechnung gefordert, also eine Berechnung der Diskrepanz, die auf der Auswertungsmethode „Regressionsanalyse" basiert. Als Mindestabweichung gelten dabei 1,5 Standardabweichungen. Gelegentlich bestehen aber Jugendämter auch auf einer (größeren) Diskrepanz von 2 Standardabweichungen.

Die Bestimmung der Diskrepanz klingt kompliziert, ist aber vergleichsweise einfach zu entscheiden, wenn die einschlägigen Tabellen vorliegen. Die erste Aufgabe besteht darin, einen Rechtschreibtest durchzuführen. Die von dem jeweiligen Kind/Jugendlichen erreichten individuellen Testwerte lassen sich im Testhandbuch einem Prozentrang zuordnen. Mit Hilfe einer zweiten Tabelle (z.B.: www.johannes-mand.de/diagtab14.doc) kann man nun entscheiden, ob die Diskrepanzbedingung erfüllt ist: Für Kinder und Jugendliche mit einem IQ von mehr als 118 Punkten gilt z.B. ein Rechtschreibprozentrang von weniger als 16 als hinreichend schlecht (mindestens 84 % der Eichstichprobe müssen besser abschneiden). Kinder und Jugendliche mit normaler Intelligenz (IQ 100–102) müssen im Rechtschreibtest Prozentrang sieben unterschreiten. Kinder mit unterdurchschnittlicher Intelligenz (IQ 88–92) dürfen gar nur auf einen Prozentrang von unter vier kommen. Eine Leistungs-Untergrenze ist in der Theoriediskussion allerdings umstritten. Faktisch werten die meisten Jugendämter einen IQ von unter 85 als Hinweis auf das Vorliegen einer Lernbehinderung und empfehlen in diesem Fall eine Überweisung zur Förderschule Lernen. Weil lernbehinderte Kinder in Sonderschulen eine besondere Förderung erhalten, kann argumentiert werden: Eine ambulante (über das Jugendamt finanzierte) Therapie ist nicht notwendig.

Zu den hinreichend schlechten Testwerten im Lesen/Rechtschreiben müssen *zweitens* zwingend Beeinträchtigung und Leidensdruck kommen. Schüler/innen also, die zwar hinreichend schlechte Leistungen im Bereich Rechtschreiben aufweisen, aber unter diesen Minderleistungen nicht besonders leiden, sind nach dieser Auffassung nicht legasthen.

Auf den ersten Blick nachvollziehbar scheinen die Ausschlusskriterien zu sein. Legasthenie liegt nicht vor, wenn die Lese-/Rechtschreibprobleme auf Sehstörungen oder Hörstörungen zurückgehen. Ist ja nicht auszuschließen, dass z. B. extreme Kurzsichtigkeit den schulischen Bildungsweg beeinflusst. Und Hörschädigungen beeinträchtigen zwar in aller Regel in der Tat den Lese-/Schreiberwerb. Aber Probleme, die mit der Verschreibung eines Hörgerätes behoben werden können, sind mit dem Konzept Legasthenie nicht gemeint. Ebenfalls ausgeschlossen sind Lese-/Rechtschreibprobleme, die auf unangemessene Beschulung zurückgehen, also z. B. auf Fälle, in denen Kinder längere Zeit keinen Schulbesuch vorweisen können.

3.6 Legasthenie und Migration

Dem in Verwaltungsdingen ungeübten Beobachter mögen die Unterschiede zwischen den Konzepten Legasthenie und Lernbehinderung kompliziert, aber nicht bedeutend erscheinen. Tatsächlich liegen jedoch Welten zwischen den beiden Diagnosen.

Die Forschungsübersicht im ersten Kapitel dieses Buches hat deutlich gezeigt: Wie und in welcher Geschwindigkeit Kinder lesen und schreiben lernen, hängt von einer Vielzahl von Einzelvariablen ab. Als besonders stark auf die Lese-/Schreibentwicklung wirkender Faktor hat sich die soziale Lage erwiesen. Das Aufwachsen in Armut, das Aufwachsen in einem bildungsfernen Milieu hat ganz offensichtlich gravierende Auswirkungen auf die Literacyentwicklung – und dies gilt sicher für Migrantenfamilien genauso wie für Familien ohne Migrationshintergrund. Nun erweist sich die soziale Lage von Migrantenfamilien aber aus unterschiedlichen Gründen häufig als deutlich schlechter als die von Familien ohne Migrationsgeschichte. Der Bericht über die Lage der Ausländerinnen und Ausländer in Deutschland (Beauftragte der Bundesregierung für Migration, Flüchtlinge und Integration 2010, 102) stellt z. B. fest, dass Kinder mit Migrationsgeschichte 42 % der 13,6 Millionen Kinder unter 18 Jahren stellen, die in Risikolagen leben, deren Eltern z. B. nicht in das Erwerbsleben integriert sind, ein geringes Einkommen haben oder über eine geringe Ausbildung verfügen. Diese sozialen Besonderheiten dürften Entwicklungsrückstände aufgrund von spätem Erwerb der zweiten Sprache, aufgrund von Wortschatz- und Grammatikproblemen sicher maßgeblich verstärken. Anders formuliert: Kinder mit Migrationshintergrund zeigen auch deshalb häufiger Probleme in der Lese-/Schreibentwicklung, weil sie häufig aus der sozialen Unterschicht stammen. Denn Kinder aus der Unterschicht haben überproportional häufig Lese-/Rechtschreibprobleme.

Dass es aber dennoch unwahrscheinlich ist, dass die Diagnose „Legasthenie" bei Migrantenkindern gestellt wird, hat mit besonderen Verwaltungsabläufen zu tun. Massive Auswirkungen dürften zunächst vom Diskrepanzkriterium ausgehen. Ein erstes Problem entsteht dadurch, dass der IQ nach Befunden der neueren Intelligenzforschung kaum als Indikator verstanden werden kann, der die kognitive Leistungsfähigkeit unabhängig von sozialen und kulturellen Besonderheiten erfassen kann. Kinder mit Migrationshintergrund mögen also zwar häufiger Probleme in der Lese-/Rechtschreibentwicklung aufweisen. Aber auch in Intelligenztests schneiden sie z. T. deutlich schlechter ab als die deutsche Bevölkerung, und zwar sowohl in sprachfreien Verfahren wie in nicht-sprachfreien Tests. Die Folge: Migrantenkinder mit Problemen in der Lese-/Schreibentwicklung scheitern häufig bereits am Diskrepanzkriterium.

Das Ausschlusskriterium „unangemessene Beschulung" wird zu einer zweiten Hürde. Denn dieses Kriterium kann man nicht nur auf Kinder anwenden, die aus unterschiedlichen Gründen nicht der Schulpflicht unterlagen (Flucht, Krieg, Vertreibung). Sondern dieses Kriterium betrifft u. U. auch Migrantenkinder ohne derlei problematische Vita. Durchaus möglich, dass einige Migrantenkinder vor allem deshalb Probleme im Lesen und Schreiben der deutschen Sprache entwickeln, weil sie die deutsche Sprache nicht angemessen beherrschen. Kann man vielleicht sogar nachvollziehen, wenn Jugendämter gelegentlich argumentieren, Legasthenie liege nicht allein deshalb vor, weil normal begabte Migrantenkinder auch aufgrund unzureichender Förderung in Familie, Kita und Schule nicht ausreichende deutsche Sprachkenntnisse vorweisen können.

Als dritte Hürde auf dem Weg zur ambulanten Legasthenietherapie könnten sich informelle Regelungen erweisen. Für die Finanzierung von ambulanter Legasthenietherapie sind Kommunen zuständig. Klingt auf den ersten Blick auch vernünftig, lokale Probleme auch vor Ort finanzieren zu lassen. Nun sind – teilweise als Folge unbedachter Ausgabepolitik der lokalen Verantwortlichen, teilweise auch als strukturelle Folge der kommunalen Unterfinanzierung – viele Städte und Landkreise in eine unerfreuliche Finanzlage geraten. Arme Kommunen können sich entsprechend weniger Ausgaben leisten als reiche Kommunen. Und da mag es nicht allzu sehr verwundern, dass manche Kämmerer in den Ausgaben für Legasthenietherapie Einsparmöglichkeiten entdecken.

Diese Rahmenbedingungen sorgen auf informellen Wegen gelegentlich für Sachbearbeiter, die Anträge auf Finanzierung von ambulanter Legasthenietherapie eher zurückhaltend genehmigen. Die Anträge durch geeignete Gutachten der richtigen Gutachter zu stützen, Widerspruch durch einen Anwalt einzulegen, den Eindruck zu erwecken, ein Verwaltungsgerichtsverfahren durchziehen zu wollen, glaubhaft auf enge Verbindungen zu Lokalpresse und Lokalpolitik zu verweisen, können in solchen Settings wirkungsvolle Strategien sein. Durchaus möglich, dass Migrantenfamilien auf diesen Wettstreit um die begehrten Ressourcen nicht ausreichend vorbereitet sind. Lehmann/Kolvenbach (2010, 1) weisen z. B. in Analyse von Datenmaterial des Statistischen Bundesamtes (Stand 2008) darauf hin, dass Familien mit nicht deutscher Verkehrssprache eher selten Hilfen zur Erziehung in Anspruch nehmen (39 % der Jugendlichen sprechen in ihrer Familie vorrangig nicht deutsch, bei den Erziehungshilfen liegt der Anteil der Jugendlichen mit Migrationshintergrund bei 22 %). Es ist durchaus plausibel anzunehmen, dass eine ähnliche Zurückhaltung auch dann wirksam wird, wenn es darum geht, mit Verweis auf eine drohende seelische Behinderung Mittel für Legasthenietherapie zu erhalten.

Die Hürden für die Finanzierung von Legasthenietherapie sind also hoch. Streng genommen müssen Migrantenkinder nicht einfach nur schlechte Werte im Rechtschreibtest haben,

- sondern sie müssen Lese-/Rechtschreibprobleme vorweisen, die nichts damit zu tun haben, dass einstens eine unzureichende Förderung in Elternhaus, Kita und Schule erfolgte (Ausschlusskriterium unangemessene Beschulung).
- Sie dürfen nicht zu schwache Ergebnisse im IQ-Test erreichen, obwohl Kinder aus armen Familien und Kinder aus anderen Kulturen in IQ-Tests nachweislich in gravierendem Umfang schlechter abschneiden (Diskrepanzkriterium).
- Sie müssen weiter Eltern haben, die sich nicht scheuen, einen namhaften Psychotherapeuten oder einen Psychiater aufzusuchen, der ihren Kindern klinisch relevante Beeinträchtigungen und einen Leidensdruck zuschreibt.
- Und sie müssen Eltern haben, die in Verwaltungsdingen so versiert sind, dass sie sich auch gegen Sachbearbeiter in Jugendämtern durchsetzen können, die die Sparvorgaben ihrer Kämmerer im Auge haben.

3.7   Sprachstandsdiagnostik

Ein verbreitetes (test-) diagnostisches Vorgehen in der Arbeit mit Migrantenkindern ist zunächst die Sprachstandsdiagnostik. Traditioneller Anlass solcher Verfahren sind Entscheidungen über die Bereitstellung von Mitteln für zusätzliche Sprachförderung im Jahr vor der Einschulung. In den Bundesländern haben sich dabei sehr unterschiedliche Verfahrensweisen entwickelt. In der Regel werden Sprachkompetenzen in deutscher Sprache erhoben, und zwar solche, die erfahrungsgemäß einigen Einfluss auf die Alphabetisierung in der Schule haben, also z. B. Wortschatz, phonologische Bewusstheit oder grammatikalische Kenntnisse.

Ein Überblick von Fried (2004, 11 ff) verweist zunächst auf die Bedeutung testdiagnostischer Standards, und damit auf die Hauptgütekriterien Validität, Reliabilität, Objektivität und Normierung. Es ist also wichtig, sicherzustellen, dass tatsächlich der Sprachstand erhoben wird (und nicht etwa kulturelle oder soziale Besonderheiten), dass dies weitgehend frei von Fehlern und unabhängig von Testleitereinflüssen geschieht und dass individuelle Ergebnisse mit einer möglichst aussagefähigen Vergleichsgruppe (Eichstichprobe) verglichen werden können (13).

Fried beschreibt zunächst Spracherfassungsverfahren im Rahmen gesundheitspolitischer Maßnahmen und Spracherfassung im Rahmen bildungspolitischer Maßnahmen. In einem zweiten Schritt diskutiert sie unter der Überschrift „pädagogische Verfahren" testdiagnostische Instrumente.

Spracherfassungsverfahren im Rahmen gesundheitspolitischer Maßnahmen werden entwickelt, um Kinder mit Sprachentwicklungsverzögerungen oder Kinder mit Sprachentwicklungsstörungen herauszufiltern. Fried nennt in diesem Zusammenhang u. a. das Heidelberger Auditive Screening in der Einschulungsuntersuchung (HASE; Brunner & Schöler 2002). HASE verwendet vier Untertests (Nachsprechen von Sätzen, Wiedergabe von Zahlenfolgen, Erkennen von Wortfamilien, Nachsprechen von Kunstwörtern bzw. eines Zauberwortes). Darüber hinaus beschreibt sie das Sprachscreening für das Vorschulalter (SSV; Grimm 2002) sowie das Screening-Verfahren zur Erfassung von Sprachentwicklungsverzögerungen (SEV) bei Kindern im Alter von dreieinhalb bis vier Jahren bei der U8 (Heinemann & Höpfner 1999). Bemerkenswert am SSV ist vielleicht noch, dass es sich um eine Kurzform des Sprachentwicklungstest für Kinder handelt. Es werden also Elemente eines etablierten testdiagnostischen Verfahrens der Sprachentwicklungsdiagnostik verwendet.

Als *Spracherfassungsmaßnahmen im Rahmen bildungspolitischer Maßnahmen* werden Instrumente vorgestellt, die in einigen Bundesländern als verbindlicher Standard eingeführt wurden. Beispiele hierfür ist die von Breuer und Weuffen (2002) eingeführte Schuleingangsdiagnostik zur Früherkennung und Frühförderung, die auf der von Breuer und Weuffen bereits zu Anfang der 1970er Jahre vorgelegten Differenzierungsprobe basiert (DPI). Die Orientierung an alten Standards führt nach Analyse von Fried (2004, 30) u. a. dazu, dass im (bedeutsamen) Bereich „phonologische Bewusstheit" der aktuelle Forschungsstand nicht beachtet werde. Bei dem Test Zweisprachigkeit (TZ; Cito 2004) handelt es sich um ein ursprünglich in den Niederlanden entwickeltes und nun in Duisburg an deutsche Verhältnisse angepasstes Verfahren, das den sprachlichen und kognitiven Entwicklungstand fünf- bis siebenjähriger Kinder mit Migrationshintergrund (Erstsprache Türkisch, Zweitsprache Deutsch; zukünftig auch Russisch-Deutsch) erfassen soll. Er besteht nach Analyse von Fried (2004, 32) aus Untertests zur phonologischen Bewusstheit, zu kognitiven Begriffen, zum passiven Wortschatz, zum Textverständnis sowie aus zwei Subtests zum aktiven Wortschatz und zur Satznachahmung. Fried verweist darauf, dass sich das Verfahren in niederländischen Studien als hinreichend valide und reliabel erwiesen habe, kritisiert aber, dass in deutschen Studien bei türkisch sprechenden Kindern Unterschiede im Untertest „Kognitive Begriffe" sichtbar würden (32 f.). Bei der Sprachstandsüberprüfung und Förderdiagnostik für Ausländer- und Aussiedlerkinder (SFD; Hobusch, A./ Lutz, N./Wiest, U. 2002) erkennt Fried Probleme in der theoretischen Fundierung (35). Darüber hinaus muss man wohl darauf hinweisen, dass auch gravierende

Probleme in Bezug auf messtheoretische Standards erkennbar sind. Das harte Urteil „nicht hinreichend fundiert" hat deshalb durchaus Berechtigung.

Fit in Deutsch (Niedersächsisches Kultusministerium 2002) soll die Deutschkenntnisse des Kindes zu überprüfen und Entscheidungen über die Teilnahme an besonderen sprachfördernden Maßnahmen legitimieren. Es umfasst Gespräche (mit den Eltern, mit dem Kind), überprüft den Wortschatz mit einem Bildwörterbuch und versucht das Sprachverständnis mit einfachen Handlungsanweisungen abzubilden (Einsatz eines Kuscheltiers, Aufgaben zu räumlichen und zeitlichen Präpositionen). Bilder sollen Sprechanreize geben. Hier werden Strukturiertheit und Äußerungslänge festgehalten. Ergänzt wird das Verfahren durch Beobachtungen in Kommunikationssituationen. Fried verweist auf offenbar fehlende Validierungsuntersuchungen. Darüber hinaus scheint das Verfahren sehr zeitaufwendig zu sein (38 f.). Auch das Berliner Verfahren „Bärenstark" (Pochert u. a. 2002) weist einige Mängel auf. Es basiert z. B. zu wesentlichen Anteilen auf einem zunächst von Gogolin entwickelten und aufgrund von Problemen mit Gütekriterien von der Autorin ausdrücklich wieder verworfenen Verfahren (41).

Das vom (bayrischen) Staatsinstitut für Schulpädagogik und Bildungsentwicklung herausgegebene Screeningmodell für Schulanfänger umfasst nach Analyse von Fried (45 ff.) vier Stufen: In einem Einstufungsverfahren stellt die Lehrerin Fragen, um festzustellen, in wie weit das Kind Rede und Antwort geben kann (dreistufige Schätzskala). Grammatikalische Fehler sollen hier nicht berücksichtigt werden. Gelangt die Lehrerin in einem anschließend initiierten Gespräch über die Lieblingsspeise des Kindes zu der Auffassung, dass das Kind über ausreichende Sprachkenntnisse verfügt, kann das Verfahren an dieser Stelle abgebrochen werden. Auf Stufe 3 soll anhand eines Gespräches über Bildtafeln geprüft werden, ob das Kind angemessen sprachlich reagiert. Die Lehrerin kann hier eine Einschulung in eine Regelklasse mit unterstützenden Fördermaßnahmen anregen. Auf Stufe vier soll das Kind durch Spielsituationen spielerisch zum Sprechen angeregt werden. Fried zitiert Publikationen, die davon ausgehen, dass Objektivität und Reliabilität des Verfahrens nicht gewährleistet sind. U. a. wird der wohl beträchtliche Einfluss der Lehrerin bei der Durchführung des Verfahrens und bei der Auswertung kritisiert.

Vergleichsweise gut schneidet das Hamburger Verfahren zur Analyse des Sprachstandes ab (HAVAS; Reich & Roth 2003). Fried erwähnt lobend die Orientierung an der Theoriediskussion der Zweitsprachserwerbforschung (43). Das Verfahren arbeitet mit einem visuellen Sprechimpuls (z. B. mit der Bildfolge: Vogel, Katze). Die sprachlichen Äußerungen werden aufgezeichnet und im Nachhinein auf grammatikalische, kommunikative und lexikalische Sprachstandsindikatoren analysiert. Bei nüchterner Betrachtung fällt aber ins Auge, dass die positive Einstufung u. a. auch damit zu tun haben kann, das offenbar Anknüpfungspunkte zu einem von Fried selbst entwickelten Konzept gegeben sind. Es ist auch etwas ungewöhnlich, einerseits zu behaupten, dass das Verfahren wissenschaftlichen Standards genügt und empirisch validiert sei, gleichzeitig aber auch darauf zu verweisen, dass die Studien noch nicht abgeschlossen sind.

In Auftrag der Landesregierung NRW entwickelt Fried einige Jahre später ein eigenes Verfahren (delfin 4). Basis der Screeningentscheidungen sind zunächst sprachliche Äußerungen des untersuchten Kindes anhand eines Brettspiels (erster Durchgang). Hinzu kommt das Nachsprechen von Kunstwörtern oder Sätzen. Mit Kindern, die nach Ansicht der Lehrerinnen möglicherweise eine über das bestehende Sprachförderangebot hinausgehende Förderung benötigen, wird die zweite Stufe des Verfahrens durchgeführt. Dieses besteht aus vier Untertests (Wortschatz, Kunstwörter nachsprechen, Untertest Morpho-Syntax mit Aufgaben zur Pluralbildung und Wortproduktion, Untertest Bilderzählung). Je nach Bewältigung der Aufgaben erreichen die Kinder unterschiedliche Punktwerte, die wiederum Basis für Förderempfehlungen sind.

Die Rezeption des von Fried entwickelten Verfahrens ist einigermaßen heftig. Nach Bericht der nds (GEW 2007, 6) wird im ersten Durchgang fast die Hälfte aller untersuchten Kinder als auffällig eingestuft. Die Gewerkschaft Erziehung und Wissenschaft berichtet von massiver Kritik, die von „mangelhafter Vorbereitung" und „Unausgereiftheit" bis zur „Einschüchterung der Kinder" durch fremde Testpersonen reicht, und fordert eine Einstellung der Sprachstandstests in dieser Form. Nun kann derlei Aufregung zwar zumindest in Teilen auch mit den besonderen politischen Verhältnissen in NRW zum damaligen Zeitpunkt erklärt werden (zwischenzeitiger Verlust der SPD-Mehrheit, einschneidende Veränderungen im KITA-Bereich durch die neue CDU/FDP-Regierung). Und es ist möglicherweise auch nicht besonders klug gewesen, das Verfahren einzuführen, ohne zunächst auf angemessene Daten zur Eichung zurückgreifen zu können.

Normen liegen zwar inzwischen vor (www.schulministerium.nrw.de/.../Aus wertung-und-Matrix_BIZ.pdf; 28. 12. 2011). Schwerer wiegen aber möglicherweise methodische Probleme, die nicht ganz untypisch für die meisten der bislang vorgestellten Sprachstandserhebungsverfahren der Bundesländer sind. Wichtig für die politisch Verantwortlichen ist offenbar: Die Verfahren sollen schnell durchzuführen sein. Den Autoren ist offenbar häufig wichtig, dass die Sprachentwicklung möglichst differenziert erfasst wird. Das Problem: Man kann Testverfahren nicht zugleich sehr ökonomisch und sehr objektiv, sehr valide und sehr differenziert gestalten. Testentwickler müssen sich also entscheiden zwischen einer differenzierten Erhebung und ökonomischen Gesichtspunkten. Entweder erhebt man also den Sprachstand genau und umfassend, oder es werden Verfahren entwickelt, die schnell und mit geringem Zeitaufwand durchzuführen sind. Wer an ökonomischen Verfahren interessiert ist, kann also nicht allzu sehr in die Tiefe gehen.

Die hier besprochenen Verfahren lösen das Problem offenkundig zu Lasten der Objektivität und Reliabilität (die Testleiter haben zu viel Einfluss, die Auswertung erlaubt zu großen Interpretationsspielraum) sowie zu Lasten der Normierung (es werden Eichstichproben verwendet, die hinsichtlich Umfang und Gewinnungsmethoden Mängel aufweisen). Oder anders formuliert: Die Verfahren versuchen die Sprachentwicklung differenziert zu erfassen und sparen an der statistischen Absicherung.

Exemplarisch kann man die Probleme am Nachfolgerverfahren von Delfin 4 fest-
machen: In Delfin 5 umfasst der Untertest Wortverständnis gerade einmal fünf
Nomen (!), vier Verben, vier Adjektive und zwei Präpositionen. Mit Hilfe einer
Wortliste von 15 Wörtern Wortschatzprobleme auch nur einigermaßen angemessen präzise erheben zu wollen, ist fast ausgeschlossen. Auch die Untersuchung der
phonologischen Bewusstheit ist unangemessen kurz: Delfin 5 arbeitet mit zehn
Reimaufgaben und zehn Aufgaben zur Phonemsegmentierung (www.schulminis-
terium.nrw.de/BP/S.../Delfin5-Protokollbogen-2010_08_12.pdf; 28. 12. 2011). Die
Veröffentlichung auf der Homepage des Ministeriums macht zudem wahrscheinlich, dass besonders interessierte Eltern ihre Kinder auf die Testung vorbereiten
können.

Es ist also unwahrscheinlich, dass die eingesetzten Screeningverfahren das leisten können, was sie eigentlich leisten sollen. Die Verfahren haben Probleme vor
allem in Sachen Objektivität und Zuverlässigkeit. Sie verwenden in Teilen Eichstichproben, die von Umfang und Gewinnung her die üblichen Standards weit
unterschreiten. Sie veröffentlichen keine Normen je nach erster Sprache. Und sie
erheben die entscheidenden Merkmale (Wortschatz, phonologische Bewusstheit)
nicht differenziert genug.

Solange die eingesetzten Screeningverfahren testtheoretische Standards so eindeutig missachten, kann man den beteiligten Kolleg/innen eigentlich nur empfehlen, diagnostische Entscheidungen auf der Basis zusätzlich durchgeführter Testverfahren zu treffen. Die meisten Testleiter werden mit Interesse auf die Befunde
etablierter Wortschatztests oder auf die Befunde von gut eingeführten Verfahren
zur Erhebung der phonologischen Bewusstheit reagieren. Warum also nicht dafür
sorgen, dass entsprechende Ergebnisse vorliegen, bevor das Screening beginnt?
Beim AWST-R sind die Kosten für die Anschaffung eines Testkoffers z. B. wirklich
überschaubar. Die Testung erfordert nur wenige Minuten pro Kind. Auch die
Auswertung ist weder besonders kompliziert noch nimmt sie viel Zeit in
Anspruch.

3.8 Die Bedeutung der Intelligenz

Es gibt in Deutschland letztlich zwei Störungsbilder im Bereich des Lesens und
Schreibens, die erhebliche Bedeutung auch für Migrantenkinder besitzen: Lernbehinderungen werden bei Schüler/innen diagnostiziert, die schwerwiegende,
umfangreiche und lang andauernde Schulleistungsprobleme haben (und zusätzliche je nach Bundesland variierende Merkmale aufweisen müssen). Legasthenie ist
der traditionelle Begriff für Schüler, die einerseits gravierende Probleme im Lesen
und Schreiben zeigen, andererseits aber durchschnittliche oder gar überdurchschnittliche kognitive Gaben besitzen. Zwei Merkmale sorgen für eine trennscharfe
Unterscheidung dieser beiden Schülergruppen: Das erste Merkmal sind die Pro-

bleme in der Entwicklung des mathematischen Denkens. Denn diese gehören üblicherweise bei Kindern mit sogenannten Lernbehinderungen, nicht aber bei Kindern mit Legasthenie/LRS zum Störungsbild. Das zweite Merkmal ist die Intelligenz.

Tab. 13: Unterschiede und Gemeinsamkeiten der Konzepte „Lernbehinderung" und „Legasthenie"

Lernbehinderung	Legasthenie/LRS
Probleme im Lesen und Schreiben	Probleme im Lesen und Schreiben
Probleme in der Entwicklung des mathematischen Denkens	Keine Probleme in der Entwicklung des mathematischen Denkens
Nach traditioneller Auffassung: IQ 70–85	Diskrepanz zwischen IQ und Rechtschreibleistung mindestens im Umfang von 1,5 Standardabweichungen

Tatsächlich wird Lernbehinderung zumindest in der Lernbehindertenpädagogik der 1970er und 1980er Jahre zeitweilig als „Intelligenzinsuffizienz" definiert (Bleidick/Heckel 1970, Bach 1976). Diese Auffassung ist in dieser Ausschließlichkeit zwar schon längst nicht mehr Stand der wissenschaftlichen Diskussion. Nicht desto trotz erfreut sich die Erhebung des IQ in der diagnostischen Praxis vieler Förderschulen nach wie vor großer Beliebtheit. Der Versuch, Kinder mit Lernbehinderungen von Kindern mit Legasthenie/LRS mit Hilfe des Intelligenzquotienten zu unterscheiden, liegt also nahe.

Nun verbinden in der diagnostischen Diskussion wenig versierte Zeitgenossen mit dem Begriff Intelligenz vielfach die Vorstellung, hierbei handele es sich um so etwas wie die kognitive Leistungsfähigkeit eines Menschen, ein mehr oder weniger stabiles Persönlichkeitsmerkmal oder eine kognitive Gabe, die man zu großen Anteilen bereits in die Wiege gelegt bekomme. Und diese Vorstellungswelt zeigt sich dabei als bestens vereinbar mit dem Ansinnen, lernbehinderte Kinder von legasthenen Kindern zu unterscheiden.

Ein Blick in die Datenbanken ERIC und PSYNDEX zeigt allerdings schnell und überzeugend, dass diese Auffassung kaum mit dem aktuellen Forschungsstand vereinbar ist. Denn die Studien der letzten Jahre ermitteln klare Hinweise darauf, dass die IQ-Entwicklung ganz offensichtlich von sozialen oder kulturellen Variablen beeinflusst ist. Und das Ausmaß der Unterschiede fällt wirklich gravierend aus.

Erste Hypothese zur Validät von Intelligenztests:
Der IQ ist ein offensichtlich instabiles Merkmal
Der IQ erweist sich dabei *erstens* als nicht hinreichend stabiles diagnostisches Merkmal. Das Problem hat dabei unterschiedliche Teilaspekte. Zunächst einmal lässt sich wohl festhalten, dass sich im Verlauf des menschlichen Lebens erhebliche Änderungen der kognitiven Leistungsfähigkeit nachweisen lassen (Ronnlund & Nilsson 2006, Juan-Espinosa u.a. 2006, Rodriguez-Aranda u.a. 2006, Fagan u.a. 2007, de Frias u.a. 2007, Lee u.a. 2008, Dellenbach u.a. 2008, Witthöft u.a. 2009).

Dass der Höhepunkt der Intelligenzentwicklung fast noch in die Pubertät fällt, ist den meisten Zeitgenossen nicht bekannt. Und die Unterschiede zwischen Jugendlichen und jungen Erwachsenen sind alles andere als marginal. In einer Lehrveranstaltung des Autors im Wintersemester 2001/2002 erreichen z.B. Studierende des Lehramts Sonderpädagogik z.B. gerade einmal Rohwerte auf dem Niveau lernbehinderter Jugendlicher (HAWIK-R, IQ 83). Testverlage lösen das Problem der doch beachtlichen Alters-Einflüsse dadurch, dass je nach Alter unterschiedliche Normen zugrunde gelegt werden (die Rohwerte werden je nach Alter also auf eine besondere Weise in IQ-Werte umgerechnet) oder unterschiedliche Verfahren für Kinder/Jugendliche und Erwachsene eingesetzt werden. Dies bedeutet: Die Testwerte sind eigentlich nicht stabil. Umrechnungsverfahren stellen aber sicher, dass das Lebensalter der Testpersonen keinen zu großen Einfluss hat.

Ein *zweiter Teilaspekt* des Problems betrifft die Frage, ob ein einmal ermittelter IQ Wert die jeweiligen Kinder und Jugendlichen dauerhaft durch ihr Leben begleitet. Diese Frage ist von einiger Bedeutung, denn Instabilität würde erfordern, dass der IQ regelmäßig erhoben und kontrolliert werden muss. Der Aufwand würde also erheblich steigen. Zur Frage der Stabilität des IQ sind einige Studien vorgelegt worden. Die Untersuchung von Whitaker (2008a) untersucht z.B. die Stabilität der Wechsler Intelligence Scale for Children (WISC III) und der Wechsler Adult Intelligenz-Scale-Werte (WAIS-III) gezielt bei Menschen mit niedrigem IQ (50–59, 60–69, 70+, n = 50 bzw. 49). Ergebnis: Es gibt Hinweise darauf, dass zumindest der Test für die Erwachsenen strengere Normen hat und deshalb niedrige Testwerte produziert. Eine auf Untersuchungen zu Menschen mit einem IQ < 80 bezogene Metaanalyse von Whitaker zeigt zwar beachtliche Korrelationen zwischen den durchgeführten Untersuchungszeitpunkten (Stabilitäts-Koeffizient für den verbalen IQ z.B. bei 0,77 bzw. 0,78 bei einem Test-Intervall von 2.8 Jahren). Bei der Mehrheit der Versuchspersonen werden auch lediglich Veränderungen im Umfang von weniger als sechs IQ-Punkten beobachtet. Bei einer Minderheit von immerhin 14 % kommt es aber zu Veränderungen im Umfang von mindestens 10 Punkten. Whitaker mahnt auf Basis dieser Befunde zur Zurückhaltung bei der Interpretation von IQ-Werten insbesondere bei Menschen mit einem unterdurchschnittlichen IQ.

Ähnliche Hinweise sind auch der Studie von Gordon u.a. (2010, 197) zu entnehmen. Gegenstand des Vergleichs sind auch in dieser Studie wiederum die Wechsler Adult Intelligence Scale – Third Edition (WAIS-III) und die Wechsler Intelligence Scale for Children – Fourth Edition (WISC-IV). Die Stichprobe besteht aus 17 britischen Schülern mit sonderpädagogischem Förderbedarf im Alter von 16 Jahren. Die untersuchten Schüler erreichen einen mittleren Gesamt-IQ von 53 in der WISC -IV und einen Gesamt-IQ von 64,82 in der WAIS-III. Die Unterschiede sind hochsignifikant, auch bezogen auf die verwendeten Untertests. Eine Ausnahme bildet lediglich der Untertests „Arbeitsgedächtnis" (die IQ Differenz liegt hier lediglich bei nicht signifikanten 3,65 IQ Punkten; 199).

Die Studie von Koglin u.a. (2009) belegt, dass Veränderungen gerade auch in dem sensiblen Zeitraum zwischen Kita und Einschulung beobachtet werden können. Die Stichprobe besteht aus 120 Kindern im Alter von anfangs 6.1 Jahren. Nach einem Jahr wird der IQ erneut erhoben. Dabei zeigen sich Einflüsse von Risikofaktoren wie sozioökonomischer Status, Migrationshintergrund, kritische Lebensereignisse, geringes Freizeitverhalten und überhöhter Medienkonsum. Insgesamt kann zwar Intelligenzstabilität nachgewiesen werden. Die Intelligenz variiert aber mit den erhobenen Risikobedingungen. Probleme im sozialen Umfeld verändern also den IQ.

Dass die Versuche der Testautoren, die Probleme durch Überarbeitung und neue Normen zu beheben, zu in Teilen beachtlichen Veränderungen führen kann, zeigt die Dissertation von Lispsius (2009). Lipsius (2009, 112) vergleicht den HAWIK III mit HAWIK IV. Untersucht werden also zwei Fassungen eines in Deutschland weit verbreiteten IQ-Tests, der im Ruf steht, vergleichsweise hohe Anforderungen an die untersuchten Kinder und Jugendlichen zu stellen. Lipsius verändert sowohl die Reihenfolge der Testungen wie auch den Abstand zwischen den Testungen. Ein Teil der Stichprobe beginnt mit dem HAWIK III, ein Teil der Stichprobe beginnt mit dem HAWIK IV. Untersucht werden insgesamt 223 normal intelligente Kinder und Jugendliche im Alter von sechs bis 16 Jahren (113).

Die Untersuchung ermittelt signifikante und hochsignifikante Hinweise auf je nach Untertest unterschiedliche Differenzen (129 ff.). Auch die Reihenfolge der Testungen hat einen Einfluss und zwar sowohl bei kurzem Testintervall wie auch bei langem Testintervall (132 ff., 134 ff.). Vor dem Hintergrund, dass der Flynn-Effekt (s. u.) sich einerseits besonders deutlich in den Randbereichen zeigt (also vor allem bei Kindern mit unterdurchschnittlicher Intelligenz und Kindern mit überdurchschnittlicher Intelligenz) versucht sie eine Auswertung bei einer Teilstichprobe ihrer Untersuchung (IQ > 115, n = 28). Der Gesamt-IQ verändert sich hier in dem genannten Untersuchungszeitraum um 9 (!) IQ Punkte (143).

Zu ähnlichen Befunden kommen auch Erzberger und Engel (2010). Gegenstand der Untersuchung ist ein Vergleich der 2006 eingeführten Wechsler Intelligenz Test für Erwachsene (WIE) mit der Vorgängerversion dem Hamburg Wechsler Intelligenztest für Erwachsene (revidierte Fassung (HAWIE-R), der wiederum die deutsche Fassung der Wechsel Adult Intelligence Scale (WAIS III) darstellt. Die Studie arbeitet mit einer Stichprobe von 22 stationären psychiatrischen Patienten und 41 „gesunden" Patienten, die aus dem Bekanntenkreis der Autoren bzw. durch Aushang ermittelt wurden. Das Durchschnittsalter beträgt 32,3 Jahre. Die Probanden mussten „ausreichende" Deutschkenntnisse haben. Der Abstand zwischen den beiden Testungen beträgt mindestens eine Woche (im Durchschnitt 11,8 Tage (Erzberger/Engel 2010, 26). Die Reihenfolge ist ausbalanciert.

Die Ergebnisse zeigen zunächst innerhalb der Reihenfolgegruppen hohe bis sehr hohe (im Verbalteil) und mäßig bis hohe Korrelationen (im Handlungsteil; 27). Die Patienten unterscheiden sich im HAWIE-R nur geringfügig von den anderen Probanden. Die deutlichsten Unterschiede zeigen sich beim Handlungs-IQ (Handlungs-IQ Patienten: 102,33, Handlungs IQ andere Probanden: 108,58/Gesamt-IQ Patienten: 104,21, Gesamt-IQ andere Probanden: 106,70). Zwischen den Ergebnissen im WIE und HAWIE-R werden hoch signifikante Unterschiede ermittelt

(Verbal-IQ, Handlungs-IQ, Gesamt-IQ). Diese Unterschiede fallen besonders deutlich bei den psychiatrischen Patienten und im Handlungs-IQ aus (mittlere Differenz zwischen HAWIE-R und WIE beim Patienten-Handlungs-IQ 13,4 IQ Punkte, beim Handlungs-IQ der anderen Probanden 7,88/mittlere Differenz beim Patienten Gesamt-IQ: 11,77, beim Gesamt IQ der anderen Probanden: 7,1/T-Test jeweils: p <.001). Die Differenzen gehen dabei sämtlich zulasten des WIE (Erzberger/Engel 2010,28). Man kann also sagen, dass alle Probanden in der Neufassung des Wechsler-Intelligenz-Test deutlich schlechter abschneiden und dass diese Unterschiede besonders deutlich zulasten von Psychiatrie-Patienten gehen. Die Autoren interpretieren die gefundenen Korrelationen als Hinweis darauf, dass beide Verfahren die gleichen Konstrukte messen. Das unterschiedliche Abschneiden der untersuchten Teil-Stichproben verweise auf eine unterschiedliche Zusammensetzung der Normstichprobe. Zudem könnten die Veränderungen nach Ansicht der Autoren auch auf Leistungssteigerungen der deutschen Bevölkerung zurückgehen (die nun durch Veränderungen der Normen kompensiert werden; 31 f.).

Ein *dritter Teilaspekt* des Problems entsteht offenbar durch Veränderungen der mittleren Intelligenz in unterschiedlichen Generationen. Geht man davon aus, dass Intelligenztests die kognitive Leistungsfähigkeit von Menschen unabhängig von sozialen oder kulturellen Einflüssen messen, so muss man eigentlich auch erwarten, dass sich die mittleren Intelligenzleistungen einer Region/einer Gesellschaft auch über einen längeren Zeitraum hinweg nicht wesentlich verändern. Tatsächlich können aber in westlichen Ländern in unterschiedlichen Epochen erhebliche Veränderungen der mittleren Intelligenz beobachtet werden. Für die entsprechende Beobachtung hat sich in der Forschung in Orientierung an den Namen seines Entdeckers der Begriff „Flynn-Effekt" eingebürgert.

Die Datenbankrecherche ermittelt eine beachtliche Forschungsaktivität in diesem Bereich. Wicherts u. a. (2004) stellen fünf Untersuchungen vor. Eine erste Studie vergleicht die Befunde der niederländischen Eichstichprobe der Wechsler Adult Intelligence Scale aus den Jahren 1967/168 (N=2100) mit einer Standardisierungsuntersuchung, die für den WAIS in den Jahren 1998 und 1999 durchgeführt wurde (N=77; 514). Ergebnis: Die Testergebnisse zeigen Effektstärken je nach Untertest in einem Umfang von 0,51 bis 1,48 (also im Bereich eines moderaten bis starken Effekts).

In einer zweiten Studie werden alle dänischen Wehrpflichtigen der Jahrgänge 1988 (N = 33 833) und 1998 (N= 25 020) untersucht. Es handelt sich dabei um jeweils 90 % bis 95 % der dänischen männlichen Bevölkerung im Alter von 18 Jahren. Verwendet wird der Børge Prien's Prøve (BPP), ein Test zur Untersuchung kognitiver Fertigkeiten (518). Die Ergebnisse ermittelten nur geringe Effektstärkenveränderungen im Umfang von 0,06 bis 0,16 (518 f.). Studie 3 vergleicht die Daten von 3300 niederländischen High-School-Studenten aus den Jahren 1984 und 1994/1995 aus Eichuntersuchungen der niederländischen Fassung des DAT. Die Untersuchungen ermitteln Effektstärkenveränderungen je nach Untertest im Bereich von −0,43 (numeral ability) bis + 0,26 (Buchstabierfähigkeit). Die Befunde

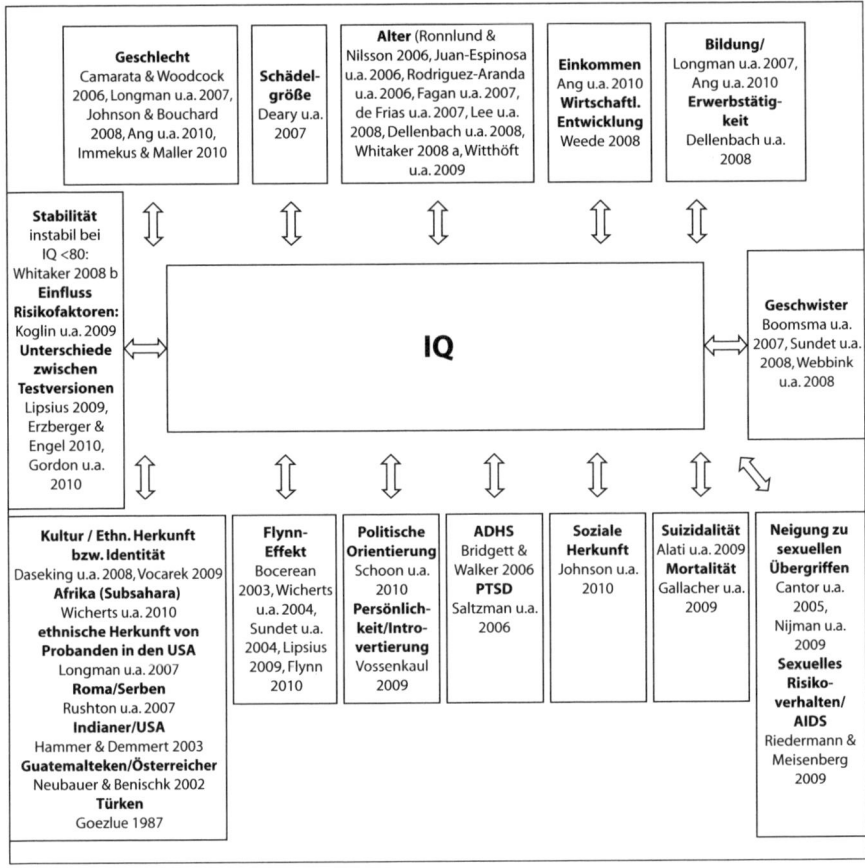

Abb. 10: Intelligenz und die Einflüsse biologischer, sozialer und kultureller Variablen

sind also uneinheitlich. Die zweite Kohorte schneidet demnach in Teilen schlechter ab als die erste Kohorte (negative Effektstärken), in Teilen aber auch besser (positive Effektstärken). Studie 4 vergleicht fünfjährige niederländische Kinder der Eichstichprobe des RAKIT (1981/1982, n = 207) mit einem Sample von 415 fünfjährigen Zwillingen (1992/1993; 524). Bei dem RAKIT handelt es sich um einen Intelligenz-Test für Kinder (Revised Amsterdamse Intelligentie Test). Die Effektstärken liegen hier zwischen –0,12 und + 0,34. Die 5. Studie vergleicht die Ergebnisse des Nationalen Intelligenztests in Estland in den Kohorten 1934/1936 und 1997/1998 (527). Hier werden Effektstärken von –0,9 (Information) und + 0,87 (Symbol Number) berichtet (527 f.). Die Autoren weisen abschließend darauf hin, dass eine durchgeführte Faktorenanalyse Hinweise darauf ermitteln konnte, dass die Veränderungen auch auf je kohortenspezifische Messfehler hinweisen und nicht allein auf Veränderungen in den kognitiven Fertigkeiten zurückgeführt werden können (529). Die von Wicherts u.a. vorgestellten Studien zeigen zusammenfassend betrachtet also ein sehr heterogenes Muster. Veränderungen in den mittleren Testwerten hängen sehr deutlich von den jeweiligen Verfahren ab. Und unterschiedliche Untertests reagieren offenbar auch in unterschiedlichem Ausmaß auf den Zeitenwandel.

Sundet (2004, 350) versucht einen kurzen resümierenden Überblick über die Entwicklung der letzten Jahre: Nach Rezeption der Befunde von Flynn habe eine umfangreiche Forschungsaktivität eingesetzt, die in 14 industrialisierten Ländern durchschnittliche Anstiege des IQ von etwa 3–5 IQ Punkten pro Dekade ermittelt. Ein Erklärungsversuch ist der Hinweis auf bessere Ernährung und verbesserte medizinische Versorgung, die üblicherweise durch die ebenfalls in etwa in diesem Zeitraum vollzogene Veränderungen des Körperwachstums belegt werde. Nach Analyse von Sundet (2004, 357 ff.) hat der Anstieg des IQ inzwischen nachgelassen. Vermutungen, der Anstieg der Werte sei durch bessere Ernährung und bessere medizinische Versorgung verursacht, seien inzwischen in Schwierigkeiten geraten. Denn die Veränderungen im Größenwachstum konnten vor allem in der oberen Hälfte der Wachstumsskala beobachtet werden – bei dem Intelligenzanstieg sei das Gegenteil der Fall. Zudem seien die Intelligenzanstiege etwa eine Dekade nach den Größenveränderungen erfolgt.

Als weiterer wichtiger Faktor, von dem Auswirkungen auf die Intelligenzentwicklung ausgehen können, sind familiale Besonderheiten wie z. B. die Zahl der Geschwister oder spezifischer noch: die in einer Geschwisterreihe eingenommene Position untersucht worden. Dass derlei einen Einfluss auf die Intelligenzentwicklung haben soll, mag ungeübte Beobachter zunächst irritieren. Ob und mit wie vielen Geschwistern Menschen aufwachsen, hat aber nach Befunden der Forschung vielfältige Auswirkungen auf die soziale Entwicklung. Walter Toman hat schon vergleichsweise früh darauf hingewiesen, dass von Geschwisterbeziehungen z. B. erhebliche Effekte auf das Leben in Partnerschaften ausgehen können (Toman 1974, 85 f.). Die Dissertation des Autors dieses Buches belegt einen Einfluss von Geschwistervariablen auf die Wahrnehmung auffälligen Verhaltens bei Grundschullehrer/innen (Lehrer/innen, die in der Position des Ältesten einer Geschwisterreihe aufgewachsen sind, halten weniger Schüler ihrer Klassen für auffällig; Mand 1995, 166). Zudem zeigen sich vielfältige Beziehungen zwischen Geschwisterzahl und sozialen Variablen. Deutsche Studien zeigen z. B. seit vielen Jahren, dass Kinder mit Lernbehinderungen häufig aus Familien mit vielen Kindern stammen (Klein 1972, Klein 2001, Wocken 2006, 45). Welche Einflüsse von Geschwistervariablen werden also in der Intelligenzforschung ermittelt?

Boomsma u. a. (2008) beziehen sich auf den Einfluss der Position in der Geschwisterreihe. Die Autor/innen verweisen zunächst auf einige ältere Studien. Ein Nachweis einer negativen Korrelation zwischen Birthorder und Intelligenz gelingt ihrer Analyse nach zunächst in einer Studie an niederländischen Männern (Belmont & Marolla 1973). Bestätigt werde dieser Befund zunächst an norwegischen Wehrpflichtigen (Bjerkedal u. a. 2007). In einer zweiten Studie belegten Kristensen und Bjerkedal (2007), dass auch soziale Variablen wirksam werden. U. a. könne gezeigt werden, dass Kinder, deren älteres Geschwisterkind verstorben war, eine höhere Intelligenz entwickeln als Kinder, die an zweiter Stelle einer Geschwisterreihe aufgewachsen sind (630 f.).

Die von Boomsma u. a. (2008) durchgeführte Studie arbeitet mit einer Stichprobe von niederländischen Zwillingen (n = 811 im Alter von fünf Jahren, n = 666 im Alter von 12 Jahren und n = 638 im Alter von 18 Jahren). Der Anteil eineiiger Zwillinge beträgt n = 396, n = 329 und n = 276. Im Alter von 5 Jahren absolvieren die Kinder den Revised Amsterdamse Kinder Intelligentie Test (RAKIT), im Alter von 12 Jahren die niederländische Version der Wechsler Intelligence Scale für Children-Revised (WISC-R) und mit 18 den Wechsler Adult Intelligence Scale (WAIS-III; 631). Die Ergebnisse zeigen signifikante Unterschiede zwischen Einzelkindern und solchen, die mit älteren Geschwistern aufwachsen, der erstens bei Mädchen deutlicher ausfällt als bei Jungen und sich am deutlichsten bei 12 jährigen Mädchen zeigt. Unterschiede zwischen Kindern mit einem älteren Geschwisterteil und mehreren älteren Geschwistern fallen schwächer aus (632). Zudem variiert die Erblichkeit des erhobenen IQ je nach Alter/Testverfahren (37 % im Alter von 5 Jahren, 81 % im Alter von 12 Jahren, 82 % im Alter von 18 Jahren) – ein Befund, den die Autoren damit erklären, dass in der Adoleszenz der Einfluss der Familienumgebung schwinde. Dass es in der Studie einerseits nicht gelingt, den Einfluss familialer Variablen in der Adoleszenz und im Erwachsenenalter nachzuweisen und andererseits aber der Einfluss der Position in der Geschwisterreihe belegt werden kann, zeige weiter die Probleme von Zwillingsstudien in der Identifikation von Umgebungseinflüssen (633). Man muss wohl als Alternativinterpretation hinzufügen, dass die Befunde von Boomsma u. a. möglicherweise auch auf unterschiedliche Empfindlichkeiten der verwendeten Erhebungsinstrumente zurückgehen können. Es ist also möglich, dass Intelligenztests in unterschiedlichem Ausmaß auf familiale Besonderheiten reagieren.

Webbink u. a. (2008) untersuchen, ob sich zwischen Zwillingen und Einzelkindern Unterschiede in der Intelligenzentwicklung nachweisen lassen. Die Studie arbeitet mit zwei Teilstichproben. Die erste Stichprobe wird aus einer niederländischen Grundschulstudie gewonnen (PRIMA-Survey, Geburtsjahrgänge aus den 1980er und 1990er Jahren). Genutzt werden die ersten fünf Erhebungsdurchgänge mit jeweils etwa 60 000 Teilnehmern (1994, 1996, 1998, 2000, 2002). In jeder der teilnehmenden 600 Schulen werden Sprachentwicklung, die Entwicklung mathematischen Denkens, der IQ (jeweils mit hierfür eigens entwickelten Erhebungsinstrumenten), die soziale Herkunft und Lehrereinschätzungen zum Verhalten bei Zweit-, Viert, Sechst- und Achtklässlern erhoben (541 f.). Die zweite Stichprobe arbeitet mit den Daten einer niederländischen Zwillingsstudie zur kognitiven Entwicklung von Erwachsenen (589 Zwillingskinder, 196 Geschwisterkinder von Zwillingen; 540 f.).

Die Ergebnisse zeigen nur sehr geringe Unterschiede zwischen Einzelkindern und Zwillingskindern, wenn der Einfluss von Störvariablen kontrolliert wird (signifikant nur bei Sechstklässlern, der größte Unterschied beträgt einen IQ Punkt). Etwas stärker fallen die Unterschiede in den Sprach- und Mathematiktests aus. Hier zeigen sich bei Zweitklässlern die stärksten Einflüsse (543). Die Autor/innen interpretieren die Befunde als Hinweis auf kleine, aber immer noch signifikante Unterschiede, die in höheren Klassen abnehmen. Dass Zwillingskinder einen möglichen Rückstand aufholen, zeige sich auch bei der Erwachsenen-Stichprobe. Hier zeigen sich keine signifikanten Unterschiede zwischen als Zwillingskinder und als Einzelkinder aufgewachsenen Probanden. Die abnehmenden Unterschiede zwischen Zwillingskindern und Einzelkindern könnten nach Auffassung der Autor/innen möglicherweise als Effekt des niederländischen Gesundheitssystems verstanden werden. Allerdings ist auch in der Studie von Webbink (2008) eine alternative Interpretation möglich: Es ist immerhin denkbar, dass unterschiedliche Testverfahren auch unterschiedlich auf Geschwistereffekte reagieren.

Bei der Untersuchung von Sundet u. a. (2008) hat das Interesse für den Einfluss von Geschwistervariablen im Wesentlichen damit zu tun, dass Veränderungen in der Familienstruktur parallel mit Hinweisen auf Veränderungen in der mittleren Intelligenz der Bevölkerung verlaufen. Ältere Studien verweisen nach Analyse der Autoren auf eine negative Korrelation zwischen Anzahl der Geschwister und Intelligenz (Belmont/Marolla 1973). Es wäre also denkbar, dass veränderte Fertilitätsmuster einen Beitrag zur Erklärung des Flyneffekts liefern könnten. Zwei Erklärungsmöglichkeiten bieten sich an: Einerseits wäre es möglich, dass sich die mittlere Intelligenz in Familien mit mehreren Geschwistern verändert. Andererseits ist der Anteil von Menschen, die mit Geschwistern aufwachsen, gesunken (184). Die Forschungslage nach Analyse von Sundet u. a.: Zajonic (1976) argumentiert, dass eine veränderte Familiengröße einen Einfluss auf die Entwicklung der mittleren Intelligenz haben könnte. Alwin (1991) findet keine Hinweise darauf, dass derlei bei Familien aus den USA Veränderungen in Sachen verbaler Intelligenz erklären könne (184).

Das Sample der Untersuchung von Sundet u. a. besteht aus norwegischen Wehrpflichtigen. Hier werden zum Erhebungszeitpunkt noch 95 % der Männer gemustert. Die verwendeten Testverfahren umfassen einen mathematischen Untertest, einen Untertest, der sich mit Wortähnlichkeiten befasst, einen Untertest, der sich mit der visuellen Wahrnehmung befasst, und einen allgemeinen Teil (allgemeine Fähigkeiten). Die Autoren erkennen Ähnlichkeiten zu entsprechenden Untertests des WAIS (Arithmetik) bzw. zum CPM (visuelle Wahrnehmung). In die Analyse gehen Daten aus den Musterungen von 1969–2003 (Allgemeine Fähigkeiten), 1993–2003 (Subtests) und 1957–1959 ein (Allgemeine Fähigkeiten und Subtests). Daten zu Geschwistern werden in Teilen aus den Musterungsunterlagen (Geburtskohorten 1938–1940) und aus den statistischen Daten der Familienregister Norwegens erhoben. Insgesamt umfasst die Stichprobe 992 274 Personen (185).

Die Ergebnisse belegen deutliche Effekte der Geschwisterzahlen auf die mittlere Intelligenz, einen deutlichen Anstieg der Intelligenz bis etwa zur Geburtskohorte 1956–1958 und danach eine abgeflachte, insgesamt aber immer noch steigene Kurve. Die Effekte sind in den Geburtskohorten 1938–1940 größer als in den Geburtskohorten 1983–1985 (186). Gleichzeitig zeigt sich eine deutliche Veränderung der Fertilitätsmuster. Insbesondere der Anteil der Familien mit sechs und mehr Kindern sei stark gesunken (187). Kontrolliert man den Einfluss der veränderten Fruchtbarkeitsmuster, so zeigt sich der Intelligenz-Anstieg im Beobachtungszeitraum weitaus schwächer. In den Subtests fällt der Geschwistereffekt am deutlichsten bei den Wortähnlichkeiten aus. In den 1938–1940er Kohorten liegt der Abstand zwischen Einzelkindern und Kindern aus Familien mit mindestens 6 Kindern bei durchschnittlichen 10.9 IQ-Punkten. In der aktuellsten Geburtskohorte schrumpft dieser Abstand auf immerhin noch 5–6 IQ-Punkte (187).

Als Ursache für die gefundenen Einflüsse diskutieren die Autor/innen den Einfluss der Bildung. In den Kohorten von 1950–1985 wird der Bildungsabschluss erhoben (187 f.). Dabei ergibt sich einerseits ein positiver Zusammenhang zwischen Intelligenz und Bildungsabschluss ($r = 0{,}47$) und andererseits ein negativer Zusammenhang zwischen Geschwisterzahl und Bildungsabschluss ($-0{,}13$), der zudem mit den Jahren deutlich abnimmt (in den ältesten Kohorten: $-0{,}16$, in den jüngsten Kohorten: $-0{,}05$). Die Korrelationen fallen also zu schwach aus, als dass man den Geschwistereffekt allein über die in diesen Familien unterschiedlich verteilten Bildungsabschlüsse erklären kann. Zusammenfassend sehen die Autoren die Hypothese bestätigt, dass die veränderten Fruchtbarkeitsmuster den Flynneffekt beeinflussen. Die Familiengröße habe sich in den letzten vier bis fünf Dekaden in entwickelten Ländern deutlich verändert und dies habe vermutlich seinen Beitrag zum Flynneffekt gehabt (188).

Als Erklärungsmodell diskutieren die Autor/innen zunächst den Einfluss genetischer Ursachen. Derlei könne aber bestenfalls in den älteren Kohorten eine Rolle gespielt haben. Denn inzwischen sei der Zusammenhang zwischen dem Bildungsstand des Vaters und der Zahl der Geschwister nahe 0. Umweltfaktoren könnten eine Rolle spielen – in großen Familien sei pro Kind einfach weniger elterliche Aufmerksamkeit möglich. Andere Modelle seien physiologische Faktoren (mit der Zahl der Geburten zunehmende Immun-Abwehrreaktionen der Mutter gegen den Fötus) oder Ernährungsunterschiede im Mutterleib (189).

Die Studie von Sundet u. a. (2008) kann man allerdings auch als Beleg für soziale Einflüsse werten. Die Zahl der Geschwister war und ist ein hervorragender Indikator für soziale Benachteiligung. Durchaus möglich also, dass Veränderungen der Geschwisterdaten letztlich auf Veränderungen in dem sozialen Umfeld von Familien verweisen. Die entscheidende Frage ist also, welche Variablen genau in den Familien mit vielen Kindern zur Wirkung gelangen. Denn: Nicht nur die Zahl der Familien mit vielen Kindern ist in Norwegen zurückgegangen, sondern auch die Zahlen der Kinder, die in drastischer Armut aufwachsen.

In diese Zusammenhänge fügen sich vergleichsweise gut Befunde ein, die einen Zusammenhang zwischen sozialen Variablen und der IQ-Entwicklung feststellen. Ang u. a. (2010) untersuchen die Einflüsse von Gender, ethnischer Herkunft, Erziehung und Wohnumfeld auf Basis einer über den National Longitudinal Survey of Youth (N=12 686) ermittelten Stichprobe. Im Jahr 2004 waren die weiblichen Probanden zwischen 39 und 47 Jahre alt und hatten 15 359 Kinder geboren, die zum Erhebungszeitpunkt entweder gerade geboren waren bis hin zu Menschen, die sich bereits in der Mittte ihrer Dreißiger Jahre befanden. Die Untersuchung von Ang u. a. nutzt die Längsschnittstruktur dieser Studie und ermittelt für einen Vergleich 5 jährige Kinder, die 1984 geboren wurden, und 5 jährige, die 2004 geboren wurden, 6 jährige Kinder, die 1984 geboren wurden, und 6 jährige, die 2004 geboren wurden, bis hin zu einem Alter von 13 Jahren und arbeiten schließlich mit einem Sample von 27 326 Kindern (368 f.). Geschwister wurden nicht ausgeschlossen. Als Erhebungsinsrument wird der PIAT-M verwendet, ein Intelligenztest für Kinder. Als Prädiktor-Variablen werden verwendet: Gender, Jahrgang, ethnische Herkunft, Bildungsniveau der Mutter, Haushaltseinkommen und Urbanität (369).

Die Autoren finden in der Stichprobe dieser Studie in allen untersuchten Subgruppen Hinweise auf den Flynneffekt (376). Der Flynn-Effekt wird ihrer Auffassung nach also nicht durch demographische Veränderungen verursacht. Die Autoren ermitteln nicht konsistente signifikante Zusammenhänge zwischen Geburtsjahr und Gender und zwischen ethnischer Herkunft und Wohnumfeld (Urbanität; 372 ff.). Der Anstieg innerhalb der ethnischen Gruppen fällt dabei durchaus unterschiedlich aus (höhere Werte für Kaukasier als für Hispanics und höhere Werte für Hispanics als für Afro-Amerikaner; 373). Andere Befunde deuten darauf hin, dass in allen Kohorten der Anstieg der Werte in Familien mit hohem Haushaltseinkommen und höherem (mütterlichen) Bildungsniveau steiler ausfällt als in Familien mit geringem Einkommen und niedrigerem Bildungsniveau (374 f.).

Einflüsse von sozialen Faktoren auf die IQ-Werte lassen sich in vielen anderen Zusammenhängen belegen. Longman u. a. (2007. 426 f.) verweisen in einer kurzen Literaturübersicht auf einige weitere Studien, die demographische Einflüsse belegen (Erziehung, ethnische Herkunft, Alter und Geschlecht). Die eigene Studie soll mit einem USA-Kanada-Vergleich einen internationalen Aspekt hinzufügen und basiert auf den Eichstichproben der Wechsler Adult Intelligence Scale – Third Edition (WAIS-III) mit insgesamt 2460 US-amerikanischen und 1100 kanadischen Probanden (427). Die US-amerikanische Studie verweist auf einen signifikanten und in Teilen hochsignifikanten Zusammenhang zwischen Bildungslevel und IQ, der besonders deutlich im Bereich erworbenen Wissens/kristalliner Intelligenz sichtbar wird (Verbal IQ/r = 0,263 **, Verbales Verständnis,/r = 0,265** Gesamt IQ/r = 0,26 **; 427 f.). Gendereffekte sind kleiner, aber signifikant mit Ausnahme des Handlungs-IQ. Die ethnische Herkunft zeigt ebenso signifikante Effekte. Sie wirken etwas stärker als die Gendereffekte und deutlich geringer als das erreichte Bildungslevel. Im kanadischen Sample zeigen sich ebenfalls signifikante und hoch signifikante Einflüsse des Bildungslevels. Der z-Test ermittelt aber in Kanada einen substanziell geringeren Zusammenhang zwischen Bildung und IQ. In Sachen Gender werden vor allem im Bereich Verarbeitungsgeschwindigkeit substanzielle Effekte sichtbar (zum Vorteil von Frauen). Kleinere Effekte zeigen sich auch im Verbal-IQ und im Arbeitsgedächtnis (kleiner Vorteil für Männer). Die ethnische Herkunft hat im kanadischen Sample keinen signifikanten Einfluss (428).

Dellenbach (2008) untersucht den Einfluss kognitiv stimulierender Aktivitäten auf Erwachsene in einer Längsschnittstudie. Die Untersuchung arbeitet mit einer

Teilstichprobe der Interdisziplinären Längsschnittstudie des Erwachsenenalters (n= 641 Personen im Alter zwischen 42 und 46 Jahren und 623 Personen zwischen 60 und 65 Jahren; 135). Beide Gruppen unterscheiden sich u. a. signifikant hinsichtlich ihrer Erwerbstätigkeit (80,7 % versus 14,5 %; 146). Erhebungsinstrumente sind: die Untertests des Hamburg Wechsler Intelligenztest für Erwachsene (Mosaiktest, allgemeines Wissen, Wörter) sowie acht Variablen eines Interessen-Fragebogens, die Hinweise auf kognitive stimulierende Aktivitäten erlauben (Weiterbildung z. B in der Volkshochschule, Kreuzworträtsel lösen, Bücher lesen, Zeitschriften lesen, Radio hören, Fernsehen, Hobbys sowie Konzert/Theaterbesuche; 136 f). Die Ergebnisse zeigen zunächst altersabhängige Unterschiede in den Interessen (Ältere nehmen weniger häufig an Weiterbildungsmaßnahmen teil, lösen seltener Kreuzworträtsel und hören weniger häufig Radio; 138 f.). In einer Regressionsanalyse gelingt eine Vorhersage der kognitiven Leistungsfähigkeit durch soziodemographische Merkmale (in der jüngeren Teilstichprobe durch Merkmale wie Geschlecht, Zahl der Ausbildungsjahre, Berufstätigkeit; Anteil erklärter Varianz bei 19,6 %). Ebenfalls bedeutsam sind die nonformale Weiterbildung (0,9 %) und die informellen Lernaktivitäten (4,8 %). Bei der älteren Teilstichprobe sehen die Verhältnisse ähnlich aus (demographische Merkmale 24,6 %, 0,6 % nonformale Weiterbildung, 6,7 % kognitiv stimulierende Aktivitäten; 144 f.). Die Effekte der genannten Variablen auf den Mosaiktest sind bereits deutlich schwächer (z. B. demographische Merkmale bei der mittleren Altersgruppe mit einem Anteil der erklärten Varianz von 8,9 %; 144). Am schlechtesten können die Ergebnisse im Subtest „Wörter finden" vorhergesagt werden (demographische Merkmale bei der mittleren Altersgruppe mit einem Anteil der erklärten Varianz von 3,1 %; 145). Zusammenfassend gilt: Auch wenn in der von Dellenbach vorgelegten Studie nicht immer die Kausalbeziehungen klar sind, kann man die Untersuchung als Hinweis auf je nach Soziallage unterschiedliche Verläufe der kognitiven Leistungskurve verstehen.

Johnson u. a. (2010, 56) versuchen Hypothesen über den Zusammenhang von sozialer Herkunft und Intelligenz in einem Erklärungsmodell empirisch abzusichern. Die Autoren stellen in ihrer Literaturanalyse zunächst verschiedene Modelle vor, die sich auf diesen Zusammenhang beziehen. Nach Burt (1961) kann z. B. die soziale Herkunft als eine Art Ballast verstanden werden, die sozialen Aufstieg zwar behindert, aber nicht vollkommen ausschließt. Erziehung müsse als wichtiger Weg verstanden werden, mit dem Kompetenzen (ability) in soziale Mobilität verwandelt werden. Johnson u. a. (2010) bestätigen letztlich die Befunde von Breen und Goldthorpe (1999, 2001, 2002). Dort werde eine Stichprobe aus der britischen National Child Development Study verwendet (die in einer Woche des Jahres 1958 geborene Kinder im Alter von 7, 11, 16, 23 und 33 Jahren untersucht). Wesentliche Befund dieser Studie sei, dass im Alter von 33 noch beachtliche Effekte der sozialen Klasse vorliegen und dass Erziehung einen vermittelnden Effekt ausübt. Dieser Auffassung widerspreche Saunders (1996, 1997), der bei Verwendung des gleichen Surveys feststellt, dass Klassenzugehörigkeit nur einen Anteil von 25 % der Klassenmobilität erklären kann, während (kognitive) Kompetenzen, Motivation und

Erziehung zusammen etwa 60 % der Varianz erklären. Nach dieser Auffassung ist also die Klassenzugehörigkeit ein bedeutsamer, aber keineswegs zentraler Faktor in einem vielschichtigen Bedingungsgefüge. Nettle (2003) stellt ihrer Analyse nach ebenfalls anhand der Stichprobe der National Child Development Study fest, dass die ursprünglich von Breen und Goldthorpe aufgestellte Hypothese vom für Angehörige niederer Klassen höheren Aufwand für einen Klassenaufstieg nicht belegt werden kann. Zudem zeige sich ein enger Zusammenhang zwischen sozialer Herkunft und Bildung und Klasse sowie kognitiver Kompetenzen (Johnson u. a. 2010).

Die Studie von Johnson u. a. soll die These von Klassenzugehörigkeit als Ballast für den sozialen Aufstieg untersuchen. Dabei versuchen die Autoren eine erneute Bestätigung der Hypothesen von Burt. Es geht also darum festzustellen, ob Klassenzugehörigkeit den Bildungsabschluss vorhersagen kann und Bildungsabschlüsse ganz oder teilweise eine moderierende Wirkung auf die Beziehungen zwischen Herkunft und erreichter Position ausüben. Die Untersuchung wird an einer Teilstichprobe der Lothian Birth Cohort (1921) Studie bzw. des Scottish Mental Survey (1932) durchgeführt (Daten über drei Generationen). Als Erhebungsinstrumente werden einige Testverfahren zur Ermittlung der kognitiven Leistungsfähigkeit verwendet, u. a. auch ein Fragebogen zur Ermittlung von Gesundheitsstatus, Beschäftigungsverhältnis und Lebensstil (MHT 1932). Von den 497 versandten Fragebogen kommen 482 mit verwertbaren Informationen zurück. Trotz des hohen Alters stimmten 238 männliche Probanden einer Wiederholungsstudie zu. Die soziale Klasse der Befragten und ihrer Väter wurde anhand einer Klassifikation von Beschäftigungsverhältnissen ermittelt (General Register Office Census; 951/Classification of Occupations; 57). Als Testverfahren werden verwendet: eine an das Alter der Befragten angepasste Fassung des Moray House Test No. 12 (den die Befragten bereits als Kinder ausfüllten), der Raven's Progressive Matrices Test und der Nation Adult Reading Test (58).

Die Ergebnisse zeigen zunächst, dass es eine substanzielle Aufwärtsbewegung gegeben haben muss. 48,5 % der Männer hatten eine höhere Klassenzugehörigkeit als ihre Väter erreicht. Bei den Nachfahren gibt es unterschiedliche Bewegungen. 28 % steigen auf, 31.2 % steigen ab, 40,8 % bleiben stabil (58 f.). Die Klassenzugehörigkeit der Teilnehmer korreliert mit den mentalen Fertigkeiten als Kind (r = −.49) und beides korreliert wiederum mit der Anzahl von Jahren im Bildungssystem (r = 0,6 bzw. r = 0.48). Der Zusammenhang zwischen den damaligen kognitiven Merkmalen des Vaters, der Klassenzugehörigkeit des Vaters und der Klassenzugehörigkeit der Nachfahren fällt gering aus (r = −.32 bzw. r = −.12). Die im Alter von 79 Jahren erreichten kognitiven Fähigkeiten korrelierten nicht mit bedeutsamen anderen Variablen dieser Untersuchung (59).

Johnson u. a. gelingt in einer Regressionsanalyse letztlich ein vergleichsweise überzeugender Nachweis, dass die väterliche Klassenzugehörigkeit das Bildungsniveau der Teilnehmer wie auch der Nachfahren vorhersagen kann.

Auch der moderierende Einfluss der erreichten Bildungsabschlüsse auf die soziale Mobilität kann nachgewiesen werden. Am stärksten sind diese Effekte bei der Generation der Nachfahren (r=−.73). Wie vermutet können die kognitiven

Fertigkeiten in der Kindheit sowohl die Bildungsabschlüsse wie auch die spätere Klassenzugehörigkeit vorhersagen (60).

Dass sich (vermittelt über soziale Variablen) sogar ein Zusammenhang zwischen politischer Orientierung und IQ feststellen lässt, zeigt eine repräsentative britische Studie von Schoon u. a. (2010). Schoon u. a. verwenden ein Sample von 8804 im Jahr 1958 geborenen Teilnehmern (National Child Development Study 1958). Die politische Orientierung wird über einen Fragebogen erhoben (Politisches Vertrauen, Antirassismus, Sozialer Liberalismus, Geschlechtergleichheit; 146). Die Untersuchung ermittelt einen direkten und indirekten (über Bildungsvariablen vermittelten) Zusammenhang von Intelligenz und liberalen sozialen Einstellungen. Liberale soziale Einstellungen wirkten sich wiederum auf Positionen zur Geschlechtergleichheit, Antirassismus und sozialen Liberalismus aus (48).

Es überrascht in diesem Zusammenhang wenig, dass auch vielfältige Gendereffekte nachgewiesen werden können. Einflüsse des Geschlechts zeigen sich z. B. in der oben bereits diskutierten Studie von Ang u. a. (2010), in der unterschiedliche Entwicklungsgeschwindigkeiten bei Jungen und Mädchen belegt werden. Die Entwicklung der Mädchen ist zunächst schneller als die der Jungen. Mit Beginn der Pubertät kehren sich die Verhältnisse um. Die Autor/innen erklären diese Unterschiede u. a. durch ein größeres Interesse von Mädchen an Hausaufgaben und schulischen Dingen. Bei Jungen wird zudem eine größere Variabilität der Befunde belegt (Ang u. a. 2010, 377).

Deutliche Gendereffekte entdecken auch Camarata und Woodcock im Standardisierungs-Sample der Woodcock-Johnson series of cognitive achievement batteries (WJ 77 N = 1987, WJ-R/N = 4253, WJ III/N = 8818), also in den Eichuntersuchungen einer gut eingeführten Testbatterie (Camarata & Woodcock 2006, 233). Die Untersuchung ermittelt konsistente und signifikante Gender-Unterschiede in der visuellen Wahrnehmung und in der Verarbeitungsgeschwindigkeit (also der Fähigkeit, automatisch, unter Zeitdruck und unter der Notwendigkeit von Aufmerksamkeit und Konzentration kognitive Aufgaben zu bewältigen), und zwar durchgängig zu Lasten der untersuchten Jungen bzw. Männer. In den verbalen Fähigkeiten zeigten Jungen/Männer dagegen bessere Werte als die untersuchten Mädchen/Frauen (246).

In deutlich unerfreulichere Bereiche führt die Forschung zur Intelligenz von einigen besonderen Problemgruppen. Mag noch etwas erheiternd wirken, dass Deary u. a. (2007, 524), ausgehend von einem Zusammenhang zwischen Schädelgröße und Intelligenz, annehmen, dass der lang verstorbene schottische König Bruce (Robert I, 1274–1329) ziemlich intelligent gewesen sein muss (IQ 128), so vermitteln Befunde zur Intelligenz von Häftlingen, ADS-Kindern, von Menschen, die an posttraumatischen Belastungsstörungen erkrankten, oder gar von AIDS-Infizierten eine besondere Sicht des Problems. Nüchtern betrachtet ist in den meisten dieser Studien nicht ganz klar, ob die nachweisbaren Korrelationen tatsächlich auf kausale Beziehungen zurückgehen oder ob hier indirekte Beziehungen bzw. Scheinkorrelationen vorliegen. Dass ein (negativer) Zusammenhang zwischen sexueller Übergriffigkeit und Intelligenz hergestellt werden kann (Cantor

u. a. 2005, Nijman u. a. 2009), könnte schließlich auch darauf zurückgehen, dass die betreffende Personengruppe eine spezifische soziale Auswahl der Menschheit repräsentiert.

Ein solcher Einfluss sozialer Variablen könnte ggf. auch den Zusammenhang zwischen posttraumatischen Belastungsstörungen und Intelligenz erklären, den u. a. die Studie von Saltzman u. a. (2006) ermittelt. Die Autoren dieser Studie argumentieren allerdings anders. Besondere (Gewalt-)Erfahrungen verursachen nach ihrer Meinung nicht allein eine Unfähigkeit, mit Erinnerungen an traumatische Ereignisse umzugehen. Sondern sie beeinträchtigen auch andere kognitive Funktionen (261 f.). Die Forschungsübersicht verweist u. a. auf entsprechende Studien an ehemaligen Soldaten mit PTSD (im Vergleich zu Peers; Macklin u. a. 1998). Die Forschungslage zu Einflüssen von PTSD auf die Intelligenzentwicklung sei aber keineswegs eindeutig, und zwar weder für PTSD in Folge kriegerischer Auseinandersetzungen noch für Frauen, die als Kind missbraucht wurden (262 f.). Bezogen auf Kinder seien bislang nur wenige Studien vorgelegt worden. Und diese Studien kommen auch zu keinem eindeutigen Ergebnis. Die Studie von Saltzman u. a. untersucht deshalb den Einfluss von Traumatisierungen auf die Intelligenz (263). Die Studie wird in Zusammenarbeit mit einer Klinik durchgeführt. In die Stichprobe werden Kinder aufgenommen, die traumatischen Erfahrungen gemäß DSM IV Kriterien ausgesetzt waren (weitere Bedingungen: Trauma muss mindestens sechs Monate zurück liegen, keine Hinweise auf Drogen oder Alkohol-Missbrauch, stabile häusliche Umgebung mit mindestens einer erwachsenen Aufsichtsperson). Die Stichprobe besteht aus 34 Jungen und 25 Mädchen mit einem durchschnittlichen Alter von 10.7 Jahren. Als Erhebungsinstrumente werden die Clinican Administered PTSD Scale for Children and Adolescents (CAPS-CAM; 264) sowie die Wechsler Abbreviated Scales of Intelligence (WASI; 265) verwendet.

Im Ergebnisteil verweisen die Autoren zunächst auf Gendereffekte, die offenbar anders ausfallen, als bislang in der Forschungsübersicht dieses Kapitels dargestellt (Jungen schneiden etwas besser ab als Mädchen). Die Zahl der Traumatisierungen, die Zahl der Symptome und die Beeinträchtigungswerte korrelierten negativ mit dem verbalen IQ. Die Korrelationen zum Handlungs IQ fallen schwächer aus (signifikant nur für die Zahl der Symptome). Eine durchgeführte Regressionsanalyse zeigt, dass die PTSD-Werte insgesamt 30 % der Varianz im verbalen IQ erklären konnten.

Etwas irritierend fallen auch die Untersuchungen über Einflüsse der Intelligenz auf Suizidalität und Mortalität aus. Dass es hier tatsächlich einen Zusammenhang geben muss, zeigen die Untersuchungen recht deutlich. Allerdings ist unklar, was man aus diesen Befunden ableiten soll. Hinweise auf einen Zusammenhang ermitteln z. B. Alati u. a. (2009) bei 14 jährigen Probanden aus der Birth Cohort Studie in Brisbane, Australien. Als Erhebungsinstrumente werden der Raven's Standard Progressive Matrices und der Wide Range Achievement Test eingesetzt. Die Autor/innen ermitteln für den Raven eine gegenläufige Assoziation zwischen suizidalen Gedanken, Suizidplänen und Suizidversuchen sowie eine Assoziation zwischen dem WRAT3 und drei suizidalen Variablen. Sie schließen daraus, dass es einen

Zusammenhang zwischen spezifischen Aspekten der Intelligenz und suizidalen Variablen geben muss.

Gallacher u. a. (2009) untersuchen den Zusammenhang zwischen Mortalität und IQ. In einer einleitenden Literaturübersicht weisen die Autoren darauf hin, dass es einige empirische Untersuchungen gibt, die einen solchen Zusammenhang nahelegen. Für diese Befunde gebe es unterschiedliche Erklärungen. Es werde versucht, die Assoziationen auf eine indirekte Wirkung anderer allgemeiner Variablen zurückzuführen. Eine entwicklungsorientierte Interpretation gehe davon aus, dass spezifische physiologische Merkmale zwar einerseits mit der Entstehung von Intelligenz, andererseits aber auch mit lebensverkürzenden Problemen wie Bluthochdruck, Herzerkrankungen und Schlaganfall verbunden ist. Eine dritte Erklärung könnte darin liegen, dass wesentliche Ursachen von Erkrankungen wie Entzündungen, Stress oder subklinische Erkrankungen (535 f.) den kognitiven Abbau im Verlauf der Lebensspanne beeinflussen.

Die Untersuchung von Gallacher u. a. basiert auf einer männlichen Kohorte der Caerphilly Prospective Study (CaPS)/Wales. In die Stichprobe dieser Studie geht ein, wer in Caerphilly wohnt und zwischen 45 und 59 Jahre alt ist. Es handelt sich also um eine Totalerhebung. Die Studie nutzt die dritte Erhebungswelle (1989 bis 1993) mit einem Stichprobenumfang von n = 1870 Männern. Die Studie umfasst eine gründliche medizinische Untersuchung (Blutwerte, Blutdruck, EEG) ebenso wie eine detaillierte Erhebung der Lebensstilgeschichte (Raucherstatus, Alkoholkonsum, Klassenzugehörigkeit, Familienstand, Beschäftigung). Die kristalline Intelligenz wird mit dem National Reading Test erhoben. Die Fluide Intelligenz wird mit dem AH4 – Teil 1 erhoben. Es handelt sich hierbei um einen zehnminütigen Test, der das mathematische Denken und die verbale Intelligenz erhebt. Zusätzlich wird die Reaktionsgeschwindigkeit erhoben (CRT). Alle Mitglieder der Kohorte wurden vom Amt für Statistik begleitet. Todesfälle wurden mit der ICD 9 und der ICD 10 klassifiziert (536 f.). Die Ergebnisse zeigen zunächst, dass im Jahr 2006 von den ursprünglich 1870 Männern 696 gestorben waren. Die Ergebnisse zeigen starke (negative) Zusammenhänge zwischen Mortalität und kognitiven Variablen, interessanterweise aber nicht zwischen Cholesterin-Werten, Alkoholkonsum bzw. BMI und Mortalität (539, 541 f.). In Sachen Herz-/Kreislauferkrankungen wird deutlich, dass Faktoren, die den kognitiven Abbau im Alter beeinflussen, auch mit der fluiden Intelligenz und der Reaktionsgeschwindigkeit assoziiert sind (543). Es gibt also möglicherweise einen eher indirekten Zusammenhang zwischen kognitiven Variablen und Mortalität.

Zusammenfassend muss man festhalten: Gendereffekte und die belegten sozialen Einflüsse lassen sicher unterschiedlich interpretieren. Man kann entweder annehmen, dass die Untersuchungsbefunde eben darauf hindeuten, dass Männer, Arme, Rechte, Rassisten, Kriminelle und Vergewaltiger eben einfach weniger intelligent sind, eine Annahme, die in Lehrveranstaltungen des Autors gelegentlich freudige Zustimmung erntet. Alternativ kann man aber auch davon ausgehen, dass Intelligenztests offenbar so konstruiert sind, dass arme und ungebildete Menschen schlechter abschneiden. Und sie sind offenbar auch so gestaltet, dass Jungen und Männer schlechtere Ergebnisse erzielen. Auch (negative) Zusammenhänge zwischen Kriminalität und Intelligenz (Cantor u.a. 2005, Nijman u.a. 2009) oder die Besonderheiten in der IQ-Verteilung bei ADHS-Kindern (Bridgett & Walker 2006) oder PTSD Patienten (Saltzmann u.a. 2006) müssen vermutlich in eine ähnliche Richtung interpretiert werden. Es handelt sich wohl nicht ganz zufällig um Personengruppen, die nicht unbedingt mit hohem Bildungsniveau und der Herkunft aus den oberen sozialen Klassen verbunden werden können. Exzessive Gewalterfahrungen machen Kinder möglicherweise häufiger in Familien am Rande der Gesellschaft. Selbst der Befund, dass sich ADHS möglicherweise zumindest in Teilen als Unterschichtsproblem erweisen könnte, ist nicht unbedingt überraschend.

Es ist also angemessen, die genannten Befunde als Hinweis auf weitere Probleme von IQ-Testverfahren zu verstehen: Der IQ erweist sich demnach *zweitens* als Merkmal, das die kognitive Leistungsfähigkeit ganz offensichtlich nicht unabhängig von sozialen Unterschieden und auch nicht unabhängig von Unterschieden zwischen Männern und Frauen abbilden kann.

Zweite Hypothese zur Validät von Intelligenztests:
Der IQ bildet die kognitive Leistungsfähigkeit von Menschen ganz offensichtlich nicht unabhängig von sozialen Unterschieden und auch nicht unabhängig von Gendereffekten ab.

Dass in diesem Buch nach der Analyse von Gendereffekten und sozialer Herkunft auch der Einfluss von kulturellen Variablen und Migration auf das Abschneiden in Intelligenztests untersucht wird, ist für die meisten Leser/innen sicher nicht ein unbedingt überraschender Schritt. Die Literaturrecherche ermittelt dabei zwei unterschiedliche methodische Zugänge zu der Frage nach sprachlichen und kulturellen Einflüssen auf die IQ-Entwicklung. Einerseits kann man untersuchen, ob Migrantenkinder auf eine besondere Weise auf Intelligenztests reagieren. Andererseits ist es aber auch möglich, einen Blick auf die Intelligenzentwicklung in anderen Ländern zu werfen.

Eine Studie, die den erst genannten Weg versucht, wird 2008 von Daseking u.a. vorgelegt. Einleitend weisen die Autor/innen darauf hin, dass die Testung von Kindern anderer Nationalitäten schon immer als besondere Herausforderung gegolten habe. Insbesondere dann, wenn die Kinder die Testsprache unzureichend beherrschen, könnte die Testleistung niedriger ausfallen, als das kognitive Niveau eigentlich erwarten lasse. Diese Vermutungen hätten z.B. dazu geführt, dass der Einsatz nonverbaler Tests vorgeschlagen werde. Insbesondere die Wechsler Tests seien kritisiert worden, weil sie einen hohen Sprachanteil aufweisen und nicht kulturfair seien. Die als Beleg herangezogenen Studien hätten allerdings das Problem, dass das schlechte Abschneiden auch durch sozioökonomische Variablen verursacht werden kann (76f.). Entsprechend soll die vorgelegte Studie untersuchen, ob und wie sich mit dem HAWIK IV getestete Kinder mit und ohne Migrationshintergrund unterscheiden. Die Studie verwendet einen Datensatz von 321 Kindern mit Migrationshintergrund aus den Normierungsuntersuchungen des HAWIK IV. Diesen Kindern wird per Berechnung von Zufallszahlen ein Paarling zugewiesen (n = 218). Die ausgewählten Migrantenkinder besuchen in dieser Stichprobe zu vergleichsweise hohen Anteilen (36 %) die Hauptschule (78).

Die Ergebnisse zeigen eine Vielzahl vor allem hoch signifikanter Unterschiede zwischen den Kindern mit und ohne Migrationshintergrund bei einem nach Alter, Geschlecht und Bildungsabschluss der Hauptbezugsperson gematchten Sample (p <.000 u. a. in den Untertests Sprachverständnis und Gesamt-IQ; 81). Dabei zeigen sich auch unterschiedliche Alterseffekte. Die Differenz im Sprachverständnis vergrößert sich z. B. von 9,32 IQ Punkte bei 6–8jährigen Kindern auf 13,2 Punkte bei 14–16jährigen Probanden; die Differenz beim Gesamt-IQ von 6,47 auf 10,62 IQ-Punkte. Keine signifikanten Effekte zeigen sich allerdings bei Untertests, die eher basale Fertigkeiten erheben (Verarbeitungsgeschwindigkeit, Gedächtnis, 83). Die größten Unterschiede gebe es im unteren Leistungsbereich. Bei Hauptschülern fallen die Unterschiede zwischen Kindern mit und ohne Migrationshintergrund am deutlichsten auf (85).

Die Autoren werten die Befunde als Hinweis darauf, dass eine Interpretation der Untertests vorgenommen werden kann, wenn Gruppierungsmerkmale wie Schulform oder formale Bildung der Eltern aufgenommen werden (85). Eine Verwendung des Gesamt-IQ für Platzierungsentscheidungen betrachten die Autoren dagegen zumindest als fragwürdig, weil die möglichen Stärken (Arbeitsgedächtnis, Verarbeitungsgeschwindigkeit) so unberücksichtigt bleiben. Zusätzlich empfehlen die Autoren den Einsatz eines Testverfahrens, bei dem zumindest der Anteil expressiver Sprache geringer ist oder den Einsatz von sprachfreien Verfahren (z. B. SON, Raven; 86).

Studien wie die von Daseking u. a. sind bislang allerdings noch selten. Dies hat zu wesentlichen Anteilen sicher auch mit methodischen Problemen zu tun. Die in Kapitel 1 zusammengestellte Forschungsübersicht lässt z. B. festhalten, dass das Merkmal „Migrationshintergrund" kaum als ausreichend betrachtet werden kann, um die hier untersuchten Probleme auch nur einigermaßen zuverlässig abzubilden. Kinder unterschiedlicher erster Sprachen zeigen ganz offensichtlich sehr unterschiedliche Schulleistungen. Es ist also wichtig, L1-Einflüsse zumindest für die häufigsten nicht deutschen ersten Sprachen zu erheben (Türkisch, Russisch, Arabisch usw.). Zudem bereitet die enge Verknüpfung von sozialen, sprachlichen und vielleicht auch kulturellen Einflüssen erhebliche Probleme. Hier allein den Bildungsabschluss der Eltern zu erheben, erscheint kaum angemessen. Immerhin wird aber deutlich, dass auch Untersuchungen aus eher traditionellem Umfeld in ihrem Resümee Vorbehalte gegen einen Einsatz von sprachgestützten Verfahren bei Migrantenkindern formulieren. Die Literaturrecherche ermittelt also auf diesem Weg einen ersten Hinweis auf sprachliche und vielleicht auch kulturelle Einflüsse auf die Intelligenzentwicklung von Kindern mit Migrationsgeschichte.

Einen anderen empirischen Weg schlagen empirische Untersuchungen der kulturvergleichen IQ-Forschung ein. Die hier ermittelten Ergebnisse verletzen dabei in Teilen so offenkundig die Regeln der Political Correctness, dass in den genannten Diagnostik-Lehrveranstaltungen schlagartig nach der (fast) ungeteilten Freude über das schlechte Abschneiden von Männern, Rechten und Kriminellen in Intelligenztests Ruhe und Betroffenheit einkehrt. Die Fakten: Es ist nicht nur möglich, mit Hilfe von Intelligenztests in intelligente und weniger intelligente Individuen zu unterscheiden. Es ist auch möglich, die Weltbevölkerung diesen Kategorien zu unterwerfen. Als weniger intelligent erweisen sich dabei allen Regeln der Politischen Correctness zum Trotz z.B. Indianer (Hammer & Demmert 2003), Guatemaltheken (Neubauer & Bennischke 2002), Roma (Rushton 2007) oder Afrikaner aus Subsahara-Staaten (Wicherts 2010).

Die Studien sind dabei keineswegs in den Zusammenhang rassistischer Pseudowissenschaft zu stellen. Sondern es handelt sich eher um Untersuchungen, die sich mit Fragen der Testkonstruktion befassen oder sich gar explizit in den Zusammenhang kulturvergleichender Forschung stellen. Die Studie von Neubauer und Bennischke (2002) wird z.B. durchgeführt, um feststellen zu können, welchen Einfluss die Verarbeitungsgeschwindigkeit auf die Intelligenzentwicklung nimmt. Die Autoren verweisen dabei zunächst auf eine Position von Sternberg (1984), der fordert, dass Intelligenz immer im kulturellen Kontext diskutiert werden müsse. Zeit bzw. Geschwindigkeit seien spezifisch kulturelle Merkmale, die z.B. westliche von nicht-westlichen Gesellschaften deutlich unterscheiden (522).

Die Untersuchung von Neubauer und Bennischke vergleicht 146 Schüler aus Österreich und Guatemala (524). Als Erhebungsinstrumente werden eingesetzt: eine veränderte Fassung des Number Coding Test (erhebt Reaktionsgeschwindigkeit) und eine Kurzfassung des Zahlenverbindungstests (zielt ebenfalls auf die Reaktionsgeschwindigkeit; 525 f.) sowie der Raven (CPM). Neubauer und Bennischke ermitteln eine Vielzahl von hochsignifikanten Unterschieden in allen Testverfahren zwischen den untersuchten Stichproben (und zwar zulasten der Stichprobe aus Guatemala). Zusätzlich werden in Guatelama nicht aber in Österreich signifikante Unterschiede zwischen Stadt- und Landbevölkerung ermittelt (528). Intelligenz (CPM) und Reaktionsgeschwindigkeit (in beiden Verfahren) korrelieren hoch signifikant in der österreichischen und in der guatemalthekischen Stichprobe. Bei der Landbevölkerung aus Guatemala zeigt sich auch in diesem Fall ein abweichendes Muster. Zwischen CPM und dem Number Coding-Test werden keine signifikante Korrelationen ermittelt. Im Zahlenverbindungstest wird lediglich das 5 %-Niveau erreicht (531). Weil Korrelationen zwischen IQ und Reaktionsgeschwindigkeit sowohl in der Österreich-Stichprobe wie auch der Guatemala-Stichprobe gefunden werden, gehen die Autoren davon aus, dass die These einer besonderen Bedeutung der Reaktionsgeschwindigkeit in nicht-westlichen Kulturen insgesamt nicht bestätigt werden könne. Eine Tendenz in diese Richtung sei aber zumindest bei der ländlichen Teilstichprobe aus Guatemala zu erkennen (532).

Während die Studie von Neubauer und Bennischke nach kulturellen Merkmalen sucht, die IQ-Unterschiede zwischen Kulturen erklären können, bezieht sich die Untersuchung von Rushton u.a. (2007) eher beschreibend auf vorangehende Forschungsbefunde und diskutiert u.a. Befunde von Lynn (2006), die auf einen spezifischen Zusammenhang zwischen ethnischer Herkunft und IQ verweisen. Am besten schneiden nach dieser Analyse Ostasiaten ab (IQ 105), gefolgt von Euro-

Tab. 14: IQ und ethnische Herkunft in der Studie von Lynn (2006) nach Rushton u. a. 2007

1. Ostasiaten	IQ 105
2. Europäer	IQ 100
3. Südostasiaten	IQ 87
Indianer	IQ 87
4. Bewohner der pazifischen Inseln	IQ 85
5. Nordafrikaner	IQ 84
Südasiaten	IQ 84
6. Innuit	IQ 81
7. Subahara-Afrikaner	IQ 67
8. Aborigenes	IQ 62
9. Pygmäen	IQ 54
Buschmänner der Kalahari	IQ 54

päern (IQ 100). Es folgen Südost-Asiaten (87) und Indianer (IQ 87), Bewohner der Pazifischen Inseln (IQ 85), Bewohner Südasiens und Nord-Afrikaner (IQ 84). Innuit liegen deutlich unter diesen Werten (IQ 81). Deutlich abgeschlagen rangieren Sub-Sahara-Afrikaner (IQ 67), australische Aborigines (IQ 62), Buschmänner aus der Kalahari und Pygmäen (IQ 54). Für eine Reliabilität der Befunde sprächen auch die gefundenen Korrelationen der nationalen IQs zu Mathematikleistungen und wissenschaftlichen Leistungen. Diese Befunde würden inzwischen häufig mit wirtschaftlichen Daten in Verbindung gebracht (2). Diskutiert werde auch der Einfluss der Religion. Man kann so z. B. das schlechte Abschneiden von Süd-Asien erklären. Hier ist der Anteil der Muslim-Bevölkerung besonders hoch (3).

Die Studie von Rushton u. a. (2007) fügt der hoch brisanten Diskussion zur IQ-Verteilung in der Weltbevölkerung einen weiteren Teilaspekt hinzu. Sie untersucht die mittlere Intelligenz von Roma, einer Bevölkerungsgruppe, die zwischen dem 9. und 14. Jahrhundert aus Südasien nach Europa eingewandert ist, sich aber kaum mit der europäischen Bevölkerung vermischt hat und auch die besonderen kulturellen Eigenschaften bewahrt hat (3). Bisherige Untersuchungen zeigen nach Analyse der Autoren konsistent einen IQ zwischen 70 und 83. Einige Autoren verweisen in diesem Zusammenhang auf geringe Bildungschancen, sprachliche Barrieren und die weitgehend fehlende Literacy-Tradition (4). Die Studie von Rushton u. a. untersucht insgesamt 323 erwachsene serbische Roma im Alter von 16 bis 66 Jahren (4). Ein erster Teil der Stichproibe (n = 100) kommt aus Drenovac, einer Kommune in West-Serbien, in der Roma leben, die im 18. und 19. Jahrhundert aus Russland einwanderten und zumindest nicht im offenkundigen Elend leben. Der Roma-Anteil an der Gesamtbevölkerung macht 10 % aus. Die Häuser haben fließendes Wasser und Elektrizität. Die Männer arbeiten häufig in Fabriken. Ein zweiter Teil der Stichprobe (n = 89) stammt aus Mirijewo, das von den Autoren als Siedlungsgebiet typischer armer Roma bezeichnet wird. Die meisten Menschen in dieser Region leben von Sozialleistungen. Ein dritter Teil der Stichprobe (n = 134) kommt aus Rakovica, einer eher ländlichen Gegend, in der ebenfalls viele Familien von Sozialleistungen leben (4 f.). Verwendet werden der (non-verbale) Raven's Standard Progressive Matrices Test (CPM) (5). Darüber hinaus werden auch soziodemographische Variablen erhoben (Fragebogen). Zudem wird auch der Schädelumfang (!) gemessen (5).

Die Studie von Rushton u.a. ermittelt insgesamt sehr schlechte Testwerte bei Roma (IQ 70; 6). Dabei zeigen sich signifikante Unterschiede zwischen der Teilstichprobe aus Drenovac und den anderen beiden Teilstichproben sowie Gendereffekte (Männer schneiden besser ab als Frauen; 7). Die Intelligenz korreliert weiter signifikant bzw. hoch signifikant mit dem Schädelumfang **, mit dem Alter der ersten Niederkunft **, der Zahl der Nachkommen * und sozialen Merkmalen*. Die Autoren verzichten auf eine Analyse der Ursachen und weisen darauf hin, dass in dieser Hinsicht sehr unterschiedliche Auffassungen möglich sind (10).

Dass die IQ-Forschung ganz offensichtlich ein Subsahara-Problem hat, bestätigt auch eine neue, bemüht objektive Metaanalyse von Wicherts (2010). Basis ist eine Datenbankrecherche in der Datenbank Psych-Info mit den Suchbegriffen „IQ", „intelligence", „cognitive ability", kombiniert mit den Namen der jeweiligen Staaten oder den Begriffen „Afrika" bzw. „African". Weil der Draw-a-Man-Test in Afrika häufig verwendet wird, arbeitet die Recherche auch mit dem Suchbegriff „Draw". Verwendet werden Studien, die mit Instrumenten arbeiten, für die auch in westlichen Ländern Normen veröffentlicht wurden. Studien, die westliche Normen auf ein afrikanisches Sample anwenden, werden dagegen ausgeschlossen (Wicherts 2010, 5). Die Ergebnisse der Metaanalyse zeigen etwas höhere Werte als die Untersuchung von Lynn (je nach Kriterien zwischen IQ 68 und IQ 80). Die verwendeten Testverfahren haben erhebliche Auswirkungen (Wicherts 2010, 13f.).

Tab. 15: Der Einfluss von Testverfahren in kulturvergleichenden IQ Studien (Wicherts 2010) in Untersuchungen zum mittleren IQ in Subsaharastaaten Afrikas

K-ABC:	IQ 73
WISC-R:	IQ 75
Draw-A-Man	IQ 77,7
WAIS-R/WAIS III	IQ 79
CFT	IQ 86,7

Die höchsten Ergebnisse erzielt dabei der Culture Fair Test (CFT: IQ 86.7). Die bekannteren Verfahren wie die K-ABC, die WISC-R und die WAIS-R/WAIS III kommen auf z.T. deutlich niedrigere Werte (73, 75, 79). Die Verwendung des Draw-A-Man-Test führt zu einem mittleren IQ 77,7. Die Staaten Schwarzafrikas kommen auf sehr unterschiedliche Werte. Sierra Leone erreicht z.B. mit einem mittleren IQ von 91,3 den höchsten Wert in Schwarzafrika. Der Senegal bildet mit einem mittleren IQ von 66 das Schlusslicht dieser Metaanalyse (Wicherts 2010, 14).

Der in der Metaanalyse von Wicherts (2010, 16) gefundene mittlere IQ von 77 in Schwarzafrika ist allerdings nicht wirklich geeignet, den Befunden ihren Schrecken zu nehmen. Auch mit einem IQ 77 würde die Mehrzahl schwarzafrikanischer Kinder in Deutschland wohl als passend für eine Sonderschulkarriere eingestuft werden (Förderschule Lernen). Und die von Wicherts angeführten Korrelationen zur schulischen Leistungsfähigkeit (17) sprechen auch nicht unbedingt für die Validität von Intelligenztestverfahren.

Bemerkenswert erscheinen die Ergebnisse der Metaanalyse von Wicherts (2010) auch aufgrund der deutlich unterschiedlichen Befunde je nach verwendetem Testverfahren. Ein Abstand von 13 IQ-Punkten zwischen dem CFT und der K-ABC verdeutlicht auf drastische Weise, wie sehr die Wahl des Verfahrens Einfluss auf die erzielten Ergebnisse haben kann.

Ebenfalls in den Zusammenhang kulturvergleichender Studien lassen sich übrigens Befunde einordnen, die einen Zusammenhang zwischen AIDS-Infektionsraten und mittleren nationalen Intelligenztest-Werten herstellen (Rindermann/ Meisenberg 2009). Denn Subsahara-Staaten weisen nicht allein weit unterdurchschnittliche mittlere IQ-Werte auf. Sondern in vielen Subsaharastaaten hat auch die AIDS-Infektion epidemische Ausmaße erreicht. Dass man diesen Befund auch als kausale Beziehung interpretieren kann, zeigen Rindermann und Meisenberg (2009, 385). Sie verweisen etwa darauf, dass zu intelligentem Verhalten u. a. gehöre, Informationen, kausale Beziehungen und Risiken zu verstehen. Diese Einsicht könne auch auf das Sexualverhalten angewandt werden, denn schließlich formuliere u. a. die UNESCO (2004, 44), dass die für informierte Entscheidungen und Risikoabschätzungen erforderlichen kognitiven Fertigkeiten wesentlich auf Bildungslevel und Literacy basieren. Der Gebrauch von Kondomen unterscheide sich entsprechend zwischen industrialisierten und nicht-industrialisierten Ländern. Ihre Berechnungen basieren auf den mittleren IQ-Werten aus der Übersichtsarbeit von Lynn/Vanhanen (2006), also den ersten Übersichtsarbeiten mit besonders nachteiligen Werten für Schwarzafrika. Zusätzlich werden erhoben: Erziehung, Wohlstand, Modernität, Religion, politische Aspekte und HIV (387). Ihr Befund: HIV korreliert stärker mit dem mittleren IQ bzw. mit Erziehungsvariablen als mit den Wirtschaftsdaten der jeweiligen Länder, wobei die Zusammenhänge zwischen HIV und Intelligenz stärker ausfallen als die Zusammenhänge zwischen HIV und Erziehungsvariablen. Diese Zusammenhänge lassen sich auch nachweisen, wenn man die Subsaharastaaten aus der Analyse ausschließt (389). Auch Religion erweist sich als potenter Faktor: Der Muslim-Anteil in einem Land korreliert einerseits negativ mit Modernitätsvariablen, andererseits aber auch negativ mit HIV-Infektionsraten (390). Die Autoren gehen zusammenfassend von einem Kausalmodell aus, das seinen Ausgangspunkt im nationalen Bildungslevel nimmt. Das Bildungslevel beeinflusst wiederum die Modernität eines Landes, zweitens die Intelligenz und Wissensbestände und drittens die Wirtschaftsleistungen. Diese drei Faktoren beeinflussen wiederum die HIV-Infektionsrate (391).

Die Debatte um die IQ-Unterschiede in der Weltbevölkerung liest sich in Deutschland mit gemischten Gefühlen. Es ist schwer, das Missbrauchspotential solcher Zahlen auszublenden. Dass man überhaupt in intelligente und weniger intelligente Ethnien einteilen kann, dürfte großen Teilen der deutschen Öffentlichkeit nur sehr schwer zu vermitteln sein. Und dass nach traditioneller deutscher Begrifflichkeit weite Teile der Weltbevölkerung pauschal als zumindest lernbehindert eingestuft werden müssten, ist schwer zu ertragen. Auch der Hinweis auf möglicherweise problematische Einflüsse des Islams macht den Sachverhalt nicht unbedingt appetitlicher. Die Vielzahl der inzwischen vorgelegten Studien lässt allerdings eigentlich kaum noch einen vernünftigen Zweifel daran zu, dass nicht vollkommen bedeutungslose Befunde erhoben werden. Und diese Befunde der kulturvergleichenden IQ-Forschung stehen in einem ganz offensichtlichen Zusammenhang zu zentralen Fragen dieses Buches. Was also macht dabei die Brisanz der Befunde aus?

Ein vergleichsweise aussichtsreicher Kandidat für Erklärungsversuche sind die alltagstheoretischen Implikationen des Intelligenzbegriffs. Dass Nationen sehr unterschiedliche Bildungsangebote für ihre Bevölkerung bereit stellen, dass sich Nationen auch hinsichtlich ihrer Wirtschaftsdaten unterscheiden lassen, ist für sich genommen kein Problem. Dass Bildungsangebote und das wirtschaftliche Umfeld dafür sorgen können, dass einige Staaten eine hohe Analphabetenquote haben und in anderen Staaten sehr viele Menschen lesen und schreiben können, ist kaum überraschend und dürfte nur wenige Menschen in Aufregung versetzen. Mit ähnlicher Gelassenheit dürften viele Menschen darauf reagieren, dass sich derlei Unterschiede auch in Sachen Wortschatz, mathematischen Denkens oder vielleicht auch bezogen auf visuelle Wahrnehmung nachweisen lassen. Und dass manche Kulturen ein besonderes Verhältnis zu Zeit und Geschwindigkeit entwickeln, wird von vielen Zeitgenossen vermutlich unter Folklore abgebucht.

Es ist der Begriff Intelligenz, der Schwierigkeiten macht. Vielen Protagonisten der öffentlichen Diskussion ist offenbar nicht bewusst, dass Intelligenztests genau dies messen – die Fähigkeit unter Zeitdruck Aufgaben zum logischen Denken zu bearbeiten, Synonymwörter zu finden, mathematische Operationen durchzuführen und Aufgaben zur visuellen Wahrnehmung zu lösen. In alltagstheoretischer Wahrnehmung wird „Intelligenz" vielmehr mit kognitiver Leistungsfähigkeit übersetzt und dabei möglicherweise mehrheitlich als individuelles, nicht veränderbares Wesensmerkmal, als Gabe der Natur verstanden. Wer in Intelligenztests schlecht abschneidet, gilt in alltagstheoretischen Zusammenhängen als „dumm". Es ist diese alltagstheoretische Übersetzung, die die Brisanz der kulturvergleichenden Intelligenzforschung ausmacht. Dass Menschen aus wirtschaftlich schlecht entwickelten Staaten, dass Menschen, die nicht die Möglichkeit hatten, eine Schule zu besuchen, häufig nicht gut lesen und schreiben können, dass sie Probleme mit der Mathematik entwickeln, dass sie vielleicht auch Probleme damit haben, unter Zeitdruck, Aufgaben zum logischen Denken mit Papier und Bleistift zu bewältigen, ist keine rassistische Aussage. Rassimus ist zu sagen: „Europäer klug – Afrikaner dumm".

Entscheidend für den Ausgang der Analyse sind also nicht die Daten und die Berechnungen. Das Problem besteht – übersetzt in die Begrifflichkeit der diagnostischen Diskussion – ganz offensichtlich in falschen alltagstheoretischen Annahmen zur Validität und Stabilität von Intelligenzquotienten. Wer davon ausgeht, dass Intelligenztests geeignet sind, die individuelle kognitive Leistungsfähigkeit weitgehend unbeeinflusst von sozialen und kulturellen Einflüssen zu erheben, wer davon ausgeht, dass es sich bei Intelligenz um ein festes, nicht änderbares Merkmal handelt, muss angesichts der Forschungslage wohl zu dem befremdlichen Urteil gelangen, dass große Teile der Weltbevölkerung eben nicht besonders intelligent sind. Richtig ist dagegen: Man muss Intelligenztests als Instrumente verstehen, die kognitive Entwicklung offenbar so definieren, dass ungebildete Menschen aus ländlichen, nicht entwickelten Regionen (unnötig) schlecht abschneiden. In diesem Fall lautet die zentrale Aussage der Analyse nicht: Afrikaner = dumm oder: HIV-Infektion, weil nicht intelligent, sondern sie lautet: Afrikaner wachsen häufig ohne angemessene Bildungsangebote auf und erreichen deshalb in vielerlei Hinsicht nur unterdurchschnittliche Testwerte. Und: In afrikanischen Ländern gibt es Probleme mit der HIV-Prävention, weil viele Menschen dort ungebildet sind und in ländlichen, nicht entwickelten Zusammenhängen aufgewachsen. Der IQ erweist sich also in diesem Zusammenhang als eine Art individualisierter Entwicklungsindikator, der offenbar aussagefähiger ist als die in der Studie von Rindermann und Meisenberger verwendeten Wirtschaftsdaten.

Die auf den ersten Blick grob irritierenden Befunde der kulturvergleichenden Intelligenzforschung liefern also einen wertvollen Beitrag zur Validitätseinschätzung von Intelligenztests. Einige wenige Zeitgenossen mögen sich zwar zu der Auffassung hinreißen lassen, dass Schwarzafrikaner, Hispanics, Indianer, Türken oder Roma eben einfach nicht besonders intelligent sind. Plausibler ist aber eine andere Interpretation: Der IQ erweist sich *drittens* als Merkmal, das die kognitive Leistungsfähigkeit eines Menschen ganz offensichtlich nicht unabhängig von kulturellen, wirtschaftlichen oder ethnischen Faktoren abbilden kann.

Dritte Hypothese zur Validität von Intelligenztests:
Der IQ ist ganz offensichtlich nicht in der Lage, die kognitive Leistungsfähigkeit von Menschen unabhängig von kulturellen, wirtschaftlichen oder ethnischen Merkmalen abzubilden.

Wenn gilt, dass sich der IQ insbesondere in den Randbereichen, möglicherweise auch noch innerhalb eines vergleichsweise kurzen Zeitraums vergleichsweise deutlich ändern kann, wenn gilt, dass sich der mittlere IQ in westlichen Gesellschaften in gravierenden Umfang verändert, wenn dies zur Folge hat, dass Testverlage daraufhin neue Verfahren auf den Markt bringen, die bei den gleichen Probanden zu erheblich anderen (schlechteren) Befunden führen, wenn gilt, dass gravierende Gendereffekte nachgewiesen werden können, wenn von sozialen Variablen, vor wirtschaftlichen Merkmalen, von Kultur und sogar von den jeweils ausgewählten Testverfahren erhebliche Einflüsse ausgehen, dann sind wohl einige grundsätzlichen Zweifel an diesen diagnostischen Verfahren erlaubt. Und diese Zweifel an der Validität von Intelligenztestverfahren haben ganz erhebliche Bedeutung für die diagnostische Arbeit.

Zunächst kann man mit den Befunden einige Besonderheiten des deutschen Bildungssystems erklären. War z. B. bislang nicht ganz klar, warum die Förderschule Lernen zu solch großen Anteilen von Jungen besucht wird, warum die soziale Unterschicht so eindeutig dominiert, warum in der Förderschule so viele Migranten unterrichtet werden und warum Legasthenie eher als Problem der weißen Mittelschicht zu verstehen ist, so steht nun ein erklärungskräftiges Argument zur Verfügung. Diese Verzerrungen sind ganz offensichtlich eine Folge des Einsatzes von Intelligenztests. Intelligenztests benachteiligen systematisch Jungen (im für Sonderschulüberweisungsverfahren wichtigen Alter vor der Pubertät). Sie benachteiligen systematisch Kinder aus der sozialen Unterschicht. Sie benachteiligen systematisch Kinder mit Migrationshintergrund. Die nicht ganz überraschende Folge: Die benachteiligten Schülergruppen sind in den Sonderschulen überrepräsentiert. Die bevorzugten Schülergruppen erhalten ambulante Legasthenietherapie.

Man kann entsprechend ganz grundsätzliche Zweifel an theoretischen Konzepten formulieren, die den IQ als notwendigen oder zumindest als gewohnheitsmäßigen Bestandteil verwenden. Es ist also sinnvoll, Konstruktionen zu überdenken, in denen der IQ eine wichtige Rolle spielt – im Rahmen dieses Buches gilt dies insbesondere für die Konstrukte „Legasthenie" und „Lernbehinderung". Und nüchtern betrachtet sind die diagnostischen Merkmale „weit unterdurchschnittliche Intelligenz" (Diagnose Lernbehinderung) bzw. „IQ-Diskrepanz" (Diagnose Legasthenie) auch keineswegs zwingend erforderlich. Das, was im Zentrum beider Probleme steht – die Probleme im Lesen und Schreiben – kann ganz offensichtlich in verschiedenen Settings angegangen werden (Sonderschule, Integration/Inklusion, ambulante Förderung). Es gibt keine belastbaren Hinweise auf gravierend unterschiedliche Ursachen von Lernbehinderungen und Legasthenie. Es gibt keine belastbaren Hinweise auf eine unterschiedliche Wirksamkeit therapeutischer Interventionen. Kinder, bei denen Legasthenie diagnostiziert wird, und Kinder, die als lernbehindert gelten, teilen zudem sehr weit gehend die Symptome. Sie haben nach übereinstimmenden Befunden der Legasthenieforschung und zumindest nach einer im Rahmen dieses Buches vorgestellten empirischen Untersuchung gemeinsam gravierende Probleme mit der phonetischen Basis der Schriftsprache. Warum also gesondert erfassen, gesondert behandeln und gesondert finanzieren, was so offensichtliche Gemeinsamkeiten besitzt? Dass sich einige Berufsgruppen auf eine gesonderte Förderung spezialisiert haben (Sonderschullehrer, Legasthenietherapeuten), dass Lernbehinderung (in Deutschland) und Legasthenie (in Deutschland und weltweit) wohl eingeführte Diagnosen sind, kann doch nicht wirklich der einzige Grund sein, warum man an einem offenkundig ungeeigneten diagnostischen Instrument festhält?

Nun hat sich der diagnostische Alltag auch schon in anderen Zusammenhängen als außerordentlich konservativ und stabil erwiesen. Bis neue Erkenntnisse aus Theorie und Forschung in eine veränderte Praxis münden, bis sich institutionelle Abläufe grundsätzlichen Wandlungen unterziehen, gehen manchmal viele Jahre ins Land. Ist manchmal wirklich nicht einfach für die betreffenden Kolleg/innen, einzusehen, dass das, was sie jahrelang als Basis ihrer Professionen wahrgenommen haben, nicht unbedingt das ist, was ihre Klienten wirklich brauchen.

Solange diese Veränderungen noch nicht vollzogen sind, müssen sich Akteure des diagnostischen Alltags über die Implikationen der Forschungslage im Klaren sein. Dies bedeutet nicht allein, dass die Diagnose von Legasthenie und Lernbehinderung bei Migrantenkindern von groben Ungenauigkeiten beeinträchtigt ist. Sondern die Forschungslage eröffnet einen sehr weitgehenden Handlungsspielraum, der wohl auch nicht unbedingt selten genutzt wird.

Zunächst muss man wohl davon ausgehen, dass die Wahl des Instrumentes einen erheblichen Einfluss auf die Ergebnisse haben kann. Wenn in der Meta-analyse von Wicherts zwischen dem CFT und dem KABC 13 IQ-Punkte liegen, dann ist nicht ganz von der Hand zu weisen, dass der Einsatz des CFT Migrantenkinder besser aussehen lässt. Wer in der diagnostischen Arbeit mit Migrantenkindern erreichen möchte, dass die IQ-Werte gut ausfallen, sollte demnach eher den CFT verwenden. Wer an schlechten Werten interessiert ist, für den empfiehlt sich der K-ABC oder vielleicht auch der HAWIK.

Für beide Wunschergebnisse gibt es Bedarf. Sonderpädagogischer Förderbedarf im Bereich Lernen erfordert aufgrund der inzwischen etwas veränderten Diskussionslage zwar nicht zwingend unterdurchschnittliche IQ-Werte. Aber ein Wert von deutlich unter IQ 85 kann die Überzeugungskraft eines Gutachtens noch immer verstärken. Auch für die entgegengesetzte Richtung gibt es Bedarfe. Die Diagnose Legasthenie ist, wie gezeigt, abhängig von der Diskrepanz zwischen Lese-/Rechtschreibleistungen und Intelligenz. Wer erreichen will, dass ein Kind mit Migrationsgeschichte Legasthenieförderung erhalten soll, benötigt möglichst gute IQ-Werte und möglichst schlechte Rechtschreibtestwerte, ein klares Argument wieder für den Einsatz des CFT.

Auch der Flynneffekt kann systematisch eingesetzt werden. Nicht alle Verfahren werden neu genormt. Entsprechend ist es manchmal klug, besonders alte Verfahren einzusetzen (wenn man gute Ergebnisse erzielen möchte) und besonders neue Verfahren (wenn man an gegenteiligen Effekten interessiert ist). Denn manchmal ist es hilfreich, überbesorgte Grundschullehrer davon zu überzeugen, sie hätten nicht mit lernbehinderten Schülern, sondern doch mit normal begabten Kindern zu tun (Einsatz eines alten Verfahrens). Und gelegentlich kann es hilfreich sein, Eltern auszureden, sie hätten hochbegabten Nachwuchs (Einsatz eines neuen Verfahrens). Mag ja sein, dass einige Eltern glauben, in den wohl verbreiteten Auseinandersetzungen über scheiternde schulische Lernprozesse mit der Diagnose „Hochbegabung" einen Vorteil zu haben. Weitgehend unbekannt ist in diesen Kreisen allerdings, dass viele Lehrer/innen nicht unbedingt mit großem Verständnis auf das Label Hochbegabung reagieren.

Es ist auch nicht so, dass diese Überlegungen im diagnostischen Alltag unbekannt sind, oder als neue Erkenntnis überrascht zur Kenntnis genommen werden müssten. Eher schon haben diese Einsichten den Status eines professionellen Herrschaftswissens. Denn die Einflussmöglichkeiten der Gutachter hängen doch deutlich davon ab, ob der Kundschaft der Interpretationsspielraum bewusst ist, der sich aus systematischen Überlegungen über die IQ-Forschung ergeben kann. In Workshops für diagnostisch ungeschulte Pädagog/innen führen die betreffenden Informationen regelmäßig zu empörten Reaktionen. Gut möglich auch, dass einige Eltern nicht besonders begeistert reagieren, wenn sie über die einschlägigen Befunde der neueren IQ-Forschung informiert werden.

Wie sehr die betreffenden Einsichten bereits in den diagnostischen Alltag eingedrungen sind, können auch die Handreichungen des Bayrischen Landesjugendamts zum Thema Legasthenie verdeutlichen (Landesjugendamt Bayern 2007). Hier wird ausdrücklich dazu aufgefordert, bei Testwerten zwischen IQ 85 und IQ 95, die mit dem CFT ermittelt wurden, eine erneute Prüfung durch den HAWIK-R oder den Kaufmann-Test vornehmen zu lassen. Hintergrund dieser Empfehlung: Ein IQ 85 gilt als Hinweis auf Lernbehinderung. Lernbehinderte erhalten keine (vom Jugendamt zu finanzierende) Legasthenietherapie, sondern (aus Landesmitteln finanzierte) sonderpädagogische Förderung. Die Handreichung empfiehlt also explizit den Einsatz von Verfahren, die Kinder mit Migrationshintergrund schlechte Ergebnisse erzielen lassen, und schließt damit systematisch Kinder mit Migrationsgeschichte von der Legasthenietherapie aus.

Es kann also kein Zweifel daran entstehen, dass gravierende Mängel zumindest informierten Akteuren der diagnostischen Diskussion ganz erhebliche Entscheidungsspielräume eröffnen. Wie dieser Spielraum genutzt wird, kann man auf Basis wissenschaftlicher Argumente nur schlecht entscheiden. Einige Zeitgenossen werden die Spielräume nicht wahrnehmen. Andere werden institutionelle Bedürfnisse befriedigt sehen wollen. Schließlich gilt: Ohne Klienten keine Therapie und ohne Förderschüler keine Förderschule.

3.9 Schlussfolgerungen für die diagnostische Arbeit

Wünschenswert (nicht nur für Migrantenkinder) wären Konstellationen, die für eine hochwertige Förderung für alle Kinder und Jugendliche mit Lese-/Rechtschreibproblemen sorgen, und zwar unabhängig von den Kategorien „Lernbehinderung" und „Legasthenie". Es ist eigentlich nicht einzusehen, dass komplexe Verwaltungsverfahren durchgeführt werden müssen, dass z. B. nachgewiesen werden muss, dass gravierende Gefahren für die seelische Gesundheit bestehen, bevor ambulante Legasthenietherapie bewilligt wird. Es ist nicht hilfreich, dass solche Maßnahmen faktisch von den kommunalen Kämmerern entschieden werden, dass also die therapeutische Versorgung von lese-/rechtschreibschwachen Kindern z. B. davon abhängig ist, ob die Lokalpolitiker des jeweiligen Wohnorts das Geld bereits für kommunale Wohltaten oder manchmal auch kommunale Albträume ausgegeben haben. Man kann auch nicht sagen, dass es wünschenswert ist, dass Fragen sonderpädagogischer Förderung davon abhängig sind, ob Schulämter integrative Förderung für eine gute Sache halten, ob sich in den jeweiligen Kommunen viele Sonderschulen etabliert haben, oder ob sich Lokalpolitiker eher bei traditionalistisch orientierten Wählerschichten Mehrheiten beschaffen möchten.

Leider sind die Verhältnisse zur Zeit nicht unbedingt vernünftig geregelt. Und es sieht so aus, als würde sich hieran auf absehbare Zeit auch nur wenig ändern. Für den Bereich Lernbehinderung gilt: Die aufgrund der Behindertenrechtskonvention überarbeiteten Empfehlungen der KMK halten bislang an der Kategorie „sonderpädagogischer Förderbedarf im Bereich Lernen" fest. Mag sein, dass sich die Sonderschulen in den meisten Ländern neue Namen geben werden. Aber dass Kinder mit Lernbehinderungen zu beachtlichen Anteilen in Förderschulen unterrichtet werden, daran wird sich möglicherweise nur wenig ändern. Auch im Bereich Legasthenie ist zur Zeit (noch) keine Entwicklung erkennbar, die zu einer systematischen und verlässlichen therapeutischen Versorgung von allen lese-/rechtschreibschwachen Kindern führen könnte.

Und so wird in der diagnostischen Arbeit im Bereich Lese-/Rechtschreibentwicklung auf lange Sicht zunächst einmal die Entscheidung zu treffen sein, ob die Lese-/Rechtschreibprobleme überhaupt ein Ausmaß erreichen, das besondere Interventionen notwendig macht. Zu entscheiden ist dies das erste Mal bereits deutlich vor der Einschulung. Zwei bis drei Jahre später werden Entscheidungen darüber notwendig, ob gemäß der jeweiligen Legasthenieerlasse schulische Fördermaßnahmen sinnvoll sind (Aussetzung von Benotungsvorgaben im Fach Deutsch, Förderkurse), ob ambulante Lese-/Rechtschreibförderung gewährt werden soll (Diagnose LRS/Legasthenie) und ggf. auch ob sonderpädagogische Förderung anmessen ist (Diagnose Lernbehinderung).

In systemischer Betrachtungsweise kann man die Kategorien „Sprachentwicklungsrückstand", „Legasthenie" oder „Lernbehinderung" eigentlich durchaus positiv sehen. Denn diese Kategorien sollen die Mittelverteilung im Bildungssystem regeln. Kitas und Schulen stellen nach dieser Sicht die Basisversorgung sicher. Reicht dies nicht aus, so können zusätzliche Mittel beantragt werden. Der Zugang zu den zusätzlichen Mitteln ist über Verwaltungsverfahren geregelt, die erstens sicher stellen sollen, dass die Mittel nur dann gewährt werden, wenn sie notwendig sind, dass sie zweitens im ausreichenden Maße gewährt werden und dass die Mittel drittens dorthin gelangen, wo sie wirklich benötigt werden. Und es ist auch nicht schwierig, in den derzeitigen Regelungen letztlich ein gestuftes Verfahren zu erkennen. Vorschulische Sprachförderung erhalten Kinder, die z. B. aufgrund einer anderen Muttersprache nicht über für einen erfolgreichen Besuch der Schule ausreichende Kenntnisse der deutschen Sprache verfügen. Ambulante Legasthenietherapie erhalten Kinder, die im Lesen/Schreiben Probleme haben, aber ansonsten zumindest durchschnittliche Leistungen erbringen. Sonderpädagogische Förderung im Bereich Lernen erhalten Kinder, die im Lesen/Schreiben und auch in der Entwicklung des mathematischen Denkens Probleme haben und weit unterdurchschnittliche Leistungen erbringen.

Es sind vermutlich vor allem die je unterschiedlichen Auswirkungen der Diagnose Lernbehinderung und der Diagnose Legasthenie auf die schulischen Bewertungsmaßstäbe, die zu Problemen führen. Die Diagnose von Legasthenie bzw. LRS kann je nach Bundesland und gelegentlich auch bei beachtlichen lokalen Unterschieden vor allem dazu führen, dass die Bewertungsstandards im Fach Deutsch zeitweilig ausgesetzt oder abgemildert werden. Die anderen Inhalte der Richtlinien und Rahmenpläne der allgemeinen Schule sind dagegen in aller Regel nicht betroffen. Folgerichtig hat die Diagnose „Legasthenie" zumindest keine formalen Auswirkungen auf den Übergang zur Sekundarstufe I oder später auf Schulabschlüsse. Wird dagegen sonderpädagogischer Förderbedarf im Bereich Lernen festgestellt (Lernbehinderung), sind die Verhältnisse anders. Es gelten Richtlinien und Rahmenpläne der Förderschule Lernen. Leistungen werden anders benotet. Und wird der sonderpädagogische Förderbedarf im Verlauf der Schulkarriere nicht aufgehoben, so reduzieren sich die möglichen Schulabschlüsse auf das Abgangszeugnis Förderschule Lernen und (selten) auf den Hauptschulabschluss.

Insbesondere ein Wechsel zur Förderschule Lernen scheint dabei drastische Auswirkungen auf die Leistungsentwicklung zu haben. Wocken (2005, 36 f.) berichtet z. B. von sinkenden Schulleistungen und sogar abnehmenden Intelligenzwerten nach Sonderschulbesuch. Eine Studie von Henning (2010, 52) berichtet in Analyse des gesamten Abgängerjahrgangs aller Förderschulen in Gelsenkirchen (Jahrgang 2009) davon, dass kein (!) Schüler des untersuchten Jahrgangs nach Abschluss der Förderschule eine schulische, betriebliche oder auch nur eine theoriereduzierte Ausbildung aufnehmen kann. Die Befunde haben wohl auch nur z. T. damit zu tun, dass Gelsenkirchen seit Jahren NRW-Spitzenplätze in Sachen Arbeitslosigkeit einnimmt. Denn: Auch die Förderschüler in der Studie des prosperierenden Berliner Stadtteils Pankow (Ginold 2008,193) erreichen kaum bessere Resultate.

Brisant werden die genannten Unterschiede nun dadurch, dass die Konzepte Legasthenie und Lernbehinderung unterschiedliche Bedeutung für Migrantenkinder entwickelt haben. Die Zahlen weisen zunächst eindeutig darauf hin, dass bei Migrantenkindern mit Lese-/Rechtschreibproblemen vergleichsweise häufig die Diagnose „Lernbehinderung" gestellt wird. Beim Konzept „Legasthenie" liegen keine belastbaren Zahlen vor. Die bislang vorliegenden Daten und Besonderheiten des Konzepts „Legasthenie" lassen aber die Annahme zu, dass bei Kindern mit Migrationshintergrund die Diagnose „Legasthenie" eher selten fällt. Förderschulen für Kinder aus Migrantenfamilien – ambulante Therapie für die Kinder deutscher Muttersprache, so könnte man drastisch formulieren. Dass für Kinder mit Migrationshintergrund vor allem der Wechsel in die wenig attraktiven Sonderschulen bleibt, dass sie vor allem dort gefördert werden, wo sich die Schulleistungen schlecht entwickeln, dass sie in Institutionen wechseln, die qua Schulabschluss lediglich Laufbahnen am Rande der Gesellschaft eröffnen, ist nicht akzeptabel. Und dass die Verhältnisse so unerfreulich geregelt sind, hat nach Lage der Dinge wohl einiges mit der diagnostischen Arbeit zu tun.

Wie muss eine diagnostische Arbeit aussehen, die derlei unerfreuliche Ungleichheiten vermeidet? Wer sich einer kultursensiblen Arbeit verpflichtet fühlen möchte, sollte zunächst die Wahl der diagnostischen Instrumente hinsichtlich ihrer Auswirkungen auf die Leistungsmessung bei Migrantenkindern überdenken.

Zwar gibt es sicher ausreichend Anlass, sich von der Verwendung des Diskrepanzkriteriums bei der Diagnose von Legasthenie zu verabschieden. Und auch der

125

Einsatz von Intelligenztests in der Diagnose von Lernbehinderungen darf inzwischen als höchst zweifelhaft angesehen werden. Aber wenn Verwaltungsvorgaben oder institutionelle Routinen schon den Einsatz von Intelligenztestverfahren vorschreiben, dann sollte man wenigstens Verfahren verwenden, die Migrantenkinder nicht unnötig gravierend benachteiligen. Vor dem Hintergrund der Befunde von Wicherts (2010, 13f) scheint der Culture Fair Test (CFT) noch am ehesten geeignet zu sein, die Intelligenz bei Migrantenkindern zu messen. Beim Einsatz der Kaufmann Assessment Scale (K-ABC) schneiden dagegen Kinder nicht westlicher Kulturen besonders schlecht ab. Und es gibt auch einigen Anlass, an der Eignung des im diagnostischen Alltag weit verbreiteten HAWIK zu zweifeln. Denn die Hamburg Wechsler Skalen sind als deutsche Adaption der Wechsler Intelligence Scale für Kinder (WISC) nicht nur deshalb als problematisch einzustufen, weil auch der Einsatz der WISC in nicht westlichen Kulturen zu weit unterdurchschnittlichen Werten führt (Wicherts 2010, 13f). Sondern es gibt auch ernst zu nehmende Hinweise auf benachteiligende Effekte des HAWIK in einer aktuellen deutschen Untersuchung (Daseking u. a. 2008, 84).

Ein Einsatz von Rechtschreibtests in der Diagnose von Legasthenie und Lernbehinderungen scheint auf den ersten Blick unumgänglich zu sein. Allerdings sind auch hier die Probleme so beachtlich, dass zumindest gravierende Unsicherheiten in Kauf genommen werden müssen. Ohne Eichstichproben für Kinder aus Familien mit nicht deutscher Verkehrssprache sind diagnostische Entscheidungen nur schwer zu treffen. Bezieht man die Befunde aus dem vorangehenden Kapitel mit ein, muss man vermutlich nicht nur Normen für Migrantenkinder fordern, sondern eigentlich sogar Normen für einzelne Sprachen oder zumindest doch Sprachgruppen. Es ist auch nicht so, dass die Aufgaben so kompliziert wären, dass sie empirisch nicht lösbar sind. Wenn man z. B. nachweisen kann, dass bestimmte Migrantengruppen vor allem aufgrund der mit der jeweiligen Sprache häufig verbundenen sozialen Herkunft besondere Probleme in der Lese-/Schreibentwicklung haben, dann muss man dafür sorgen, dass die Eichstichproben Kinder aus sozialen Verhältnissen umfasst, die in etwa vergleichbar zum deutschsprachigen Bevölkerungsdurchschnitt sind. Testverfahren, die keine solchen Eichstichproben vorweisen können, sind entsprechend für die Diagnose von Legasthenie bzw. für die Diagnose von Lernbehinderung auch nach traditionellen Standards fachlich ungeeignet.

Nun unterschreiten diesen Mindeststandard fast alle etablierten Lese- und Rechtschreibtests. Damit entstehen für die diagnostische Arbeit fast unlösbare Probleme. Denn es gilt: Ohne Normtabellen keine Prozentränge. Und ohne Prozentränge keine Diskrepanzdefinition. Eine Verwendung der deutschen Eichstichproben ist keine angemessene Alternative. Denn dieses Vorgehen schließt in vielen Fällen Kinder mit Migrationshintergrund von ambulanter Legasthenietherapie aus. Und dieses Vorgehen bringt Kinder mit Migrationshintergrund nur deshalb in Förderschulen, weil sie die deutsche Sprache nicht ausreichend beherrschen.

Solange Testverlage die entsprechenden Arbeiten nicht aus eigenem Antrieb in Auftrag geben, bleibt den jeweiligen Kommunen aus fachlicher Sicht eigentlich nur

Tab. 16: Kultursensible und ethnozentrische diagnostische Arbeit

Kultursensible diagnostische Arbeit	Ethnozentrische diagnostische Arbeit
Testverfahren verwenden, die Migrantenkinder möglichst wenig benachteiligen	Testverfahren verwenden, mit denen sich restriktive Verwaltungsvorgaben erreichen lassen
Wünsche der Eltern erheben, darüber nachdenken, welche Entscheidung man sich in dieser Situation als Elternteil wünschen würde; Handlungsspielräume nutzen	Institutionelle Bedürfnisse und Routinen über Wünsche und Bedürfnisse von Eltern stellen
Gutachten klar und verständlich verfassen und Eltern erklären	Gutachten in schwer verständlicher Fachterminologie verfassen
auf mögliche Probleme/Unsicherheiten der Diagnose hinweisen	für deutschsprachige Kinder etablierte diagnostische Standards ohne Diskussion auf Kinder mit Migrationsgeschichte übertragen

die Möglichkeit, eigene Eichstichproben zu entwickeln und einzusetzen. Verfahren wie die Hamburger Schreibprobe werden bereits jetzt in vielen Schulen flächendeckend eingesetzt. Setzt man diese Befunde in Beziehung zur Verkehrssprache in den jeweiligen Herkunftsfamilien und einigen soziokulturellen Variablen (z. B.: Schulabschluss von Mutter und Vater, Buchtitelliste der im Haushalt vorrätigen Bücher), so kann man mit einfachen Mitteln Normtabellen je nach Muttersprache erstellen, die weitgehend unbeeinflusst von sozialen Variablen sind. Fachlichen Rat erhalten Sie schnell, unkompliziert und kostenfrei beim Autor dieses Buches.

An die Stelle solcher kommunaler Eichstichproben können zum derzeitigen Zeitpunkt letztlich nur Quotierungssysteme treten. Bereits jetzt werden Staatsbürgerschaft und in einigen Bundesländern auch erste Sprache bzw. Verkehrssprache im Rahmen der Schulstatistik erhoben, z. T. werden diese auch bis in die kommunale Ebene hinein veröffentlicht. Die Einflussmöglichkeiten reichen von einer systematischen Erhebung und Kontrolle der entsprechenden Daten bis hin zu festgelegten Quotensystemen. Denn in den Schulämtern kann man durchaus darüber nachdenken, welche Sonderschulquoten z. B. von Schülern serbischer Nationalität als hinnehmbar erscheinen und was nicht mehr vermittelbar ist.

Eine ernsthafte Erhebung des Elternwunsches kann als zweites, wichtiges Merkmal einer kultursensiblen diagnostischen Arbeit verstanden werden. Man kann doch nicht so tun, als handele es sich bei den Entscheidungsmöglichkeiten besondere Förderung – ambulante Legasthenietherapie – integrative Förderung im Bereich Lernen – Wechsel in eine Förderschule um wirklich gleichrangige Alternativen. Und deshalb ist es eigentlich ein Ding der Selbstverständlichkeit, dass Eltern unabhängig von ggf. bestehenden institutionellen Bedürftigkeiten angemessen über die faktisch bestehenden Alternativen informiert werden.

Darüber nachzudenken, wie man sich entscheiden würde, wenn es hier nicht um ein fremdes Kind aus einer fremden Kultur ginge, sondern um das eigene Kind, ist eine zweite, gute und sicher unbedenkliche Übung interkultureller Arbeit. In einer solchen Situation gilt es, Vorteile und Nachteile gewissenhaft abzuwägen.

127

Und hier sind auch nicht allgemeine Informationen und auch nicht zwingend die Forschungslage, sondern durchaus auch die lokalen Verhältnisse von Bedeutung. Zu treffen sind dann Entscheidungen wie: Wäre dies mein Kind und hätte mein Kind Probleme dieses Ausmaßes, würde ich für dieses Kind integrative Förderung in dieser Schule haben wollen? Würde ich einen Wechsel zu dieser Förderschule vor Ort hinnehmen? Würde ich es für ausreichend halten, dass es im ambulanten Rahmen bei diesen Therapeuten vor Ort Hilfen erhält?

Dass Gutachten so verfasst werden, dass sie für Eltern verständlich sind, dass Gutachter Eltern ihre Gutachten auch so erklären, dass sie wirklich verstehen, worum es geht, ist ein drittes wesentliches Merkmal kultursensibler diagnostischer Arbeit. Diese Forderung mag für wenig mit diagnostischen Aufgaben vertrauten Leser/innen selbstverständlich klingen. Und es ist auch nicht so, als könnte sich diese Empfehlung auf eine breite wissenschaftliche Diskussion berufen. Aber vielfach verläuft die diagnostische Arbeit nach eigenen Gesetzmäßigkeiten. Es bestehen klare Hierarchien – auf der einen Seite die Gutachter, die vor dem Hintergrund eines breiten diagnostischen Wissens und klarer Kenntnisse der Verwaltungsabläufe und Verantwortlichkeiten durchaus bewusst und überlegt Entscheidungen vorbereiten. Auf der anderen Seite stehen Eltern, manchmal auch Kolleg/innen aus den allgemeinen Schulen, die weder eine angemessene diagnostische Ausbildung vorweisen können, noch einen Überblick über die Verwaltungsabläufe haben. Zu diesem gelegentlich nicht besonders fairem Spiel gehören vielfach auch die Gutachten – so geschrieben, dass sie den Standards der Zunft entsprechen, formuliert auf eine solche Art und Weise, dass die Entscheidungsträger (und nur die Entscheidungsträger) wissen, welche Entscheidung angestrebt werden soll.

Und so sind Eltern, selbst dann, wenn sie über ausreichende deutsche Sprachkenntnisse verfügen, in den meisten Fällen bereits von der Aufgabe überfordert zu verstehen, was die eigentliche Intention des Gutachtens ist. Und weil sie die Intention der Gutachten nicht verstehen und vielfach auch nicht die durchaus bestehenden Alternativen wahrnehmen, bleibt ihnen letztlich nur die Möglichkeit hinzunehmen, was dort über ihr Kind geschrieben wird, und hinzunehmen, was entschieden wird. Versteht sich eigentlich fast von selbst, dass derlei Vorgehen im Rahmen kultursensibler diagnostischer Arbeit nicht angemessen ist. Eltern sollen in der Lage sein zu verstehen, was im Rahmen der diagnostischen Arbeit passiert. Sie sollen die erhobenen Befunde zumindest einordnen können. Sie sollten die Intention des Gutachtens verstehen. Und sie sollten wissen, warum und mit welcher Berechtigung das Gutachten für welche der bestehenden Handlungsalternativen votiert.

Dass im Gutachten zumindest kurz auf die nicht zu vernachlässigenden Unsicherheiten der diagnostischen Arbeit eingegangen werden soll, ist eine letzte Forderung einer kultursensiblen diagnostischen Arbeit. Hierzu gehören kurze Informationen über die Verbreitung der verwendeten Instrumente, über ihre Stärken, über ihre Schwächen und ggf. auch über Probleme des Einsatzes dieser Instrumente bei Kindern nicht deutscher Muttersprache. Hierzu gehört der Hinweis auf mögliche Probleme der Eichstichproben der jeweils verwendeten Instrumente. Hierzu gehört zumindest die Nennung des Standardmessfehlers. Die Benennung der möglichen Schwachstellen erfordert nur einige wenige Sätze. Sie macht die Gutachten auch keineswegs angreifbarer. Im Gegenteil – angreifbar sind Gutachten, die ohne Kenntnis der diagnostischen Diskussion möglicherweise sogar im expliziten Widerspruch zum Stand der Forschung einfach das exekutieren, was sich als Standard für Kinder deutscher Muttersprache etabliert hat.

Diagnostische Arbeit im Bereich Lesen und Schreiben ist eine hoch anspruchsvolle Aufgabe. Weil die wissenschaftliche Diskussion bislang ein nur sehr lückenhaftes Verständnis über die Lese-/Schreibentwicklung von Kindern mit nicht deutscher Muttersprache hat entwickeln können, kann die diagnostische Arbeit mit Migrantenkindern und ihren Familien nur als besondere Herausforderung an die Professionalität der Beteiligten verstanden werden. Dieses Buch empfiehlt deshalb eine kultursensibles Vorgehen: die Auswahl von Testverfahren, die sich insbesondere in der Arbeit mit Migrantenkindern bewährt haben, eine faire Information der Eltern, eine Reflexion der Entscheidungswege, transparente Gutachten und das Offenlegen von Unsicherheiten. Familien mit Migrationsgeschichte stehen oft vor benachteiligenden Strukturen, die die Entwicklungsmöglichkeiten ihrer Kinder massiv begrenzen. Kultursensible diagnostische Arbeit kann dazu beitragen, diese Probleme abzubauen.

4   Drei Empirische Untersuchungen

Die bisherigen Kapitel haben gezeigt: Der Forschungsstand in Sachen Lese-/Rechtschreibförderung ist alles andere als befriedigend. Es wird gerade erst in Ansätzen erkennbar, welche Variablen Literacy-Probleme von Migrantenkindern beeinflussen. Einige diagnostischen Instrumente erweisen sich in erheblichem Ausmaß als kulturabhängig (Intelligenztests). Für Testverfahren, die die Lese- bzw. Rechtschreibentwicklung erheben sollen, werden in erheblichem Umfang weder gesonderte Normen für Migrantenkinder ausgewiesen, noch – wie eigentlich erforderlich – gesonderte Normen je nach erster Sprache veröffentlicht. Die Folge von alledem sind große Unsicherheiten im gesamten Forschungsfeld.

Das hier vorgelegte Buch versucht deshalb, (auch) mit eigenen empirischen Untersuchungen Informationen über die Lese-/Rechtschreibförderung von Migrantenkindern bereitzustellen. Veröffentlicht werden drei Untersuchungen: Die *Brennpunktstudie* untersucht die besonderen Verläufe der Lese-/Schreibentwicklung von Erst- und Zweitklässlern mit Deutsch als erster oder Deutsch als zweiter Sprache. In die Stichprobe gehen Grundschulen ein, die einen sehr hohen Anteil von Kindern russischer Sprache haben. Die *Förderschulstudie* untersucht den Einfluss von Bilingualität auf die Entwicklung von lernbehinderten Schülern. Die *Begleituntersuchung zum Essener Training* geht der Frage nach, ob es sinnvoll ist, in die Förderung der phonologischen Bewusstheit eine vollständige und explizite Einführung in die Lautstruktur der deutschen Sprache einzubeziehen.

Allen drei Studien ist gemeinsam, dass sie keine repräsentativen Aussagen ermöglichen. Die Brennpunktstudie arbeitet zwar mit einer Stichprobe beachtlichen Umfangs. Das gewählte methodische Vorgehen schränkt aber die Verallgemeinerungsfähigkeit der Befunde doch erheblich ein. Denn die Brennpunktstudie konzentriert sich auf Schulen mit hohen Anteilen von Kindern vor allem russischer Muttersprache. Dies ist einerseits sinnvoll, weil Aussagen über je nach erster Sprache besondere Entwicklungsverläufe nur dann möglich sind, wenn ausreichend Schüler *einer* Sprache untersucht werden. Andererseits führt die Suche nach solchen Schulen in besondere Stadtteile.

Esser (2006, 79) macht darauf aufmerksam, dass Kinder in Schulen mit „ethnolinguistischer Konzentration", also in Schulen, die von vielen Schülern ein und derselben nicht-deutschen Muttersprache besucht werden, besonders schlechte Leistungen im Lesen und Schreiben zeigen. Die Befunde der Brennpunktstudie sind also bereits deshalb nicht verallgemeinerungsfähig, weil sie sich mit Schülern befasst, denen in der Regel eher schlechte Leistungen zugeschrieben werden.

4.1 Die Brennpunktstudie

Welchen Einfluss hat die erste Sprache auf die Lese-/Rechtschreibentwicklung von Grundschülern? Die meisten Grundschullehrer/innen in Deutschland haben Kinder in ihren Klassen, die mit einer nicht-deutschen Muttersprache ausgewachsen sind. Ihre Kenntnisse in diesen Sprachen, ihre Deutsch-als-Fremdsprache-Kenntnisse sind in aller Regel überschaubar. Und so unterrichten viele Grundschullehrer/innen so, als säßen ausschließlich deutschsprachige Schüler in ihren Klassen. Manche Kolleg/innen mögen dabei ein schlechtes Gewissen haben. Andere werden sich auf den Rahmenplan und die (eher überschaubaren) Mittel für muttersprachliche Förderung berufen. Und ein nicht genauer quantifizierbarer Anteil der Kolleg/innen wird dank Orientierung an neueren didaktischen Konzeptionen zumindest versuchen, den jeweils erreichten Entwicklungsstand ihrer Schüler präzise zu erheben und in der Folge entwicklungsangemessene Angebote zu machen.

4.1.1 Methode

Die Stichprobe nimmt ihren Ausgangspunkt in den Kitaverzeichnissen von zwei Großstädten des Ruhrgebietes. Anhand der Angaben zum Anteil nicht-deutscher Muttersprachler und auf Basis einer telefonischen Befragung werden insgesamt sechs Kitas in zwei Städten ausgewählt – und zwar die Kitas, die den höchsten Anteil von Kindern russischer Muttersprache aufweisen. Die elf Schulen, an die Kinder dieser Kitas in den Schuljahren 2006/2007, 2007/2008 und 2008/2009 wechseln, werden um eine Mitwirkung an der Studie gebeten. Alle Schulen sagen zu und stellen Testdaten zu allen Schülern der untersuchten Klassen zur Verfügung. So liegen nun Daten zu derzeit insgesamt 414 Kindern der ersten Klasse bzw. 399 Schüler der zweiten Klasse vor.

Zentrales Instrument der Untersuchung ist der Rechtschreibtest Hamburger Schreibprobe. Das Erhebungsinstrument ist den teilnehmenden Schulen wohl bekannt. Viele Lehrer/innen verwenden die Tests auch unabhängig vom Forschungsprojekt in ihrer diagnostischen Arbeit. Die Studie kann hier also auf die Hilfe gut informierter Kolleg/innen bauen.

Die Auswertung der Hamburger Schreibprobe erfolgt zunächst so, wie vom Testautor vorgesehen: Die Auswertung zählt die richtigen Wörter, die Graphemtreffer (in etwa: richtig geschriebene Buchstaben), die richtig geschriebenen „alphabetischen" Lupenstellen (ausgewählte Wörter oder Wortteile des Diktattextes, deren Schreibung mehr oder weniger deutlich nahe an der Aussprache liegt) und die richtig geschriebenen orthographisch/morphematischen Lupenstellen (ausgewählte Wörter oder Wortteile, die anders geschrieben als gesprochen werden). In einem vom Autor dieses Beitrags entwickelten zusätzlichen Auswertungsschritt geht es darum festzustellen, mit welchen Lauten ein Kind Probleme hat, bei welchen Lauten fehlerhafte Zuordnungen zu Buchstaben entstehen. Die Analyseeinheit ist also weniger das Graphem als vielmehr das Phonem. In einem ersten Schritt wird der Text in Lautschrift übersetzt (Tabelle 17). In einem zweiten Schritt werden die den Regeln der Orthographie entsprechend verschrifteten Phoneme gezählt.

Der zweite im Rahmen der hier vorgestellten Untersuchung entwickelte Auswertungsdurchgang sucht nach orthographisch falschen, aber phonetisch richtigen oder zumindest nachvollziehbaren Schreibungen. Es geht also nicht darum festzustellen, ob die Schreiber lauttreue Wörter richtig schreiben. Sondern es geht darum festzustellen, an welchen Wörtern fehlerhafte Schreibungen entstehen, weil Graphem-Phonem-Korrespondenzregeln richtig oder zumindest nachvollziehbar anwendet werden. Denn Kinder können Graphem-Phonem-Korrespondenzregeln nicht nur anwenden, um Wörter orthographisch richtig zu schreiben. Sie können mit dieser Rechtschreibstrategie auch Fehler produzieren. Diese letztlich auf einer mehr oder weniger korrekten Anwendung der GPK-Regeln basierenden Fehler sind eigentlich noch ein wenig interessanter als die korrekte Schreibung lauttreuer Wörter. Denn: Lauttreue Wörter kann man auch deshalb orthographisch korrekt schreiben, weil man sich die Wortbilder in vorangehenden Übungen oder beim Lesen in anderen Zusammenhängen eingeprägt hat. Fehlerhafte Schreibungen, die auf einer mehr oder weniger korrekten Anwendung von phonetischen Regeln basieren, sind dagegen ein vergleichsweise starker Beleg für die Anwendung phonetischer Strategien.

Tab. 17: Phoneme der Hamburger Schreibprobe (HSP 1 – eine Auswahl)

Eimer	[aɪ m ɛ R]
Mäuse	[m ɔɪ z ə]
Kerze	[k ɛ: R ts ə]
Sandkiste	[z a n t k ɪ s t ə]
Blätter	[b l ɛ t ɛ R]
Kamm	[k a m]
Regenwurm	[R e: g ɛ n v ʊ R m]

4.1.2 Ergebnisse

Was sind die wichtigsten Befunde der Untersuchung? In der quantitativen Übersicht fallen zunächst die Unterschiede je nach Muttersprache ins Auge. Welche Sprache zu Hause gesprochen wird, ist von hohem Einfluss. Es ist ohne weiteres möglich, eine Rangreihe von erfolgreichen und weniger erfolgreichen Sprachen zu bilden. Bemerkenswert dabei ist, dass Kinder deutscher Muttersprache lediglich im Lesen den ersten Rangplatz belegen. In der Rechtschreibentwicklung sind sie weit abgeschlagen und liegen bei den hier untersuchten Sprachen auf dem letzten

Rangplatz. Kinder russischer Muttersprache zeigen in der Rechtschreibung dagegen die besten Leistungen. Die Unterschiede (zu deutschsprachigen Kindern) sind in den untersuchten Dimensionen „Richtige Wörter", „Graphemtreffer", „alphabetische Lupenstellen" signifikant bzw. hoch signifikant (t-Test). Man kann also sagen: Ihre Rechtschreibleistungen sind ganz offensichtlich besser als die der untersuchten deutschsprachigen Kinder (Tabelle 18).

Tab. 18: Rechtschreibleistungen in der 1. Klasse (HSP 1)

Sprache	Richtige Wörter	Alphabetische Strategie	Orthographische Strategie	Graphemtreffer
Monolingual deutschsprachig (n = 152)	3,79 s = 2,78	10,2 s = 4,64	1,48 s = 4,65	28,61 s = 10,72
Bilingual russisch-deutschsprachig (n = 91)	4,81 * s = 2,24	11,84** s = 3,7	1,72 s = 1,41	32,81 * s = 9,246
Bilingual arabisch-deutschsprachig (n = 55)	3,71 s = 2,62	9,75 s = 4,6	1,49 s = 1,5	30,36 s = 12,8
Bilingual türkisch-deutschsprachig (n = 26)	4,31 s = 2,87	10,58 s = 4,04	2,12 s = 1,86	31,81 s = 11,44
Bilingual polnisch-deutschsprachig (n = 14)	4,36 s = 2,5	11,21 s = 4,35	1,71 s = 1,68	30,36 s = 10,78
Andere (n = 76)	3,5 s = 2,86	8,95 s = 4,82	1,36 s = 1,86	27,7 * s = 12,93
Insgesamt (n = 414)	4 s = 2,69	10.33 s = 4,51	1,56 s = 1,63	29,68 s = 1,63

Weiter kann man schließlich festhalten, dass die im Grundsatz eher überschaubaren Unterschiede zwischen den hier untersuchten Schülergruppen keineswegs nur ein Befund der ersten Monate nach der Einschulung sind. Der Vorsprung der russisch-deutschsprachigen Kinder bleibt bestehen. Am Ende des zweiten Schuljahrs lassen sich im T-Test in drei der vier hier berichteten Kennwerte der Hamburger Schreibprobe signifikante Unterschiede, in einem Fall sogar hochsignifikante Unterschiede berichten.

Die Werte der bilingual russisch-deutschsprachigen Schüler fallen dabei auch keineswegs nur im Vergleich zu den monolingual deutschsprachigen Schülern der Brennpunktstudie gut aus. Im Vergleich zur Eichstichprobe liegen die Mittelwerte etwa bei Prozentrang 50 (Richtige Wörter: PR = 52, Alphabetische Lupenstellen: PR = 46, Orthographische Lupenstellen PR = 51, Morphematische Lupenstellen: PR = 62, Graphemtreffer PR = 51). Die untersuchten russisch-deutschsprachigen Schüler sind also in ihrer Leistungsfähigkeit vergleichbar zu den Schülern der Eichstichprobe (Tabelle 19).

Tab. 19: Lese- und Rechtschreibleistungen in der zweiten Klasse (HSP 2/Arithmetisches Mittel)

Sprache	Richtige Wörter	Alphabetische Lupenstellen	Ortho-graphische Lupenstellen	Morphe-matische Lupenstellen	Graphem-treffer
Deutsch (n = 152)	17,57 s = 5,6	17,01 s = 2,87	8,68 s = 3,78	4,81 s = 2,83	129,97 s = 11,03
Russisch (n = 96)	19,54 ** s = 5,32	18,15 ** s = 1,89	9,46 s = 3,42	5,74 * s = 2,7	133,48 * s = 9,17
Arabisch (n = 45)	18,71 s = 5,88	16,8 s = 3,81	9,44 s = 3,9	5,29 s = 2,78	130,44 s = 16,07
Türkisch (n = 37)	17,81 s = 3,36	17,19 s = 2,42	8,78 s = 4,14	4,95 s = 3,08	129,14 s = 12,71
Polnisch (n = 16)	17,81 s = 6,01	17,12 s = 2,73	8,88 s = 3,4	4,19 s = 2,88	130,75 s = 10,08
Andere (n = 53)	18,04 s = 5,9	16,81 s = 2,75	8,81 s = 3,69	5,36 s = 2,71	129,6 s = 11,42
Insgesamt (n = 399)	18,27 s = 5,72	17,26 s = 2,76	8,99 s = 3,71	5,15 s = 2,82	130,77 s = 11,52

Bemerkenswert sind zweitens die doch eher geringen qualitativen Unterschiede zum Verlauf der Rechtschreibentwicklung. Die derzeit dominanten Entwicklungs-modelle gehen bekanntlich davon aus, dass sich die schulische Rechtschreibent-wicklung in einer bestimmten Reihenfolge vollzieht. Am Anfang steht nach dieser Lehre das phonetische Schreiben, also (etwa) eine 1:1-Verschriftung der gehörten Laute in geschriebene Laute. Der sich rasch ausbildende Wortbildspeicher und Kenntnisse von Rechtschreibregeln sorgen zunehmend für nicht nur phonetisch korrekte, sondern auch für orthographisch korrekte Wörter.

Das in der Brennpunktstudie verwendete Erhebungsinstrument „Hamburger Schreibprobe" versucht, diesem Entwicklungsmodell mit gesonderten Auswer-tungsstrategien zu entsprechen. Die alphabetischen Lupenstellen zählen bei aus-gesuchten Wortteilen, ob die Schüler mehr oder weniger lauttreue Passagen richtig schreiben und geben also exemplarisch darüber Auskunft, ob die betreffenden Schüler die entsprechenden Graphem-Phonem-Korrespondenzregeln korrekt anwenden. Orthographische und morphematische Lupenstellen befassen sich mit Rechtschreibregeln unterschiedlicher Komplexität. In den orthographischen Lupenstellen geht es z.B. um die Schreibung von -st- und -sp-. Die morphema-tischen Lupenstellen befassen sich dagegen u.a. mit Umlautung (Maus – Mäuse) und Auslautverhärtung (Fahrrad). Die richtigen Wörter erfassen die orthogra-phisch korrekte Schreibung ganzer Wörter (Fragestellung: Gelingt es, das Wort orthographisch korrekt zu schreiben?). Die Graphemtreffer sind etwas präziser. Sie zählen (in etwa) die richtigen Buchstaben pro Diktattext.

Nun kann man sich die Entwicklungsannahmen ja nicht so vorstellen, dass Schüler zunächst alle Laute phonetisch schreiben, um dann nach der Beherrschung aller Graphem-Phonem-Korrespondenz-Regeln Schritt für Schritt Rechtschreib-regel für Rechtschreibregel zu erwerben. Die Rechtschreibentwicklung ist vielmehr

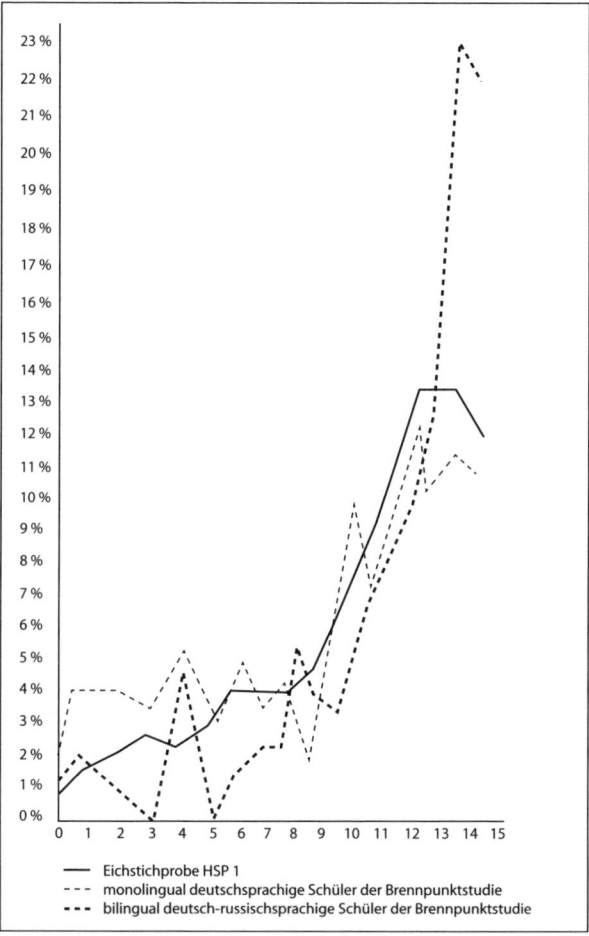

Abb. 11: Alphabetische Strategie monolingualer deutschsprachiger Kinder, bilingualer russisch-deutschsprachiger Kinder und Eichstichprobe im Vergleich

durch ein Nebeneinander von unterschiedlichen Strategien gekennzeichnet. Die Entwicklungsannahmen muss man sich also eher als Hypothesen über eine Abfolge dominanter Phasen vorstellen. Der Rechtschreibregelerwerb kann z. B. durchaus beginnen, bevor die Schüler in der Lage sind, alle gehörten Laute auch phonetisch richtig zu schreiben.

Weil es sich bei der Hamburger Schreibprobe um ein geeichtes Verfahren handelt, das Testverfahren also an vielen Hundert Schülern ausprobiert wurde (Eichstichprobe), sind zumindest grobe Aussagen über Entwicklungsverläufe möglich. Welche Aussagen erlauben hier die Befunde der Brennpunktstudie?

Abbildung 11 zeigt vergleichsweise deutlich, dass die Entwicklung der untersuchten Kinder keinen vollständig anderen Verlauf nimmt als die bei den Kindern der Eichstichprobe der Hamburger Schreibprobe. Bereits im Februar des ersten Schuljahrs ist der Entwicklungsprozess weit fortgeschritten. Nur wenige Schüler haben in den alphabetischen Lupenstellen Probleme. Die meisten erreichen durchschnittliche Werte. Und es gibt eine Spitzengruppe beachtlichen Ausmaßes, der eine korrekte Schreibung (fast) aller alphabetischen Lupenstellen gelingt. Einen bemerkenswerten Verlauf nimmt die Entwicklung dabei insbesondere bei den die bilingualen russisch-deutschsprachigen Kinder. Hier zeigt sich eine besonders starke Spitzengruppe, deren Werte sowohl die Ergebnisse der monolingual-deutschsprachigen Kinder der untersuchten Schulen als auch die Entwicklung der Eichstichprobe deutlich übersteigen.

Nun ist eine orthographisch korrekte Schreibung von lauttreuen Wörtern ja aus unterschiedlichen Gründen möglich: Einerseits können korrekte Schreibungen darauf zurückgehen, dass die betreffenden Rechtschreibprobleme tatsächlich unter Rückgriff auf Graphem-Phonem-Korrespondenzregeln gelöst werden. Andererseits ist es aber auch denkbar, dass die jeweiligen Schüler auf Wortbilder zurückgreifen, um die Wörter richtig zu schreiben. Anders formuliert – die alphabetischen Lupenstellen sind kein überzeugender Beleg dafür, dass tatsächlich phonetische Strategien eingesetzt werden.

Entsprechend interessiert sich die Brennpunktsstudie für „falsche" Anwendungen phonetischen Wissens. Einigen dieser phonem-basierten Rechtschreibfehler kann man das Bemühen der jungen Schreiber/innen um eine Umsetzung von Lauten in Buchstaben geradezu ansehen. Bei der Schreibung „CHUNT" meint man z. B. geradezu zu hören, wie ein Kind russischer Muttersprache mit starkem russischen Akzent das Wort spricht und in deutsche Grapheme umsetzt (Tabelle 20).

Tab. 20: Fehlerhafte Schreibungen ausgewählter Wörter der HSP 1+, die erkennbar an Graphem-Phonem-Regeln orientiert sind

Telefon	Täläfon, Tälefon, Teläfn, Televon, Televonn, Telewon, Telifon, Tilifhn, Tilifon, Tilikon Telufon, Telefan, Telefun, Tetion, Tlfan, Tlofon
Hund	Chnt, Chunt, Hnt, Homt, Hon, Hond, Hont, Hot, Hout, Ht, htot, Hunnt, Hunt, Hut, Ont, Unt, Uont
Mäuse	Maas, Maosl, Maoz, Mas, Mass, Maise, Mauise, Meas, Mese, Meise, Meuise, Meus, Meusä, Meusä, Meusae, Meuse, Meusee, Meusse, Meusu Moeuse, Moisä, Moise, Moisen Mojse, Mösä, Möse, Mose, Mosen, Mosi, Moze, Mouse, Moyse, Mse, Muise, Mujse, Mulse,
Fliege	Fek, Fig, Flid, Fige, Filge,Flck, Fli, Flik, Fliage, Flibe, Flgk, Flg, Fliegh, Flig, Flige, Fligä, Fligh, Flikg, Flikke, Wike, Wlige, Wlike, Wilig
fliegt	Fekt, fig, fikit, fikt, filct, filliget fit, flga, flgat, flich, flk, flck, flgt, fliegd, fliekt, fliekkt, flikt, fligd, fligt, flik, flit, flkt vligt, wikt, wiligt, wlikt, wligt
Uwes	Nowes, Obes, Ofes, Os, Owöss, Owz, Ows, Ufe, Ufes, Ufs, Uföas Uhf, Uhwes, Us, Uves, Uvess, Uw, Uwäs, Uwf, Uwis, Uws, Uwz, Uwet, Uwez, Uwis, Uwos

Bei anderen werden Unsicherheiten bei der Identifikation der richtigen Phoneme sichtbar, die ebenfalls auf die Anwendung phonetischer Regeln schließen lassen.

Wer TÄLÄFON anstatt TELEFON schreibt, verwendet zwar das falsche /e/, aber er verwendet ein /e/. Wer FLIKE anstatt FLIEGE schreibt, mag zwar ein Problem bei der Unterscheidung von /g/ und /k/ haben. Aber für erfahrende Leser bleibt das Wort wegen der in der Schreibung implizierten Anwendung phonetischen Wissens dennoch lesbar.

Ein Vergleich der unterschiedlichen Sprachen zeigt ziemlich überzeugende Übereinstimmungen. Die untersuchten Schüler kommen in der ersten Klasse im Mittel auf etwa drei dieser phonetisch richtigen, aber orthographisch falschen Schreibungen pro Test. Die Unterschiede sind dabei eher marginal. An erster Stelle stehen die bilingualen russisch-deutschsprachigen Kinder mit 3,28 dieser Fehler pro Diktat. Es folgen die türkisch-deutschsprachigen Schüler (3,2 Fehler), die polnisch-deutschsprachigen Schüler (3,1 Fehler). Die monolingual-deutschsprachigen Schüler kommen auf 3 Fehler pro Diktat. Bei den arabisch-deutschsprachigen Schülern sind es schließlich durchschnittlich 2,89 Fehler.

Die phonetisch richtigen, aber orthographisch falschen Schreibungen kann man als ziemlich starken Beleg dafür verstehen, dass die Rechtschreibentwicklung von immersiv alphabetisierten Migrantenkindern in zumindest einem Punkt vergleichbare Wege beschreitet wie die Entwicklung monolingual deutschsprachiger Kinder. Die untersuchten bilingualen Kinder erwerben offenbar zunächst phonetisches Wissen (Graphem-Phonem-Korrespondenzregeln). Und sie setzen dieses Wissen zu einem vergleichbaren Zeitpunkt und in vergleichbarem Ausmaß ein, um (einfache) Rechtschreibprobleme zu lösen. Sie erreichen auf diesem Weg nicht nur vergleichbar gute Ergebnisse wie ihre monolingualen Altersgenossen. Sondern sie übertreffen sie sogar in ihren frühen Rechtschreibleistungen. Ein Ergebnis, das man so in Brennpunktschulen sicher nicht erwartet hätte.

Auch die phonetische Auswertung ermittelt einige signifikante Unterschiede zwischen monolingual deutschsprachigen und bilingual russisch-deutschsprachigen Kindern (Tabellen 21 und 22). Allerdings erweist sich der eingesetzte zusätzliche Auswertungsdurchgang weniger als Analyseinstrument für besondere Schwächen oder als Instrument zur Identifikation von typischen Fehlern. Sondern die phonetische Auswertung eignet sich vielmehr als Analyse der besonderen Stärken russisch-deutschsprachiger Schüler. Da hier richtig (also orthographisch korrekt) verschriftete Phoneme gezählt werden, muss man einen hohen Wert als Indikator für besonders gute Rechtschreibleistungen werten. Im Vergleich zu den monolingual-deutschsprachigen ermittelt der t-Test ausschließlich signifikante oder hochsignifikante Unterschiede, die darauf zurückgehen, dass die bilingual-russischsprachigen Schüler höhere Werte erreicht haben. Sie schneiden in den betreffenden Phonemen also besser ab als die deutschsprachigen Schüler. Was auch immer im Verlauf der Literacy-Entwicklung an Besonderheiten vorgefallen sein mag – Ende der zweiten Klasse ist von den besonderen Problemen bilingualer Kinder nichts mehr zu erkennen.

Tab. 21: Mittelwerte orthographisch richtig verschrifteter Phoneme in der HSP 2 im Vergleich zu monolingual deutschsprachigen Kindern (n = 399)/1

Phoneme	Deutsch (n = 152)	Russisch (n = 96)	Arabisch (n = 45)	Türkisch (n = 37)	Polnisch (n = 16)	Andere (n = 53)
/a:/	1,35	1,46	1,44	1,41	1,19	1,51
/b/	2,9	2,99 **	2,9	3,0 *	3	2,92
/ch1/	0,95	0,96	0,91	0,92	0,81*	0,91
/ch2/	0,93	2,94	0,82 *	0,92	0,81	0,87
/d/	2,9	2,99 *	2,91	2,78	2,75	2,96
/e/	10,57	10,76	10,56	10,43	10,63	10,28
/e:/	5,22	5,31	5,13	5,16	5,19	5,42
/e-Auslaut/	5,31	6,71	6,58	6,64	6,75	6,47
/ei/	4,61	4,79 *	4,6	4,72	4,69	4,49
/f/	2,92	3,05	2,98	3,03	2,94	2,96
/g/	2,89	2,93	2,97	2,95	3,0	2,98
/h/	1,95	2,0 *	1,96	1,97	1,86	1,91
/i/	2,72	2,83	2,73	2,65	2,69	2,74
/i:/	1,43	1,69	1,42	1,38	2,06 *	1,58
/k/	7,72	7,82	7,69	7,76	7,88	7,81
/l/	3,83	3,91	3,76	3,81	3,81	3,84
/m/	4,5	4,67 *	4,64	4,68	4,75	4,60
/n/	10,71	10,81	10,67	10,57	10,69	10,72
/o/	0,94	0,98	0,96	0,97	1	0,96
/o:/	0,94	0,93	0,93	0,86	1	0,98
/oi/	1,16	1,25	1,24	1,11	1,25	1,11
/p/	1,91	1,95	1,84	1,92	2	1,94
/r/	14,18	14,44	14,11	13,86	14,38	13,87
/s-stimml./	4,84	4,92	4,73	4,64 *	4,88	4,81
/s-stimmh./	3,93	3,96	3,98	3,95	3,94	3,88

Tab. 22: Mittelwerte orthographisch richtig verschrifteter Phoneme in der HSP 2 im Vergleich zu monolingual deutschsprachigen Kindern (n = 399)/2

Phoneme	Deutsch (n = 152)	Russisch (n = 96)	Arabisch (n = 45)	Türkisch (n = 37)	Polnisch (n = 16)	Andere (n = 53)
/sch/	0,99	1	0,96	0,97	0,94	1
/st/	0,89	0,9	0,82	0,84	1	0,77
/sp/	1,66	1,76	1,69	1,46	1,82	1,58
/t/	9,8	10	9,6	9,45	9,94	10
/u/	0,92	0,97	0,93	1	0,81	0,92
/u:/	1,93	1,93	1,93	1,95	2	1,96
/w/	0,97	0,97	0,98	1	0,94	0,96
/ts/	1,87	1,93	1,89	1,95	1,75	1,89

Phoneme	Deutsch (n = 152)	Russisch (n = 96)	Arabisch (n = 45)	Türkisch (n = 37)	Polnisch (n = 16)	Andere (n = 53)
Vokale	39,38	40,51 *	39,6	39,32	40,06	39,47
Kurze Vokale	28,51	29,2	28,73	28,57	28,63	28,02
Lange Vokale	10,87	11,31	10,87	10,76	11,44	11,45
Konsonanten	80,70	82,63 **	80,29	80,32	81,06	80,91
Diphtonge	5,78	6,04 *	5,84	5,84	5,94	5,6
Lautverbindungen	6,04	2,65	2,51	2,3	2,81	2,36

Typische Fehler werden bei den polnisch-deutschsprachigen (das /ch1/) wird seltener orthographisch korrekt verschriftet, bei den arabisch-deutschsprachigen (/ch2/) und bei den türkisch-deutschsprachigen Schülern ermittelt (/stimmloses s/). Die besondere sprachliche Sozialisation hat also nach knapp zwei Schuljahren durchaus Auswirkungen auf die Rechtschreibentwicklung. Aber die Bedeutung erscheint im Vergleich zu anderen Variablen gering.

4.1.3   Diskussion

Ausgangspunkt der hier veröffentlichten Studie war die Frage nach Entwicklungsverläufen von Kindern mit Migrationshintergrund, die weitgehend unter immersiven Bedingungen alphabetisiert werden. Was lässt sich aus den vorgestellten Ergebnissen ableiten?

Erstens muss man wohl festhalten, dass die hier vorgestellte Studie keine besonders beeindruckenden Hinweise auf gravierende Probleme in der Rechtschreibentwicklung von Migrantenkindern ermitteln konnte. Dies ist um so bemerkenswerter, als das methodische Vorgehen eigentlich darauf ausgerichtet war, Problemschulen in sozialen Brennpunkten zu untersuchen. Im Fokus der Studie standen russisch-deutschsprachige Kinder. Und trotz der gezielten Auswahl von Schulen, auf die der Begriff der „ethnolingustischen Konzentration" ganz offenkundig zutrifft, sind die Rechtschreibleistungen nicht drastisch unterdurchschnittlich. Sondern die bilingualen Schüler schneiden nicht nur im Vergleich zu ihren monolingualen Altersgenossen, sondern auch im Vergleich zur Eichstichprobe durchaus akzeptabel ab.

Auch die zweite Einsicht ist nicht wirklich kompatibel mit dem eingängigen Bild vom Problemschüler mit Migrationshintergrund. Zwar kann man bei einigen Kindern nicht-deutscher Muttersprachen Hinweise auf spezifische Schwächen erkennen. Und es gelingt mit Hilfe der phonetischen Auswertung durchaus ein Nachweis einiger typischer (phonetischer) Rechtschreibfehler. Derlei lässt sich auch als „Interferenz", also als Übertragung sprachlichen Wissens von der einen auf die andere Sprache verstehen (Belke 1999,105 ff.). Die Probleme haben aber offenbar selbst in Brennpunktschulen ein eher geringes Gewicht. Die Brennpunkt-studie kann also die in diesem Buch in Auseinandersetzung mit empirischen Untersuchungen zu Entwicklungsmodellen gewonnenen Einsichten bestätigen: Bilingualität kann zwar bei einigen Schülern eine besondere Form von Recht-schreibfehlern verursachen. Die Interferenzen erreichen aber kein Besorgnis erre-gendes Ausmaß.

4.2 Bilingualität in der Förderschule (Tobias Damerau/Johannes Mand)

Die zweite Studie, von der hier berichtet werden soll, befasst sich mit der Recht-schreibentwicklung von Migrantenkindern in Förderschulen. Der Einfluss von Bilingualität auf die Entwicklung von Lernbehinderungen ist dabei vor allem aus einem Grund bedeutsam: Die im ersten Kapitel vorgestellten Befunde der Literaturrecherche deuten darauf hin, dass zwar die erste Sprache Einfluss auf die Literacyentwicklung der zweiten Sprache nehmen kann. Aber gleichzeitig wer-den wohl soziale Einflüsse in erheblichem Umfang wirksam. Ein Problem der Bilingualismusforschung kann also darin gesehen werden, dass nicht klar ist, worauf die schlechten Schulleistungen von Migrantenkindern zurückgehen – auf eine unangemessene Förderung oder auf die deprivierenden sozialen Bedingun-gen, unter denen Migrantenkinder häufig aufwachsen.

Die hier vorgestellte Förderschulstudie unternimmt deshalb den Versuch, Hin-weise auf besondere Entwicklungswege von Migrantenkindern zu ermitteln. Sie macht sich dabei eine besonderes Merkmal von Förderschulen zunutze. Denn die deutsche Forschung ist sich weitgehend einig: Lernbehinderte Schüler sind sozial benachteiligte Schüler (Mand 1996, Klein 1999, Wocken 2000, Mand 2006, Wocken 2006). Diese besondere Zusammensetzung der Schülerschaft bietet dem-nach einen für die hier untersuchten Fragen bemerkenswerten Vorteil: Die Schü-lerschaft der Stichprobe ist sozial homogen. Gravierend unterschiedliche Einflüsse sozialer Variablen sind nicht zu erwarten. Ein Vergleich von lernbehinderten monolingualen Schülern mit lernbehinderten bilingualen Schülern erlaubt dem-nach eine präzise Einschätzung der besonderen Effekte von Bilingualität. Sie ver-gleicht leistungsschwache monolinguale Leser und Schreiber aus der sozialen Unterschicht mit leistungsschwachen bilingualen Lesern und Schreibern aus der sozialen Unterschicht. Der Einfluss der sozialen Herkunft ist also kontrolliert.

4.2.1 Methode

Die Förderschulstudie wird in einer Großstadt Deutschlands durchgeführt. Alle Förderschulen mit dem Förderschwerpunkt Lernen werden um eine Teilnahme an der Untersuchung gebeten. Vier von sechs Schulen beteiligen sich. Dies entspricht bezogen auf die Schülerzahlen der Schulstatistik einem Rücklauf von 73 %.

Weil viele Förderschulen in den ersten beiden Klassen noch nicht allzu viele Schüler haben (eine Überweisung erfolgt erst nach Scheitern in der Grundschule), werden Schüler im vierten Schulbesuchsjahr untersucht. Viele Förderschulen arbeiten zudem mit jahrgangsübergreifenden Klassen. Aus diesem Grund gehen in die Untersuchung die Klassen der jeweiligen Förderschulen ein, die den jeweils höchsten Anteil von Schülern im vierten Schulbesuchsjahr haben. Diesen Bedingungen entsprechen in den teilnehmenden Schulen insgesamt 63 Schüler. In die Stichprobe gehen zusätzlich 10 Schüler aus einer Förderschule einer weiteren Großstadt mit ein, um den Stichprobenumfang noch etwas zu erhöhen.

Tab. 23: Häufigkeiten der Muttersprachen der lernbehinderten Schüler des Ruhrgebiets dargestellt in genetisch verwandten Sprachfamilien

	n	Prozent
Deutsch	29	39,7
Türkisch (Turksprache)	16	21,9
Slawische Sprache	9	12,3
Arabische Sprache	9	12,3
Indoarische Sprache (Romani)	6	8,2
Albanische Sprache	4	5,5
Gesamt	73	100,0

Etwa 40 % der untersuchten Schüler sind monolingual-deutschsprachig. Man muss also davon ausgehen, dass bilinguale Kinder an den ausgewählten Schulen deutlich überrepräsentiert sind. Als weitere Besonderheit der Stichprobe sollte noch auf den Jungenüberhang hingewiesen werden (46 Jungen, 27 Mädchen). Dass in der Förderschule Lernen deutlich mehr Jungen als Mädchen unterrichtet werden, ist zwar keineswegs ungewöhnlich. Allerdings fallen die Zahlen in aller Regel nicht so drastisch aus, wie in der hier vorgestellten Untersuchung (Souvignier 2008, 664).

Zentrales Erhebungsinstrument der Förderschulstudie ist wiederum die Hamburger Schreibprobe. Weil Förderschüler in der Regel gravierende Entwicklungsrückstände aufweisen, wird allerdings nicht die eigentlich altersangemessene Version Hsp 4 durchgeführt, sondern die leistungsadäquatere HSP 2. U. a. werden auch deshalb Viertklässler ausgewählt, weil diese Schüler sich in etwa auf dem Niveau der untersuchten Zweitklässler der Brennpunktstudie befinden.

Durchgeführt wird die Hamburger Schreibprobe von den jeweils in den Klassen unterrichtenden Lehrer/innen. Die Hamburger Schreibprobe ist den teilnehmenden Schulen wohl bekannt. Zudem kann man bei den Kolleg/innen in Förderschulen gute diagnostische Kenntnisse voraussetzen. Denn die diagnostische Arbeit ist wesentlicher Bestandteil der Ausbildung zum Sonderschullehrer. Sonderschullehrer haben zudem auch regelmäßig diagnostische Aufgaben in den Verfahren zur Feststellung sonderpädagogischen Förderbedarfs. Die Lehrer werden gebeten, zusätzlich Angaben über die erste Sprache bzw. die Verkehrssprache auf den Testheften zu notieren.

Auch die Auswertung erfolgt analog zur Brennpunktstudie. Im einzelnen wird also untersucht, wie viele Wörter des Diktates orthographisch richtig geschrieben werden (richtige Wörter), wie viele lauttreue Wortteile richtig geschrieben werden (alphabetische Lupenstellen), wie viele Wortteile, die auf einfache Rechtschreibregeln bzw. komplexe Rechtschreibregeln verweisen, richtig geschrieben werden (orthographische bzw. morphematische Lupenstellen) und bei welchem Anteil der Phoneme eine orthographisch korrekte Verschriftung gelingt (phonetische Auswertung, s.o.).

4.2.2   Ergebnisse

Was sind die wichtigsten Ergebnisse der Förderschulstudie? Zunächst einmal lässt sich nicht ganz überraschend festhalten, dass die Rechtschreibentwicklung der untersuchten Förderschüler gravierend verzögert ist. Schüler im vierten Schulbesuchsjahr erreichen selbst in einem für das 2. Schuljahr ausgelegten Rechtschreibtest nur sehr bescheidene Ergebnisse. Bei den richtigen Wörtern liegt der Mittelwert mit 11,23 auf Prozentrang 14 (T-Wert 39). Die Förderschüler kommen durchschnittlich auf 110 Graphemtreffer (Prozentrang 8, T-Wert 16). Sie schreiben 12,88 alphabetische Lupenstellen, 5,73 orthgraphische Lupenstellen und 2,56 morphematische Lupenstellen richtig. Dies entspricht den Prozenträngen 1,6 (T-Wert 29), 26 (T-Wert 44) und 25 (T-Wert 43).

Man kann also zunächst sagen, dass die untersuchten Viertklässler einen Leistungsrückstand von mehr als zwei Jahren aufweisen.

Tab. 24: Lese- und Rechtschreibleistungen in der zweiten Klasse (HSP 2/Arithmetisches Mittel)

Sprache	Richtige Wörter	Alphabetische Lupenstellen	Ortho-graphische Lupenstellen	Morphe-matische Lupenstellen	Graphem-treffer
Deutsch (n = 29)	11,55 s=7,09	13,93 s=4,74	5,45 s=4,45	2,69 s=2,54	113,66 s=23,25
Slawische Sprachen (n = 9)	11,56 s=5,29	12,78 s=4,27	6,33 s=3,16	2,78 s=2,77	111,44 s=16,85
Turk-Sprachen (n = 16)	11,75 s=6,71	12,13 s=5,1	5,87 s=3,81	2,69 s=3,14	111,44 s=22,04

Sprache	Richtige Wörter	Alphabetische Lupenstellen	Ortho-graphische Lupenstellen	Morphe-matische Lupenstellen	Graphem-treffer
Arabische Sprache (9)	10,67 s=6,25	11,67 s=6,42	6,33 s=3,94	2,22 s=2,11	107,33 s=26,57
Insgesamt (n = 73)	11,23 s=6,41	12,5 s=5,2	5,73 s=3,93	2,56 S=2,57	110,92 s=23,17

Die besondere Verteilung der Kennwerte erlaubt Hypothesen über die Ursachen der Rechtschreibprobleme. Besonders schlecht schneiden die Schüler offenbar in den alphabetischen Lupenstellen ab (schlechter als 98 % der Zweitklässler der Eichstichprobe). Ihre Leistungen in den orthgraphischen und morphematischen Strategien sind dagegen vergleichsweise gut. Dieses besondere Profil spricht ziemlich deutlich für phonetische Probleme als Ursache des Leistungsrückstands in der Rechtschreibentwicklung. Ohne eine ausreichende phonetische Basis (d. h. hier: ohne ausreichende Kenntnisse der Graphem-Phonem-Korrespondenzregeln) verhelfen die etwas besseren Kenntnisse der Rechtschreibregeln offenbar nicht zu akzeptablen Leistungen.

Ein Blick auf die Einflüsse der ersten Sprache (Tabelle 24) zeigt dabei mit erstaunlicher Klarheit, dass sich die Probleme ganz offensichtlich nicht auf die bilingualen Schüler beschränken. Zwar sind die Zellengrößen insbesondere bei den bilingualen Schülern klein. Aber der Gesamteindruck zeigt doch ziemlich klar, dass monolinguale und bilinguale Schüler vergleichbar gravierende Probleme in der Rechtschreibentwicklung zeigen. Die Rückstand insbesondere in den alphabetischen Strategien zeigt dabei deutlich: Die Förderschule Lernen scheint zumindest in der ausgewählten Großstadt eine Schule für Kinder mit Problemen in der phonologischen Bewusstheit zu sein – und zwar für monolinguale *und* bilinguale Schüler.

Tab. 25: Mittelwerte orthographisch richtig verschrifteter Phoneme in der HSP 2 im Vergleich zu monolingual deutschsprachigen Förderschülern/2

Phoneme	Deutsch (n = 29)	Slawische Sprachen (n = 9)	Arabische Sprachen (n = 9)	Turk-Sprachen (n = 16)	Insgesamt (n = 73)
/a:/	1,06	1,22	1333	1,19	1,18
/b/	2,69	3,44	2,78	2,81	2,84
/ch1/	0,69	0,78	0,67	0,69	0,67
/ch2/	0,69	0,67	0,44	0,5	0,62
/d/	2,56	2,67	2,67	2,44	2,52
/e/	8,72	8,77	7,44	8,31	8,34
/e:/	4,48	4,33	4,89	4,94	4,62

Phoneme	Deutsch (n = 29)	Slawische Sprachen (n = 9)	Arabische Sprachen (n = 9)	Turk-Sprachen (n = 16)	Insgesamt (n = 73)
/e-Auslaut/ (kurz unbetont)	5,79	5,13	4,56	5,12	5,4
/ei/	3,97	2,77	3,11	3,31	3,48
/f/	2,62	2,44	2,67	2,44	2,5
/g/	2,55	2,89	2,67	2,69	2,64
/h/	1,75	1,89	1,89	1,88	1,75
/i/	2,31	2,44	2	2,44	2,29
/i:/	0,86	0,89	0,67	0,86	0,82
/k/	7,48	7,77	6,67	7,69	7,37
/l/	3,45	3,56	3,33	3,38	3,38
/m/	4,03	4,11	4,11	4,5	4,16
/n/	9,48	9,44	9,44	10	9,51
/o/	0,83	0,89	0,89	0,88	0,88
/o:/	0,72	0,78	0,78	0,81	0,78

Tab. 26: Mittelwerte orthographisch richtig verschrifteter Phoneme in der HSP 2 im Vergleich zu monolingual deutschsprachigen Förderschülern/2

Phoneme	Deutsch (n = 29)	Slawische Sprachen (n = 9)	Arabische Sprachen (n = 9)	Turk-Sprachen (n = 16)	Insgesamt (n = 73)
/oi/	0,52	0,78	0,33	0,56	0,52
/p/	1,9	1,78	1,78	1,81	1,86
/r/	12,24	12	11,67	11,13	11,82
/s-stimml./	4,41	4,44	3,89	4,31	4,27
/s-stimmh./	3,79	3,78	3,67	3,81	3,75
/sch/	0,86	0,78	0,78	0,88	0,85
/st/	0,62	0,56	0,56	0,62	0,62
/sp/	1,1	1,22	1,44	1,25	1,18
/t/	8,69	8,22	8,44	8,94	8,58
/u/	0,83	0,67	0,67	0,88	0,78
/u:/	1,7	2	1,67	1,81	1,75
/w/	0,86	1	0,89	0,88	0,88
/ts/= z	1,66	1,67	1,56	1,31	1,58
Vokale	32,96	33,66	31	32,87	32,56
Kurze Vokale	24,14	24,44	21,67	23,25	23,41
Lange Vokale	8,83	9,22	9,33	9,63	9,15

Phoneme	Deutsch (n = 29)	Slawische Sprachen (n = 9)	Arabische Sprachen (n = 9)	Turk-Sprachen (n = 16)	Insgesamt (n = 73)
Konso-nanten	72,41	73,33	70	72,06	71,55
Diphtonge	4,48	3,56	3,44	3,87	4
Laut-verbindun-gen	1,72	1,78	2	1,88	1,79

Bemerkenswert ist weiter, dass jegliche signifikante Unterschiede zwischen den einzelnen Sprachgruppen fehlen (Tabelle 24, 25 und 26). Ob Testwerte der HSP oder Befunde der phonetischen Auswertung – in der Förderschulstudie wird für alle Auswertungsdurchgänge in allen untersuchten Sprachgruppen ein T-Test durchgeführt. Das Ergebnis ist in seiner Eindeutigkeit überraschend: In den untersuchten Förderschulen können keine Hinweise auf je nach erster Sprache unterschiedliche Entwicklungsverläufe der Rechtschreibung ermittelt werden.

4.2.3 Diskussion

Die hier vorgestellten Befunde der Förderschulstudie sind von einiger Bedeutung für Annahmen über den Einfluss der ersten Sprache auf die Rechtschreibentwicklung. Bedeutsam wird die Studie vor allem dadurch, dass in der Förderschule Lernen eine besondere Auswahl von Schülern versammelt ist. Denn Förderschulkinder sind Unterschichtskinder.

In den Blickpunkt der wissenschaftlichen Diskussion waren diese Besonderheiten bereits mit Beginn der 1970er Jahre geraten. Die Einsicht, dass Hilfschüler als soziokulturell benachteiligte Schüler zu verstehen sind, verführte zwar einige Kolleg/innen zu der (falschen) Annahme einfacher kausaler Beziehungen (Lernbehinderung als Folge sozialer Benachteiligung). Aber dass soziale Variablen im Bedingungsgefüge der Entstehung von Lernproblemen eine wichtige Rolle spielen müssen, ist eigentlich seit mindestens vierzig Jahren klar. Zwei neuere Untersuchungen (Klein 1999, Wocken 2006) und die bei Mand (2006 und 2012) gefundenen erheblichen Auswirkungen sozialer und ökonomischer Variablen auf kommunale Sonderschulquoten belegen ziemlich überzeugend, dass sich an der besonderen sozialen Herkunft von Schülern der Förderschule Lernen seit Jahrzehnten nur wenig geändert hat.

Bei der Suche nach Ursachen von Lernbehinderungen gab es bislang immer Probleme. Einigermaßen sicher scheint lediglich zu sein, dass man nicht von monokausalen Beziehungen ausgehen kann. Die Zugehörigkeit zur sozialen Unterschicht allein kann Lernbehinderung nicht erklären. Denn: Zwar waren und sind Unterschichtskinder in der Förderschule Lernen massiv überrepräsentiert. Aber gleichzeitig gilt ohne Zweifel auch: Unterschichtskinder besuchen weder ausschließlich noch mehrheitlich die Förderschulen. Als Formel ausgedrückt muss man also formulieren:

Lernbehinderung = soziokulturelle Benachteiligung + X

Lange Zeit meinte man in der Fachdiskussion der Lernbehindertenpädagogik in der „Intelligenzinsuffzienz" einen wesentlichen Faktor erblickt zu haben, mit dem eine Bestimmung von Lernbehinderung möglich sei (Bleidick/Heckel 1970). Lernbehindert waren nach dieser Auffassung also vor allem Unterschichtskinder, die Rückstände in ihrer Intelligenzentwicklung aufweisen. Das Problem: Die neuere Intelligenzforschung lässt inzwischen kaum noch Zweifel daran zu, dass es sich beim Faktor Intelligenz um eine Variable handelt, die erheblich auf soziale und kulturelle Merkmale von Menschen reagiert (Kapitel 3). Weil Arme und Migranten in Intelligenztests schlecht abschneiden, entsteht also das Problem, dass man beim Einsatz von Intelligenztests nicht genau weiß, wie man die Testwerte interpretieren soll – als Hinweis auf eine verzögerte Lernentwicklung oder als Hinweis auf eine besondere soziale oder kulturelle Herkunft der Probanden.

Die hier durchgeführte Untersuchung an Schülern der Förderschule Lernen ermittelt nun zwei markante Hinweise. *Erstens* erlauben die sehr einheitlich schlechten Ergebnisse der getesteten Förderschülern in den Lupenstellen der alphabetischen Strategie eine neue Hypothese in der Entstehung von Lernbehinderungen. Denn lernbehindert sind nach Befunden der Förderschulstudie Schüler, die einerseits aus der sozialen Unterschicht kommen und andererseits gravierende Probleme in der Entwicklung der phonologischen Bewusstheit aufweisen. Mit einiger Berechtigung könnte man vielleicht sogar einen Beitrag zur Bestimmung von Legasthenie wagen. Wenn lernbehinderte Kinder als Kinder verstanden werden müssen, die gravierende Probleme in der phonologischen Bewusstheit haben und aus der sozialen Unterschicht stammen, dann ist es nicht besonders abwegig, in legasthenen Kindern bzw. in LRS-Kindern Schüler zu erblicken, die ebenfalls Probleme in der phonologischen Bewusstheit haben. Hier sorgt aber die Herkunft zumindest aus Mittelschichtsfamilien für einen bedeutsamen Unterschied.

Tab. 27: Hypothesen zum Einfluss der sozialen Herkunft auf die Entwicklung von Lernbehinderungen und Legasthenie

Lernbehinderung =	Soziokulturelle Benachteiligung + Probleme in der phonologischen Bewusstheit
Legasthenie =	Herkunft aus zumindest Mittelschichtsfamilien + Probleme in der phonologischen Bewusstheit

Zweitens sind die Befunde aber auch bedeutsam für Thesen zum Einfluss der ersten Sprache auf die Schreibentwicklung. Ausgangspunkt der Überlegungen sind Studien, die sehr unterschiedliche Schulleistungen bei Kindern unterschiedlicher erster Sprachen belegen. Diese Studien zeigen: Es ist nicht nur bedeutend, ob Kinder monolingual oder bilingual aufwachsen. Sondern es ist auch wichtig, welche Sprache gesprochen wird. Bilinguale Kinder schneiden nicht einheitlich schlecht ab. Sondern ihr unterschiedliches Abschneiden je nach erster Sprache erlaubt die Unterscheidung von erfolgreichen und weniger erfolgreichen bilingualen Schülern, ja sogar eine Rangreihe von erfolgreichen und wenig erfolgreichen Sprachen.

Diese Befunde können auf unterschiedlichen Wegen interpretiert werden. Man kann zunächst auf sprachliche Einflüsse verweisen, und z. B. vermuten, dass die deutsche Sprache für Kinder einiger erster Sprachen besonders schwer zu erlernen ist. Auch die im zweiten Kapitel ausführlich diskutierte Schwellenhypothese kann man letztlich als Hinweis auf besondere sprachliche Einflüsse verstehen. Angewandt auf die hier diskutierte Frage, würde man z. B. vermuten, dass Schüler wenig erfolgreicher erster Sprachen vor allem deshalb schlecht in deutschen Schulen abschneiden, weil sie ihre Muttersprache nur sehr schlecht beherrschen (und damit die erforderliche „Schwelle" unterschreiten).

In der Förderschulstudie werden Kinder unterschiedlicher erster Sprachen untersucht. Eigentlich muss man auch in der Förderschule unterschiedliche Entwicklungsverläufe erwarten, also z. B. vergleichsweise erfolgreiche Sprachgruppen oder zumindest doch für einzelne Sprachen typische Rechtschreibfehler. Diese Hypothese bestätigt sich aber nicht. Als zentraler Befund kann vielmehr festgehalten werden: Es gibt keine Hinweise auf ein je nach Sprachgruppe unterschiedliches Abschneiden der untersuchten Förderschüler. Und es gibt auch keine Hinweise auf typische Fehler. Es können überhaupt keine signifikanten Unterschiede zwischen den Sprachgruppen belegt werden.

Zu einem bemerkenswerten Befund werden diese Ergebnisse, wenn man die besondere soziale Herkunft der untersuchten Kinder berücksichtigt: Wenn man davon ausgeht, dass die untersuchten Kinder qua Schulbesuch als Unterschichtskinder einzustufen sind, gilt: Je nach erster Sprache unterschiedliche Verläufe der Rechtschreibentwicklung verschwinden, wenn man die soziale Herkunft kontrolliert. Es sind also offenbar weniger sprachliche Gründe, die für die Rangreihen von im deutschen Schulsystem erfolgreichen und wenig erfolgreichen Sprachgruppen sorgen, sondern es sind die mit spezifischen Migrantengruppen verbundenen sozialen Merkmale.

4.3 Zur Evaluation des Essener Trainings

Die dritte der hier vorgestellten Studien hat eine besondere Beziehung zur Fragestellung dieses Buches. Die im internationalen Vergleich doch erschreckenden Befunde der PISA-Studie waren der letztlich entscheidende Anlass, ein Trainingsprogramm für Migrantenkinder zu entwickeln. Ausgangspunkt der Entwicklung des Essener Trainings waren vier Hypothesen:

(1) Das schlechte Abschneiden der deutschen Schulen im internationalen Vergleich hat zu wesentlichen Anteilen damit zu tun, dass Migrantenkinder schlecht abschneiden.

(2) Das schlechte Abschneiden der Migrantenkinder hat damit zu tun, dass diese Kinder einerseits bilingual aufwachsen, andererseits aber keine angemessene Förderung erhalten.

(3) Die Probleme können mit der Entwicklung und Förderung der phonologischen Bewusstheit zu tun haben. Denn Kinder mit nicht-deutscher Muttersprache müssen in einer Sprache lesen und schreiben lernen, die u.a. auch ihnen nicht bekannte Phoneme enthält.

(4) Es ist deshalb sinnvoll, ein Förderprogramm zu entwickeln, das eine systematische und vollständige Einführung in die Phonemstruktur der deutschen Sprache enthält.

Inzwischen haben sich die Verhältnisse etwas geändert. Vor dem Hintergrund der hier vorgestellten Befunde gibt es z.B. einigen Anlass an Hypothese zwei zu zweifeln. Denn sowohl die in Kapitel zwei diskutierte Literatur wie auch die bislang im Rahmen dieses Kapitels vorgestellten beiden anderen Untersuchungen legen nahe, die Probleme von Migrantenkindern vor allem auf die besonderen sozialen Verhältnisse ihrer Familien zurückzuführen. Dennoch verfolgt das Essener Training einen für die Fragestellung des hier vorgelegten Buches durchaus bedeutsamen Ansatz. Denn: Wenn nicht sprachliche, sondern vielmehr soziale Probleme ausschlaggebend für Literacyprobleme von Migrantenkindern in Deutschland sind, dann kann man eigentlich nicht erwarten, dass auf die spezifischen Bedürfnisse von bilingualen Kindern ausgerichtete Trainingsprogramme besonders starke Effekte zeigen. Vor diesem Hintergrund ist es also durchaus sinnvoll, sich mit dem Essener Training zur Förderung der phonologischen Bewusstheit und den Befunden der Evaluationsstudie zu befassen.

Die Rahmenbedingungen für die Entwicklung und Erprobung des Essener Trainings sind 2005 nicht günstig. Für die Studie stehen keine zusätzlichen Mittel zur Verfügung. Denn ein Förderprogramm, das davon ausgeht, dass Kinder unterschiedlicher erster Sprachen unter Umständen unterschiedlich auf Förderangebote reagieren, entspricht nicht unbedingt dem Klima einer Epoche, in der Schulen Preise erhalten, die ihre bilingualen Schüler dazu anhalten, in der Schule nur deutsch zu sprechen.

Für die Untersuchung bedeutet dies erstens: Die Stichprobe muss klein bleiben. Für die Sprachförderung kann kein zusätzliches Personal eingestellt werden. Zu den üblichen Aufgaben einer Evaluationsstudie kommen Fortbildungsangebote für die Erzieher/innen der teilnehmenden Kindertagesstätten hinzu. Dies alles reduziert die Möglichkeiten einer empirischen Untersuchung doch in einem erheblichen Ausmaß. Diese problematischen Rahmenbedingungen können aber durch einige erfreuliche Besonderheiten kompensiert werden. Die ausgewählten Kitas zeigen sich ausnahmslos im hohen Maße engagiert. Die Leitungen unterstützen das Projekt, und dies obwohl gerade in diesem Zeitraum umfangreiche administrative Veränderungen auf die Kindertagesstätten des Landes zukommen (Einfüh-

rung von Delfin 4). Die Erzieher/innen nehmen mit großem Interesse an Fort-
bildungsmaßnahmen teil. Zudem tragen auch die Eltern der ausgewählten Kitas
das Projekt. Dies alles hat es möglich gemacht, ein Förderprogramm zu entwickeln, das den Anspruch erhebt, die phonologische Bewusstheit bei bilingualen
Kindern fördern zu wollen.

4.3.1 Merkmale des Essener Trainings

Das Essener Training ist ein im Internet frei verfügbares Trainingsprogramm zur
Förderung der phonologischen Bewusstheit (www.johannes-mand.de/trai-
ning.htm). Es hat zunächst die üblichen Bestandteile von Programmen zur Förderung der phonologischen Bewusstheit (Lewkowitz 1980/Walter 2001, 39 f.), also
Aufgaben zur Wort-zu-Wort-Zuordnung (Wortvergleich hinsichtlich eines Lautes), Aufgaben zur Reimerkennung, Aufgaben zur Phonemsegmentierung (Zerlegung eines Wortes in einzelne Laute) bzw. zum Laute verbinden und Aufgaben zur
Phonemsubstitution (Ersetzung von Lauten durch andere).

Es enthält wie die meisten anderen Trainingsprogramme für Kinder viele spie-
lerische Aktivitäten. Als besondere Attraktionen haben sich z. B. die Sitzungen zum
Lippenlesen erwiesen. Auch die Schatzsuche (mit einer Anlaut-Geheimschrift)
machte den meisten Kindern viel Spaß. Allerdings enthält das Programm auch
deutlich „schulische" Elemente. Die Lautvorstellung erfolgt z. B. frontal. D. h. die
Trainer/in spricht den Laut vor und zeigt das entsprechende Anlautbild. Die
Kinder bearbeiten Arbeitsblätter, in denen dieser Laut eine Rolle spielt (Aufgaben
z. B.: Wörter identifizieren, in denen der gesuchte Laut vorkommt, Position des
Lautes bestimmen usw.). Die Arbeitsblätter werden in einer Mappe abgeheftet.

Die schulischen Merkmale erweisen sich allerdings in den teilnehmenden Kitas
eher als Attraktion denn als Problem. Denn alles, was auch nur im entferntesten
nach Schule aussieht, ist für Kindergartenkinder attraktiv, insbesondere dann,
wenn nur die „Großen", also nur die Vorschulkinder in diese Arbeit einbezogen
werden. Auch die Eltern begrüßen eine Ausrichtung auf schulisches Lernen ausdrücklich und mit großem Interesse.

Die „schulischen" Elemente widersprechen allerdings der Ausbildung deutscher
Erzieher/innen. Nicht dass dies wirklich in den Kitas eine Rolle gespielt hätte. Aber
einigen der teilnehmenden Erzieher/innen sind Vorbehalte des zum Zeitpunkt der
Studie noch allgegenwärtigen Situationsansatzes (Zimmer 1985) gegen schulisches
Lernen durchaus präsent. Ein Verzicht auf Fördermaßnahmen, die sich gerade im
Vorschulbereich und insbesondere bei Risikokindern seit vielen Jahren als hoch
effektive Maßnahme erwiesen haben (Walter 2001, 44), erschien ihnen aber nicht
angemessen.

Nüchtern betrachtet gibt es auch wirklich keinen belastbaren Anlass für derlei
Vorbehalte gegen Elemente schulischen Lernens im Elementarbereich. Mag ja sein,
dass die Verwendung von Arbeitsblättern, die Aussichten auf Trainingsprogramme, die über einen Zeitraum von mehreren Wochen täglich möglicherweise 15 Mi-

nuten die Möglichkeiten einschränken, die pädagogische Arbeit von Schlüssel-situationen zu gestalten oder gar in Montessorizusamenhängen den Spielraum für Freiarbeit beschneiden, den ein oder anderen Anhänger der betreffenden Konzeptionen schrecken. Aber es kann vor dem Stand der gegenwärtigen Forschung eigentlich überhaupt kein Zweifel daran bestehen, dass Kinder im letzten Kitajahr in Sachen Lesen und Schreiben vor einer besonderen Entwicklungsaufgabe stehen: Vorschulkinder interessieren sich einfach dafür, mit Lauten umzugehen. Sie herauszuhören aus Wörtern. Sie zu verändern, zu ersetzen, auszulassen, zu reimen.

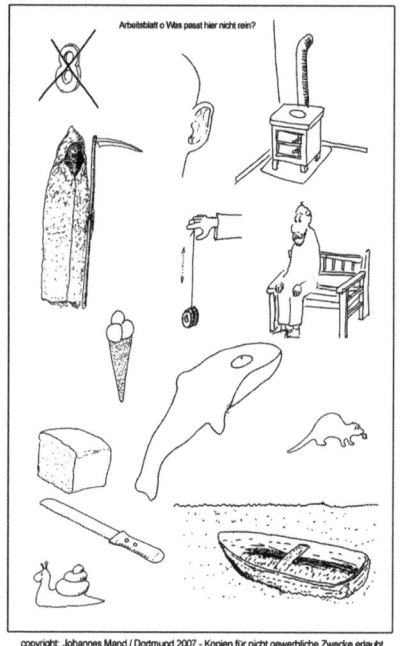 

Abb. 12: Arbeitsblätter aus dem Essener Training (Mand 2008)

Um mit Maria Montessori zu sprechen: Kinder befinden sich in einem Alter von etwa fünf Jahren in einer sensiblen Phase, in der die Lautstruktur der Sprache spielerisch entdeckt wird. Seit den 1980er Jahren ist bekannt: Diese Kompetenzen haben mit der Lese-/Schreibentwicklung zu tun. Kinder, die im Bereich der phonologischen Bewusstheit Schwächen zeigen, haben es später auch in der Schule schwer. Und was noch wichtiger ist: Diese Kompetenzen kann man mit großem Erfolg trainieren.

Nun sind in der wissenschaftlichen Diskussion bereits einige Trainingsprogramme zur Förderung der phonologischen Bewusstheit vorgestellt worden. Entwickelt für monolinguale Kinder, ist zunächst unklar, ob sich derlei Trainingsprogramme auch für die Arbeit mit bilingualen Kindern eignen. Der Forschungsstand ist entsprechend derzeit noch überschaubar.

Die Dissertation von Avramidou (2003) untersucht die Lese-/Schreibentwicklung bei griechisch monolingugalen und griechisch-deutschsprachigen bilingualen Kindern. Im Zentrum der Untersuchung steht dabei die Frage, ob die zweisprachige Alphabetisierung die muttersprachliche Schriftaneignung beeinflusst. Es geht also um den Einfluss der Zweisprachigkeit auf die Alphabetisierung in der griechischen Muttersprache. Die Studie arbeitet mit einer Stichprobe von insgesamt 80 Kindern. 34 Kinder gehören zur (bilingualen) Experimentalgruppe, die in München eine private griechische Schule besuchen. 27 von ihnen besuchten einen deutschsprachigen Kindergarten, fünf einen griechischen Kindergarten. Die Kontrollgruppe (N = 46) ist in Griechenland aufgewachsen und besucht eine griechische staatliche Grundschule (Avramidou 2003, 92). Die Ergebnisse dieser Studie weichen vergleichsweise deutlich von den Erwartungen ab. Insbesondere zwei Befunde der Untersuchung sind wichtig: Eigentlich angetreten, den Schriftspracherwerb von bilingualen Kinder in Teilfertigkeiten zu gliedern, bzw. Lernstufen zu entdecken, die nacheinander durchlaufen werden müssen, stellt Avramidou fest: Monolinguale und bilinguale Kinder unterscheiden sich in der Untersuchung zwar hinsichtlich der Strategien und im Tempo der muttersprachlichen Schriftaneignung, weisen aber am Ende der ersten Klasse das gleiche Niveau schriftsprachlicher Kompetenzen auf. Auch die Suche nach Prädikator-Variablen ist nicht erfolgreich: Phonologische Bewusstheit und Buchstabenkenntnisse weisen bei den bilingualen Kindern zwar einen signifikanten Zusammenhang zu den späteren Rechtschreibleistungen auf. Eine Vorhersage späterer Rechtschreibleistungen bei Schulbeginn ist aber nicht möglich.

Die Untersuchung von Limbird/Stanat (2006, 100 ff.) untersucht den Stellenwert der phonologischen Bewusstheit bei der Förderung bilingualer Kinder. Im Zentrum der Längsschnittuntersuchung steht die Entwicklung der phonologischen Bewusstheit bei 69 monolingual deutschsprachigen Kinder und 100 bilingual türkisch-deutschsprachigen Kindern. Auch in der Untersuchung von Limbird/Stanat widersprechen die Befunde den ursprünglichen Erwartungen der Autorinnen. Es werden keine Befunde ermittelt, die auf eine Überlegenheit der bilingual-türkischen Schüler in Sachen phonologischer Bewusstheit hinweisen (109). Der Zusammenhang zwischen der phonologischen Bewusstheit und der Lesekompetenz fällt bei den bilingual-türkischen Schülern zwar höher aus (r =.71) als bei der monolingual deutschsprachigen Gruppe (r =.38). Die phonologische Bewusstheit spielt aber dennoch in der Vorhersage der Lesekompetenz bei den bilingualen Schülern eine etwas geringere Rolle (113).

In der Untersuchung von Weber/Marx/Schneider (2007, 68) geht es darum, festzustellen, ob der Einsatz des Würzburger Trainings (Hören, Lauschen, Lernen) auch für bilinguale Kinder sinnvoll ist. Bei 339 Kindern deutscher Muttersprache und 69 Kindern mit Deutsch als Zweitsprache werden die phonologische Bewusstheit im weiteren (Aufgaben aus dem Bielefelder Screening) und engeren Sinne (in Anlehnung an Küspert 1998 und Roth 99: Anlauterkennung, Phonemsynthese,

Phonemanalyse) untersucht. Zumindest in dieser Studie liegen die Ergebnisse einigermaßen im Bereich des Erwarteten: Die Migrantenkinder bleiben im Rechtschreiben zwar hinter den deutschsprachigen Kindern zurück. Aber nach den Normen des DRT 1 ist der Anteil rechtschreibschwacher Migrantenkinder nicht erhöht. In Sachen phonologischer Bewusstheit schneiden die Migrantenkinder dabei schlechter ab als die monolingual-deutschsprachigen Kinder. Einzige Ausnahme ist ein Test, der die Schreibung lauttreuer Wörter untersucht. Hier lassen sich keine signifikanten Unterschiede ermitteln (73), die Leistungen sind also hier bei monolingual deutschsprachigen und bilingualen Kindern etwa gleich stark. Aussagen zur Wirksamkeit des Würzburger Trainings sind in dieser Studie nur auf indirektem Wege möglich. Ausgangspunkt sind die schwachen Pre-Test-Befunde für die bilingualen Kinder – pikanterweise übrigens auch im Bereich Intelligenz. Nach dem Training finden sich im Vergleich zur Eichstichprobe des DRT 1 keine erhöhten Anteile rechtschreibschwacher Migrantenkinder – die Veränderungen sprechen also für eine Effektivität des Würzburger Trainings.

Das Essener Training geht einen anderen Weg. Ausgangspunkt der Überlegungen ist dabei eine Analyse der Entwicklungsaufgaben, vor denen bilinguale Kinder stehen. Eine nicht deutsche Muttersprache allein ist dabei zunächst kein problematischer Ausgangspunkt der Entwicklung. Denn es besteht zunächst kein vernünftiger Grund daran zu zweifeln, dass auch Kinder aus Migrantenfamilien mit etwa vier bis fünf Jahren anfangen, sich für die Lautstruktur ihrer Sprache zu interessieren. Es sind die Unterschiede in der phonetischen Struktur der Sprachen, die zu einer besonderen Herausforderung werden. Damerau (2010, 62 f.) analysiert in Orientierung an Apeltauer (1981, 41–45) bzw. in Auswertung der Befunde eines Expertengesprächs die phonetischen Unterschiede zwischen der deutschen Sprache und der türkischen Sprache. Er ermittelt dabei einige Unterschiede. Nach seiner Analyse kennt die türkische Sprache z.B. kein langes /i:/. Auch das unbetonte Auslaut /e/ sieht das Lautinventar nicht vor. Die türkische Entsprechung werde vom /i/ abgeleitet und entspreche am ehesten dem deutschen Umlaut /ü/. Fehlende Entsprechungen gebe es auch bei den Diphthongen /ei/ und /oi/.

Limbird/Stanat (2006, 96) beschreiben in Auswertung der einschlägigen Theoriediskussion als Besonderheit der türkischen Sprache eine klar abgrenzbare Silbenstruktur. Wörter werden aus einfachen Silben gebildet (Vokal, Vokal-Konsonant, Konsonant-Vokal, Konsonant-Vokal-Konsonant). Mehr als 50 % des Wortschatzes weisen eine Konsonant-Vokal-Struktur auf. Die Silben enthalten i.d.R. keine Cluster von mehreren Konsonanten. Deshalb seien die Silben leicht zu identifizieren. Das Türkische sollte es demnach erleichtern, Silben zu erkennen. Die strukturellen Eigenschaften des Türkischen ließen deshalb vermuten, dass mit dem Erwerb dieser Sprache die phonologische Bewusstheit gefördert wird. Anders formuliert: Das Türkische macht seinen Muttersprachlern wohl besonders leicht, phonologischen Bewusstheit zu entwickeln. Die Studie von Limbird/Stanat kann man entsprechend als Hinweis darauf verstehen, dass sich türkische Kinder beim Erwerb einer eher schwierigen Zweitsprache (Deutsch) wohl schwer mit phonetischen Strategien tun.

Erschwerend kommt hinzu, dass unterschiedliche Sprachen auch unterschiedliche phonetische Merkmale aufweisen können. Es gibt also nicht nur phonetische Besonderheiten der türkischen Sprache, die Auswirkungen auf die Entwicklung der phonologischen Bewusstheit haben können. Sondern es gibt mit hoher Wahrscheinlichkeit auch spezifische Besonderheiten der russischen Sprache, des Albanischen, der arabischen Sprachen usw. Die besonderen Entwicklungsaufgaben von bilingualen Kindern können also entsprechend darin gesehen werden, dass sie nicht nur mit den Phonemen ihrer ersten Sprache umgehen lernen. Sondern sie müssen darüber hinaus auch mit neuen, ihnen bislang nicht oder nur aus ihrer zweiten Sprache bekannten Lauten und Lautmerkmalen arbeiten.

Was bedeutet dies für die Konzeption eines ausdrücklich für den Einsatz bei bilingualen Kindern vorgesehenen Trainingsprogramms? Aus der Perspektive von Eltern bilingualer Kinder wären vermutlich bilinguale Trainer die erste Wahl, also Erzieher/innen oder Lehrer/innen, die die Unterschiede und Gemeinsamkeiten der ersten und der zweiten Sprache kennen, ansprechen und trainieren können. Das Problem: Eine solche Wunschvorstellung erfordert erstens für jede denkbare erste Sprache eigene Versionen von Trainingsprogrammen. Zweitens reduziert sich die Auswahl der Trainer/innen auf akzentfrei bilinguale Sprecher der jeweiligen Muttersprachen – eine Forderung, die bereits bei den häufigen Fremdsprachen (Türkisch, Russisch) kaum zu realisieren sein dürften.

Das Essener Training versucht einen anderen Weg zu gehen. Wenn schon nicht die phonetische Struktur der deutschen Sprache von bilingualen Sprechern vorgestellt werden kann, so können die von bilingualen Kindern zu bewältigenden Aufgaben zumindest dann erleichtert werden, wenn die Phoneme der deutschen Sprache zumindest explizit und ausführlich vorgestellt werden. Das Neue, das Merkmal also, das das Essener Training von den meisten anderen Verfahren unterscheidet, ist die gezielte und explizite Einführung in (alle) Phoneme der deutschen Sprache. Auf eine Einführung der Buchstaben wird allerdings im Essener Training verzichtet, und dies obwohl einige Hinweise darauf vorliegen, dass durch diese Besonderheit das Training weniger effektiv ausfällt (Walter 2001, 46). Der eigentliche Anlass für diese Entscheidung: Eine fachgemäße Einführung von Lauten *und* Buchstaben erfordert Qualifikationen, die Erzieherinnen im Rahmen ihrer Ausbildung nicht erwerben und die im Rahmen von wenigen Fortbildungsveranstaltungen auch nicht zu vermitteln sind.

Die Entscheidung für eine gesonderte Vorstellung aller Phoneme hat vor allem zwei Motive: *Erstens* deutet sich an, dass zumindest die anfänglichen schulischen Phasen des Lesens und Schreibens – das synthetisierende Lesen und das phonetische Schreiben – kaum denkbar sind, ohne präzise Kenntnisse der phonetischen Struktur der deutschen Sprache. Förderprogramme stehen also vor der Wahl, entweder explizit vorzustellen, was sich Kinder sowieso erschließen müssen, oder darauf zu vertrauen, dass sich derlei Entwicklung implizit, ohne gezielte Anregung und manchmal auch entgegen falscher und unvollständiger Instruktionen vollzieht.

Warum sollen Schüler ohne eine systematische Einführung in die Phoneme der deutschen Sprache so schreiben lernen, wie sie sprechen? Warum sollen Schüler Wörter synthetisierend erlesen lernen, ohne die verwirrenden Beziehungen zwischen Lauten und Buchstaben zumindest einmal richtig erklärt bekommen zu haben? Man kann nicht sagen, dass sich dies besonders überzeugend anhört. Das Essener Training setzt deshalb an die Stelle von Intuition irritierter Erstleser eine systematische Einführung.

Zweites Motiv für die systematische Einführung in die Phoneme der deutschen Sprache ist die besondere Ausgangslage für bilinguale Kinder. Bilinguale Kinder, die in ihrer zweiten Sprache alphabetisiert werden, müssen nicht nur ihnen fremde Wörter erlernen. Sie müssen nicht nur lernen, sich auch in ihnen fremden grammatikalischen Strukturen zu bewegen. Sondern sie sind auch mit ihnen fremden Lauten und ungewohnten Lauteigenschaften konfrontiert. Man kann also sagen: Auch wenn die Leistungsunterschiede zwischen monolingualen und bilingualen Kindern vor allem auf soziale Unterschiede zurückgehen sollten, bleibt doch unbestritten, dass Kinder nicht-deutscher erster Sprachen bei der Alphabetisierung auf Laute und Lauteigenschaften stoßen, die ihnen unbekannt sind. Eine systematische Einführung erscheint für diese Konstellation doch mehr als angemessen.

4.3.2 Methode

Die Stichprobe ist eine Teilstichprobe der Brennpunktstudie. D. h.: In zwei Städten werden in einer Telefonbefragung auf Basis des Kitaverzeichnis zunächst der Anteil russischer Muttersprachler in den Kindertagesstätten städtischer und freier Träger ermittelt. In einem zweiten Schritt werden jeweils drei Kitas mit den höchsten Zahlen russisch-deutschsprachiger Kinder der Stadt um eine Mitwirkung gebeten. Von den ursprünglich sechs angesprochenen Kitas entscheiden sich vier für das Essener Training.

Das Training umfasst insgesamt 49 Einheiten mit einer Dauer von etwa 20 Minuten. Die Einheiten werden von in durchschnittlich vier dreistündigen Fortbildungsveranstaltungen besonders qualifizierten Erzieher/innen über einen Zeitraum von mehr als 10 Wochen i. d. Regel täglich angeboten.

Wesentliches Auswahlkriterium der um eine Teilnahme gebetenen Kitas ist der Anteil von Kindern russischer Muttersprache. Der Hintergrund dieser Entscheidung: Man muss davon ausgehen, dass sich bei bilingualen Kindern die Bedeutung der phonologischen Bewusstheit je nach erster Sprache erheblich unterscheiden kann. Sind Kinder vieler unterschiedlicher Sprachen in der Stichprobe einer Evaluationsstudie, ist kaum zu entscheiden, ob die Effekte auf die Besonderheiten der ersten Sprache oder auf die Effekte des Trainings zurückgehen. Für Untersuchungen mit kleinen Stichproben ist es deshalb sinnvoll, viele Kinder *einer* ersten Sprache zu haben. Dass es nun gerade russisch-deutschsprachige Kinder sind, die in die Evaluationsstichprobe eingehen, hat mit den Veränderungen in der sprachlichen Zusammensetzung deutscher Schulen zu tun. Denn die zweite

PISA Studie zeigt: Kinder mit russischem Migrationshintergrund sind inzwischen mit 25.7 % die größte sprachliche Minderheitengruppe an deutschen Schulen (*Ramm* u. a. 2005, 278). Die durchschnittlichen Kompetenzen in Mathematik und Lesen sind im Vergleich zu anderen Kindern mit Migrationshintergrund niedrig. Gleichzeitig weisen die höheren Werte im Problemlösen darauf hin, dass diese Gruppe über Potentiale verfügt, die in schulischen Zusammenhängen nicht genutzt werden. Die Ausgangslage für Fördermaßnahmen ist hier also besonders günstig (*Ramm* u. a. 2005, 293). Es gibt also gute Gründe für die Auswahl von Kindern mit russischem Migrationshintergrund: Es sind viele Kinder betroffen. Diese Kinder haben nachweislich erhebliche Probleme. Und es sieht so aus, als ließen sich Erfolge hier besonders leicht erreichen.

Was kann man über Familien mit russischem Migrationshintergrund sagen? Man kann wohl zwei Gruppen unterscheiden. Zum einen handelt es sich um Spätaussiedler, also Nachfahren von einst in Russland siedelnden Menschen deutscher Herkunft. Die Auswanderung der Vorfahren von Spätaussiedlern nach Russland kann dabei z. T. sehr lange zurück liegen. Die Wolgadeutschen sind beispielsweise in der Zeit Katharinas der Großen (1729 – 1796) nach Russland ausgewandert. Die Spätaussiedler bilden den weitaus größeren Anteil russisch-deutschsprachiger Migranten. Der Lagebericht der Migrationsbeauftragten der Bundesregierung (2010, 577) berichtet von insgesamt 2 103 019 Spätaussiedlern in der Zeit von 1991 bis 2008. Ein zweiter, deutlich kleinerer Teil der russisch-deutschsprachiger Migranten in Deutschland stammt aus der Zuwanderung von Juden aus der ehemaligen Sowjetunion nach Deutschland. Der Lagebericht (2010, 492 f.) spricht hier von insgesamt 203 000 jüdischen Zuwanderern seit 1990. Eine Zuwanderungserlaubnis wurde hier von einer absehbar eigenständigen Sicherung des Lebensunterhaltes, von Grundkenntnissen der deutschen Sprache und der Möglichkeit zur Aufnahme in eine jüdische Gemeinde abhängig gemacht. Migranten aus dieser Bevölkerungsgruppe haben also besondere soziale Merkmale. Der Evaluierungsbericht Aufnahmeverfahren für jüdische Zuwanderer aus der ehemaligen Sowjetunion (Bundesamt für Migration und Flüchtlinge 2009, 6) berichtet z. B. nach Analyse des Lageberichts davon, dass mehr als die Hälfte dieser Zuwanderer eine akademische Ausbildung besitzt.

Die Evaluationsstichprobe wohnt in einem besonderen Umfeld. Viel Beton, z. T. Plattenbauten. Man kann zwar nicht sagen, dass hier das Elend wohnt. Denn die Wohnanlagen befinden sich überwiegend in gutem Zustand. Und die bestens besuchten Elternabende in den Kitas, das klare und ernsthafte Interesse, das die Eltern der schulischen Entwicklung ihrer Kinder entgegenbrachten, wollen nicht richtig in das Klischee des sozialen Brennpunktes passen. Aber gleichzeitig kann man sicher festhalten: Begehrte Wohnlagen sehen anders aus. Und (fast) jeder in den ausgewählten Städten weiß: Hier wohnen die „Russen".

Auch die Befunde des Elternfragebogens der Pilotstudie (n = 12) zeigt vergleichsweise deutlich, dass man von der Wohnlage nicht unbedingt auf Bildungsstandards schließen kann. Die Variable „Buchbestand pro Haushalt" kommt mit durchschnittlich 130 Büchern auf einen hohen Wert. Und in fünf von insgesamt

12 Familien kann mindestens ein Elternteil einen akademischen Abschluss vorweisen. Beides kann man als Hinweis darauf verstehen, dass zumindest nicht Kinder aus bildungsfernen oder bildungsfeindlichen Familien befragt werden. Aufgrund des besonderen Vorgehens bei der Gewinnung der Stichprobe (Brennpunktschulen) und aufgrund des geringen Stichprobenumfangs gilt allerdings sicher: Die Evaluationsstichprobe kann keine Repräsentativität beanspruchen.

Die Erhebungsphase der Studie beginnt Anfang 2006 und endet mit Ablauf des Schuljahrs im Sommer 2010. Die besondere Anlage der Studie erlaubt Aussagen über zwei unterschiedliche Stichproben. Im Jahr 2006 werden zunächst 31 Kinder der ausgewählten Kitas mit dem Würzburger Training trainiert (Küspert & Schneider 2006). Im Jahr 2007 und 2008 werden 88 Kinder mit dem vom Autor entwickelten Essener Training (Mand 2009) trainiert (Trainingsstichprobe). Dabei werden aus Gründen der Forschungsökonomie nicht die direkten Auswirkungen auf die Entwicklung der phonologischen Bewusstheit erhoben, sondern nur der für die pädagogische Arbeit bedeutsame Transfer auf die Lese- bzw. Rechtschreibleistungen; und dies jeweils im Februar bzw. Mai des ersten Schuljahrs und im Mai/Juni des zweiten Schuljahrs (also etwa ein Jahr bzw. etwa zwei Jahre nach dem Training). Als Erhebungsinstrumente werden die Hamburger Schreibprobe und der frei zugängliche Lesetest Stolperwörter verwendet. Beide Erhebungsinstrumente sind in den teilnehmenden Schulen wohl bekannt.

4.3.3 Ergebnisse

Welche Befunde können ermittelt werden? Man kann zunächst festhalten: Die Trainingsverfahren zeigen unterschiedliche Wirkungen, je nachdem welche Bereiche betrachtet werden (Lesen oder Rechtschreiben) und je nachdem welche erste Sprache die trainierten Kinder sprechen. Die deutlichsten Unterschiede zwischen den untersuchten Gruppen der Trainingsstichprobe können beim Lesen festgestellt werden (Tabelle 28).

Tab. 28: Würzburger und Essener Training im Vergleich: Effektstärken/Lesen

Deutsch	0,08
Russisch	0,49
insgesamt	0,02

Bei der Interpretation der Befunde ist allerdings bedeutsam: Die Fallzahlen erreichen keine angemessene Größen. Auch ist die soziale Herkunft nicht kontrolliert. Es ist deshalb schwierig, die Unterschiede und Gemeinsamkeiten zu interpretieren. Grundsätzlich muss man feststellen, dass die Wirkungen des Essener Trainings und die Wirkungen des Würzburger Trainings sich etwa in der gleichen Größenordnung abspielen. Bei den Kindern russischer Sprache kann ein schwacher Hinweis darauf ermittelt werden, dass eine explizite Phonemvorstellung etwas bessere Leseleistungen zur Folge hat. Die Unterschiede entsprechen dabei in etwa denen eines moderaten Effekts.

Tab. 29: Würzburger Training – Mittelwerte und Standardabweichung nach einem Jahr

Sprache	Rich-tige Wörter Roh-werte	Rich-tige Wörter T-Wert	Gra-phem-treffer Roh-werte	Gra-phem-treffer T-Wert	Alpha-beti-sche Lupen-stellen	Alph. Lupen-stellen T-Wert	Ortho-gra-phische Lupen-stellen	Orth. Lupen-stellen T-Wert	Minu-tenleis-tung Stolper-wört
Deutsch	3,33	47,83	26,17	46,83	9,83	49,17	1,17	49,67	1,733
n	6	6	6	6	6	6	6	6	6
s	2,503	10,265	8,976	8,589	5,492	12,400	,983	7,840	1,7282
Russisch	5,14	55,57	32,71	56,00	13,14	58,43	1,57	52,71	1,343
n	7	7	7	7	7	7	7	7	7
s	1,676	7,020	4,499	7,681	2,478	8,502	1,272	8,261	,8039
Arabisch	2,67	44,67	27,33	47,00	8,67	45,67	1,33	50,67	1,367
n	3	3	3	3	3	3	3	3	3
s	2,309	9,238	6,658	8,000	4,509	9,018	1,155	9,238	1,3614
Andere	5,00	55,00	35,00	60,00	15,00	67,00	2,00	56,00	1,200
n	1	1	1	1	1	1	1	1	1
s	.	.	.	.	.	.	.	.	.
Ins-gesamt	4,06	50,88	29,59	51,41	11,29	53,41	1,41	51,47	1,476
n	17	17	17	17	17	17	17	17	17
s	2,193	9,137	7,054	8,860	4,327	11,220	1,064	7,666	1,2029

Die Rechtschreibleistungen fallen je nach Sprache und untersuchter Dimension unterschiedlich aus (Tabelle 29 und Tabelle 30). Dabei zeigen sich in der Regel etwas bessere Werte bei den mit dem Würzburger Training trainierten Kindern. Die Zellengrößen sind allerdings wiederum klein und die Einflüsse von Ausreißern damit erheblich. Bedeutsamer als die Rohwerte sind in diesem Zusammenhang eher die T-Werte. Hier liegen die Unterschiede in durchaus überschaubarem Rahmen – bei allen untersuchten Kindern in einem Umfang von unter 5 T-Wert-Punkten. Dies bedeutet: Die gefundenen Unterschiede im Rechtschreiben sind nicht signifikant.

Tab. 30: Essener Training – Mittelwerte und Standardabweichung nach einem Jahr

Sprache	Rich-tige Wörter Roh-werte	Rich-tige Wörter T-Wert	Gra-phem-treffer Roh-werte	Gra-phem-treffer T-Wert	Alpha-beti-sche Lupen-stellen	Alph. Lupen-stellen T-Wert	Ortho-gra-phische Lupen-stellen	Orth. Lupen-stellen T-Wert	Minu-tenleis-tung Stolper-wört
Deutsch	3,82	50,00	28,50	50,68	11,23	53,32	1,23	49,91	1,873
n	22	22	22	22	22	22	22	22	15
s	2,500	10,565	9,179	10,956	4,320	11,737	1,152	8,607	1,3514
Russisch	4,76	54,18	30,82	54,53	11,94	55,50	1,65	52,24	1,739
	17	17	17	17	16	16	17	17	10
s	2,705	11,609	8,855	12,027	4,328	12,006	1,835	11,283	1,9285
Arabisch	3,89	50,00	27,89	48,78	11,11	51,78	1,00	48,67	,825
n	9	9	9	9	9	9	9	9	8
s	2,028	8,396	8,069	8,885	3,756	11,111	,866	7,000	,5339
Andere	2,38	43,92	21,77	43,69	6,50	41,33	,85	46,85	1,050
n	13	13	13	13	12	12	13	13	6
s	2,468	10,120	10,994	11,026	5,126	11,547	1,281	9,146	1,1946
Insge-samt	3,79	49,87	27,62	49,98	10,44	51,24	1,23	49,72	1,497
n	61	61	61	61	59	59	61	61	39
s	2,570	10,854	9,689	11,413	4,761	12,508	1,371	9,322	1,4114

4.4 Diskussion

Was bedeuten die gefundenen Ergebnisse für die hier aufgeworfenen Fragen zur Lese-/Rechtschreibförderung von bilingualen Kindern?

Das Design der Evaluations-Studie nimmt – wie beschrieben – keinen traditionellen Versuchsgruppen-Kontrollgruppenvergleich vor. Es werden also keine trainierte Kinder mit nicht trainierten Kindern verglichen. Sondern Gegenstand des Vergleichs ist die Wirkung von zwei unterschiedlichen Verfahren – einerseits das neu eingeführte Essener Training, andererseits das etablierte Würzburger Training.

Die Ergebnisse zeigen zunächst, dass die Unterschiede nicht besonders groß ausfallen. Am deutlichsten sind die Unterschiede dann, wenn man die Leseentwicklung betrachtet und sich auf die im Mittelpunkt dieser Untersuchung stehenden russisch-deutschsprachigen Kinder konzentriert. Der Einsatz des Essener Trainings zur Förderung der phonologischen Bewusstheit erweist sich also bei russisch-deutschsprachigen bilingualen Kindern als etwas wirksamer als der Einsatz des Würzburger Trainings. Im Bereich Rechtschreiben scheinen die Gemeinsamkeiten zu überwiegen. Hier zeigen sich je nach Dimension der Hamburger

Schreibprobe und Sprache zwar Unterschiede. Die Unterschiede sind aber statistisch nicht bedeutsam.

Wie sind diese Befunde zu bewerten? Dass unterschiedliche Wirkungen der beiden hier untersuchten Trainingsprogramme vor allem im Bereich Lesen sichtbar werden, ist zunächst nicht als allzu überraschender Befund einzustufen. Die von Walter (2002, 44) zitierten Befunde aus der Übersichtsarbeit von Ehri u. a. (2001) weisen darauf hin, dass zumindest bei Risikokindern die Effektstärken beim Lesen stärker ausfallen als beim Rechtschreiben. Etwas schwieriger sind die je nach erster Sprache unterschiedlichen Ergebnisse zu deuten. Die Befunde der Literaturrecherche, die Befunde der ersten und die Befunde der zweiten Studie dieses Kapitels deuten ja auf eine besondere Wirkung sozialer Unterschiede hin. Gleichzeitig ermittelt einerseits der Elternfragebogen der Pilotstudie Hinweise auf ein zumindest nicht unterdurchschnittliches Bildungsniveau der untersuchten russisch-deutschsprachigen Familien. Und es ist auch nicht ganz auszuschließen, dass die in den Problemstadtteilen verbliebene monolinguale deutschsprachige Bevölkerung weder eine besondere Bildungsmotivation aufweist noch als besonders geeigneter Ort für die Entwicklung von literalen Fertigkeiten betrachtet werden müssen. Ähnliches könnte auch für die bilingualen Familien anderer Sprachen gelten – vorrangig Kinder aus arabisch-deutschsprachigen Familien. Es bleibt also unklar, ob die sich abzeichnenden moderaten Effekte eher auf die soziale Herkunft zurückgehen (das Essener Training eignet sich besonders für Kinder aus bildungsorientierten Familien) oder auf sprachliche Variablen zurückgeht (das Essener Training eignet sich vor allem für russisch-deutschsprachige Kinder).

Ein weiterer Schwachpunkt der Argumentation ergibt sich aus den in der Literatur berichteten eher schwachen Wirksamkeitsnachweisen für das Würzburger Training für bilinguale Kinder. Eigentlich war die hier vorgelegte Evaluationsstudie des Essener Trainings davon ausgegangen, dass über kurz oder lang angemessene Wirksamkeitsnachweise für das sicher bedeutendste deutschsprachige Trainingsprogramm zur Förderung der phonologischen Bewusstheit auch bei bilingualen Kindern vorgelegt werden. Die Befunde von Weber/Marx/Schneider (2007) fallen aber leider nicht allzu überzeugend aus. Dass trainierte bilinguale Kinder im Vergleich zur Eichstichprobe des DRT nicht überdurchschnittlich häufig im auffälligen Bereich liegen, ist zwar ein Indiz für die Wirksamkeit, nicht aber ein sauberer Wirksamkeitsnachweis. Dies ist ein Problem auch für die Aussagekraft der hier vorgestellten Studie, und zwar vor allem für die Ergebnisse hinsichtlich der bilingualen Kinder. Denn aufgrund der nicht eindeutig geklärten Effekte des Würzburger Trainings für bilingualer Kinder muss unklar bleiben, wie das Essener Training gegenüber untrainierten Kindern dasteht. Weiteren Evaluationsstudien zur Förderung der phonologischen Bewusstheit von Migrantenkindern kann man also mit besonderem Interesse entgegen sehen.

Die Verbindung der Befunde aus allen drei Studien erlaubt allerdings einigermaßen bedeutsame Einsichten in Sachen Alphabetisierung bilingualer Schüler: Aus der vom Stichprobenumfang und von der Stichprobengewinnung her wohl besonders bedeutsamen Brennpunktstudie lässt sich zunächst ableiten, dass Migrantenkinder am Anfang ihrer Schreibentwicklung in beträchtlichem Ausmaß – und zumindest bei bilingual russisch-deutschsprachigen Kindern mit beachtlichem Erfolg phonetische Strategien einsetzen, um einfache Rechtschreibprobleme zu lösen. Dies spricht erstens dafür, dass die Lese-/Rechtschreibentwicklung von bilingualen Kindern auf nicht grundsätzlich anderen Wegen erfolgt als die Lese-/Rechtschreibentwicklung von monolingualen deutschsprachigen Kindern. Und dies spricht zweitens dafür, dass eine Alphabetisierung in der zweiten Sprache (Deutsch) auch für bilinguale Kinder mit guten Ergebnissen sogar in Brennpunktschulen möglich ist – zumindest dann wenn die sozialen Voraussetzungen stimmen (die möglicherweise besonderen Bildungsorientierungen russisch-deutschsprachiger Familien) und die Schulen gute Angebote machen.

Die Förderschulstudie zeigt mit beeindruckender Klarheit zunächst, dass es eine beachtliche Minderheit monolingualer *und* bilingualer Schüler zu geben scheint, die gravierende Probleme im Bereich phonetischen Schreibens bzw. im Bereich phonologischer Bewusstheit haben. Man muss also möglicherweise davon ausgehen, dass derzeit weit verbreitete Rechtschreibfördermodelle an den Bedürfnissen von bis zu fünf Prozent jedes Jahrgangs vorbei gehen. Dies erinnert an eine alte Position von Böhm/Müller (1991, 33), die vorschlagen, bei lernbehinderten Schülern auf eine frühe Förderung der phonetischen Strategien zu verzichten.

Zweiter und möglicherweise für die hier diskutierten Probleme sogar noch bedeutsamerer Befund der Förderschulstudie ist die Nachricht, dass sich zumindest bei leistungsschwachen Schülern keine Hinweise auf je nach erster Sprache unterschiedliche Verläufe der Rechtschreibentwicklung ergeben. Weil Schüler der Förderschule vor allem als sozial homogene Schülergruppe gelten müssen (sehr hohe Unterschichtsanteile), bedeutet dies, dass eine Kontrolle sozialer Variablen die Unterschiede in der Rechtschreibentwicklung zwischen einzelnen Muttersprachen nivellieren kann. Die Förderschulstudie ist entsprechend als (weiterer) empirischer Beleg für die These von den primär sozialen Ursachen der Lese-/Rechtschreibprobleme von Migrantenkindern zu werten.

Dass in der Evaluationsstudie zur Wirksamkeit des Essener Trainings nun Hinweise darauf gefunden werden konnten, dass ein Trainingsprogramm, dessen charakteristisches Merkmal eine Einführung in die Lautstruktur der deutschen Sprache ist, bei einigen russisch-deutschsprachigen Kindern die Leseentwicklung etwas wirksamer fördert als ein Trainingsprogramm zur Förderung der phonologischen Bewusstheit, bei dem derlei eben nicht zu finden ist, kann zunächst einmal als ein Hinweis darauf verstanden werden, dass eine frühe und explizite Einführung in die Phonemstruktur der deutschen Sprache für einige bilinguale Kinder hilfreich sein kann. Wendet man allerdings etwas Aufmerksamkeit auf die fehlende Kontrolle der sozialen Herkunft und die besonderen Auswirkungen der Einzugsbereiche (es wohnt offenbar eine besondere soziale Auswahl von monolingual deutschsprachigen Kindern in den Quartieren, in denen viele „Russen" wohnen), so fügen sich die entsprechenden Befunde der Evaluationsstudie wieder gut in das Gesamtbild der hier vorgestellten Untersuchungen ein. Durchaus möglich also, dass auch beim Einsatz des Essener Trainings erstsprachspezifische Effekte verschwinden, wenn die soziale Herkunft der trainierten Kinder kontrolliert würde. Die je nach Sprache schwach unterschiedliche Wirkung des Essener Trainings ist also kein Widerspruch zur These von den sozialen Ursachen der schlechten Lese-/Rechtschreibleistungen von Migrantenkindern in Deutschland.

5 Methoden in der Lese-/Rechtschreibförderung mit Migrantenkindern

Die vorangehenden Kapitel haben einige wichtige Informationen über die Lese-/ Rechtschreibentwicklung von Migrantenkindern bereit gestellt. Die erste Sprache hat deutliche Auswirkungen auf die Lese-/Rechtschreibentwicklung in der zweiten Sprache. Gut belegt ist dies vor allem für frühe Phasen der Lese-/Schreibentwicklung: Laute werden z.B. nicht/nicht richtig erkannt, typische Rechtschreibfehler entstehen, das, was aus der ersten Sprache z.B. in Sachen Syntax bekannt ist, wird vorschnell in die zweite Sprache übertragen usw. In der Frage, ob ein determinierender Einfluss der ersten Sprache besteht, ob z.B. eine bestimmte Schwelle an Kenntnissen in der ersten Sprache erreicht werden muss, bevor hierauf aufbauend Kenntnisse in der zweiten Sprache erworben werden können, gibt es noch immer keine endgültigen Antworten. Weder kann die Schwelle präzise bestimmt werden, die nicht unterschritten werden darf. Noch kann belegt werden, dass die Förderung der ersten Sprache als eine besonders wirksame Methode verstanden werden kann, eine zweite Sprache zu erlernen. Die Literaturrecherche ermittelt darüber hinaus sogar Hinweise auf Studien mit Widerlegungspotential.

Darüber hinaus kann man zeigen, dass es bei Kindern, die in ihrer ersten Sprache alphabetisiert werden, und Kindern, die in ihrer zweiten Sprache Lesen und Schreiben lernen, in einem wichtigen Teilaspekt der Lese-/Rechtschreibentwicklung keine Hinweise auf unterschiedliche Entwicklungsverläufe zu geben scheint. Für beide Gruppen scheint die phonologische Bewusstheit eine herausgehobene Bedeutung zu besitzen. Beide Gruppen reagieren positiv auf entsprechende Förderangebote. Und auch der nächste Schritt der Schreibentwicklung, der Einsatz des phonetischen Schreibens scheint nach Befunden der Brennpunktstudie dieses Buches bei bilingualen Kindern nachweisbar zu sein.

Dass alle diese Befunde gravierende Bedeutung für die praktische Arbeit mit Migrantenkindern haben, ist offensichtlich. Wenn die erste Sprache bei bilingualen Kindern keine determinierenden Einflüsse hat, sondern vielleicht allenfalls noch einige Monate nach der Einschulung dafür sorgen kann, dass bilinguale Erstklässler einige wenige für ihre erste Sprache typischen Rechtschreibfehler machen, dann bedeutet dies zunächst, dass man nicht die erste Sprache fördern muss, um eine angemessene Entwicklung auch in der zweiten Sprache zu erreichen. Zweitens bedeuten diese Befunde, dass man zumindest in der frühen Rechtschreibförderung mit bilingualen Kindern nicht vollständig andere Dinge tun muss als mit monolingualen Schülern. Vor dem Hintergrund der außerordentlich überschaubaren Anteile bilingualer Lehrer/innen an Grundschulen ist dies sicher eine gute Nachricht. Wenn die wesentlichen Probleme von Migrantenkindern in deutschen Schulen nicht primär mit ihrer Bilingualität, sondern vielmehr durch spezifisch soziale Merkmale ihrer Familien erklärt werden können, dann ist es nicht angemessen, für bilinguale Kinder besondere Programme aufzulegen. Sondern es ist wichtig, Programme anzubieten, die an den besonderen Bedingungen von bildungsfernen Familien ansetzen.

5.1 Unterschiede zum Gegenstand der pädagogischen Arbeit machen

Nicht nur Gebote, nicht nur Empfehlungen und wünschenswerte Prinzipien machen deutlich, wie die pädagogische Arbeit gestaltet sein soll. Vielmehr kann auch die Formulierung von Verboten dabei helfen, verständlich zu machen, was aus den Erkenntnissen dieses Buches für die praktische Arbeit abzuleiten ist. Und so beginnt dieses Kapitel mit genau dieser Frage: Was sollte man in der pädagogischen Arbeit mit Migrantenkindern nach Möglichkeit unterlassen?

Lehrbücher zur interkulturellen Pädagogik betonen gelegentlich, wie weit Schulen von den eigentlich für erforderlich gehaltenen Rahmenbedingungen entfernt sind. „Nicht ‚Migrantenkinder' stellten das Problem und die Ursache der Bildungsmisere dar, sondern das ‚Selbstverständnis' und die Handlungsroutinen, die die Bildungseinrichtungen kennzeichnen", analysieren z. B. Dirim und Mecheril (2010, 137 f.) im Handbuch Migrationspädagogik. Es müsse ein Blick eingeübt werden, der nicht die Mängel der „Migrantenkinder" ins Auge fasst. Gegenüber dem ethnisierenden und kulturalisierenden Wissen über den Anderen sei ein Wissen zu bevorzugen, das die Mechanismen ethnischer Benachteiligung kennt.

Die Kritik an der defizitorientierten Sicht von Migrantenkindern bedarf vermutlich einiger Erläuterungen. Denn das Problem ist: Die Wahrnehmung von Entwicklungsrückständen, die Wahrnehmung und Interpretation von Fehlern gehört ganz offensichtlich zum Kernbestand jeder professionellen Lese-/Rechtschreibförderung, und zwar für monolinguale Kinder ebenso wie für bilinguale Kinder. Was ist also gemeint, wenn Dirim/Mecherill dazu auffordern, nicht die Mängel der Migrantenkinder in den Blick zu nehmen?

Vielleicht lässt sich die hier formulierte Kritik an der defizitorientierten Sicht auf Problemschüler besser verstehen, wenn man sich mit dem förderdiagnostischen Umgang mit Fehlern im Rahmen der sogenannten „Fehleranalyse" auseinandersetzt. Denn mit Rechtschreibfehlern kann man sehr unterschiedlich umgehen. Orthografisch falsche Worte kann man anstreichen, als Rechtschreibfehler markieren und als Basis der Benotung oder zur Legitimation verwaltungsrechtlicher Schritte verwenden (Klassenwiederholung, Verfahren zur Feststellung sonderpädagogischen Förderbedarfs). Diese traditionelle Wahrnehmung von Rechtschreibfehlern kann man mit Fug und Recht „Defizit-orientiert" nennen. Denn der Umgang mit diesen Fehlern beschränkt sich auf die Feststellung einer Normabweichung, und auf ihre negative Bewertung – vielleicht noch ergänzt um die Information, wie denn eine richtige Schreibung auszusehen habe.

In der förderdiagnostischen Fehleranalyse geht es dagegen darum, in der spezifischen Schreibung von Wörtern zu verstehen, wie Kinder Probleme lösen. Wenn z. B. Erstklässler lauttreu (phonetisch) schreiben, entsteht in der Regel eine Vielzahl von Rechtschreibfehlern. Denn in der deutschen Rechtschreibung sind die Graphem-Phonem-Korrespondenz-Regeln nur eines von vielen Hilfsmitteln, um die orthografisch korrekte Schreibung zu erschließen. Für Pädagog/innen oder Therapeut/innen sind entsprechend Kenntnisse darüber, ob und ggf. in welchem Umfang Kinder in der Lage sind, gesprochene Laute in Buchstaben zu übersetzen, unverzichtbar. Es ist in Ordnung, wenn Kinder in den ersten Monaten des ersten Schuljahrs so schreiben, wie sie sprechen. Denn dieses phonetische Schreiben kann man als eine Methode verstehen, die Beziehungen zwischen Lauten und Buchstaben zu erschließen. Informationen darüber, welche Laute/Lautverbindungen sicher beherrscht werden, sind hier von einiger Bedeutung. Auch der Zeitpunkt, an dem Kinder keinerlei Probleme mehr mit der phonetischen Schreibung haben, kann bedeutsam sein. Denn dies bedeutet, dass Kindern nun die Gelegenheit gegeben werden sollte, die Erwachsenenschreibung Schritt für Schritt kennenzulernen.

Förderdiagnostisch arbeiten heißt also nicht, Normverstöße zu bewerten (den Regeln der Orthografie widersprechende Schreibungen), sondern Kenntnisse darüber zu sammeln, welche Laute sicher verschriftet werden können und welche (noch) nicht. Und auf diese Sicht sollte man unter keinen Umständen verzichten, auch dann nicht, wenn es sich um Schreibanfänger mit Migrationshintergrund handelt.

Ein zweites Problem einer defizitorientierten Sicht in der Lese-/Rechtschreibförderung kann sicher darin beschrieben werden, dass eine defizitorientierte Wahrnehmung der Schreibentwicklung leicht übersehen lässt, unter welchen Bedingungen Kinder Lernfortschritte machen. Wer immer nur feststellt, wie viele Fehler ein Text enthält, übersieht vielleicht die Situationen, in denen Kindern erstmalig ein Rechtschreibproblem anders und vielleicht besser als bisher lösen können. Drittens – und dieses Problem haben die Autor/innen entsprechender Lehrbücher vermutlich besonders im Blick – hat die Erfahrung von Kindern, immer nur als Quelle von Fehlern und Problemen dazustehen, massiv demotivierende Auswirkungen. Immer wieder Fehler machen, immer wieder auf die Abweichung zur Norm hingewiesen werden, immer wieder erfahren, dass andere besser sind, das hält kaum ein Kind auf Dauer aus, ohne die scheiternden Lernprozesse irgendwann in sein Selbstbild aufzunehmen.

Die von Dirim/Mecheril in den Begriffen ethnisierendes und kulturalisierendes Wissen zusammengefasste Kritik an einem falschen Verständnis interkultureller Pädagogik meint: Es ist falsch, vermeintliche kulturelle und soziale Differenz zum Ausgangspunkt der pädagogischen Arbeit zu machen. Denn auf diesem Weg werden nicht kulturelle Unterschiede reduziert, sondern die „Anderen" werden produziert. Es sei zudem falsch, Kultur als unveränderliche, wesenshafte Eigenschaften von Menschen im Zusammenhang größerer sozialer Einheiten (z. B. Nationen) zu verstehen. Der Begriff „Kultur" werde so zum Platzhalter des hoch problematischen Begriffs „Rasse" (Kalpaka/Mecherill 2010, 84 ff.). Als Alternative zu einer derart problematischen Wahrnehmung von Migranten stellen Dirim und Mecherill die „Differenzfreundlichkeit" vor. Differenzfreundlichkeit äußert sich in einem spezifischen allgemeinen Verständnis von Schule (kulturell-sprachliche Vielfalt), in einer explizit wert schätzenden und fördernden Haltung bei Lehrer/innen, in expliziter Unterstützung potentiell von Rassismus betroffener Schüler. Differenzfreundlichkeit wird gleichzeitig als Bildungsziel verstanden (Dirim/Mecheril 2010, 140 ff.).

Gegen wertschätzende Einstellungen von Lehrer/innen ist nicht viel einzuwenden. Kulturelle Vielfalt als positiv besetztes Merkmal ist jeder Institution zu wünschen. Und man kann sich eigentlich kaum noch vorstellen, dass Pädagog/innen und Therapeut/innen nicht gegen Rassismus vorgehen wollen. Problematisch ist dagegen der Versuch, sprachliche Vielfalt als Kernbestandteil differenzfreundlicher Förderung zu verstehen. Denn hieran lassen die Autor/innen keinen Zweifel: Es geht ihnen darum, die einsprachige Ausrichtung der Schule zu überwinden (Dirim/Mecherill 2010, 143 f.). Sind also nur bilinguale Schulen gute Schulen für bilinguale Schüler?

Die Ergebnisse der Literaturrecherche haben vergleichsweise deutliche Hinweise darauf erbracht, dass die Förderung der ersten Sprache nicht als effektive Methode für den Erwerb der zweiten Sprache verstanden werden kann. Die Befunde sind eigentlich klar: Wer deutsche Sprachkenntnisse fördern will, sollte einen möglichst frühen und umfangreichen Kontakt von bilingualen Kindern mit der deutschen Sprache sicherstellen und nicht auf muttersprachlichen Unterricht setzen. Man muss also festhalten: Bilingualer Unterricht fördert nicht die Entwicklung der zweiten Sprache, sondern Bilingualer Unterricht fördert Bilingualität.

Nun werden sich die meisten Eltern zweisprachiger Kinder wünschen, dass ihre Kinder nicht nur die Mehrheitssprache, sondern auch ihre erste Sprache in Wort und Schrift beherrschen. Auch aus der Perspektive wirtschaftspolitischer Überlegungen kann Bilingualität nur als wünschenswertes Ergebnis schulischer Förderung verstanden werden. Also gilt: Wer Gelegenheit hat, Bilingualität für seine Kinder zu erreichen, sollte diese Gelegenheit unbedingt nutzen. Und wenn Schulen Mittel und Wege finden, entsprechende Angebote zumindest für einen Teil ihrer Schüler nutzbar zu machen, dann sollten sie dies auch unbedingt tun. Das Problem an der Bilingualismusdebatte ist also nicht das Ziel – Bilingualität bei Kinder und Jugendlichen. Sondern das Problem ist die Behauptung, eine Förderung der ersten Sprache habe aufgrund der besonderen Beziehungen zwischen erster und zweiter Sprache auch positive Effekte auf die Entwicklung der zweiten Sprache. Das hier vorgelegte Buch zeigt: Diese Hypothese ist trotz Jahrzehnten intensiver Forschung nicht belegt.

Nun haben aber viele Schulen keine Möglichkeit, bilinguale Angebote im ausreichenden Ausmaß bereit zu stellen. In einigen Schulen sind sehr viele unterschiedliche Sprachen vertreten. Und es ist manchmal schwierig, für alle Sprachen geeignete Lehrer/innen zu finden. Und man kann auch nicht sagen, dass es die bildungspolitischen Rahmenbedingungen derzeit besonders einfach machen, bilinguale Angebote in ausreichendem Umfang bereit zu stellen. In manchen Schulen reichen die Ressourcen nicht einmal dafür aus, sicherzustellen, dass alle Schüler/innen der Schule ausreichende Kenntnisse in Deutsch erreichen, und nimmt man die PISA-Studie ernst, ist der Anteil sprachlich marginalisierter Zehntklässler mit nach wie vor knapp 10 Prozent wirklich beängstigend hoch. Muss man diesen Brennpunktschulen vorhalten, sie seien aufgrund ihrer Einsprachigkeit keine differenzfreundliche Schulen?

Die Forschungslage macht eine utilitaristische Betrachtung des Problems kaum möglich. Selbstredend wäre die Freude größer, wenn es gelänge, aus all den sprachlich marginalisierten Schulabgängern bilinguale Leser und Schreiber zu machen. Aber das zentrale Problem von schulschwachen Migrantenkindern kann weniger darin beschrieben werden, dass ihnen keine zweisprachigen Schulen zur Verfügung stehen. Sondern das zentrale Problem scheint darin zu bestehen, dass sie aus armen Familien kommen, in denen Lesen und Schreiben nur eine geringe Bedeutung besitzt. Bilingualität kann demnach sicher nach wie vor als ehrenwertes und nützliches Bildungsziel verstanden werden. Aber man kann nicht so tun, als sei die Überwindung der einsprachigen Schule das einzige, was man tun müsste, um die ganz offensichtlich gravierenden Probleme von vielen Migrantenkindern in deutschen Schulen wirksam anzugehen.

Vor diesem Hintergrund scheint die von Dirim/Mecherill vorgenommene Verbindung des Konzepts einer differenzfreundlichen Schule mit bilingualen Förderkonzeptionen etwas voreilig zu sein. Dies bedeutet: Es ist sinnvoll, dass Lehrer auch in einsprachigen Schulen wertschätzende Einstellungen gegenüber Kinder anderer Sprachen zeigen. Es ist sinnvoll auch für einsprachige Schulen, dass kulturelle und sprachliche Vielfalt als Stärke begriffen und im Wortsinn gefeiert wird. Es ist sinnvoll (auch) für einsprachige Schulen, dass Rassismus explizit und energisch entgegengetreten wird. Anders formuliert: Wir sollten uns glücklich schätzen, wenn es gelingt, (auch) möglichst viele einsprachige Schulen zu differenzfreundlichen Schulen zu machen, auch wenn es nicht möglich ist, in all diesen Schulen bilinguale Konzepte zu verankern.

Wie können sich Kitas und Schulen zu differenzfreundlichen Einrichtungen entwickeln? Projekte, die verdeutlichen, dass Pädagog/innen, Eltern und Kinder mit Interesse auf kulturelle Besonderheiten ihrer Klientel reagieren, lassen sich in der Regel auch unter einfachen Rahmenbedingungen verwirklichen. Ansatzpunkte lassen sich auf unterschiedlichen Ebenen entwickeln. Ob man die inzwischen fast unvermeidlichen kulinarischen Projekte durchführt, für ausleihbare Bücher (auch) in den ersten Sprachen der Kinder sorgt, ob sich der Deutschunterricht mit der Belletristik der jeweils vertretenen Sprachen befasst oder gar sprachwissenschaftliche Vergleiche angestellt werden. Am Anfang solcher Vorhaben steht die Recherche der jeweiligen Pädagog/innen, die Suche nach geeigneten Schwerpunkten, die Suche nach Inhalten, die mögliche Unterschiedlichkeiten positiv erfahrbar machen.

Dass es zumindest am Anfang einer solchen Entwicklung nicht besonders klug ist, kulturelle Besonderheiten zum Gegenstand der pädagogischen Arbeit zu machen, die kontrovers diskutiert werden, liegt auf der Hand. Es ist dabei sinnvoll, frühzeitig eine Planungsgruppe zu etablieren. Denn in der Regel haben sowohl Eltern wie auch Kinder vergleichsweise klare Vorstellungen darüber, an welchen Inhalten und mit welchen Methoden Respekt und Verständigung wachsen kann und an welche Inhalte man sich vielleicht erst nach einer längeren Startphase herantrauen kann.

Tab. 31: Ideenwerkstatt – differenzfreundliche Schule

- Kochshow – Lieblingsrezepte aus aller Herren Länder: Kochstunden und Kochabende mit Dokumentation von Rezepten
- Interkulturelle Buchwerkstatt: Beschaffung, Ausleihe und Ausstellung von Büchern in den wichtigsten Sprachen der jeweiligen Schulen – als Elternprojekt, als Schülerprojekt oder in Kooperation mit den Bibliotheken vor Ort
- Das Land meiner Vorfahren: Plakatwände mit Fotodokumentationen, Schaubildern und kurzen Texten als Handlungsziel von Projekten
- Interkultureller Zeitstrahl – historische Entwicklung in unterschiedlichen Kulturen
- Sprachwissenschaftliche Steckbriefe (Deutschunterricht Sek I/Sek II): sprachwissenschaftliche Vergleiche unterschiedlicher Sprachen/Sprachfamilien
- Kunst in den Kulturen
- Interkulturelle Musik und Theatertage
- Politische Parteien in Deutschland und ihre Positionen zur Migrantenpolitik (Politikunterricht Sek I)
- Politische Systeme im Vergleich
- Geschichte des Rassismus
- Geschichte des Kolonialismus

Stereotype sind ein mögliches Problem auf dem Weg zu einer differenzfreundlichen Schule. Bei aller Freude über kulturelle Unterschiedlichkeiten dürften die meisten Eltern von Migrantenkindern doch eher zurückhaltend reagieren, wenn Klischees in die Planungsarbeit eindringen. Welche Auswirkungen stereotype Erwartungen haben, dürfte die meisten Pädagog/innen und auch viele monolingual-deutschsprachigen Kinder und Jugendliche auch am eigenen Leibe erfahren haben. Schließlich sind z. B. deutsche Austauschschüler oder deutsche Urlauber im Ausland nur selten mit Projekten über vermeintlich deutsche Tugenden zu erfreuen. Entsprechend ist auch in den Planungsgruppen besondere Zurückhaltung geboten. Denn es kann ja nicht darum gehen, Pauschalurteile zu verbreiten.

Der Wunsch nach einem guten, verständigungsorientiertem Miteinander von Familien unterschiedlicher Nationalitäten sollte allerdings nicht dazu führen, dass nur die schönen Bereiche in die Arbeit eingehen. Die kontroversen oder vielleicht auch problematischen Inhalte in ausgewogener, sachlicher Form zum Gegenstand von Projekten zu machen, ist nicht ganz einfach. Angesichts der Verbreitung ausländerfeindlicher Orientierungen in Deutschland (Decker/Brähler 2005) müssen Pädagog/innen einerseits davon ausgehen, dass erstens die Mehrzahl der Kinder mit Migrationshintergrund einschlägige Erfahrungen vorweisen können. Anderseits muss man wohl auch damit rechnen, dass einige Eltern, einige Schüler, vielleicht sogar der eine oder andere Kollege gelegentlich zu ausländerfeindlichen

167

Orientierungen neigen. Es ist deshalb hilfreich, die Arbeit an diesen Inhalten nicht an den Anfang einer interkulturellen Öffnung von Kitas und Schulen zu stellen. Und es ist sinnvoll, hier besonders gewissenhaft an einer ausgewogenen und sachlichen Beschäftigung mit diesem Thema zu arbeiten.

Die einschlägigen Einrichtungen bieten hier inzwischen eine Vielzahl von Materialien für den Unterricht, die sich inzwischen sehr weitgehend für die praktische Arbeit eignen. Als erster Anlaufpunkt der Planungsarbeit bieten sich dabei erfahrungsgemäß die Landeszentralen für politische Bildung bzw. die Bundeszentrale für politische Bildung an. In einigen Regionen haben darüber hinaus die regionalen Bildungsverwaltungen vielfältige Unterstützungsangebote für Schulen entwickelt, die sich mit dem Thema Fremdenfeindlichkeit und Rassismus befassen wollen.

5.2 Mit Migrantenkindern förderdiagnostisch arbeiten

Förderdiagnostisch arbeiten heißt in der Lese-/Rechtschreibförderung: feststellen, an welchem Punkt der Lese-/Rechtschreibentwicklung ein Kind/ein Jugendlicher steht, überlegen, welche Rahmenbedingungen, welche Fördermethoden dabei helfen könnten, den nächsten Schritt zu tun. Förderdiagnostische Arbeit versteht sich als lernbegleitende diagnostische Arbeit also als Längsschnitt-Diagnostik. Zur Förderdiagnostischen Arbeit gehört die Ausrichtung auf gelingende Lernprozesse und eine Dokumention des Lernens. Bezogen auf die Lese-/Schreibentwicklung bedeutet dies: Festgehalten werden also vor allem Situationen, in denen das Lesen und Schreiben etwas besser als sonst gelingt.

Zur förderdiagnostischen Arbeit gehört weiter ein regelmäßiger Austausch mit Kolleg/innen über die Entwicklung der Kinder bzw. Jugendlichen, allein schon deshalb, weil zwei Pädagog/innen mehr sehen als ein Pädagoge, oder um Probleme der förderdiagnostischen Arbeit im Bereich der Objektivität etwas abzumildern (ein Überblick zur Förderdiagnostischen Arbeit z.B. bei Mand/Veber 2008).

Manchmal ist der Einsatz von Testverfahren sinnvoll. Vielen Erzieher/innen fällt z.B. ohne Durchführung von Wortschatztests nicht zwingend auf, dass Wortschatzprobleme bestehen. Denn den für den Kitaalltag erforderlichen Wortschatz erlernen Migrantenkinder vergleichsweise schnell. Dass in anderen Bereichen Lücken bestehen, bemerken auch erfahrene Erzieherinnen in aller Regel nicht. Wortschatzprobleme sind bei Migrantenkindern weit verbreitet (Daseking u.a. 2008, 80). Und der Wortschatz hat gravierende Auswirkungen auf die Lese- und Schreibentwicklung. Wörter, die man nicht kennt, kann man auch nicht oder nur schwer erlesen. Und auf Wörter, die man nicht kennt, kann man weder im mündlichen Sprachgebrauch noch bei schriftlichen Aufgaben zurückgreifen. Verfahren wie der Allgemeine Wortschatztest für Kinder (Infos unter: www.testzentrale.de) sind außerordentlich einfach in der Handhabung und erfordern nur wenige Minuten Zeit in der Durchführung.

Tab. 32: Förderdiagnostische Arbeit mit Migrantenkindern

Feststellen, an welchem Entwicklungspunkt das jeweilige Kind/der jeweilige Jugendliche steht Sprachentwicklung auf Interferenzen untersuchen
Trainingsprogramme anpassen und ergänzen
Motivation fördern
Individuelle Förderangebote bereit stellen
Lernentwicklung angemessen dokumentieren und im fachlichen Austausch mit Kolleg/innen diskutieren

Dass in der förderdiagnostischen Arbeit Testverfahren eingesetzt werden, muss dabei nicht zwingend irritieren. Solche Empfehlungen stehen am Anfang der Diskussion etwa bei Julkowski (1983, 79 ff.), bei Kornmann/Rößler (1983, 103 f.) und bei Eggert (1996, 129 f.). In der Phase heftiger Auseinandersetzung zwischen Anhängern und Gegnern von Förderdiagnostik ist die Forderung nach Methodenintegration zwar undenkbar. Aber diese Phase scheint die diagnostische Diskussion doch weitgehend hinter sich gelassen zu haben. Deshalb kann man durchaus die Auffassung vertreten, dass Förderpläne und pädagogische Tagebücher zumindest einmal jährlich Testbefunde dokumentieren sollen, die geeignet sind, den erreichten Stand der Entwicklung festzuhalten.

Förderdiagnostisch arbeiten heißt zweitens, darüber nachzudenken, auf welchen Wegen man Kindern und Jugendlichen die vermutlich nächsten Schritte ihrer Lernntwicklung leichter machen kann. Dies setzt zunächst voraus, dass den Pädagog/innen bzw. Therapeut/innen der tatsächlich erreichte Entwicklungsstand jede/s Kindes zu jedem Zeitpunkt präzise bekannt ist. Für die Einzelförderung mag diese Aufgabe noch überschaubar sein. Aber für den Unterricht in einer Klasse mit 20 bis 30 Schülern sieht das anders aus.

Es empfehlen sich entsprechend Dokumentationstechniken, mit denen man schnell und zuverlässig den erreichten Entwicklungsstand festhalten kann. Als sinnvolles Verfahren hat sich inzwischen die digitale Fassung des pädagogischen Tagebuches erwiesen. Das pädagogische Tagebuch ist eine Arbeitstechnik, die eigentlich in allen Bereichen der pädagogisch-therapeutischen Arbeit eingesetzt werden kann. Pädagogische Tagebücher erfassen dabei in der Regel alles, was Auskünfte über die Lernentwicklung erlaubt. Sie enthalten typische Arbeiten (also hier: selbst verfasste Texte, Diktate usw.) und ergänzende Informationen zu ihrem Entstehungshintergrund – Infos zum methodischen Setting der Fördereinheit z. B., Informationen über die Sozialformen, Informationen zu inhaltlichen Besonderheiten.

Die Aufgabe ist nicht lückenlose Dokumentation. Sondern das pädagogische Tagebuch soll insbesondere die Arbeiten dokumentieren, in denen ein bemerkenswerter neuer Entwicklungsschritt gelingt, in denen neue Wege beschritten werden, in denen sich andeutet, wie Probleme überwunden werden können. Es geht also um besonders bedeutsame Zeugnisse der Lernentwicklung, in schulischen Zusammenhängen vielleicht im Umfang von durchschnittlich einem Eintrag pro Woche pro Schüler.

Die Dokumentationsaufgaben kann man handschriftlich erledigen, ergänzt vielleicht mit Fotokopien. Karteikartensysteme und Aktenordner halfen in der vordigitalen Zeit, den Überblick zu wahren. Mit Scanner und digitaler Kamera ist es nun leicht möglich, Papierarbeiten zu digitalisieren. Jede Datei sollte dabei mit dem Datum beginnen (sinnvoll ist hier amerikanische Schreibweise: also Beginn mit der Jahreszahl, dann Monate, dann Tage) und den Namen oder Namensbestandteile enthalten. Denn nur so werden die Dateien in der richtigen Reihenfolge angezeigt. Bildbearbeitungsprogramme erlauben eine Kommentierung auf den eingescannten Arbeiten (Unterstreichungen, Textfelder usw.). Für jedes Kind, für jeden Jugendlichen empfiehlt sich ein eigener Ordner pro Jahr. Je nach Strukturierungsvorlieben der Pädagog/innen oder Therapeut/innen können die Schüler-Ordner wiederum unterteilt werden. In nur wenigen Wochen hinterlässt die Lernentwicklung auf diese Weise ziemlich aussagefähige digitale Spuren, die eine präzise und schnelle Analyse der Entwicklungswege erlauben. Diese Dokumentation ist Basis der Förderplanung. Sie kann zum Gegenstand von Förderplangesprächen werden und eignet sich zudem auch sehr gut für die Elternarbeit. Den Eltern zeigen können, was sich in den letzten Monaten getan hat, das ist schon eine wirklich gute Sache.

5.3 Für einen frühen und umfangreichen Kontakt mit L2 sorgen

Nun sind Migrantenkinder ja beileibe keine neue Erscheinung in den Schulen der westlichen Welt. Seit Jahrzehnten arbeiten Erzieher/innen, Lehrer/innen (auch) mit Migrantenkindern in der Lese-/Rechtschreibförderung. Allen Beteiligten müsste eigentlich seit langer Zeit klar sein, dass Kenntnisse über die Eignung von Fördermethoden eine hohe Bedeutung für die pädagogisch-therapeutische Praxis besitzen. Dass dennoch nur so wenige Fragen einigermaßen zufriedenstellend untersucht sind, ist deshalb ziemlich überraschend.[5]

---

5 Die Literarrecherche basiert auf einer Freitextsuche in den Datenbanken FIS-Bildung, PSYNDEX (1977–9/2010) und ERIC (1965–9/2010). Als Suchbegriffe wurden verwendet: Ausländ…und Schreib…, Ausländ…und Lesen, Migra…und Lesen (FIS-Bildung), Rechtschreiben und bilingual, Legasthenie und bilingual (PSYNDEX), dyslexia und therapy, reading und bilingual (ERIC).

Viele Untersuchungen befassen sich mit der Bilingualismusdebatte (Interdependenzhypothese, Schwellenhypothese, Effektivität bilingualer Förderung).

Die meisten Studien konzentrieren sich auf die frühe Lese-/Schreibentwicklung. Im Methodenbereich ist der Ertrag der Literaturrecherche noch dünner: Es gibt zwar eine Vielzahl von empirischen Untersuchungen, die von den Vorteilen bilingualer Förderung berichten. Aber diese Untersuchungen befassen sich vor allem mit der Frage, ob bilinguale Angebote hilfreich sind. Präzise Informationen zur Effektivität von ausgewählten Fördermethoden werden in den meisten Fällen, wenn überhaupt, dann nur am Rande erhoben. Es sieht fast so aus, als hätte die Bilingualismusdebatte die einschlägige Forschung von den eigentlich bedeutsamen Fragen abgelenkt. Und so ist es kaum möglich, gesicherte Aussagen darüber zu machen, welche Methoden in der Arbeit mit Migrantenkindern wirklich dazu führen, dass die Entwicklung in der zweiten Sprache voranschreiten kann.

Was tun? Diesem Buch bleibt erstens die Möglichkeit, die wenigen Studien in Sachen Wirkungsforschung vorzustellen. Zweitens erlauben einige Befunde der Forschung zur Lese-/Schreibentwicklung von bilingualen Kindern grundsätzliche Aussagen, die Implikationen für Methodenentscheidungen haben. Ein dritter Weg eröffnet sich dann, wenn Positionen aus der Methodendiskussion für monolinguale Kinder einer strukturierten Prüfung auf Gültigkeit auch für die Förderung von bilingualen Kindern unterzogen werden.

Die Forschung zeigt: Wer sich mit der Frage befasst, wie die L2-Kenntnisse von Migrantenkindern gefördert werden können, muss sich zunächst mit der Frage auseinandersetzen, wann und unter welchen Bedingungen ein Kontakt mit der zweiten Sprache stattfinden sollte. Hier ist eine vergleichsweise eindeutige Empfehlung möglich: L2-Kenntnisse von bilingualen Kindern hängen vor allem davon ab, ob sie früh und umfangreich mit ihrer zweiten Sprache in Kontakt gekommen sind. Eltern, denen fundierte Sprachkenntnisse in der ersten Sprache wichtig sind, können zudem auf die Studie von de Houwer (2007) verwiesen werden, derzufolge ein Verlust der Minoritätensprache erst dann zu erwarten ist, wenn der Anteil der zu Hause genutzten Minoritätensprache unter 50 % fällt (zitiert nach Silven/Rubinov 2010, 387).

Ein früher und ausführlicher Kontakt mit der zweiten Sprache empfiehlt sich also in jedem Fall: für Kinder, deren Eltern sich vor allem um Kenntnisse der Mehrheitssprache sorgen, *und* für Kinder von Eltern, die das Ziel Bilingualität verfolgen. Es ist also z. B. sinnvoll sicherzustellen, dass Kinder früh in Kindertagesstätten gehen können, in denen Deutsch gesprochen wird. Eltern von Kindern mit Migrationshintergrund sollten bei der Wahl der Kita darauf achten, dass viele deutschsprachige Kinder die jeweiligen Einrichtungen besuchen. Und sie sollten auch für Freizeitaktivitäten sorgen, in denen ihre Kinder mit deutschen Muttersprachlern in Kontakt kommen.

5.4   Deutsch als Verkehrssprache nur dann, wenn Eltern über wirklich gute Sprachkenntnisse verfügen

Ob die z.B. von Esser (2006, 34 f.) zusammengetragenen Studien, die den L2-Sprachkenntnissen der Eltern einige Bedeutung für den Bildungserfolg oder die Lese-/Schreibentwicklung attestieren, als Hinweis für eine kausale Beziehung verstanden werden können, ist bislang nicht abschließend geklärt. Es ist wie so oft: Korrelationen können für kausale Beziehungen sprechen. Sie müssen es aber nicht tun. Man muss also darüber nachdenken, welche Migrantenfamilien das sind, deren Kinder im deutschen Schulsystem erfolgreich sind. Die Eltern haben gute Sprachkenntnisse. Sie besitzen allerdings auch noch durch andere Merkmale: Sie sind z.B. gebildet, sie haben viele Bücher und sie haben einen hohen Sozialstatus. Es ist also durchaus möglich, dass die Befunde auf indirekte Beziehungen zurückgehen. Migrantenfamilien, in denen sich die Mehrheitssprache als Verkehrssprache etabliert hat, unterscheiden sich demnach möglicherweise auch in anderer (nichtsprachlicher) Hinsicht von den Migrantenfamilien, in denen die Minderheitensprache Verkehrssprache ist.

Zudem kann der Zusammenhang zwischen L2-Sprachgebrauch der Eltern und L2-Kompetenzen der bilingualen Kinder keineswegs in allen Studien nachgewiesen werden. Bei spanisch-englischsprachigen Müttern der Untersuchung von Proctor und Elaine (2009) zeigt sich z.B., dass der Umfang des mütterlichen Sprachgebrauchs in Englisch (die untersuchten Mütter sprechen häufiger Englisch mit ihren Söhnen als mit ihren Töchtern) keinen Einfluss auf die L2-Litercyentwicklung der Jungen entwickelt. Anders formuliert: Wenn Kinder aus Migrantenfamilien mit deutscher Verkehrssprache eine gute Lernentwicklung zeigen, dann muss dies nicht heißen, dass Eltern mit schlechten Deutschkenntnissen ihren Kindern einen Gefallen tun, wenn sie zu Hause ein grob fehlerhaftes Deutsch sprechen. Es ist also u.U. besser, auf eine deutsche Verkehrssprache zu verzichten, zumindest dann, wenn die Sprachkenntnisse der Eltern dürftig sind.

5.5   Wortschatz und mündlichen Sprachgebrauch möglichst wirksam erweitern

Dass Kinder aus Migrantenfamilien offenbar häufig Unterschichtskinder sind, entlässt Erzieher/innen, Lehrer/innen und Therapeut/innen allerdings sicher nicht aus der Verantwortung, ihre pädagogische Arbeit auf die besonderen Bedürfnisse dieser Klientel einzustellen. Welche Methoden haben sich in der frühen Förderung von Migrantenkindern als wirksam erwiesen? Bedeutsam erscheint in diesem

Zusammenhang zunächst die Bilderbucharbeit. Wieder ist es die Studie von Silven/Rubinov, die hier einen interessanten Hinweis auf die Methodendiskussion erlaubt.

Zwar gilt auch für diese Studie, dass statistische Zusammenhänge nicht zwingend auf kausale Zusammenhänge verweisen. Aber es muss doch als bedeutsamer Befund eingeschätzt werden, dass ein positiver Zusammenhang zwischen Bilderbuchlektüre in L2 und dem Abschneiden in semantischen, morphologischen und phonologischen Aufgaben nachgewiesen werden kann. Denn diese Variablen gelten in der Forschung als bedeutsamer Prädikator von Leseleistungen (z. B. Limbird/Stanat 2006, Tong u. a. 2009, Wang u. a. 2009). Zudem arbeiten die genannten Studien mit Stichproben, in denen Kinder aus der sozialen Unterschicht überrepräsentiert sind. Bilderbucharbeit ist also möglicherweise besonders wirksam in Kitas mit schwierigem Einzugsbereich.

Wie die Bilderbucharbeit gestaltet werden sollte, kann man allerdings leider derzeit nicht zuverlässig ermitteln. Wenn der Wortschatz aber insbesondere in nicht alltäglichen Zusammenhängen Lücken aufweist, dann spricht dies zunächst für einen Einsatz (auch) von Büchern, die eben diese nicht alltäglichen Zusammenhänge zum Gegenstand haben – also z. B. von Sachbilderbüchern. Es ist auch sinnvoll, die Vorlesearbeit zu systematisieren, etwa als tägliche Vorlesestunde auf der Basis einer vom Team zusammengestellten Buchtitelliste. Dass der Wortschatz überhaupt eine wichtige Bedeutung für die Lese-/Schreibentwicklung hat, ist dabei gut nachvollziehbar. Lesen kann man zumindest in späteren Entwicklungsphasen als Verifikation und Falsifikation von Silben-, Wort- und Satzerwartung verstehen. Kein Wunder also, dass sich bei Kindern mit (L2)-Wortschatzlücken erhebliche Probleme einstellen.

Belke (2001, 18) weist zusätzlich darauf hin, dass Migrantenkinder häufig eine Lernsprache (Interlanguage) entwickeln, die sich auf die bedeutungstragenden Elemente der Sprache konzentriert, auf grammatische Funktionsträger und Endungen weitgehend verzichtet. Dass die Zweitsprache häufig nur unzureichend erworben wird, wirkt sich nach ihrer Analyse negativ auf die gesamte Schullaufbahn aus.

Dass ein für Kitazusammenhänge ausreichender mündlicher L2-Sprachgebrauch nicht zwingend heißt, dass auch ein ausreichender Wortschatz erworben wurde, zeigen auch die Begleitstudien des Essener Trainings. Im Vorfeld des Trainings wird in den teilnehmenden Kitas ein Wortschatztest durchgeführt. Vereinbart ist: Zunächst werden die Eltern informiert (schriftlich in verschlossenem Umschlag). Erreichen die untersuchten Kinder im Aktiven Wortschatz Test (AWST-R) einen Prozentrang von unter 20, werden die Eltern zu einem persönlichen Beratungsgespräch mit dem Autor eingeladen. Die Erzieher/innen werden erst dann über das Abschneiden der einzelnen Kinder informiert, wenn die Eltern keine Einwände haben.

Bemerkenswert ist zunächst der hohe Anteil der Kinder mit Wortschatzproblemen. Von insgesamt 133 mit dem AWST-R getesteten Kindern erreichen 71 einen Prozentrang von bis zu 20. Insgesamt 45 von ihnen kommen sogar nur auf einen

Prozentrang von bis zu 5. Vor dem Hintergrund, dass viele der untersuchten Kinder das maximale Testalter im Jahr ihrer Einschulung bereits überschritten haben, muss man möglicherweise sogar noch von deutlich höheren Anteilen von Wortschatzproblemen ausgehen.

Fast ebenso bedeutsam ist der Verlauf der Teamgespräche bei der Diskussion der Befunde. Den Erzieher/innen ist zwar in der Regel durchaus klar, welche Kinder schwer wiegende Wortschatzprobleme aufweisen (Prozentrang ≤ 5). Ab einem Prozentrang von 10 entstehen aber bereits gravierende Unsicherheiten. Erzieher/innen, Lehrer/innen und Therapeut/innen müssen sich also nicht nur darauf einstellen, dass ihr Klientel möglicherweise massive Wortschatzprobleme aufweist. Sondern sie müssen auch damit rechnen, dass sie diese Probleme häufig nicht erkennen. Sie wissen also vielleicht nicht, wer Hilfe besonders nötig hat oder wer auf einem guten Weg ist.

Die Einsicht, dass die Entwicklung des Wortschatzes eine wichtige Sache ist, gehört zudem nicht nur in Teamgespräche. Sondern sie sollte unbedingt auch in Elternabenden und in Elterngesprächen verbreitet werden. Denn – auch dies zeigen die Erfahrungen aus der Begleitung des Essener Trainings deutlich: Auch Eltern in sogenannten schwierigen Einzugsbereichen zeigen ein großes Interesse daran, dass ihr Kind mit guten oder zumindest doch akzeptablen Kenntnissen der Mehrheitssprache eingeschult wird. Die Beratungsgespräche des Essener Trainings erweisen sich als bestens besucht. Und es sind wirklich alle Familien vertreten: Eltern mit akademischen Abschlüssen, ebenso wie Familien, zu denen bislang in den Einrichtungen kaum Kontakt aufgebaut werden konnte.

In den Gesprächen selbst ist den Eltern trotz z. T. erheblicher Verständigungsprobleme absolut einsichtig, warum ein angemessener Wortschatz wichtig für das Lesen und Schreiben ist. Und die Gespräche befassen sich mit bemerkenswerter Intensität mit der Frage, wie im häuslichen Umfeld die Entwicklung deutscher Sprachkenntnisse gefördert werden kann.

Drei Ratschläge kann man Eltern in solchen Gesprächen geben: Zunächst weisen Family-Literacy-Studien (Rabkin 2004, Wocken 2005, 41; Esser 2006; 67) darauf hin, dass der häusliche Umgang mit Büchern eine wichtige Bedeutung zu haben scheint.

Vor diesem Hintergrund ist es *erstens* sinnvoll, Eltern zu erklären, wie wichtig es ist, dass im Haushalt viel Wert auf Lesen gelegt wird. Das gemeinsame Betrachten von Bilderbüchern, das Vorlesen von Kinderbüchern ist wichtig für die Sprachentwicklung des Kindes. Studien, die auf einen Zusammenhang von L1 und L2 verweisen, kann man zumindest zum Anlass nehmen, Familien ohne ausreichende Deutschkenntnisse zu ermutigen, Vorlesen und Bilderbuchbetrachtung in der Muttersprache anzugehen. Fehlen hierzu die Voraussetzungen (z. B. weil die Eltern auch in der ersten Sprache keine ausreichenden schriftsprachlichen Kenntnisse erwerben konnten), dann kann an die Stelle des Vorlesens ein gemeinsames Anhören von Hörbüchern treten. Denn wesentliche Anteile des Vorlesens (die besondere Erzählsprache der Kinderbuchliteratur, der besondere Wortschatz) dürften auch in diesem Setting wirksam werden. Gemeinsame Ausflüge in die regionalen Bibliotheken, spezifische Elternabende oder Mütternachmittage in diesen Einrichtungen, helfen, das Angebot bei den Eltern bekannt zu machen.

Ein *zweiter Vorschlag* gilt den Interaktionspartnern der Kinder. Als Kind von Migranten aufwachsen, heißt in Deutschland vergleichsweise häufig auch in Stadtvierteln, in Quartieren zu leben, in denen nicht mehr viele Kinder deutscher erster Sprache wohnen. Manchmal entwickeln sich regionale Schwerpunkte, also z.B. Straßenzüge oder Häuserzeilen, in denen viele türkischsprachige Familien wohnen, Viertel, die eine besondere Anziehungskraft auf russischsprachige Familien haben, und Viertel, in denen sich bald eine arabischsprachige Mehrheit etabliert. Dies führt erfahrungsgemäß zu Verhältnissen, in denen Kinder mit Migrationshintergrund nachmittags vor allem mit anderen Kindern mit Migrationshintergrund zu tun haben, möglicherweise sogar mit Kindern gleicher Muttersprache. Hiergegen wäre nichts einzuwenden, gäbe es nicht die Befunde der Bilingualismusforschung, die Ausmaß und Zeitpunkt des Kontaktes mit der Mehrheitssprache große Bedeutung für die Entwicklung von L2-Kenntnissen zuschreiben. Kinder aus Brennpunkten brauchen also unbedingt deutsche Muttersprachler als Interaktionspartner – sei es im Sportverein oder im Ballettunterricht.

Der *dritte* Rat in solchen Elterngesprächen bezieht sich auf die Mediennutzung. Zwar sind die negativen Einflüsse des Fernsehkonsums auf die schulische Leistungsentwicklung inzwischen gut belegt. In der Studie von Wocken (2006, 42) finden sich z.B. die höchsten Anteile der Vielseher (mehr als 3 Stunden täglich) in der Gruppe der Förderschüler. Negative Auswirkungen auf Schulleistungen, Aufmerksamkeit oder Intelligenzentwicklung berichten auch Schiffer u.a. (2002, 5), Gorley u.a. (2004, 160) und Sharif und Stargent (2006, 1067). Aber die Forschungslage reicht noch nicht aus, um von allgemein schädlichen Wirkungen des Fernsehens auszugehen. Dass Fernsehen ein Problem sein könnte, gehört demnach sicher in Beratungsgespräche des Kitaalltags. Und es ist angemessen, die Verhältnisse so zu schildern, wie sie sich derzeit abzeichnen – als gut belegter Zusammenhang ohne Kausalitätsnachweis.

Um sich nicht bei Kindern vollständig unbeliebt zu machen: Ein Hinweis auf die Forschunglage zur Sprache der konsumierten TV Sendungen kann Lösungen aufzeigen, die nicht vollständig weltfremd sind. Wer nicht auf Fernsehen verzichten will, kann sich zumindest für Sender der Mehrheitssprache entscheiden. Denn zumindest zwei Studien der Literaturrecherche gestehen einem TV-Konsum bzw. Videokonsum in L2 positive Wirkungen zu: Dies ist zum einen wiederum die Studie von Silven/Rubinov (2010, 398 ff). Ein weiterer Hinweis lässt sich der Studie von Uchikoshi (2006) entnehmen. Uchikoshi (2006) berichtet von positiven Effekten von TV-Sendungen auf die Sprachentwicklung von 150 spanischenglischsprachigen Vorschulkindern („Arthur" bzw. „Between the lions"). Während die gemeinsame Betrachtung im Unterricht keinen Effekt hatte, zeigen sich bei Kindern, die diese Sendungen auch zu Hause sahen, positive Auswirkungen

5.6 Die Phonologische Bewusstheit fördern

Dass die phonologische Bewusstheit auch bei Migrantenkindern gefördert werden sollte, ist eine der am besten abgesicherten methodischen Schlussfolgerungen dieses Buches. Basis dieser Empfehlungen sind dabei die im Rahmen des zweiten Kapitels ausführlich referierten Studien über die Zusammenhänge der Entwicklung zwischen erster und zweiter Sprache, andererseits aber auch Untersuchungen, die die Effekte von Förderprogrammen prüfen.

Nun ist die Bedeutung für die Lese-/Schreibentwicklung zwar gut belegt. Aber im Bereich phonologische Bewusstheit lassen sich auch deutliche Interferenzen nachweisen. Man muss also davon ausgehen, dass Kinder mit Migrationshintergrund je nach sprachlicher Herkunft unterschiedliche Probleme mit ausgewählten Lauten der deutschen Sprachen haben. Für die förderdiagnostische Arbeit heißt dies zunächst: Es ist wichtig zu wissen, wer mit welchen Lauten besondere Schwierigkeiten hat.

An zumindest zwei Stellen der Lese-/Schreibentwicklung werden diese Probleme besonders deutlich sichtbar: Sie werden *erstens* sichtbar, wenn Kinder Probleme haben, besondere Laute aus der gesprochenen Sprache herauszuhören, wenn sie z. B. ihnen aus ihrer ersten Sprache nicht bekannte Laute oder Lautverbindungen verwechseln, falsch aussprechen usw. Sie werden *zweitens* sichtbar in der Phase, in der die Graphem-Phonem-Korrepondenzregeln erlernt werden, etwa wenn bestimmte Laute häufig oder gar konsequent falsch verschriftet werden oder wenn in der Phase des synthetisierenden Lesens die zu erlesenden Laute falsch ausgesprochen werden. Relevant werden solche Probleme vor allem also im Jahr vor der Einschulung und am Anfang der Schullaufbahn.

Es ist gar nicht einfach, in der alltäglichen Kitaarbeit festzustellen, welche Problemlaute ein Kind hat. Und hier hilft (bislang) auch kein Testverfahren. Eigentlich fallen derlei Probleme nur Pädagog/innen bzw. Psycholog/innen auf, die in der Förderarbeit mit Vorschulkindern das Lautinventar der deutschen Sprache vorstellen. Und derlei ist nach wie vor eher selten. Zur Zeit dürfte sich dies auf den Rahmen logopädischer, selten auch heilpädagogischer Behandlung oder auf die Förderung in einer Sprachheilkita einschränken. Erzieher/innen, die mit dem Essener Training zur Förderung der Phonologischen Bewusstheit arbeiten, müssten ebenfalls besondere Probleme bei der Lautvorstellung bzw. in den Übungen zu den einzelnen Lauten auffallen. Förderdiagnostisch arbeiten, heißt in solchen Settings also zunächst einmal festhalten, welche Laute betroffen sind, ob es zu spezifischen Ersetzungen, Veränderungen oder Auslassungen kommt und wie die Klienten auf Fördermaßnahmen reagieren.

Ein Beleg der Schwellenhypothese ist auch in Sachen phonologischer Bewusstheit kaum möglich. Es ist auch schwer zu glauben, dass die Schwelle wirklich bei den Sprachkompetenzen von vier bis fünfjährigen Sprechern liegen kann. In diesem Fall müssten Kinder, die in ihrer frühen Sprachentwicklung nur kurz mit einer ersten Sprache in Berührung gekommen sind (und entsprechend keine L1 spezifische phonologische Bewusstheit entwickeln konnten), von einer angemessenen Entwicklung in L2 ausgeschlossen sein. Die Literaturrecherche dieses Buches ermittelt keinen Hinweis auf eine Studie, die derlei überzeugend belegen könnte oder wollte. Die in Kapitel zwei zusammengetragenen Studien zeigen dagegen fast ausnahmslos Zusammenhänge zwischen der Entwicklung der phonologischen Bewusstheit in der ersten und zweiten Sprache (u. a.: Branum-Martin u. a. 2006, Ibrahim 2007, Luk und Bialystok 2008, Anthony u. a. 2009, Kim 2009, Kim 2010, Leikin u. a. 2010, Silven & Rubinov 2010), sogar dann, wenn so unterschiedliche Sprachen wie Englisch (als phonetische Sprache) und Kantonesisch (als tonale Sprache) untersucht werden (Luk und Bialystok 2008). Gleichzeitig gibt es Hinweise darauf, dass die Förderung der phonologischen Bewusstheit (auch) bei Migrantenkindern gute Wirksamkeit zeigt (u. a. Swanson 2005, Weber u. a. 2007, Mand 2012 in diesem Buch). Zusammenfassend lässt sich damit nur festhalten: Es ist sinnvoll, bei bilingualen Kindern in die Förderung der phonologischen Bewusstheit zu investieren.

Viel mehr als diese einigermaßen klare Aufforderung ist allerdings den einschlägigen Untersuchungen derzeit nicht zu entnehmen. So ist z. B. bereits unklar, ob sich für den Einsatz mit bilingualen Kindern andere Verfahren empfehlen als für die Arbeit mit Muttersprachlern. Dass es möglich ist, dass Kinder, die (auch) mit ihnen zumindest in Teilen fremden Lauten umgehen lernen sollen, vor besonderen Herausforderungen stehen, ist dabei einsichtig, aber keineswegs gut erforscht. Auch die Hypothese des Essener Trainings, dass es für Kinder nicht deutscher Muttersprache nicht falsch sein kann, in einem Training der phonologischen Bewusstheit, alle Laute der deutschen Sprache systematisch und vollständig vorgestellt zu bekommen, ist nicht unbedingt überzeugend belegt. In bilingualen Zusammenhängen empfiehlt sich getreu der Devise, dass ein früher und umfangreicher Kontakt mit L2 zu den besten L2 Kenntnissen führt, möglicherweise die Arbeit mit zwei Programmen – einerseits mit Programmen in der jeweiligen ersten Sprache, andererseits aber auch die Arbeit mit L2-Programmen.

Gleich mehrere Studien zeigen, wie wichtig eine systematische Förderung ist. Rinker u. a. (2010) finden z. B. Hinweise darauf, dass türkisch-deutschsprachige Kindergartenkinder das deutsche phonetische System noch nicht vollständig erworben haben, und dies, obwohl sie in Deutschland geboren wurden und in einer deutschsprachigen Umgebung immersiv gefördert wurden. Die Studie von Swanson (2005, 342) zeigt, dass man zumindest unter Brennpunktbedingungen gelegentlich davon ausgehen muss, dass bilinguale Schüler/innen noch in der 5. bis 8. Klasse gravierende Lücken in der phonologischen Bewusstheit haben. Deshalb können sie von Trainingsprogrammen profitieren, die eigentlich vor der Einschulung hätten durchgeführt werden müssen.

Man muss demnach festhalten: Die Förderung der phonologischen Bewusstheit ist ein unverzichtbares Werkzeug der Sprachförderung von Migrantenkindern. Sie sollte zum Einsatz kommen, wenn Kinder sich hierfür sensibel zeigen, also normaler Weise im Alter von vier bis sechs Jahren. Entsprechend muss man diese Förderprogramme als wichtiges Handwerkszeug von Kindertagesstätten und

Grundschulen einstufen. Wer in Therapie, Inklusion- oder in Förderschulen mit bilingualen Schülern konfrontiert ist, die auch zu einem späteren Zeitpunkt Probleme mit der phonologischen Bewusstheit zeigen (z. B. Probleme bei der Phonem-Graphem-Korrespondenz), kann dies unter Umständen ein Hinweis darauf sein, dass eine angemessene Förderung aus welchen Gründen auch immer bislang noch nicht erfolgt ist. Ein Training zur Förderung der phonologischen Bewusstheit ist hier sinnvoll.

Dass der Einsatz von Kindergarten-Materialien für z. B. zehnjährige Kinder keine besonders gute Idee ist, dürfte dabei den meisten Pädagog/innen und Therapeut/innen eigentlich klar sein. Das Problem ist: Für Spätleser stehen zur Zeit kaum brauchbare Materialien zur Verfügung. Professionelle Bildwörterbücher könnten ein erster Ansatzpunkt für eine altersangemessene Arbeit sein. Man kann die Not (also den Mangel an geeigneten Materialien) allerdings auch zur Tugend machen. Phonologisches Wissen kann man nicht nur dadurch erwerben, dass man vorstrukturierte Materialien durcharbeitet. Sondern phonologisches Wissen entsteht auch dann, wenn Kinder und Jugendliche didaktische Materialien selbst erstellen. Ausgangspunkt kann ein Programm für die „Kleinen" sein, aus dem man durch veränderte Abbildungen, durch veränderte Sprache, durch veränderte Inhalte eine Version für Zehnjährige machen will.

Der Einsatz von PCs, der Einsatz einfacher Bildbearbeitungsprogramme, die Verwendung von eigentlich für Vorschulkinder vorgesehenen Materialien als Schablonen (Aufgabe: Wählt ein Design für eure Altersgruppe) führt in der Regel zumindest bei nicht vollkommen ungeschickten Kindern und Jugendlichen zu ansehnlichen Ergebnissen und hat zudem günstige Auswirkungen auf digitale Fertigkeiten. Werden die Arbeitsblätter dann in den Schulfundus, in die Materialsammlung der Praxis überführt, oder besser noch: werden die Ergebnisse auf Homepages veröffentlicht, sind zudem beachtliche Motivationseffekte zu erwarten.

5.7 Graphem-Phonem-Korrespondenzregeln klar und explizit zum Gegenstand der Förderung machen

Auf die phonologische Bewusstheit folgt bei monolingualen Sprechern in aller Regel eine Phase, in der sich Kinder Graphem-Phonem-Korrespondenzregeln aneignen. Dabei ist die Begrifflichkeit etwas verwirrend. Zwar gibt es tatsächlich für jede Sprache ein einigermaßen nachvollziehbares Regelwerk, das erklärt, welche Laute mit welchen Buchstaben verschriftet werden. Aber die meisten Lese- oder Schreiblehrgänge deutscher Schulen sehen keine systematische und vollständige Einführung in die Laute der deutschen Sprache vor.

178

Tab. 33: Phoneme und An-/In-/Auslautwörter des Essener Trainings

A	Affen-A	kurzes/a/		K	Kamm-K	
	Ameisen-A	langes/a/		L	Leiter-L	
B	Bären-B	B		M	Maus-M	
C	Entspricht /k/, /z/ oder Bestandteil von /ch1/ und /ch2/			N	Nagel-N	
CH1	Chinesen-CH			O	Ofen-O	Langes, geschlossenes O
CH2	Buch-CH				Orkan-O	Kurzes, offenes O
D	Delfin-D			P	Palmen-P	
E	Esel-E	Langes geschlossenes /E/		PF	Pfeil-Pf (entspricht p + f/v)	
	Ähren-E	Langes offendes /E/		Q	entspricht k + w	
	Engel-E	Kurzes geschlossenes /E/		R	Raben-R	
	Ratten-E	Unbetontes Auslaut /E/		S	Sonnen-S	
Ei	Ei-EI				Eis-S	
Eu	Eulen-Eu			Sch	Schubkarren-SCH	
Ö	ÖI-Ö			T	Tauben-T	
	Höcker-Ö			U	Ufo-U	Langes geschlossenes U
F	Fisch oder Vogel-F				Unterhosen-U	Kurzes offenes U
G	Gans-G			Ü	Kühl-schrank-Ü	Langes geschlossenes Ü
	Angel-NG				Tüllen-Ü	Kurzer, offenes Ü
H	Hahn-H			W	Weintrauben-W	
I	Indianer-I	Kurzer, offenes /I/		X	Entspricht k + s	
	Igel-I	Langes, geschlossenes /I/	Z	Entspricht t + s (stimmlos)		
J	Jojo-J			ST	Entspricht am Silbenanfang außerhalb Hamburgs Sch + T	

Seit Reichens „Lesen durch Schreiben" (1982) haben sich zunächst Anlauttabellen und das phonetische Schreiben als methodische Hilfsmittel durchgesetzt. Beides sind gute Methoden, die Beziehungen zwischen Lauten und Buchstaben zu erschließen, zumindest dann, wenn fehlerfreie Tabellen eingesetzt werden und auch die Instruktionen der Pädagog/innen und Therapeut/innen einigermaßen der phonetischen Wirklichkeit folgen.

Besonders anspruchsvoll ist die Einführung in die Graphem-Phonem-Korrespondenz-Regeln u. a. deshalb, weil bei erwachsenen Lesern und Schreibern zwar die entsprechenden Kenntnisse noch vorhanden sind. Die entsprechenden Kompetenzen werden aber in aller Regel nur selten genutzt. Und so fehlt vielen Erwachsenen einfach die Sensibilität dafür, wie es für ein Kind sein muss, mit Buchstaben und Lauten umzugehen. Welcher nicht in Sachen Phonemen ausgebildeter deutschsprachiger Pädagoge weiß z. B. schon, dass die deutsche Sprache vier

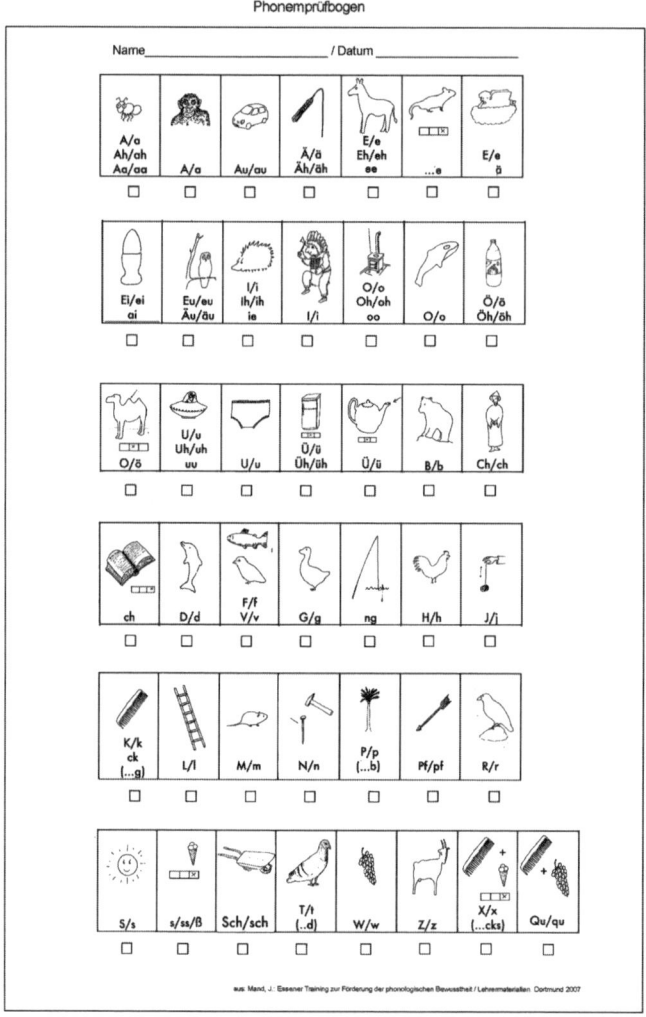

Abb. 13: Phonemprüfbogen des Essener Trainings

unterschiedliche /e/-Laute kennt: das lange, geschlossene /e/ wie in Esel, das lange offene /e/ wie in Ähre, das kurze geschlossene /e/ wie in Engel und schließlich das unbetonte Auslaut-/e/ wie in Ratte. Und diese vier /e/-Laute kommen nach keinesfalls eindeutigen Regeln zum Einsatz. Zu Irritationen in Lehr- oder Fortbildungsveranstaltungen des Autors führt z. B. in aller Regel die Feststellung, dass das lange offene /e/ als E-Laut zu verstehen ist. Die Schreibung mit einem Ä ist vielfach so sehr gewohnt, dass sie glauben, es handele sich um einen A-Laut (das ist offenkundig falsch).

Man kann also die Aufgabe an die jeweiligen Pädagog/innen oder Therapeut/innen darin beschreiben, Lernangebote vor dem Hintergrund der beschränkten Kenntnisse der jeweiligen Lese-/Schreibanfänger zu verstehen, ein Verständnis dafür zu entwickeln, warum Rechtschreibprobleme auf den manchmal wirklich ungewöhnlichen Wegen „gelöst" werden, und begründete Vermutungen darüber zu entwickeln, was der nächsten Schritt der Entwicklung sein könnte und wie man diese Entwicklung anstoßen kann.

Dass es in diesen Zusammenhängen hilfreich ist, eine klare Vorstellung von den verwendeten Phonemen zu haben und auch zu wissen, wie diese Phoneme verschriftet werden, liegt auf der Hand. Vollständige und phonetisch richtige Anlauttabellen sind hier ein erster wichtiger Schritt. Ein solche Anlauttabelle kann z. B. dem Essener Training entnommen werden (Abbildung 13 oder: freier Download unter: www.johannes-mand.de/training.htm).

Einen guten Überblick über die Entwicklung der Graphem-Phonem-Korrespondenz erlaubt dabei eine phonetische Auswertung, also das Verfahren, das für die Auswertung der Brennpunktstudie entwickelt wurde (Kapitel 3). Bedingung hierfür ist zunächst ein frei geschriebener Text oder ein ungeübtes Diktat. In einem ersten Schritt wird der Text in Lautschrift (oder wem das zu kompliziert ist: in Anlautminis des Essener Trainings) „übersetzt". In einem zweiten Schritt kann man untersuchen, welche Laute orthographisch korrekt verschriftet werden und welche nicht. Eine zusammenfassende Auswertung zeigt abschließend, ob die Probleme darauf zurückgehen, dass Laute falsch wahrgenommen werden bzw. systematisch falsch verschriftet werden, oder ob spezifische Rechtschreibregeln das eigentliche Problem darstellen.

Dabei ist *erstens* darauf zu achten, dass man die Fehler auch wirklich an den Phonemen zählt, die falsch interpretiert werden. Wer z. B. Ratte nur mit einem -t schreibt („Rate"), macht nicht etwa einen Fehler beim /t/, sondern beim /a/. Denn: Bei der Konsonantenverdopplung geht den doppelten Konsonanten immer ein kurzer Vokal voraus. Dehnungsfehler werden analog nicht bei den Dehnungsbuchstaben, sondern beim langen Vokal vermerkt.

Zweite Herausforderung: Ein Phonem kann zu gleich mehreren Fehlern führen, etwa wenn einerseits Konsonantenverdopplungs- und Dehnungsgebote missachtet werden und zeitgleich der zu schreibende Vokal falsch verschriftet wird (z. B. Telefunn statt Telefon). Solche doppelten Fehler sollte man nicht doppelt werten.

Die Wörter bzw. der Satz, den der türkische Erstklässler von Abbildung 14 schreiben will, lauten orthografisch richtig: „Hund", „Telefon" und „Die Fliege fliegt auf Uwes Nase". Betrachtet man die Regeln der Orthographie, so kann man festhalten: Der Schreiber macht (mit einer Ausnahme) fast in jedem Wort mindestens einen Fehler. Fast alles falsch geschrieben.

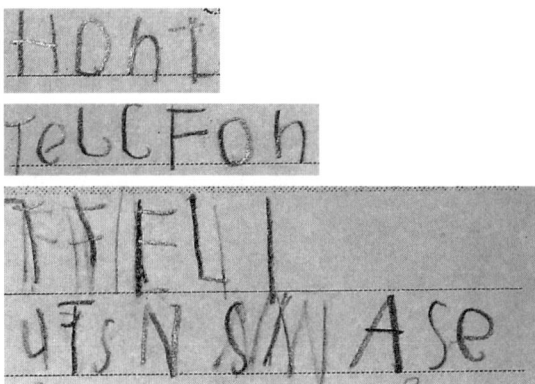

Abb. 14: Schreibversuche eines türkisch-deutschsprachigen Kindes fünf Monate nach der Einschulung

Wendet man die Auswertungsstrategien der Hamburger Schreibprobe auf den vollständigen Text an, so kann man vielleicht ergänzen: Der Schreiber erreicht nicht besonders viele Graphemtreffer, d.h. er macht nicht nur Fehler auf der Wortebene, sondern er macht auch viele Fehler auf der Buchstabenebene. Er kann zudem kaum schreiben, wie man spricht (alphabetische Strategie). Und Rechtschreibregeln sagen ihm noch sehr wenig (orthografische Strategie). Anders formuliert: Er hat offenbar grundsätzliche Probleme in der Rechtschreibung, Probleme übrigens, die man durchaus als besorgniserregend einstufen kann.

Die therapeutischen Schlussfolgerungen aus alledem sind allerdings etwas dünn. Man kann z.B. festhalten, dass der Lese-/Schreiblehrgang offenbar nicht besonders erfolgreich durchlaufen wurde. Einen erneuten Anlauf könnte man durchaus für sinnvoll halten – das Problem ist allerdings: die Mitschüler sind bereits jetzt weit voraus. Was genau falsch gelaufen ist, weiß man allerdings nicht, und so fehlen auch wichtige Grundlagen für Methodenentscheidungen (Erst Training der phonologischen Bewusstheit und dann ein anderer Lese-/ Schreib-Lehrgang? Welcher Lehrgang eignet sich in diesem Fall besonders?). Noch einmal von vorne anfangen, hat zudem etwas demotivierende Wirkungen, und es ist ja nicht so, dass den betreffenden Schülern die Leistungsunterschiede verborgen bleiben.

Wendet man dagegen die phonetische Auswertung an, so werden mit ziemlich geringen Aufwand einige zusätzlichen Informationen für die praktische Arbeit verfügbar. Phonetisch falsch verschriftet ist das kurze /u/ in Hund. Es ist also möglicherweise sinnvoll, die /U/-Laute zu wiederholen. Das lange /U/ scheint der Schreiber dagegen zu kennen. Denn er verschriftet das Diktatwort „UWES" in Form von UFS. Besondere Probleme hat der Schreiber offenbar auch mit den /E/-Lauten. Er verwechselt möglicherweise das lange /e/ in Telefon mit einem kurzen /e/ (die Verdopplung des nachfolgenden -l-). Und das Wort „UWES" verschriftet er mit -UFS-. Er lässt also das kurze Auslaut-E aus („Ratten-E").

Probleme bereitet ihm offenbar auch das /w/. /W/mit -F- zu verschriften, ist aber phonetisch betrachtet nicht vollkommen falsch. Denn es handelt sich um ähnliche Laute. Das Diktatwort „Nase" wird nach einem ersten fehlerhaften Anlauf (NSI) orthografisch korrekt geschrieben. Bleibt noch das falsch geschriebene -d- im Wort Hund. Kann man als Fehler werten (weil orthografisch falsch). Aber es liegen keine phonetischen Probleme vor, sondern hier wird eine Rechtschreibregel nicht beachtet (Auslautverhärtung). Nur die Pluralbildung macht uns fortgeschrittenere Schreiber darauf aufmerksam, dass man zwar /t/ spricht, aber -d- schreibt.

Bereits eine Analyse weniger Worte zeigt demnach ziemlich deutlich: Der hier untersuchte Junge hat zwar erste Kenntnisse von Graphem-Phonem-Korrespondenzregeln erworben, aber es zeigen sich auch noch ziemlich deutliche Lücken. Durchaus möglich, dass diese Probleme ihre Wurzel in der Wahrnehmung von Lauten haben. Eine erste Entscheidung in den oben aufgeworfenen Methodenfragen ist also möglich. Ja, es ist vermutlich ziemlich sinnvoll, noch einmal Zeit in ein Training der phonologischen Bewusstheit zu investieren. Denn wer Laute nicht sicher unterscheiden kann, hat mit einiger Sicherheit auch gravierende Probleme bei der Zuordnung von Lauten zu Buchstaben. Dem jungen Schreiber fehlen also wichtige Voraussetzungen für den nächsten Entwicklungsschritt.

Eine Analyse frei geschriebener bzw. ungeübter Texte mit der phonetischen Auswertung verhilft also ziemlich schnell zu Hypothesen über spezifische Probleme bei der Graphem-Phonem-Korrespondenz. Die Besonderheit bei bilingualen Kindern: Es ist durchaus möglich, dass die erste Sprache eine Rolle spielt. Vielleicht macht sich ein Akzent bemerkbar. Oder einige Laute oder Lauteigenschaften der deutschen Sprache sind nicht bekannt. Ist es also unverzichtbar, dass Pädagog/innen bzw. Therapeut/innen über L1-Kenntnisse verfügen?

In dem hier vorliegenden Beispiel ist dies ganz offensichtlich nicht zwingend notwendig. Sowohl Pädagog/innen bzw. Therapeut/innen mit türkischen Sprachkenntnissen als auch Zeitgenossen, die über keine türkischen Sprachkenntnisse verfügen, werden herausfinden können, ob die Probleme daher rühren, dass der junge Schreiber die entsprechenden Laute nicht richtig sprechen kann. Für diese Aufgabe sind also keine türkischen Sprachkenntnisse erforderlich. Man kann weiter sagen: Es ist sogar wichtiger, dass die Pädagog/innen bzw. Therapeut/innen die deutsche Sprache so gut beherrschen, dass eine akzentfreie Aussprache der hier untersuchten Problemlaute gelingt. Denn: Wie soll die Fähigkeit, Problemlaute sauber zu unterscheiden, gefördert werden, wenn derjenige, der hierfür verantwortlich ist, die Laute selbst nicht angemessen vortragen kann?

Ein kleiner Vorteil für bilinguale Therapeuten mag bei der Identifikation von Interferenzen entstehen. Zwar entwickeln auch die meisten monolingualen Pädagog/innen oder Therapeut/innen vergleichsweise schnell ein Gespür für typische Fehler von bilingualen Schülern. Aber vielleicht fallen bilingualen Therapeuten bei der Suche nach den Ursachen von Problemen einfach mehr Hypothesen ein. Und es ist sicher hilfreich, wenn der Pädagoge auf mögliche Parallelen zwischen L1 und L2 verweisen kann – etwa, wenn es um ähnliche Laute geht oder Differenzierungen dieser Laute in der einen oder anderen Sprache. Bilinguale Therapeuten dürften sich zudem vermutlich auch besser vorstellen können, vor welchen Entwicklungsaufgaben die jeweiligen Schreibanfänger stehen.

Zusammenfassend gilt aber: Auch dann, wenn sich die jeweiligen Probleme im Erwerb der Graphem-Phonem-Korrespondenzregeln wirklich auf Einflüsse der ersten Sprache zurückführen lassen – das Lernziel bleibt das gleiche. Ob Erzieher/innen, Lehrer/innen oder Therapeut/innen mit monolingualen Kindern oder mit bilingualen Kindern zu tun haben, hat demnach zwar unter Umständen einige Auswirkungen auf ihre Arbeit. Aber diese Erweiterung des ohnehin schon sehr umfangreichen Bestands möglicher Hypothesen über die Verursachung von Lese-/Rechtschreib-Problemen führt nicht zu einer vollkommen anderen pädagogischen Arbeit. Man kann Förderangebote zur Graphem-Phonem-Korrespondenz in deutscher Sprache machen, ohne die erste Sprache von bilingualen Schülern zu sprechen. Man kann herausfinden, ob die Schüler die jeweiligen Problemlaute unterscheiden können. Man kann feststellen, auf welche Methoden die jeweiligen Schüler gut reagieren.

5.8 Alternativen zum phonetischen Weg nutzen

Nun weisen die Befunde von Swanson u. a. (2005) und die auch in diesem Buch bei Förderschülern gefundenen Ergebnisse darauf hin, dass ein beachtlicher Anteil von Kindern und Jugendlichen offenbar erhebliche und langfristige Probleme mit der phonologischen Bewusstheit entwickelt. Vor dem Hintergrund der Hypothese, dass Lernbehinderung als Folge von sozialer Randständigkeit/Armut und Problemen in der phonologischen Bewusstheit verstanden werden kann, kann man auch die hohen Sonderschulquoten bei Migrantenkindern in Deutschland (Förderschule Lernen) als Hinweis auf eine besondere Anfälligkeit bilingualer Kinder in dieser Richtung verstehen.

Wie kann man sich diesen Befund erklären? Zur Zeit spricht viel dafür, dass vor allem soziale Variablen für diese Unterschiede verantwortlich sind. Nach dieser Analyse würden sich arme Kinder aus Migrantenfamilien in ihren phonologischen Kenntnissen nicht von armen Kindern aus Familien ohne Migrationshintergrund unterscheiden. Die Häufung von Migrantenkindern mit Problemen in der Entwicklung der phonologischen Bewusstheit entsteht nach dieser Sicht also vor allem dadurch, dass es in Deutschland wohl häufiger arme Familien mit Migrationshintergrund geben muss als arme Familien ohne Migrationshintergrund. Denkbar wäre allerdings zweitens auch, dass Bilingualität als besondere Herausforderung an die Sprachentwicklung verstanden werden muss. Einige Kinder können diese phonetische Herausforderung durch besondere Anstrengungen bewältigen (deshalb die überdurchschnittlichen Werte in ausgewählten Untersuchungen). Andere Kinder scheitern (deshalb z. B. die hohen Anteile von Migrantenkindern in der Förderschule Lernen).

Kinder, die gravierende Probleme in der phonologischen Bewusstheit entwickeln, lassen sich demnach in zumindest zwei Gruppen aufteilen. Der vermutlich größere Teil dieser Kinder entwickelt Probleme, weil er die für eine gute Sprachentwicklung erforderlichen Entwicklungsanreize nicht erhält. Die zweite Gruppe besteht aus Kindern, die trotz guter Förderangebote keine ausreichenden Kenntnisse in Sachen phonologischer Bewusstheit entwickeln kann – weder in ambulanten Settings der Legastheniertherapie noch in den Förderschulen.

Wie hoch die Anteile von „therapieresistenten" Legasthenikern eingestuft werden müssen, ist empirisch noch nicht hinreichend untersucht. Und präzise Aussagen darüber, wie hoch der Anteil der Förderschüler angesetzt werden muss, die bei ihrer Entlassung keine angemessenen Lese- oder Schreibkenntnisse entwickelt haben, sind bei derzeitigem Forschungsstand ebenfalls kaum möglich.

Es ist also durchaus angemessen, bei gravierenden Problemen auf der phonetischen Ebene über alternative Entwicklungswege nachzudenken. Und dies gilt für Leseanfänger deutscher Muttersprache ebenso wie für bilinguale Leseanfänger. Weil das Lesen erwachsener Leser vor allem als Verifikation von Silben-, Wort- und Satzerwartungen zu verstehen ist, weil z.B. gehörlose Menschen nachweislich auch ohne jegliche phonetische Kenntnisse lesen und schreiben lernen können, weil nicht zu vernachlässigende Anteile jedes Jahrgangs gravierende Probleme damit haben, auf dem Weg über das synthetisierende Lesen oder über das phonetische Schreiben angemessene literale Kenntnisse zu entwickeln, ist demnach sinnvoll, in der Therapie zumindest dann andere Wege zu beschreiten, wenn sich der übliche Weg als kaum gangbar erweist.

Alternativen zum phonetischen Weg nutzen den Umstand, dass in frühen Phasen der Leseentwicklung eine besondere Form von Wortbildern genutzt werden (logographemisches Lesen). Sie setzen an der Erkenntnis an, dass kompetente Leser ohne umfangreiche Kenntnisse von Wortbildern („Wortbildspeicher") wohl kaum in der Lage wären, anhand der Fixation von Buchstabengruppen Hypothesen über die zu erlesenden Worte zu entwickeln. Sie setzen an der Alltagserfahrung kompetenter Rechtschreiber an, die Rechtschreibprobleme manchmal dadurch lösen, dass sie Worte in mehreren Varianten niederschreiben und in der Betrachtung der Alternativen die Lösung auswählen, die ihnen intuitiv als richtig geschrieben erscheint. Wichtiges Förderziel der Lese-Rechtschreibförderung muss es also auch sein, dafür zu sorgen, dass sich Kinder und Jugendliche Wortbilder einprägen. Und dies gilt insbesondere für Kinder und Jugendliche, die auf dem phonetischen Weg gravierende und kaum zu behebende Probleme zeigen.

Welche Ausmaße derlei Probleme nun bei bilingualen Kindern und Jugendlichen annehmen, darüber lässt sich bestenfalls spekulieren. Alles in allem scheint es aber sicher angemessen, die Möglichkeit in Betracht zu ziehen, dass Kinder und Jugendliche auch grundsätzliche Probleme mit der phonetischen Basis des Lesens und Schreibens entwickeln können. Eine solche diagnostische Entscheidung ist sehr schwer zu treffen. Wesentliche Voraussetzung hierfür sind vor allem lang andauernde und wirklich gravierende Probleme in der Buchstaben-Lautzuordnung bzw. in der Diskrimination von Lauten. Dass ein Kind einige Monate im

Vergleich zu seinen Altersgenossen in Verzug gerät und auch schlechte Werte in Testverfahren zur phonologischen Bewusstheit erreicht, mag sicher nicht für eine solche Entscheidung ausreichen. Anderseits macht es auch keinen Sinn, in der Förderung möglicherweise über einen Zeitraum von vielen Jahren darauf zu beharren, dass die jeweiligen Kinder und Jugendlichen auf den Wegen Lesen und Schreiben lernen, die die meisten Menschen nehmen.

Tab. 34: Anlässe für eine Suche nach alternativen Wegen der Lese-/Rechtschreibförderung

- phonologische Bewusstheit weit unterdurchschnittlich
- gravierende und sich nicht verändernde Probleme in der Graphem-Phonem-Korrespondenz
- Förderung der phonologischen Bewusstheit langfristig wirkungslos
- Wortbildlernen erfolgreich

Als Bedingungen für ein grundsätzliches Umsteuern in der Lese-/Rechtschreibförderung können gelten: Die phonologische Bewusstheit muss weit unterdurchschnittlich entwickelt sein. Es müssen gravierende Probleme in der Graphem-Phonem-Korrespondenz vorliegen. Diese Probleme müssen über einen längeren Zeitraum trotz intensiver Förderung fortdauern. Und die daraufhin ausgewählten Alternativen müssen Wirkungen zeigen (Tabelle 34). Vorsichtige Zeitgenossen mögen sich damit trösten lassen, dass die hier diskutierten Methoden keineswegs als falscher Weg zum Lesen/Schreiben verstanden werden können. Denn: Alle Leser prägen sich Wortbilder ein. Zu einer Alternative wird das Wortbildlernen erst dadurch, dass Übungen zur phonologischen Bewusstheit, Übungen zur Graphem-Phonem-Korrespondenz Schritt für Schritt (aufgrund ihrer Erfolglosigkeit) in den Hintergrund treten.

Mit welchen Methoden kann man diesen Kindern oder Spätschreibern dabei helfen, sich Wortbilder einzuprägen? Die Methoden sind ebenso alt wie eingängig. Hilfreich ist letztlich alles, was die Lese-/Schreibanfänger dazu bringt, Wortbedeutung und Wortbild in eine Beziehung zu bringen. Am Anfang steht also eine Auswahl von Wortbildern, eine Bestimmung des „Wortguts", das erworben werden soll. Bei der Auswahl helfen manchmal Vorgaben der Richtlinien und Beispielpläne. Bei Spätlesern ist es hilfreich, sich an den Lebensumständen und an den besonderen Herausforderungen zu orientieren. Wenn es darum geht, einkaufen zu können, können Wortbilder von Lebenmittelherstellern zum Ausgangspunkt von Leseübungen werden – zunächst im Original, später in anderen Schrifttypen.

Für kompetente Leser selbstverständliche Aufgaben können dabei für Leseanfängern zu erheblichen Problemen führen. Am Anfang ist z. B. die Schrifttype von großer Bedeutung. Bereits im zweiten Lebensjahr können Kinder anhand von Wortbildern klare Vorstellungen darüber entwickeln, welchen Brotaufstrich sie bevorzugen. Sie erlesen die entsprechenden Wörter auf Verpackungen oder z. B. in Prospekten. Geringe Abweichungen (z. B. in Schrifttype und Farbe) können dabei allerdings schnell zu Problemen führen. Denn wie soll ein, sagen wir, zweijähriger Junge das Wortbild „nutella" in Einzelbuchstaben zerlegen können und dabei auch noch verstehen, dass das -a- in der Schrifttype Times New Roman kein bedeutungstragender Unterschied zum – a – im der Schrifttype des Originals ist (Abbildung 15). All die besonderen typographischen Merkmale von Schrifttypen, die kleinen Verzierungen, Häkchen und Kapitälchen können Wortbildleser am Anfang ihrer Entwicklung verwirren.

Abb. 15: Die Auswirkungen von Schrifttypen auf Erstleser

Grundsätzlich gilt dabei: Je häufiger Wortbild und Wortbedeutung in einem klaren Zusammenhang wahrgenommen werden, desto stabiler ist das Ergebnis. Auch Abschreiben kann dazu beitragen, Wortbilder zu festigen. Das Problem: Abschreiben ist keineswegs zwingend damit verbunden, dass auch die Wortbedeutung erfasst wird. Denn es ist keineswegs selten, dass schlechte Schreiber einige Zeit darin investieren, Wörter ohne Kenntnis der Wortbedeutung „abzumalen". Abschreib-Übungen aller Art sollten also immer auch sicherzustellen, dass die Wortbedeutung erfasst wird.

Wichtige Variationen zu den schnell ermüdenden Abschreib-Übungen sind das Laufdiktat oder das Dosendiktat. Im Laufdiktat sind Diktattext und Arbeitsplatz des Schreibanfängers mehrere Meter von einander entfernt. Will der Schreibanfänger nicht für jeden einzelnen Buchstaben aufstehen und nachschauen, muss er sich Buchstabengruppen, Wörter oder gar Sätze einprägen. Im Dosendiktat wird das zu schreibende Wort zunächst gelesen, dann mit der Schere ausgeschnitten, in eine Dose gelegt und dann niedergeschrieben. Bei beiden Übungen gehen übrigens nicht nur vom Schreiben, sondern auch von der Selbst-Kontrolle Lerneffekte aus (Korrektur des Textes durch den Schreibanfänger durch Nebeneinanderlegen des Diktattextes und des geschriebenen Textes, Aufkleben der einzelnen, ausgeschnittenen Worte auf eine neue Vorlage des Dosendiktats). Böhm/Müller (1991) schlagen Lesespiele wie Bankschreiben und Luftschreiben vor. Hierbei „schreibt" der Pädagoge das zu erlesende Wort aus dem (Schritt für Schritt erweiterten) Übungswortschatz mit dem Finger auf die Bank oder (mit dem Rücken zur Lerngruppe) in die Luft. Aufgabe an die Leseanfänger: erraten, welches Wort da gerade geschrieben wird.

Es gibt allerdings einige gravierende Nachteile dieser Methode: Ein erstes Problem hat mit der geringen Stabilität der Lernerfolge zu tun. Für das phonetische Lesen gilt: Wer einmal verstanden hat, welche Buchstaben für welche Laute stehen, der benötigt keine gesonderte Wiederholung. Denn jeder Lesevorgang kann als Wiederholung gelten. Wortbilder, die nicht wieder und wieder geübt werden, können dagegen leicht in Vergessenheit geraten. Dies begrenzt die Lernmöglichkeiten doch recht empfindlich. Es ist also nur schwer möglich, viel mehr als einen kleinen Wortschatz in die Übungen aufzunehmen. Eine direkte Weiterentwicklung vom Wortbildlesen zu einem für die Verifikation von Silben-, Satz- und Worterwartungen ausreichenden Wortbildspeicher kann entsprechend sehr mühsam sein.

Zusammenfassend lässt sich zur „optischen Methode" sicher festhalten: Dieser Weg der Lese-/Schreibförderung ist sicher kein neuer Weg. Die pädagogische Arbeit mit diesen Methoden riecht ziemlich streng nach Schule, wenn man es genau nimmt, sogar nach einem sehr altmodischen Verständnis von Schule. Das kann zum Problem werden, wenn man mit Spätlesern zu tun hat, die alles, was auch nur im Entferntesten nach Schule aussieht, meiden. Insgesamt muss man aber festhalten, dass traditionelle Methoden der Lese-/Rechtschreibförderung wie Abschreib-Übungen oder das Üben von Diktattexten zwar nicht unbedingt im Vordergrund der derzeit diskutierten Entwicklungsmodelle stehen. Vor dem Hintergrund, dass klare Hinweise auf die Effektivität der entsprechenden Fördermethoden vorliegen (Mand 1999), ist aber es sicher angemessen, Übungen dieser Art erstens als festen Bestandteil der Lese-/Rechtschreibförderung zu verstehen und ggf. auch zweitens sie zumindest dann zum Schwerpunkt der Förderung zu machen, wenn der Weg über das phonetische Schreiben bzw. synthetisierende Lesen nicht erfolgreich beschritten werden kann.

5.9 Psychomotorische Programme in der LRS-Förderung weiter ohne Wirksamkeitsnachweis

Nun zeigen sich auch in der Diskussion über Fördermethoden über die Jahre und Jahrzehnte hinweg deutliche Wandlungen. In Teilen kann man diesen Wandel als Fortschreiten der Erkenntnis werten. In anderen Bereichen mögen auch Moden und andere sachfremde Einflüsse wirksam werden. Für Pädagog/innen und Therapeut/innen, die am Anfang ihres beruflichen Wirkens stehen, sind solche Entwicklungen manchmal nicht einfach zu durchschauen. Sie lesen dann in Lehrbüchern von den überwundenen Irrtümern angejahrter Konzeptionen und bedenken dann nicht, dass sich auch die heute als wirksam anerkannten Methoden schon binnen weniger Jahre selbst in angejahrte Modelle verwandeln können. Ausflüge in die Wissenschaftstheorie könnten vielleicht dabei sogar die Einsicht vermitteln, dass der Erkenntnisfortschritt der Wissenschaften keineswegs als linearer Anstieg von Wissensbeständen gelten muss.

Ein solcher Wandel der wissenschaftlichen Diskussion hat sich vor noch nicht allzu langer Zeit auch in der Lese-/Rechtschreibförderung zugetragen. Er betrifft Hypothesen über den Zusammenhang zwischen Wahrnehmung bzw. Motorik auf der einen Seite und der Lese-/Schreibentwicklung auf der anderen Seite. Die These damals: Eine nicht angemessen verlaufene frühe sensorische bzw. motorische Entwicklung führt zu einem Störungsbild („Störung der sensorischen Integration"), das Auswirkungen u. a. auch auf die Lese-/Rechtschreibleistungen hat. Entsprechend müsse es in der Therapie darum gehen, Kindern durch psychomotorische Trainings kompensierende Angebote zu machen (z. B.: Brandt, Breitenbach & Meisel 1986, 29 ff.). Ausgangspunkt dieser – so kann man vor dem Hintergrund der heutigen Kenntnisse sicher sagen – Fehlentwicklung der wissenschaftlichen Diskussion waren dabei wohl Fehlinterpretationen korrelativer Befunde zur Häufigkeit von Wahrnehmungsstörungen bei LRS-Kindern. Die Kolleg/innen haben wohl damals aus hohen Anteilen von LRS-Kindern mit auffälligen Werten in der Wahrnehmungsentwicklung voreilig auf eine kausale Beziehung geschlossen.

Das Problem dieses auf den ersten Blick durchaus einsichtigen Ansatzes: Den eigens entwickelten diagnostischen Instrumenten gelingt keine angemessene Vorhersage (also etwa eine Identifikation von LRS-Kindern vor der Einschulung). Und auch die therapeutischen Interventionen erweisen sich als weitgehend wirkungslos (zusammenfassend u. a. bei Walter 2002, bei Bull 2009 oder bei Hyatt, Stephenson & Carter 2009). Offenbar haben die Kolleg/innen einfach übersehen, dass es auch viele motorisch auffällige Menschen gibt, die keine Probleme in der Literacyentwicklung aufweisen.

Man könnte dies vermutlich abbuchen als Hinweis auf Fehlentwicklungen der LRS-Diskussion, die sicher keine Bedeutung für die pädagogische Arbeit mit lese-/rechtschreibschwachen Migrantenkindern erhalten sollten. Das Problem ist aber: Erstens sind die Protagonisten dieser therapeutischen Praxis nach wie vor aktiv. Und zweitens erweist sich bei näherer Betrachtung keineswegs jede/s Wahrnehmungstraining als so eindeutig wirkungslos wie erwartet.

Warum in ihrer Wirksamkeit ziemlich klar widerlegte Verfahren nach wie vor Anhänger/innen bei Studierenden und Weiterbildungsinteressierten finden, ist nicht ganz klar. Die Methodenwahl in der Lese-/Rechtschreibförderung scheint wohl nicht immer eine Angelegenheit zu sein, in der Forschungsbefunde eine wichtige Rolle spielen. Neuere Forschungsbefunde verweisen z. B. darauf (Baumgardt u. a. 2008, Krönung/Mand 2012), dass bei Methodenentscheidungen z. T. auch Sinnstiftungsbedürfnisse der Therapeut/innen eine wichtige Rolle spielen. Ganze Berufsgruppen erweisen sich dabei als anfällig gegenüber Außenseiterpositionen (Heilpädagog/innen, Lehramtsanwärter/innen des Lehramts Sonderpädagogik). Angewandt auf das Problem Psychomotorik bedeutet dieser Gedankengang: Die Vorstellung an Lese-/Rechtschreibproblemen durch ganzheitliche Bewegungsangebote zu arbeiten, muss wohl besondere Sinnstiftungsbedürfnisse ansprechen.

Die Auseinandersetzung mit der Wirksamkeit von inzwischen in Teilen der LRS-Diskussion weitgehend verpönten Wahrnehmungstrainings (Valtin 2006) ist etwas aufwendiger. Denn nüchtern betrachtet kann man auch die Trainingsprogramme zur Förderung der phonologischen Bewusstheit als Wahrnehmungstraining betrachten. Die phonologische Bewusstheit kann man als Teilbereich der auditiven Wahrnehmung(sverarbeitung) verstehen. Und hier erweisen sich die Forschungsbefunde keineswegs als lückenhaft (s. o.). Bei der phonologischen Bewusstheit ist die Beziehung zum Lesen und Schreiben allerdings klar und deutlich. Es geht nicht etwa allgemein um basale Prozesse der auditiven Wahrnehmung, sondern es geht um die Wahrnehmung von Phonemen. Das Training setzt also an Fertigkeiten an, die nahe am Lesen und Schreiben liegen.

Es ist durchaus möglich, dass ähnliche Positionen einst auch für die These von Legasthenie als visueller Wahrnehmungsverarbeitungsstörung gelten können. Zwar ist hier die Forschungslage nicht einmal in Ansätzen so eindeutig wie in Sachen phonologischer Bewusstheit. Aber wenn man sich vergegenwärtigt, dass Lesen bedeutet, durch Fixationen von relevanten Stellen im Text Hypothesen über die Silben-, Satz- und Worterwartung zu verifizieren, dann ist es durchaus nachvollziehbar, dass bei einigen Menschen mit Legasthenie (auch) in diesem Bereich Störungen vorliegen können.

Forschungsbefunde, die bei als „Legastheniker" diagnostizierter Kindern auf besondere Probleme in der visuellen Wahrnehmung verweisen (Radach u. a. 2002, 63 f., Schulte-Körne 2002, 13 ff.,), können also als ein erster Schritt für die Bestätigung der These von Problemen im Bereich visueller Wahrnehmung bzw. im Bereich visueller Wahrnehmungsverarbeitungsmuster als Ursache von Legasthenie verstanden werden. Auch die Befunde einer kleinen Evaluationsstudie zur Wirksamkeit eines an der visuellen Wahrnehmung ansetzenden, computergestützten Trainingsprogramms (Celeco) sprechen dafür, dass sich zumindest bei einer Teilgruppe von Spätlesern bemerkenswerte Erfolge erreichen lassen (Mand 2008, 98). Gelingt auch eine Vorhersage von Problemen in der Literacyentwicklung allein mit diagnostischen Daten zur visuellen Wahrnehmung, muss man wohl unterschiedliche Subgruppen von Störungen der Literacyentwicklung unterscheiden: einen aufgrund von Problemen in der Entwicklung der phonoligischen Bewusstheit entstehenden Subtyp, einen aufgrund von Problemen in der visuellen Wahrnehmung entstehenden Subtyp und vielleicht sogar noch weitere Subtypen.

Im Störungsbild „Legasthenie" sind demnach möglicherweise sehr unterschiedliche Probleme zusammengefasst. Wahrnehmung und Wahrnehmungsverarbeitung sind hierbei ganz offensichtlich von Bedeutung. Allerdings scheinen allgemeine, „basale" Wahrnehmungsmuster keine Rolle zu spielen. Entsprechende Förderangebote (psychomotorische Wahrnehmungstrainings usw.) erweisen sich entsprechend als wenig wirksam. Bedeutsam sind vielmehr sprachnahe Wahrnehmungsmuster, die Wahrnehmungen von Phonemen z. B. oder Fragen der visuellen Fixation von Buchstabengruppen.

5.10 Frühe Gelegenheiten zum Freien Schreiben geben

Der Rat, Kindern frühe Gelegenheiten zum Freien Schreiben zu geben, findet sich vor allem bei Anhängern des phonetischen Schreibens. Anlauttabellen ermöglichen bei entsprechender Instruktion tatsächlich Schreibanfängern bereits zu einem sehr frühen Zeitpunkt der Schreibentwicklung eigene, mehr oder weniger lesbare Texte zu verfassen. Und es ist wahrscheinlich, dass von diesen Erfolgserlebnissen einige positive Effekte ausgehen. Sollte man also auch bilingualen Kindern möglichst früh Gelegenheit zum Freien Schreiben geben?

Die Befundlage ist auch in diesem Bereich methodischen Handelns unbefriedigend. Weil Schreibanfänger nur mit besonderen Hilfsmitteln (Anlauttabellen) und nach besonderer Instruktion in der Lage sind, frei zu schreiben, kann man Teile der hier diskutierten Frage auf eine andere Debatte beziehen: der Diskussion über das phonetische Schreiben. Denn ohne die Bereitschaft, auch orthographisch nicht korrekte Schreibungen zumindest zeitweilig zu akzeptieren, ist für Schreibanfänger kaum ein freies Schreiben möglich. Die Frage, ob und in welchem Umfang Freies Schreiben auch für bilinguale Kinder sinnvoll ist, bezieht sich demnach indirekt auf die Diskussion über Sinn und Unsinn des phonetischen Schreibens.

Einwände gegen das phonetische Schreiben beziehen sich vielfach auf die Befürchtung, Schreibanfänger könnten sich auf diesem Weg orthographisch falsche Schreibungen einprägen. Und man kann vielleicht für bilinguale Kinder die Befürchtung ergänzen, dass unvollständige oder fehlerhafte Deutschkenntnisse zu einem Problem werden, wenn Kinder aufgefordert werden, so zu schreiben, wie man spricht. Dass derlei Einwände nicht tragfähig sind, ist eines der wesentlichen Ergebnisse dieses Buches. Sieht man einmal von Interferenzen am Anfang der Schreibentwicklung ab (typische Rechtschreibfehler je nach erster Sprache), sprechen die Befunde der Literaturrecherche und insbesondere auch die Ergebnisse der in Kapitel drei vorgestellten Brennpunktstudie ziemlich deutlich für die Annahme, dass der Verlauf der Schreibentwicklung von bilingualen Schülern keine grundsätzlich anderen Wege geht. Die Brennpunktstudie zeigt: Wie monolinguale Schüler auch durchlaufen zumindest russisch-deutschsprachige Kinder ganz offensichtlich eine Phase des phonetischen Schreibens. Und sie durchlaufen sie ganz offensichtlich erfolgreich, erfolgreicher sogar als die untersuchten monolingualen deutschsprachigen Schüler/innen. Wenn bilinguale Schüler also den Weg über das phonetische Schreiben gehen, und sogar trotz typischer Rechtschreibfehler zu besseren Ergebnissen kommen können als monolinguale deutschsprachige Schreibanfänger, dann spricht dies eher für als gegen einen frühen Einsatz des freien Schreibens. Und wer Bedenken hat, dass sich Kinder falsche Schreibungen einprägen könnten (dies kann gelegentlich tatsächlich passieren), sollte sich einfach die Mühe machen, die Schreibanfänger-Schreibungen auf der linken Seite des Heftes mit der orthographisch korrekten Fassung in „Erwachsenenschrift" auf der rechten Seite zu versehen. Ist ja nicht so, dass sich Schreibanfänger nicht dafür interessieren, wie die orthographisch korrekte Fassung auszusehen hat.

Spätschreiber sind ein weiteres gewichtiges Motiv, sich mit einem „frühen" Zeitpunkt des freien Schreibens zu befassen. Bei einem nicht unbedeutendem Anteil der Kinder und Jugendlichen mit Lernbehinderungen bzw. Legasthenie kann die Lese-/Schreibentwicklung wirklich sehr langsam verlaufen. Es ist keineswegs unüblich, dass Spätleser mit zehn oder elf Jahren noch so lesen oder schreiben, wie dies Kinder normalerweise in der zweiten Klasse tun. Der Abstand zur normalen Entwicklung kann also viele Jahre betragen. Für diese Schüler angemessene Schreibaufgaben zu finden, ist alles andere als einfach. Denn jugendliche Spätleser wissen genau, dass Schreiben nun einmal nicht ihre Stärke ist. Und einige von ihnen haben verinnerlicht, dass es einfacher ist, als auffälliger Jugendlicher dazustehen als als Schüler, der kaum lesen und schreiben kann.

Tab. 35: Schreibanlässe für Spätschreiber

- Bildunterschriften (z. B. auf Plakaten im Rahmen der Projektdokumentation)
- Rezepte (Kochbücher)
- Comic-Sprechblasen
- Homepagetexte
- Chatbeiträge
- E-Mails
- SMS

5.11 Alle Medien nutzen

Dass in der pädagogischen Arbeit die Nutzung von allen erdenklichen Medien sinnvoll sein kann, dürfte allein schon an der Auswahl der Beispiele deutlich geworden sein.

Schreiben lernen kann man mit allen zur Verfügung stehenden Schreibwerkzeugen auf allen zur Verfügung stehenden Untergründen. Wer z. B. mit einem Füller nur wenig passable Ergebnisse erzielen kann, für den können sich Schreibmaschinen als Segen erweisen. Aus der eigenen beruflichen Praxis sind mir gleich mehrere Kinder bekannt, die vor allem mit Schreibmaschinen schreiben gelernt haben. Und dies sind keine Berichte aus vordigitalen Zeiten. Sondern sie stammen aus Klassenräumen, die mit mehreren PCs und selbstverständlich auch mit Druckern ausgestattet sind. Wer einmal die Reaktionen von Kinder beobachtet hat, die zum ersten Mal mit Schreibmaschinen arbeiten, der wird so schnell nicht auf die Möglichkeit verzichten, diese vermeintlich antiquierten und veralteten Wege systematisch zu erproben. Es ist die Bewunderung der mechanischen Vorgänge, die wirksam wird, oder vielleicht ist es auch die Erfahrung, dass man mit diesen Geräten vergleichsweise unkompliziert zu guten Ergebnissen kommen kann. Schreibmaschinen finden sich für wirklich kleines Geld auf fast jedem Flohmarkt. Richtig interessant werden Schreibmaschinen dann, wenn sie Besonderheiten aufweisen: z. B. Schreibmaschinen mit Schrifttypen in Grossschrift. Schreibmaschinen werden noch immer neu produziert und auch vertrieben. Und – wenn es sich nicht gerade um elektrische Schreibmaschinen mit Spezialfarbbändern handelt, wie sie etwa seit Ende der 1970er verkauft wurden – es ist auch kein Problem, Farbbänder zu erstehen. Variationen im Schreibunterricht sind in vielfacher Hinsicht hilfreich: Schreiben kann man mit Fingern (Fingerfarbe), mit einer Gänsefeder, mit einem Pinsel, mit Tuschefedern und, wenn es sein muss, auch mit Spraydosen.

Nicht dass das falsch verstanden wird: Selbstverständlich ist es angemessen, auch die Effekte digitaler Medien zu nutzen. Ob dies die Möglichkeit ist, mit Tablet-PCs direkt mit dem Finger auf dem Bildschirm zu schreiben, ob die Möglichkeiten von Textverarbeitungsprogrammen genutzt werden (Wort-Ergänzungsfunktionen, Rechtschreibprüfung) – es geht darum, alle Medien daraufhin zu prüfen, ob sie mit Ertrag in der Lese-/Rechtschreibförderung eingesetzt werden können. Und selbst wenn jugendliche Spätleser in die Lage versetzt werden, mittels Spracherkennungssoftware bzw. Dikatprogrammen und Rechtschreibprüfung Texte zu verfassen, die einigermaßen akzeptabel sind, dann ist dies immer noch bedeutend besser als hinzunehmen, dass das Ergebnis der Förderarbeit darin besteht, Menschen in die Welt zu entlassen, die nach ihrer Schulzeit nie wieder lesen und schreiben werden.

5.12   Verbindung zur Lebenswelt suchen

Dass Lesetexte und Schreibanlässe etwas mit der Lebenswelt derjenigen zu tun haben sollen, die lesen und schreiben lernen sollen, ist eine Einsicht, deren Sinn sich schnell erschließt. Zu einer besonderen Herausforderung wird diese Forderung vor allem aus zwei Gründen.

Erstens: Sieht man einmal von nicht immer realistischen Vorgaben der Richtlinien und Beispielpläne ab, so entstehen bereits aus dem Generationsunterschied zwischen Lehrer/Therapeut und Kind/Jugendlichen manchmal bedeutende Probleme. Viele Lese-/Schreibanlässe, die in den letzten Jahrzehnten des 20. Jahrhunderts geborene Pädagog/innen und Therapeut/innen noch praktiziert haben, spielen für Kinder und Jugendliche von heute kaum noch eine Rolle. Kaum ein Jugendlicher verbringt noch Zeit damit, Tageszeitungen zu lesen. Und auch die Lektüre von Büchern gehört nicht unbedingt zur bevorzugten Freizeitbeschäftigung von Jugendlichen, mit denen die Leseförderung in der Regel zu tun hat. Dass man mit Stift und Papier etwas festhält, vielleicht sogar einen handschriftlichen Brief im Umfang von mehreren Seiten verfasst, das kennen viele Jugendliche weder von ihren Eltern noch von irgend jemand anderen in ihrer Lebenswelt. Andererseits sind die faktischen Lese-/Schreibanlässe von Kindern und Jugendlichen vielen Pädagog/innen und Therapeut/innen aufgrund digitaler Hürden unbekannt. Reading Literacy umfasst aber sicher alle Ebenen, in denen sich die Welt der Schrift manifestiert. Eine Wertigkeit der Medien – etwa nach dem Motto: Papier gut/ digitale Medien schlecht – ist sicher nicht gegeben.

Ein *zweites* Problem entsteht durch die sozialen und manchmal auch kulturellen/subkulturellen Unterschiede zwischen Pädagog/innen/Therapeut/innen und Klienten der Rechtschreibförderung. Wenn die Literaturrecherche ermittelt, dass vor allem soziale Gründe dafür sorgen, dass Kinder mit Migrationshintergrund in deutschen Schulen so schlecht abschneiden, dann bedeutet dies eben auch, dass Klienten der Rechtschreibförderung vielfach in einer anderen Welt aufwachsen als ihre Pädagog/innen oder Therapeut/innen.

Die Welt eines sozialen Brennpunktes ist z. B. den meisten Studierenden der einschlägigen Studiengänge (Elementarpädagogik, Rehabilitationspädagogik, Psychologie usw.) in der Regel vollkommen unbekannt. Sie kennen nicht die Spielregeln, die Situationsdefinitionen, die Kleiderordnung, die Machtstrukturen, die Wege des Lebensunterhaltes, manchmal noch nicht einmal die wichtigsten Probleme der Menschen, die in solchen Brennpunkten leben. Dabei gibt es zunächst keinen Anlass, die Unterschiede mit wertendem Blick zu betrachten. In einer soziozentrischen oder ethnozentrischen Perspektive erscheinen die Verhältnisse von sozialen Brennpunkten ungeordnet, chaotisch, vielleicht sogar gefährlich. Kinder, die nüchtern betrachtet eigentlich nichts anderes tun, als sich so zu verhalten, wie sie dies von zu Hause her kennen, gelten im strengen Blick der Mittelschichtslehrerin schnell als „verwahrlost" und „gestört". Sie wachsen in „frauenfeindlichen" Verhältnissen auf. Ihre Mediennutzung gilt als „kindeswohlgefährdend". Ausmaß und Umfang des Konsums von legalen (vor allem: Tabak) und illegalen Drogen wird bestenfalls irritiert zur Kenntnis genommen. Und selbst das, was gegessen wird (Fastfood) und wie es zu sich genommen wird (wohlmöglich mit den Fingern, auf der Straße), gilt als Gefahr für Leib und Leben (als Verursacher von Herz/Kreislauferkrankungen z. B.).

Dass solche Wahrnehmungen der Lebensverhältnisse von Kindern und Jugendlichen, mit denen man in der Lese-/Rechtschreibförderung zu tun hat, nicht unbedingt hilfreich sind, ist offensichtlich. Die feinen Unterschiede werden nicht nur von Erzieher/innen, Lehrer/innen und Therapeut/innen wahrgenommen. Sondern dass in der Welt der Schule andere Spielregeln herrschen, dass einige Pädagog/innen auf Familien aus sozialen Brennpunkten mit Verachtung herabsehen, das merken die meisten Kinder und Jugendlichen sehr schnell. Kann sogar sein, dass ein Teil der Probleme in Brennpunktschulen sogar auf diese Konstellationen zurückgeht.

Für die Lese-/Rechtschreibförderung ist eine verständigungsorientierte Haltung gegenüber den fremden Lebensumständen sicher weit angemessener als defizitorientierte Haltungen. Anstatt Lese- und Schreibanlässe z. B. in der Bullerbü-Welt zu suchen, kann es hilreicher sein, sich gemeinsam mit den Kindern und Jugendlichen auf die Suche nach sinnvollen und für sie interessante Lese-/Schreibanlässen aus ihrer Welt zu machen. Wenn es solche Anlässe nicht oder nur selten gibt, kann es manchmal helfen zu beschreiben, wie die eigene Welt funktioniert, zu beschreiben, was geht und was überhaupt nicht geht, zu erklären, was es braucht, um in der Welt außerhalb des Brennpunktes gut zu leben. Kinder und Jugendliche aus sozialen Brennpunkten benötigen demnach keine Pädagog/innen oder Therapeut/innen, die ihnen als Richter gegenübertreten, sondern sie benötigen Pädagog/innen, die ihnen mit Wertschätzung und Achtung begegnen. Sie benötigen Pädagog/innen, die ihnen als Dolmetscher fremde Aspekte anderer sozialen Welten erklären können.

5.13 Kommunikative Funktion des Lesens und Schreibens erleben lassen

Dass deutlich werden muss, dass Lesen und Schreiben immer auch Mittel der Kommunikation sind, ist ein letztes Merkmal interkultureller Lese-/Rechtschreibförderung. Kinder aus bildungsfernen Zusammenhängen kommen manchmal nur in schulischen Zusammenhängen mit Schriftkultur in Kontakt. Wenig Bücher zu Hause, keine Tageszeitungen, manchmal keine oder nur eine sehr einseitige Nutzung der digitalen Medien (Spielkonsolen) – eine solche Sozialisation kann durchaus die Ausgangslage zumindest von beachtlichen Anteilen von Kindern und Jugendlichen mit Lese-/Rechtschreibproblemen sein.

In solchen Zusammenhängen die Welt des Lesens und Schreibens nur durch Abschreib-Übungen, Diktate kennenzulernen, ist sicher nicht sehr einladend. Schreiben und Lesen sind zu wesentlichen Anteilen dazu da, in Kontakt zu anderen zu treten. Dies bedeutet: Alles, was hilfreich ist, kommunikative Funktionen des Lesens und Schreibens zu verdeutlichen, gehört in die Lese-/Rechtschreibförderung, und zwar insbesondere dann, wenn es sich um Kinder und Jugendliche handelt, die aus den beschriebenen Verhältnissen kommen. Dies umfasst einerseits solche profanen Dinge wie die Einrichtung eines E-Mail-Accounts, die Anmeldung in sozialen Netzwerken oder einfach nur die selbstverständliche und explizite Nutzung des Internets zur Recherche (von der Vorbereitung von Exkursionen bis hin zur Recherche in Fachdatenbanken). Die LRS-Förderung kann aber auch komplexe Dinge wie die Programmierung und Pflege einer eigenen Schul- oder Klassen-Homepage, die Anbahnung von Kontakten zu anderen Schulen oder anderen Institutionen im In- und Ausland umfassen.

Kindern und Jugendlichen aus sozialen Brennpunkten muss einfach klar werden, dass Lesen und Schreiben nicht nur lästige schulische Kulturtechniken sind, die vielleicht wichtig für die merkwürdigen Menschen sind, die in Schulen oder anderen Förderinstitutionen arbeiten. Sondern ihnen muss klar werden, dass sie mit Lesen und Schreiben in Kontakt mit der Welt kommen können, dass sie auf diese Weise Informationen erhalten, die wichtig sind, dass sie nur mit ausreichenden Kenntnissen in der Welt der Schrift und Schriftkultur eine Chance auf ein selbstbestimmtes Leben haben. Und diese Erfahrung sollte sie möglichst häufig erreichen, mit Bezug auf für die jeweiligen Kinder und Jugendlichen wirklich anziehende und interessante Inhalte.

5.14 Förderplanung

Den Abschluss des Methodenkapitels bilden schließlich Überlegungen zur Förderplanung. Dass es sinnvoll und notwendig ist, Planungs- oder gar Dokumentationskonzepte zu diskutieren, dürfte insbesondere bei Lehrer/innen mit einigen Jahren Berufserfahrung nicht auf intensive Gegenliebe stoßen. Erzieher/innen steht für Planungs- und Dokumentationsaufgaben kaum Zeit zur Verfügung. Und auch in therapeutischen Settings ist es nicht ungewöhnlich, dass Planungs- und Dokumentationsaufgaben zu den schlecht oder gar vollständig unbezahlten und wenig geliebten freiwilligen Zusatzbelastungen ihrer beruflichen Arbeit zählen.

Die genannten Verhältnisse sind in der Tat nicht besonders hilfreich. Dennoch kann kaum ein vernünftiger Zweifel an der Bedeutung von Planung und Dokumentation der Lese-/Rechtschreibförderung bestehen. Lese-/Rechtschreibförderung kann nur erfolgreich sein, wenn sie entwicklungsorientiert erfolgt. Weil man gerade bei Kindern und Jugendlichen, die besondere Probleme in der Literacyentwicklung haben, kaum unterstellen kann, dass sich die Abfolge der immer gleichen Entwicklungsschritte in möglicherweise auch noch identischen Zeiträumen vollzieht, müssen Pädagog/innen und Therapeut/innen zwingend wissen, an welcher Stelle der Entwicklung ihr Klient steht, was der nächste Schritt der Entwicklung sein könnte und ggf. welche Methoden vor dem Hintergrund der bisherigen individuellen Lerngeschichte als erfolgversprechend eingestuft werden. Und das gilt für alle Kinder und Jugendlichen der jeweiligen Lerngruppe. Nimmt man die am Anfang des Kapitels diskutierten Positionen der Förderdiagnostik ernst, sollten zusätzlich die Planungsentscheidung auf regelmäßiger Lernbeobachtung basieren, und zwar auf einer Lernbeobachtung, die auf Rahmenbedingungen gelingender Entwicklung ausgerichtet ist.

Förderplanung im Vorschulbereich

Am einfachsten sind die Planungsaufgaben für die Lese-/Rechtschreibförderung im Vorschulbereich. Hier kann man zunächst aufgrund des Lebensalters der Beteiligten davon ausgehen, dass einerseits spezifische Entwicklungsschritte noch nicht oder nur in seltenen Ausnahmen vollzogen sind (Buchstabeneinführung, Graphem-Phonem-Korrespondenz-Regeln). Es ist weiter zumindest einigermaßen klar, dass die meisten der Vorschulkinder die notwendigen Voraussetzungen für Lehrgänge im Bereich der phonologischer Bewusstheit mitbringen. Dennoch erscheint sinnvoll, dass vor Beginn der Sprachförderung in Kindertagesstätten zumindest zwei belastbare Informationen zur Verfügung stehen. Es sollte einigermaßen klar sein, ob der Wortschatz angemessen entwickelt ist. Und es müssen Informationen zur Verfügung stehen, die präzise Aussagen über den Entwicklungsstand in Sachen phonologische Bewusstheit erlauben. Beide Informationen werden von den bislang in den Bundesländern eingesetzten Screening-Verfahren nicht oder nicht mit ausreichender Genauigkeit erhoben. Zudem sorgen die etablierten Verwaltungsabläufe manchmal dafür, dass Erzieherinnen überhaupt keine Kenntnisse über die Testergebnisse erhalten (etwa so: Spezialisten identifizieren die Kinder, die zusätzliche Förderung benötigen, die Förderung wird dann von externen Experten durchgeführt). Und die Koppelung der Screeningverfahren mit kostenträchtigen Förderangeboten hat in manchen Regionen dazu geführt, dass nur sehr schwache Kinder in den Genuss von therapeutischen Angeboten kommen.

Es muss sichergestellt werden, dass die entsprechenden diagnostischen Aufgaben von den jeweiligen Einrichtungen selbst übernommen werden. Glücklicherweise lassen sich die betreffenden Aufgaben mit mit geringem Aufwand erheben, z. B. über den Aktiven Wortschatztest für Kinder (AWST-R) und über das Bielefelder Screening (BISC). Entsprechende diagnostische Instrumente gehören also in jede Kita. Und zumindest eine Erzieherin pro Einrichtung sollte in der Lage sein, die Testverfahren sachgerecht anzuwenden und die Befunde zu interpretieren.

Die Wortschatzentwicklung sollte dabei früh erhoben werden, am besten also zu Beginn der Kitazeit. Aus Problemen in der Wortschatzentwicklung sollten geeignete Maßnahmen abgeleitet werden, also: systematische Bilderbucharbeit, Rollenspiele, Theater-AGs usw. Die Entwicklung der phonologischen Bewusstheit kann einige Monate später erhoben werden. Etwa im Alter von vier bis fünf Jahren vollziehen sich hier die wesentlichen Entwicklungsschritte. Und dies ist auch der Zeitraum, in dem entsprechende Trainingsprogramme gute Effekte zeigen.

Für eine individuelle Entwicklungsförderung fehlen an den meisten Kindertagesstätten die Voraussetzungen. Die Sprachentwicklung wird in vielen Fachschulen nur sehr unvollständig zum Gegenstand des Unterrichts. Und auch die nun an vielen Hochschulen eingerichteten elementarpädagogischen Studiengänge weisen im Bereich Sprachförderung manchmal beachtliche Lücken auf. Die Folge: An den meisten Kindertagesstätten fehlt ausreichend geschultes Personal, um das zu tun, was eigentlich notwendig und entwicklungsangemessen wäre: mit individualisierten Angeboten auf besondere Verläufe der Sprachentwicklung einzugehen.

Ähnliches gilt auch für eine frühe Alphabetisierung von Kindern. Wenn man die Befunde der Forschung ernst nimmt, muss man eigentlich feststellen, dass die meisten Kinder deutlich vor ihrer Einschulung Kompetenzen erreichen, die einen Beginn der Alphabetisierung möglich und sinnvoll machen. Das Problem ist: vier- und fünfjährige Kinder befinden sich hier in einer Institution, die auch dank der Wirksamkeit reformpädagogischen Gedankenguts über Jahrzehnte hinweg Bildungsaufgaben nicht unbedingt in das Zentrum ihrer Bemühungen gestellt hat. Entsprechend ist die Ausbildung von Erzieher/innen und Elementarpädagog/innen bislang nicht hinreichend auf die neuen Aufgaben ausgerichtet.

Förderplanung in der Einzeltherapie

Ein bedeutender Anteil der LRS-Förderung erfolgt im Einzeltherapiesetting. Sowohl die Klientel der therapeutischen Angebote als auch die Planungs- und Dokumentationsaufgaben unterscheiden sich deutlich von den Verhältnissen in den Kindertagesstätten. Denn der Zugang zu Legasthenietherapie wird in den meisten Ländern eher restriktiv gehandhabt. Die Folge: In der Legasthenietherapie werden vor allem Kinder gefördert, die wirklich gravierende Probleme in der Literacyentwicklung aufweisen. Und man muss vermutlich ergänzen: Es sind in der Regel Kinder aus Familien, deren Eltern gewillt und auch in der Lage sind, einiges Engagement in die Durchsetzung von Ansprüchen zu investieren.

Die am Anfang dieses Kapitels diskutierten Empfehlungen zur Gestaltung der förderdiagnostischen Arbeit können in den therapeutischen Settings normalerweise gut umgesetzt werden. Zwar kann man nicht unbedingt unterstellen, dass ein Studium der Grundschulpädagogik, ein Studium der Heilpädagogik oder ein Studium der Psychologie als hinreichende fachliche Voraussetzung für individuelle Angebote gelten kann. Aber es ist wohl angemessen, die Vermutung auszusprechen, dass zumindest längere Förderpraxis bei Pädagog/innen und Therapeut/innen die Kenntnisse über übliche und mögliche Entwicklungswege, das Wissen über die Wirksamkeit von Fördermethoden entstehen lässt, das als wesentliche Voraussetzung für eine erfolgreiche therapeutische Arbeit gelten muss.

Auch in dem auf Lesen und Schreiben bezogenen Anteil der Einzelförderung geht es zunächst vor allem darum, den erreichten Stand der Entwicklung analysieren zu können. Dies sollte *erstens* regelmäßig mit geeigneten Testverfahren geschehen. Ziel einer solchen testdiagnostischen Analyse ist es dabei vor allem, das Ausmaß der Probleme im Vergleich zu anderen Kindern zu beschreiben und zu dokumentieren. Derlei Aufwand kann und muss nicht allzu häufig betrieben werden. Denn die Testergebnisse würden sonst möglicherweise durch Trainingseffekte verfälscht. Und die Einsicht, dass der Entwicklungsrückstand nun nicht mehr drei sondern vier Jahre beträgt, muss nicht ständig neu abgesichert werden. Es kann dabei unter Umständen ausreichen, Testverfahren durchzuführen, die dem erreichten Entwicklungsstand zumindest einigermaßen entsprechen.

Unverzichtbar ist *zweitens* eine regelmäßige lernbegleitende Verlaufsdiagnostik. Derlei Aufwand ist notwendig, weil die Schritte, die Kinder mit schwerwiegenden Problemen im Lesen und Schreiben tun, manchmal sehr klein ausfallen, so klein zumindest, dass sie über quantitative Verfahren kaum erhoben werden können. Wenn das Ergebnis von vielen Wochen Förderung darin besteht, dass Kinder in der Lage sind, einen der vielen Problemlaute sicherer zu verschriften oder wenn dies sogar für eine Gruppe von Lauten gelingt, dann kann man von einer erfolgreichen Förderung sprechen. Derlei Kenntnisse führen in den Normdiktaten der einschlägigen Testverfahren bestenfalls zu nicht signifikanten Veränderungen. Auch eine Ausrichtung auf situative Merkmale von guten Lesestunden oder von guten Schreibfördereinheiten macht qualitative Methoden sinnvoll. Denn wie soll man z. B. anders festhalten, welche Methoden, ggf. sogar welches Schreibwerkzeug, welche Medien, welche Inhalte in welchem Setting hilfreich waren.

Wesentliches Merkmal der Lernplanung im Rahmen der individuellen Lese-/Rechtschreibförderung ist schließlich, dass dokumentiert wird. Nicht unbedingt alles, was passiert, aber doch – wie zu Anfang des Kapitels beschrieben, die für das Verständnis der Lernentwicklung wesentlichen Informationen. Die Förderplanung leitet sich aus dieser Dokumentation ab. Dies bedeutet z. B., dass die Dokumentation abgeschlossen sein muss, bevor die nächste Fördereinheit beginnt – eine auch vor dem Hintergrund möglicher Veränderungen von Erinnerungen durch neue Ereignisse höchst sinnvolle Empfehlung.

Tab. 36: Förderplanung in der Einzeltherapie

- wissen, welcher Punkt der Lernentwicklung erreicht ist
- die auf Lesen und Schreiben bezogene Lerngeschichte des Klienten überblicken
- entscheiden, welche Ziele die pädagogisch therapeutische Arbeit haben soll (in der nächsten Sitzung, im Verlauf der nächsten Wochen, im Verlauf des nächsten Jahres)
- entscheiden, an welchen Inhalten die Ziele verwirklicht werden können
- entscheiden, welche Angebote, welches Setting, welche Methoden in welcher Abfolge zum Einsatz kommen
- entscheiden, welchen Schwerpunkt die Lernbeobachtung setzen soll und welche Lernergebnisse wie dokumentiert werden sollen

Pädagog/innen oder Therapeut/innen sollten also in jeder Stunde ihrer Förderung nicht nur wissen, an welchem Punkt der Entwicklung sich ihr Klient gerade befindet. Sondern ihnen sollte auch klar sein, welche nächsten Schritte vermutlich folgen, mit welchen Inhalten sie arbeiten wollen und was sie zu unternehmen gedenken, um die Lernentwicklung zu fördern. Schließlich stehen Entscheidungen darüber an, welche Schwerpunkte die Lernbeobachtung nehmen soll und ggf. auch was wie dokumentiert werden soll (Tabelle 36). In den Begriffen der didaktischen Diskussion formuliert: Pädagog/innen und Therapeut/innen sollten im Rahmen der Förderplanung die Lernausgangslage analysieren. Sie sollten Ziel- und Inhaltsentscheidungen treffen. Und sie sollten Materialien für die Auswertung der Fördereinheit sammeln. Und dies gilt für bilinguale Kinder mit Lese-/Rechtschreibproblemen genauso wie für monolinguale Kinder.

Förderplanung in der Arbeit mit einer Lerngruppe

Dass die Planungs- und Dokumentationsaufgaben steigen, wenn man nicht nur mit Einzelförderung befasst ist, sondern mit einer größeren Lerngruppe, vielleicht sogar mit einer Schulklasse zu tun hat, liegt auf der Hand. Lerngruppen sind fast immer heterogen, und zwar vollkommen gleichgültig, ob man nun als Lehrer/in in integrativen/inklusiven Zusammenhängen unterrichtet, ob man in Förderschulen unterrichtet oder ob man im Setting eines Legasthenieinstituts Gruppenförderangebote macht. Denn es gibt sehr unterschiedliche Ursachen für die Entwicklung von Literacyproblemen: Unterschiede in Kenntnissen der ersten Sprache, Unterschiede in den Literacyumgebungsvariablen der jeweiligen Familien können spezifische Auswirkungen haben. Kinder und Jugendliche können sehr unterschiedliche Entwicklungswege nehmen. Sie können sich in ihrer Entwicklungsgeschwindigkeit unterscheiden. Und sie reagieren auch unterschiedlich auf Förderangebote und situative Rahmenbedingungen der Arbeit. Wer hier Homogenität erwartet, für den wird der pädagogische Alltag noch einige Überraschung bereit stellen.

Die Heterogenität von Lerngruppen mag zwar aus der Perspektive der Lehrplanung als Problem erscheinen. Für die Entwicklung von Kindern und Jugendlichen handelt es sich aber um gute Bedingungen. Unterschiedlichkeit eröffnet z. B.

zusätzliche Lernmöglichkeiten. Denn Kinder lernen ganz offensichtlich nicht nur das, was der Lehrer lehrt. Sondern Kinder lernen in ganz erheblichen Umfang von anderen Kindern. Dies erklärt u. a., warum die vergleichende Integrationsforschung immer wieder Leistungsvorteile von integrativen Settings und Leistungsnachteile von Sonderschulen erheben kann (Hildeschmidt/Sander 1998, Wocken 2006, Hinz 2008, Eckhart u. a. 2011). Und dies erklärt vermutlich auch die Überlegenheit von Gruppenförderung in Sachen phonologischer Bewusstheit (Walther 2001, 45 f.).

Die pädagogische Antwort auf Heterogenität lautet deshalb nicht Aufteilung in möglichst leistungshomogene Lerngruppen. Sondern die Antworten lauten innere Differenzierung (also: Pädagog/innen und Therapeut/innen stellen Lernangebote auf unterschiedlichen Lern-Niveaus bereit) und Individualisierung (individuelle Lernangebote für jedes Kind/jeden Jugendlichen der Lerngruppe). Anspruchsvoll werden die Planungsaufgaben vor allem deshalb, weil nicht nur die Lernentwicklung vieler Kinder bzw. vieler Jugendlicher auf einmal überblickt werden muss. Sondern man muss sich zusätzlich überlegen, welche methodischen Entscheidungen Raum schaffen für individuelle Angebote. Man muss zusätzlich entscheiden, wer derlei besondere Zuwendung erhalten soll und wer mehr oder weniger selbständig arbeiten kann. Und man muss auch überlegen, auf welches Kind, auf welchen Jugendlichen sich die Lernbeobachtung konzentrieren kann. Planen für Lerngruppen heißt also Abwägungsentscheidungen treffen.

Eine individualisierte Planung hat dabei zunächst die gleichen Voraussetzungen wie eine Planung von Einzelförderung. D. h.: Pädagog/innen und Therapeut/innen müssen wissen, wo die geförderten Kinder und Jugendlichen in ihrer Lernentwicklung stehen – und zwar für jedes Mitglied der Lerngruppe. Sie müssen eine Idee haben, welche Fortschritte jeder von diesen Kindern und Jugendlichen kurz-, mittel- und langfristig erreichen kann. Sie müssten die Lerngeschichten überblicken und auf dieser Basis Inhalts- und Methodenentscheidungen treffen. Das ist bereits ziemlich aufwendig, wenn man es mit einer Lerngruppe von bis zu zehn Kindern und Jugendlichen zu tun hat. Das wird schwieriger bei Klassenstärken zwischen zehn und zwanzig (Förderschulen) und ist kaum noch zu realisieren in Grundschulzusammenhängen.

Und die Analyse der Lernvoraussetzungen ist keineswegs die einzige Aufgabe, mit denen Pädagog/innen und Therapeut/innen konfrontiert sind. Denn in Lerngruppen treten z. B. auch Gruppeneffekte auf, die man wahrnehmen, steuern und nach Möglichkeit sogar zur Lernförderung nutzen kann. Es ist zudem hilfreich, wenn nicht nur einzelne Kinder, einzelne Jugendliche kooperieren lernen. Sondern gesucht sind Inhalte, die helfen, einen gemeinsamen Gegenstand zu konstruieren (Feuser 1999), also dafür sorgen, dass unterschiedliche Kinder und Jugendliche nicht an vollkommen unterschiedlichen Themen arbeiten.

Wer mit größeren Lerngruppen arbeitet, muss also Abwägungsentscheidungen treffen. Diese Abwägungsentscheidungen beziehen sich erstens auf die Ausführlichkeit der Analyse und Dokumentation der Lernprozesse. Denn die Entwicklung von einigen Kindern der Lerngruppe verläuft in aller Regel gewohnte, häufige und

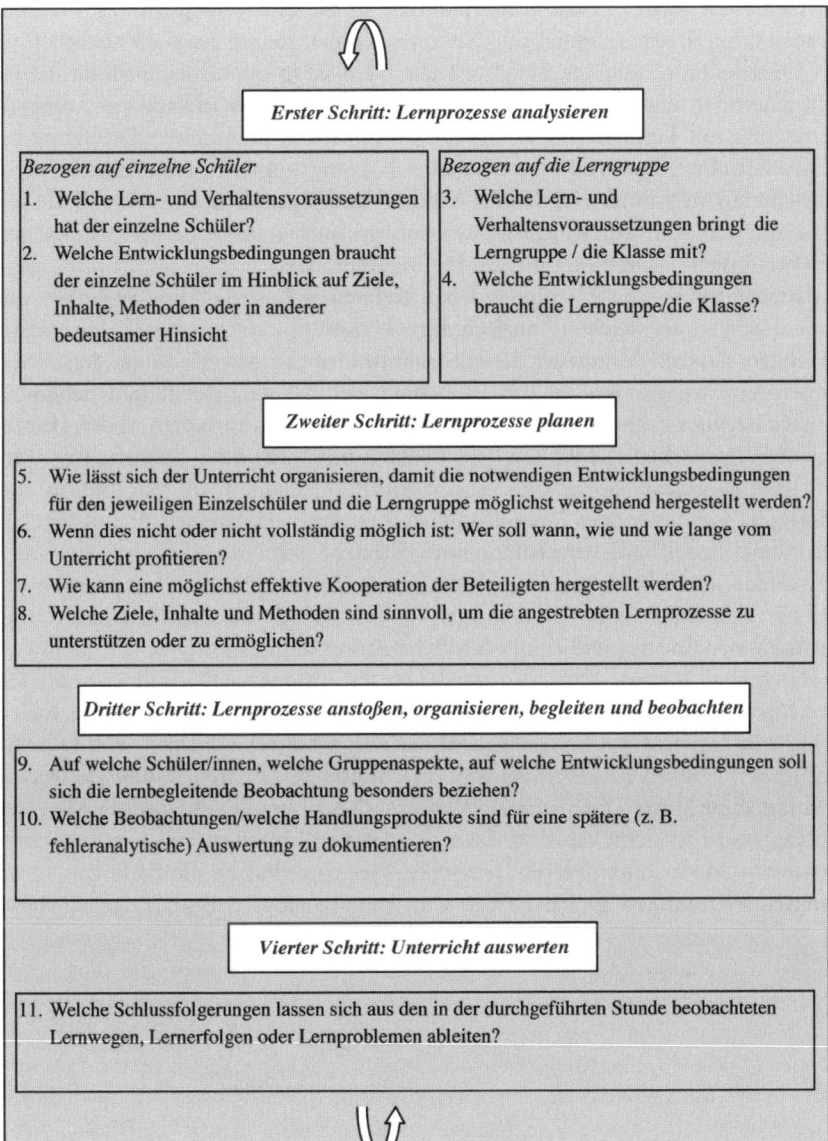

Planungsfragen für den Unterricht mit schulschwachen und auffälligen Kindern und Jugendlichen

Erster Schritt: Lernprozesse analysieren

Bezogen auf einzelne Schüler

1. Welche Lern- und Verhaltensvoraussetzungen hat der einzelne Schüler?
2. Welche Entwicklungsbedingungen braucht der einzelne Schüler im Hinblick auf Ziele, Inhalte, Methoden oder in anderer bedeutsamer Hinsicht

Bezogen auf die Lerngruppe

3. Welche Lern- und Verhaltensvoraussetzungen bringt die Lerngruppe / die Klasse mit?
4. Welche Entwicklungsbedingungen braucht die Lerngruppe/die Klasse?

Zweiter Schritt: Lernprozesse planen

5. Wie lässt sich der Unterricht organisieren, damit die notwendigen Entwicklungsbedingungen für den jeweiligen Einzelschüler und die Lerngruppe möglichst weitgehend hergestellt werden?
6. Wenn dies nicht oder nicht vollständig möglich ist: Wer soll wann, wie und wie lange vom Unterricht profitieren?
7. Wie kann eine möglichst effektive Kooperation der Beteiligten hergestellt werden?
8. Welche Ziele, Inhalte und Methoden sind sinnvoll, um die angestrebten Lernprozesse zu unterstützen oder zu ermöglichen?

Dritter Schritt: Lernprozesse anstoßen, organisieren, begleiten und beobachten

9. Auf welche Schüler/innen, welche Gruppenaspekte, auf welche Entwicklungsbedingungen soll sich die lernbegleitende Beobachtung besonders beziehen?
10. Welche Beobachtungen/welche Handlungsprodukte sind für eine spätere (z. B. fehleranalytische) Auswertung zu dokumentieren?

Vierter Schritt: Unterricht auswerten

11. Welche Schlussfolgerungen lassen sich aus den in der durchgeführten Stunde beobachteten Lernwegen, Lernerfolgen oder Lernproblemen ableiten?

Abb. 16: Planungsmodell für die Arbeit in heterogenen Lerngruppen (aus Mand 2008)

unkomplizierte Wege. Es ist also legitim, hier Unterschiede zu machen. Es geht eigentlich kein Weg daran vorbei, bei schwachen Leser/innen und Schreiber/innen viel Zeit und Aufmerksamkeit zu investieren (Abbildung 16, Planungsfragen 6 und 9). Und es ist nicht nur die Förderplanung, in die unterschiedlich Zeit investiert werden muss. Pädagog/innen und Therapeut/innen stehen ganz offensichtlich vor der Entscheidung, wem sie im Unterricht, wem sie in der Gruppenförderung viel Zeit zuwenden und wer sich Lernfortschritte vor allem in selbsttätiger Auseinandersetzung mit Lernmaterialien, in Kooperation und in Auseinandersetzung mit Mitgliedern ihrer Lerngruppe erarbeiten soll. Lerngruppen bestehen auch in dieser Hinsicht aus sehr unterschiedlichen Kindern und Jugendlichen – solchen, die sehr selbständig und selbstbestimmt lernen können und wollen, und solchen, die sehr viel persönliche Anleitung und Zuwendung benötigen.

Pädagog/innen und Therapeut/innen müssen sich schließlich Gedanken darüber machen, an welchen Inhalten ihre Lerngruppe arbeiten soll. Sie müssen bedenken, dass alle Mitglieder der Lerngruppe über die gesamte Dauer der Fördereinheit klar wissen, was zu tun ist, womit sie sich zu beschäftigen haben. Sie müssen darüber nachdenken, in welchen Sozialformen sie arbeiten wollen (Einzelarbeit, Partnerarbeit, Gruppenarbeit, Frontalunterricht) bzw. genauer: wer wann mit wem in welcher Sozialform welche Inhalte bearbeiten soll. Sie müssen auch überlegen, wer besondere Zuwendung benötigt und wie man sich Raum für diese besondere Zuwendung verschaffen kann. Versteht sich von selbst, dass auch diese Entscheidungen immer wieder überdacht werden müssen, dass Gruppenkonstellationen sich ändern können, dass auch für gewöhnlich sehr selbstbestimmt arbeitende Kinder und Jugendliche persönliche Zuwendung benötigen.

Heterogenität muss man also verstehen als Unterschiedlichkeit von Kindern und Jugendlichen in ihren Lern.- und Verhaltensvoraussetzungen, als Unterschiedlichkeit in Hinsicht auf Lernwege und auch als Unterschiedlichkeit von Lern-Bedürfnissen. Diese Unterschiedlichkeit macht innere Differenzierung notwendig, und erst diese Unterschiedlichkeit erfordert u. U. auch individualisierte Angebote. Heterogenität ist demnach kein Ärgernis, das man durch geeignete verwaltungstechnische Maßnahmen verhindern sollte. Heterogenität ist die Basis von Abwägungsentscheidungen im Unterricht. Und Heterogenität eröffnet Lernchancen.

6   Schlussbemerkungen

Was sind die wichtigsten Erkenntnisse dieses Buches? Dieses Buch war angetreten, grundsätzliche Antworten über die Lese-/Rechtschreibentwicklung von Kindern mit Migrationshintergrund zusammenzutragen.

Bezogen auf Entwicklungsmodelle lässt sich wohl zunächst festhalten, dass es keine Hinweise auf einen grundsätzlich anderen Verlauf der L2-Lese-/Schreibentwicklung von bilingualen Kindern gibt. Für repräsentative Aussagen ist es sicher noch zu früh. Aber der derzeitige Forschungsstand weist darauf hin, dass Migrantenkinder, die in der Mehrheitssprache alphabetisiert werden, zumindest frühe Schritte der Lese-/Schreibentwicklung nicht grundsätzlich anders vollziehen als Kinder, die in ihrer Muttersprache lesen und schreiben lernen. Dies bedeutet u. a.: sie lernen die Laute der zweiten Sprache wahrzunehmen und mit ihnen zu arbeiten, sie erwerben Graphem-Phonem-Korrespondenzregeln. Es ist wahrscheinlich, dass sie u. a. synthetisierend Lesen lernen und auch zunächst über den Weg des phonetischen Schreibens Rechtschreibkenntnisse erwerben.

Die Untersuchung der diagnostischen Praxis ermittelt einige unerfreuliche Befunde. Die Labels „Lernbehinderung" und „Legasthenie" erweisen sich bei näherer Betrachtung als ziemlich unpassend. Sie sorgen keineswegs für eine gute Förderung schwacher Leser/Rechtschreiber mit Migrationsgeschichte. Sondern die systematischen Schwachstellen der einschlägigen diagnostischen Instrumente, insbesondere die fehlende Eichung von Lese-/Rechtschreibtests an bilingualen Kindern und die Probleme von Intelligenztests, mit sozialen und kulturellen Unterschieden umzugehen, sorgen dafür, dass Migrantenkinder mit Literacyproblemen in den Förderschulen überrepräsentiert sind. Hier sind rechtliche Änderungen dringend geboten.

In Sachen Bilingualismusdebatte sind bei kritischer Sichtung der einschlägigen Untersuchungen überraschend klare Aussagen möglich. Zwar können bilinguale Förderkonzepte mit der Interdependenzhypothese oder Schwellenhypothese auf eine eingängige theoretische Annahme zurückgreifen. Aber die hier ermittelten empirischen Untersuchungen sind weder methodisch darauf angelegt noch besonders geeignet, die Gültigkeit der Schwellenhypothese zu überprüfen. So ist es z. B. bislang nicht gelungen, präzise empirische Aussagen darüber zu machen, welche Kompetenz-Schwelle der ersten Sprache nicht unterschritten werden darf. Es lassen sich zwar vor allem in frühen Phasen der Entwicklung spezifische Einflüsse der ersten Sprache belegen (Interferenzen, spezifische Probleme mit ausgewählten Lauten, typische Rechtschreibfehler usw.). Aber diese Einflüsse sind nicht so bedeutend, dass man mit ihnen z. B. die Probleme von Migrantenkindern im deutschen Schulsystem erklären kann.

Damit spricht auch nicht mehr viel für die Hypothese, dass Migrantenkinder vor allem deshalb so schlecht im deutschen Bildungssystem abschneiden, weil sie keine angemessene (d. h. in diesem Fall: bilinguale) Förderung erhalten. Die Befunde aus der Bilingualismusdebatte, Untersuchungen über den Einfluss der sozialen Herkunft auf das Nationen-Ranking in Sachen Schulerfolg, die Befunde der in diesem Buch veröffentlichten Förderschulstudie und neue Erkenntnisse aus Untersuchungen zum Einfluss von Migrantenanteilen auf die durchschnittliche Leseleistungen von Schulklassen sprechen vielmehr für einen primären Einfluss von sozialen Variablen. Migrantenkinder schneiden nach dieser Auffassung vor allem deshalb schlecht in deutschen Schulen ab, weil sie häufig aus armen, ungebildeten Familien stammen. Es ist vor allem die Kombination von Problemen in der phonologischen Bewusstheit und der Herkunft aus der sozialen Unterschicht, die zu Problemen in der Lese-/Rechtschreibentwicklung führt.

Vor dem Hintergrund des Untersuchungsbefunds, dass die L2-Lese-/Schreibentwicklung keinen grundsätzlich anderen Gesetzen unterliegt als die Entwicklung von Kindern, die in ihrer Muttersprache alphabetisiert werden, vermag auch der zentrale Befund des Methodenkapitels nicht mehr sonderlich zu überraschen: Bilinguale Kinder, die in ihrer zweiten Sprache (in der Mehrheitssprache) alphabetisiert werden, benötigen keine grundsätzlich anderen Angebote als Muttersprachler gleichen Alters. Zwar lassen sich geringfüge Auswirkungen der Bilingualität beobachten. Aber die Effekte fallen eher überschaubar aus. Die Gemeinsamkeiten überwiegen deutlich.

Abschließend sollte an dieser Stelle noch einmal darauf hingewiesen sein, dass die Forschungslage in Sachen Lese-/Rechtschreibentwicklung und Lese-/Rechtschreibförderung von bilingualen Kindern nach wie vor als lückenhaft bezeichnet werden muss. Und dies gilt insbesondere für den erreichten Stand der deutschsprachigen Forschung. Nur dank der in englischsprachigen Zeitschriften und Büchern veröffentlichten Untersuchungen gelingen diesem Buch erste Antworten auf die aufgeworfenen Fragen. Weil aber keineswegs gesagt ist, dass die Erfahrungen z.B. spanischsprachiger Kinder in US-amerikanischen Schulen relevant sind für die deutsche Lese-/Rechtschreibförderung, weil unklar ist, ob z.B. Erfahrungen aus der bilingualen Förderung in Finnland wirklich auf deutsche Verhältnisse übertragbar sind, kann am Ende dieses Buches letztlich nur ein Satz stehen. Der Satz lautet: Weitere Forschung ist notwendig.

Literatur

Alwin, D. F.: Family of Origin and Cohort Differences in Verbal Ability. In: American Sociological Review 56 (1991), 625–638.

Ang, S. C./Rodgers, J. L./Wanstrom, L.: The Flynn Effect within Subgroups in the U. S.: Gender, Race, Income, Education, and Urbanization Differences in the NLSY-Children Data. In: Intelligence 38 (2010), 367–384

Anthony, J. L. / Solari, E. J. / Williams, J. M. / Schoger, K. D. Zhang, Z. / Branum-Martin, L. / Francis, D. J.: Development of Bilingual Phonological Awareness in Spanish-Speaking English Language Learners: The Roles of Vocabulary, Letter Knowledge, and Prior Phonological Awareness. In: Scientific Studies of Reading 13 (2009), 535–564

Apeltauer, E.: Die Vokalsysteme des Deutschen und Türkischen und ihre graphemischen Realisierungsmöglichkeiten. In: Zielsprache Deutsch 12 (1981), 38–46

Artelt, C./McElvany, N./Christmann, U./Richter, T./Groeben, N./Köster, J./Schneider, W./Stanat, P./Ostermeier, C./Schiefele, U./Valtin, R./Ring, K.: Expertise 17. Förderung von Lesekompetenz. Bundesministerium für Bildung und Forschung. Bonn, Berlin 2007

Alati, R./Gunnell, D./Najman, J./Williams, G./Lawlor, D.:Is IQ in Childhood Associated with Suicidal Thoughts and Attempts? Findings from the Mater University Study of Pregnancy and Its Outcomes. In: Suicide and Life-Threatening Behavior 39 (2009), 282–293

Avramidou, E. K.: Schriftaneignung in der Muttersprache. Ein Vergleich zwischen griechisch monolingualen und bilingualen Kindern. München 2003

Bach, H.: Unterrichtslehre L. Allgemeine Unterrichtslehre der Sonderschule für Lernbehinderte. Berlin [3] 1976

Bartnitzki, H., u. a.: So lernen Kinder Rechtschreiben. Landesinstitut für Schule und Weiterbildung (Hrsg.): Bönen [2] 1996

Beauftragte der Bundesregierung für Migration, Flüchtlinge und Integration: 8. Bericht der Beauftragten der Bundesregierung für Migration, Flüchtlinge und Integration über die Lage der Ausländerinnen und Ausländerin Deutschland. Juni 2010. Im Internet unter: http://www.maria-boehmer.de/start.ocms/0,83,25.html?Article=1404 (10. 7. 2010)

Belke, G.: Deutsch als Zweitsprache systematisch erwerben. In: Grundschule 33 (2001), 18–19.

Belke, G.: Mehrsprachigkeit im Deutschunterricht. Hohengehren (Schneider) 1999

Belmont, L./Marolla, F. A.: Birth Order, Family Size, and Intelligence. In: Science 182 (173), 1096–1101

Bialystok, E./McBride-Chang, C./Luk, G.: Bilingualism, Language Proficiency, and Learning to Read in Two Writing Systems. In: Journal of Educational Psychology 97 (2005), 580–590

Blackwell, A., Bates, E.: Inducing Agrammatic Profiles in Normals: Evidence for the Selective Vulnerability of Morphology under Cognitive Resource Limitation. In: Journal of Cognitive Neuroscience 7 (1995), 228–257.

Bleidick, U./Heckel, G.: Praktisches Lehrbuch des Unterrichts in der Hilfsschule. Berlin[2] 1970

Boets, B./Wouters, J./van Wieringen, A./De Smedt, B./Ghesquiere, P.: Modelling Relations between Sensory Processing, Speech Perception, Orthographic and Phonological Ability, and Literacy Achievement. In: Brain and Language 106 (July/2008), 29–40

Böhm, O./Müller, U.: Konzeption eines Rechtschreibunterrichts bei lernschwachen Schülern. Heidelberg 1991

Boomsma, D. I./van Beijsterveld/T. C. E. M./Beem, A L./Hoekstra, R A./Polderman, T. J. C./Bartels, M.: Intelligence and Birth Order in Boys and Girls. In: Intelligence. 36 (2008), 630–634

Bott, C.: Welches Trainingsverfahren ist zur Therapie von Kindern mit LRS am effektivsten? Auswirkungen auf die Lese-/Rechtschreibleistung und die funktionale Organisation von Sprache im Gehirn. Konstanz 2005

Bradely, L./Bryant, P. E.: Categorizing Sounds and Learning to Read: A Causal Connection. In: Nature 301 (1983), 419−421

Brand, I./Breitenbach, E./Meisel, V.: Integrationsstörungen. Diagnose und Therapie im Erstunterricht. Würzburg 1986

Branum-Martin, L./Foorman, B. R./Francis, D. J./Mehta, P. D.: Contextual Effects of Bilingual Programs on Beginning Reading. In: Journal of Educational Psychology 102 (2010), 341−355. Im Internet unter: http://0-www.eric.ed.gov.novacat.nova.edu/ERICWebPortal/contentdelivery/servlet/ERICServlet ?accno=ED518769 (Zugriff am 1. 8. 2011)

Branum-Martin, L./Mehta, P. D./Fletcher, J. M./Carlson, C. D. Ortiz, A./Carlo, M. Francis, D J.: Bilingual Phonological Awareness: Multilevel Construct Validation among Spanish-Speaking Kindergarteners in Transitional Bilingual Education Classrooms. In: Journal of Educational Psychology 98 (2006) 170−181

Baumgardt, K./Ostermann, T./Mand, J.: Einstellungen von Studierenden der Heilpädagogik und Sozialarbeit zu Stellenwert und Wirksamkeit von Kunst- und Verhaltenstherapie bei unterschiedlichen Formen von Verhaltensstörungen. In: Musik-, Tanz- und Kunsttherapie 19 (2009), 167−176

Breen, R./Goldthorpe, J. H.: Class Inequality and Meritocracy: A Critique of Saunders and an Alternative Analysis. In: British Journal of Sociology 50 (1999), 1−27.

Breen, R./Goldthorpe, J. H.: Class, Mobility, and Merit: The Experience of two British Birth Cohorts. In: European Sociological Review 17 (2001), 81−101.

Breen, R./Goldthorpe, J. H.: Merit, Mobility, and Method: Another Reply to Saunders. In: British Journal of Sociology 53 (2002), 575−582

Bull, L.: Survey of Complementary and Alternative Therapies Used by Children with Specific Learning Difficulties (Dyslexia). In: International Journal of Language and Communication Disorders 44 (2009), 224−235

Bundesamt für Migration und Flüchtlinge. Evaluierungsbericht Aufnahmeverfahren für jüdische Zuwanderer aus der ehemaligen Sowjetunion. Nürnberg 2009

Breuer, H./Weuffen, M.: Untersuchung elementarer Komponenten des Sprechens bei Vorschulkindern. In: Wissenschaftliche Zeitschrift der Ernst-Moritz-Arndt-Universität Greifswald 20 (1971), 151−156.

Breuer, H./Weuffen, M.: Gut vorbereitet auf das Lesen- und Schreibenlernen. Berlin 1975

Breznitz, Z/Oren/Shaul, S.: Brain Activity of Regular and Dyslexic Readers while Reading Hebrew as Compared to English Sentences. In: Reading and Writing: An Interdisciplinary Journal 17 (2004), 707−737

Bridgett, D. J./Walker, M. E.: Intellectual Functioning in Adults with ADHD: A Meta-Analytic Examination of Full Scale IQ Differences between Adults with and without ADHD. In: Psychological Assessment 18 (2006), 1−14

Brunner, M./Schöler, H.: HASE − Heidelberger Auditives Screening in der Einschulungsuntersuchung (auch zum Einsatz in der Untersuchung U 9). Westra 2002

Bundesamt für Verfassungsschutz: Zahlen über Rechtsextremismus in Deutschland. Im Internet unter: http://www.verfassungsschutz.de/print/de/arbeitsfelder/af_rechtsextremismus/zahlen_und_fakten/zuf_gesamtuebersicht.html (Zugriff am 04. 6. 2011)

Burt, C.: Intelligence and Social Mobilty. In: British Journal of Statistical Psychology 14 (1961), 1−24

Camarata, S./Woodcock, R.: Sex Differences in Processing Speed: Developmental Effects in Males and Females. In: Intelligence 34 (2006), 231−252

Cantor, J. M./Blanchard, R./Robichaud, L. K./Christensen, B. K.: Correction to Cantor et al. (2005). In: Psychological Bulletin 131 (2005), 661

Cardon, L. R./Smith, S. D./Fuller, D. W./Kimberling, W. J./Pennington, B. F./DeFries, J. C.: Quantitative Trait Locus for Reading Disabilty on Chromosome 6. In: Science 266 (1994), 276–279

CITO-Groep: Charakteristik des CITO-Sprachtest. (2003). Im Internet unter: http://download.citogroep.nl/pub/d_st/26sept03_RAA.ppt (20. 12. 03)

Cummins, J.: Linguistic Interdependence and the Educational Development of Bilingual Children. In: Review of Educational Research 49 (1979), 222–251.

Damerau, T.: Frühe Rechtschreibentwicklung bei Kindern mit Lernproblemen. Unveröffentlichte Diplomarbeit. Evangelische Fachhochschule Rheinland-Westfalen-Lippe. Bochum 2010

Daseking, M./Lipsius, M./Petermann, F./Waldmann, H. C.: Differenzen im Intelligenzprofil bei Kindern mit Migrationshintergrund: Befunde zum HAWIK IV. Kindheit und Entwicklung 17 (2008), 76–89

Deary, I. J./Ferguson, K. J./Bastin, M. E./Barrow, G. W. S./Reid, L. M./Seckl, J. R./Wardlaw, J. M./MacLullich, A. M. J.: Skull Size and Intelligence, and King Robert Bruce's IQ. In: Intelligence 35 (2007), 519–525

Decker, O./Brähler E.: Rechtsextreme Einstellungen in Deutschland. 2005. Im Internet unter: http://www.bpb.de/themen/TSP20B.html (Zugriff am 10. 8. 2011)

Dehn, M. u. a.: Lesesozialisation, Literaturunterricht und Leseförderung in der Grundschule. In: Franzmann, B. u. a. (Hrsg.): Handbuch Lesen. München 1999, 568–637

Deimel, W.: Diagnostik der Lese-Rechtschreibstörung. In: Schulte-Körne, G.: Legasthenie: Zum aktuellen Stand der Ursachenforschung, der diagnostischen Methoden und der Förderkonzepte. Bochum 2002, 115–130

Dirim, I,/Mecheril, P.: Die Sprache(n) der Migrationsgesellschaft. In: Mecherill, P./Varela, M. C., Dirim, I./Kalpaka, A./Melter, C.: Migrationspädagogik. Weinheim 2010, 99–120

Dellenbach, M./Zimprich, D./Martin, M.: Kognitiv stimulierende Aktivitäten im mittleren und höheren Lebensalter – ein gerontopsychologischer Beitrag zur Diskussion um informelles Lernen. In: Kruse, A.: Weiterbildung in der zweiten Lebenshälfte. Multidisziplinäre Antworten auf Herausforderungen des demografischen Wandels. Bielefeld 2008, 121–159

Dustmann, C./Fabbri, F.: Language Proficiency and Labour Market Performance of Immigrants in the UK. In: The Economic Journal 113 (2003), 695–717

Eckhart, M./Haeberlin, U./Sahli Lozano, C./Blanc, P: Langzeitwirkungen der schulischen Integration. Eine empirische Studie zur Bedeutung von Integrationserfahrungen in der Schulzeit für die soziale und berufliche Situation im jungen Erwachsenenalter. Bern 2011

Eggert, D.: Von den Stärken ausgehen…Individuelle Entwicklungspläne (IEP) in der Lernförderungsdiagnostik. Dortmund 1996

Ehri, L./Nunes, S. R./Willows, D. M./Schuster, B. V./Yahhoub-Zadeh, Z./Shanahan, T.: Phonemic Awareness Instruction Helps Children Learn to Read: Evidence from the National Reading Panel's meta-analysis. In: Reading Research Quarterly 26 (2001), 250–287

Elley, W. B.: The IEA Study of Reading Literacy: Achievments and Instruction in thirty-two School Systems. Oxford: Pergamon/Elesevier Science Ltd. 1994

Erzberger, C. S./Engel, R. R.: Zur Äquivalenz der Normen des Wechsler-Intelligenztests für Erwachsene (WIE) mit denen des Hamburg-Wechsler-Intelligenztests für Erwachsene – Revision (HAWIE-R). In: Zeitschrift für Neuropsychologie 21 (2010), 25–37

Esser, H.: Migration, Sprache und Integration. AKI-Forschungsbilanz 4. Arbeitsstelle Interkulturelle Konflikte und gesellschaftliche Integration (AKI). Wissenschaftszentrum Berlin für Sozialforschung (WZB), Januar 2006

Evans, M. A./Shaw, D./Bell, M.: Home Literacy Activities and their Influence on Early Literacy Skills. In: Canadian Journal of Experimental Psychology 54 (2000), 65–75

Everatt J./Smythe, I./Ocampo D./Veii, K.: Dyslexia Assessment of the Biscriptal Reader. Topics in Language Disorders 22 (2002), 32–45

Fagan, J. F./Holland, C. R./Wheeler, K.: The Prediction, from Infancy, of Adult IQ and Achievement. In: Intelligence 35 (2007), 225–231

Feuser, G.: Modelle der Integration: Fortschritt oder Inflationierung des Integrationsanliegens? In: Behinderung. Integration in der Schule. Positionen, Praxis, Zukunft. Schulheft 94. Wien 1999, 29–42

Figueredo, L: Using the known to chart the unknown: A review of first-language influence on the development of English-as-a-second-language spelling skill. In: Reading and Writing 19 (2006), 873–905

Fisher, S. E./Stein, J. F./Monaco, A. P.: A Genome-Wide Search Strategy for Identifying Quantitative Trait Loci Involved in Reading and Spelling Disability (Developmental Dyslexia). In: American Journal of Human Genetics 64 (1999), 146–156

de Frias, C. M./Lovden, M./Lindenberger, U./Nilsson, L-G.: Revisiting the Dedifferentiation Hypothesis with Longitudinal Multi-Cohort Data. In: Intelligence 35 (2007), 381–392

Fried, L.: Delfin 4. Diagnostik, Elternarbeit und Förderung der Sprachkompetenz Vierjähriger in NRW. Ministerium für Schule und Weiterbildung des Landes NRW/Universität Dortmund 2007

Fried, L.: Expertise zu Sprachstandserhebungen für Kindergartenkinder und Schulanfänger. Eine kritische Betrachtung. Deutsches Jugendinstitut 2004 www.dji.de/bibs/271_2232_Expertise-Fried.pdf (Zugriff am 3. 3. 2007)

Frith, U.: Paradoxes in Dyslexia. In: Dyslexia 5 (1999), 192–214

Frith, U.: Psychological Aspects of Orthographic Skills: Development and Disorder. In: Augst, G. (Hrsg.): New Trend in Graphemics and Orthography. Berlin 1986, 218–233

Gabriele, A./Troseth, E./Martohardjono, G./Otheguy, R.: Emergent Literacy Skills in Bilingual Children: Evidence for the Role of L1 Syntactic Comprehension. In: International Journal of Bilingual Education and Bilingualism 12 (2009), 533–547

Gallacher, J./Bayer, A./Dunstan, F./Yarnell, J./Elwood, P./Ben-Shlomo, Y.: Can We Understand Why Cognitive Function Predicts Mortality? Results from the Caerphilly Prospective Study (CaPS). In: Intelligence 37 (2009), 535–544

Ganschow, L./Sparks, R. L./Javorsky, J./Pohlman, J./Bishop-Marbury, A.: Identifying Native Language Difficulties among Foreign Language Learners in College: A "Foreign" Language Learning Disability? Journal of Learning Disabilities 24 (1991), 530–541.

Gayan, J./Smith, S. D./Cherny, S./Cardon, L. R./Fulker, D. W./Brower, A. M./Olson, R. K./Pennington, B. F./DeFries, J. C.: Quantitative Trait Locus of Specific Language and Reading Deficits on Chromosome 6p. In: American Journal of Human Genetics 64 (1999), 157–164

Gilliam, W. S./Zigler, E. F.: A Critical Meta-Analysis of all Evaluations of State-Funded Preschool Programs from 1977 to 1998: Implications for Policy, Service Delivery, and Program Implementation. In: Early Childhood Research Quarterly 15 (2000), 441–473.

Ginnold, A.: Der Übergang Schule – Beruf von Jugendlichen mit Lernbehinderung. Einstieg – Ausstieg – Warteschleife. Bad Heilbrunn 2008

Gogolin, I./Neumann, U./Roth, H. J.: Förderung von Kindern und Jugendlichen mit Migrationshintergrund. Materialien zur Bildungsplanung und zur Forschungsförderung. Bonn 2003

Gordon, S./Duff, S./Davidson, T./Whitaker, S.: Comparison of the WAIS-III and WISC-IV in 16-Year-Old Special Education Students. In: Journal of Applied Research in Intellectual Disabilities 23 (2010), 197–200

Gorley, T./Marshall, S./Biddle, S. J. H.: Couch Kids: Correlates of Television Among Youth. In: International Journal of Behavioral Medicine 11 (2004), 152–163

Greenberg, S. N./Saint-Aubin, J.: Inter-Lingual Homograph Letter Detection in Mixed Language Text: Persistent Missing-Letter Effects and the Effect of Language Switching. In: Bilingualism: Language and Cognition 11 (2008), 111–119

Griffin, E. A./Morrison, F. J.: The Unique Contribution of Home Literacy Environment to Differences in Early Literary Skills. In Early Child Development and Care 127–128 (1997), 233–243

Grimm, H.: Störungen der Sprachentwicklung: Grundlagen – Ursachen – Diagnose – Intervention – Prävention. Göttingen ^{2} 2003

Guttorm, T. K./Leppänen, P. H. T./Richardson, U./Lyytinen, H.: Event-Related Potentials and Conconat Differentation in Newborns with Family Risk for Dyslexika. In: Journal of Learning Disabilities 34 (2001), 534–544

Guttorm, T. K./Leppänen, P. H. T./Tolvanen, A./Lyytinen, H.: Event-Related Potential in Newborns with and without Family Risk for Dyslexia: Principal Component Analysis Reveals Differences between the Groups. In: Journal of Neural Transmission 110 (2003), 1059–1074

Guttorm, T. K./Leppänen, P. H.T/Poikkeus, A. M./Eklund, K. M./Lyytinen, P./Lyytinen, M.: Brain Event-Related Potentials (ERPs) Measured at Birth Predict Later Language Development in Children with and without Familial Risk for Dyslexia. In: Cortex 41 (2005), 291–303

Guttorm, T. K./Leppänen, P. H.T/Hamalainen, J. A./Eklund, K. M. Lyytinen, H J.: Newborn Event-Related Potentials Predict Poorer Pre-Reading Skills in Children at Risk for Dyslexia. Journal of Learning Disabilities 43 (2010), 391–401

Hammer, C./Davison, M. D./Lawrence, F. R./Miccio, A. W.: The Effect of Maternal Language on Bilingual Children's Vocabulary and Emergent Literacy Development during Head Start and Kindergarten. In: Scientific Studies of Reading 13 (2009), 99–121

Hammer, P. C./Demmert, W. G. J.: American Indian and Alaska Native Early Childhood Health, Development, and Education Assessment Research. ERIC Publications. ERIC Digests 2003

Hammer, C./Miccio, A W.: Early Language and Reading Development of Bilingual Preschoolers from Low-Income Families. In: Topics in Language Disorders 26 (2006), 302–337

Heinemann, M./Höpfner, C.: Screeining-Verfahren zur Erfassung von Sprachentwicklungsverzögerungen (SEV) bei Kindern im Alter von 3 1/2 bis 4 Jahren. Weinheim 1999

Henning, M.: Berufliche Perspektiven für Jugendliche mit Lernbehinderungen. Unveröffentlichte Diplomarbeit. Evangelische Fachhochschule Rheinland-Westfalen-Lippe. Bochum 2010

Hinz, A.: Schulen. In: Eberwein, H./Mand, J.: Integration konkret. Bad Heilbrunn 2008, 197–211

Hildeschmidt, A./Sander, A.: Zur Effizienz der Beschulung sogenannter Lernbehinderter in Sonderschulen. In: Eberwein, H. (Hrsg.): Handbuch Lernen und Lern-Behinderungen. Weinheim 1996, 115–134

Hobusch, A./Lutz, N./Wiest, U.: Sprachstandsüberprüfung und Förderdiagnostik für Ausländer- und Aussiedlerkinder (SFD). Horneburg 2002

de Houwer, A.: Parental Language Input Patterns and Children's Bilingual Use. In: Applied Psycholinguistics 28 (2007), 411–424

Huzar, H.: The Effects of an English-Spanish Primary Grade Reading Program on Second and Third Grade Students. Master's thesis, Rutgers University, Camden 1973

Hyatt, K. J./Stephenson, J. Carter, M.: A Review of Three Controversial Educational Practices: Perceptual Motor Programs, Sensory Integration, and Tinted Lenses. In: Education and Treatment of Children 32(2009), 313–342

Ibrahim, R./Eviatar, Z./Aharon-Peretz, J.: Metalinguistic Awareness and Reading Performance: A Cross Language Comparison. In: Journal of Psycholinguistic Research 36 (2007) 297–317

Jasso, G./Rosenzweig, M., R.: English Languageage Proficiency and the Locational Choices of Immigrants. In: Jassi, G./Rosenzweig, M. R.: The New Chosen People: Immigrants in the United States. New York (Russell Sage Foundation) 1990, 308–337

Johansson, B. B.: Cultural and Linguistic Influence on Brain Organization for Language and Possible Consequences for Dyslexia: A Review Annals of Dyslexia. V56 (2006) 13–50

Johnson, J. S./Newport, E. L.: Critical Period Effects in Second Language Learning: The Influence of Maturational State on the Acquisition of English as a Second Language. In: Cognitive Psychology 21 (1989), 60–99

Johnson, W./Brett, C. E./Deary, I. J.: The Pivotal Role of Education in the Association between Ability and Social Class Attainment: A Look across Three Generations. In: Intelligence 38 (2010), 55–65

Juan-Espinosa, M./Cuevas, L./Escorial, S./Garcia, L. F.: Testing the Indifferentiation Hypothesis during Childhood, Adolescence, and Adulthood. In: Journal of Genetic Psychology 167 (2006), 5–15

Julkowski, M. J.: Fehleranalyse als eine Methode der Förderdiagnostik. In: Kornmann, R. u. a. (Hrsg.): Förderungsdiagnostik. Konzept und Realisierungsmöglichkeiten. Heidelberg 1983, 78–83

Kalia, V/Reese, E.: Relations between Indian Children's Home Literacy Environment and Their English Oral Language and Literacy Skills. In: Scientific Studies of Reading 13 (2009), 122–145

Kristensen, P., & Bjerkedal, T.: Explaining the Relation between Birth Order and Intelligence. In: Science 316 (2007), 1717–1719

Kim, Y. S.: Crosslinguistic Influence on Phonological Awareness for Korean-English Bilingual Children. In: Reading and Writing: An Interdisciplinary Journal 22 (2009), 843–861

Klein, G.: Die soziale Benachteiligung der Lernbehinderten im Vergleich zu Hauptschülern. In: Heese, G./Reinartz, A. (Hrsg): Aktuelle Probleme der Lernbehindertenpädagogik. Berlin 1973, 7–22

Klein, G.: Sozialer Hintergrund und Schullaufbahn von Lernbehinderten/Förderschülern 1969 und 1997. In: Zeitschrift für Heilpädagogik 52 (2001), 51–61

Koglin, U./Janke, N./Petermann, F.: Werden IQ-Veränderungen vom Kindergarten- zum Schulalter durch psychosoziale Risikofaktoren beeinflusst? In: Zeitschrift für Entwicklungspsychologie und pädagogische Psychologie 41 (2009), 132–141

Kornmann, R./Burgard, F./Eickling, H. M.: Zur Überrepräsentation von ausländischen Kindern und Jugendlichen in Schulen für Lernbehinderte. In: Zeitschrift für Heilpädagogik 50 (1999), 106–109

Kornmann, R./Kornmann, A.: Erneuter Anstieg der Überrepräsentation ausländischer Schüler in Schulen für Lernbehinderte. In: Zeitschrift für Heilpädagogik 54 (2003), 286–289

Kornmann, R. u. a.: Zur Überrepräsentation ausländischer Kinder und Jugendlicher in der Schule für Lernbehinderte. In: Zeitschrift für Heilpädagogik 48 (1997) 203–207

Kornmann, R./Klingele, C./Iriogbe-Ganninger, J.: Zur Überrepräsentation ausländischer Kinder und Jugendlicher in Schulen für Lernbehinderte: Der alarmierende Trend hält an! In: Zeitschrift für Heilpädagogik 48 (1997) 203–207

Kornmann, R./Rößler, G.: Variation der Untersuchungsbedingungen als förderungsdiagnostisches Prinzip am Beispiel eines Verfahrens zur Prüfung der Fähigkeit zur Lautunterscheidung. In: Kornmann, R. u. a. (Hrsg.): Förderungsdiagnostik. Konzept und Realisierungsmöglichkeiten. Heidelberg 1983, 102–106

Kornmann, R./Schnattinger, C.: Sonderschulüberweisungen ausländischer Kinder. Bevölkerungsstruktur und Arbeitsmarktlage. In: Zeitschrift für Sozialisationsforschung und Erziehungssoziologie 3/89, 195–203

Krampen, G./Blatz, H./Brendel, M./Freilinger, J./Medernach, J.: Komparative Befunde zur Wortschatzentwicklung und Sprachförderdiagnostik bei multilingualen Primarschulkindern. In: Zeitschrift für Entwicklungspsychologie und Pädagogische Psychologie 34 (2002), 194–200

Krönung, II./Mand, J.: Studienseminare als Ansatzpunkt inklusiver Lehrerbildung? Zwei empirische Untersuchungen. In: Veber, M.: Umgang mit Heterogenität als Herausforderung für die Lehrerbildung. Münster 2012 (in Vorbereitung)

Ktori, M./Pitchford, N. J.: Effect of Orthographic Transparency on Letter Position Encoding: A Comparison of Greek and English Monoscriptal and Biscriptal Readers. In: Language and Cognitive Processes 23 (2008), 258–281

Kultusministerkonferenz: Empfehlungen zum Förderschwerpunkt Lernen. Beschluss der Kultusministerkonferenz vom 1. 10. 1999

Kultusministerkonferenz: Inklusive Bildung von Kindern und Jugendlichen mit Behinderungen. 17. 2. 2011

Kultusministerkonferenz: Pressemitteilung: Empfehlung der Kultusministerkonferenz zur Umsetzung der Behindertenrechtskonvention der Vereinten Nationen über die Rechte von Menschen mit Behinderungen heute zur Anhörung veröffentlicht. 17. 2. 2011

Küspert, P./Schneider, W.: Hören, lauschen, lernen. Sprachspiele für Kinder im Vorschulalter. Würzburger Trainingsprogramm zur Vorbereitung auf den Erwerb der Schriftsprache. Göttingen [5] 2006

Landesjugendamt Bayern: Empfehlungen zur gutachterlichen Stellungnahme bei der Feststellung seelischer Behinderungen. Im Internet unter: www.blja.bayern.de/Textoffice/Gesetze/Textsammlung_SGB_VIII/TextOfficeSGBVIII_§_035a.htm Zugriff am 28. 2. 2007)

Landesjugendamt Westfalen: HzE Bericht 2010. Gewährung und Inanspruchnahme von Hilfen zur Erziehung im Nordrhein-Westfalen. Münster (Landschaftsverband Westfalen-Lippe) 2010

Lee, H. F./Gorsuch, R. L./Saklofske, D. H./Patterson, C. A.: Cognitive Differences for Ages 16 to 89 Years (Canadian WAIS-III): Curvilinear with Flynn and Processing Speed Corrections. In: Journal of Psychoeducational Assessment 26 (2008), 382–394

Lehmann, R./Hoffmann, E.: BELLA. Berliner Erhebung arbeitsrelevanter Basiskompetenzen von Schülerinnen und Schülern mit Förderbedarf „Lernen". Münster 2009

van der Leij, A./Bekebrede, J./Kotterink, M.: Acquiring Reading and Vocabulary in Dutch and English: The Effect of Concurrent Instruction. In: Reading and Writing: An Interdisciplinary Journal 23 (2010), 415–434

Leikin, M./Schwartz, M./Share, D L.: General and Specific Benefits of Bi-Literate Bilingualism: A Russian-Hebrew Study of Beginning Literacy. In: Reading and Writing: An Interdisciplinary Journal 23 (2010), 269–292

Limbird, C. K./Stanat, P.: Prädiktoren von Leseverständnis bei Kindern deutscher und türkischer Herkunftssprache: Ergebnisse einer Längsschnittstudie. In: Ittel, A. (Hrsg.): Veränderungsmessung und Längsschnittstudien in der empirischen Erziehungswissenschaft. Wiesbaden 2006, 93–123

Liow, S. J./Lau, L. H. S: The Development of Bilingual Children's Early Spelling in English. In: Journal of Educational Psychology 98 (2006), 868–878

Lipsius, M.: Validitätsstudie zum HAWIK-IV im Vergleich zum HAWIK-III. Bremen 2009. Im Internet unter: URL http://elib.suub.uni-bremen.de/diss/docs/00011510.pdf Doctoral (1. 8. 2011)

Longman, R. S./Saklofske, D. H./Fung, T. S.: WAIS-III Percentile Scores by Education and Sex for U. S. and Canadian Populations. In: Assessment 14 (2007), 426–432

Luk, G./Bialystok, E.: Common and Distinct Cognitive Bases for Reading in English-Cantonese Bilinguals. In: Applied Psycholinguistics 29 (2008), 269–289

Lundberg, I./Frost J./Petersen, O. P.: Effects of an Extensive Program for Stimulating Phonological Awareness in Preschool Children. In: Reading Research Quarterly 23 (1988, 236–284)

Lynn, R.: Race differences in intelligence: An evolutionary analysis. Augusta (Washington Summit Books) 2006

Lynn, R/Vanhanen, T.: IQ and Global Inequality. Athens (Washington) 2006

McDonald, J. L.: Beyond the Critical Period: Processing-Based Explanations for Poor Grammaticality Judgment. In: Journal of Memory and Language 55 (2006), 381–401

Macklin, M. I./Metzger, L. J./McNally, R. J./Lasko, N. B./Orr, S. P./Pitman, R. K.: Lower Precombat Intelligence is a Risk Factor for Postrraumatic Stress Disorder. In: Journal of Counsulting Clinical Psychology 66 (1998), 323–326.

Mand, J.: Auf der Suche nach einem erfolgreichen Umgang mit Verhaltensproblemen. Berlin 1995

Mand, J.: Essener Training zur Förderung der phonologischen Bewusstheit (2008). Im Internet unter: www.johannes-mand.de/training.pdf (21. 10. 2011)

Mand, J.: Lese-/Rechtschreibförderung in Kita, Schule und in der Therapie. Stuttgart 2008

Mand, J.: Neue Methoden der Lese-/Rechtschreibförderung für Schüler mit Lernbehinderungen. St. Hubert 1999

Mand, J./Veber, M.: Integrative Diagnostik. In: Eberwein, H./Mand J. (Hrsg.): Integration konkret. Bad Heilbrunn 2008, 93–106

Marchman, V. A./Fernald, A./Hurtado, N.: How Vocabulary Size in Two Languages Relates to Efficiency in Spoken Word Recognition by Young Spanish-English Bilinguals. In: Journal of Child Language 37 (2010), 817–840

Meyer, H.: Unterrichtsmethoden I: Theorieband. Frankfurt a. M. [6] 1994

Nauck, B./Diefenbach, H./Petri, K.: Intergenerationale Transmission von kulturellem Kapital unter Migrationsbedingungen. In: Zeitschrift für Pädagogik 44 (5/1998), 701–722

Nettle, D.: Intelligence and Class Mobility in the British Population. In: British Journal of Psychology 94 (2003), 551–561

Neubauer, A. C./Benischke, C.: Der Zusammenhang von Intelligenz und Informationsverarbeitungsgeschwindigkeit im interkulturellen Vergleich. In: Psychologische Beiträge 44 (2002), 521–534

Nijman, H./Merckelbach, H./Cima, M.: Performance Intelligence, Sexual Offending and Psychopathy. In: Journal of Sexual Aggression 15 (2009), 319–330

Plante, A. J.: A Study of Effectiveness of the Connecticut "Pairing" Model of Bilingual/Bicultural Education. Hamden (Connecticut Staff Development Cooperative) 1976

Proctor, C. P./August, D./Snow, C./Barr, C. D.: The Interdependence Continuum: A Perspective on the Nature of Spanish-English Bilingual Reading Comprehension. In: Bilingual Research Journal 33 (2010), 5–20

Proctor, C P./Elaine, M: The Relationship between Cognate Awareness and English Comprehension among Spanish-English Bilingual Fourth Grade Students. In: TESOL Quarterly: A Journal for Teachers of English to Speakers of Other Languages and of Standard English as a Second Dialect 43 (2009), 126–136

Rabkin, G.: Mütter schreiben Geschichten für ihre Kinder. In: Grundschulunterricht 9/2004, 20–22

Radach, R./Heller, D./Huestegge, L.: Blickbewegungen beim Lesen: Neuste Entwicklungen und Ansatzpunkte für die Legasthenieforschung. In: Schulte-Körne, G.: Legasthenie: Zum aktuellen Stand der Ursachenforschung der diagnostischen Methoden und der Förderkonzepte. Bochum 2002, 61–87

de Ramirez, R. D./Shapiro, E. S.: Curriculum-Based Measurement and the Evaluation of Reading Skills of Spanish-Speaking English Language Learners in Bilingual Education Classrooms. In: School Psychology Review 35 (2006), 356–369

Ramirez, J./Pasta, D. J./Yuen, S./Billings, D. K./Ramey, D. R.: Final Report: Longitudinal Study of Structural Immersion Strategy, Early-Exit, and Late-Exit Transitional Bilingual Education Programs for Language-Minority Children. San Mateo, CA: Aguirre International (Report to the U. S. Department of Education) 1991

Ramm, G./Walter, O./Heidemeier, H./Prenzel, M.: Soziokulturelle Herkunft und Migration im Ländervergleich. In: Prenzel u. a. (PISA Konsortium): PISA 2003. Der zweite Vergleich der Länder in Deutschland – Was wissen und können Jugendliche? Münster 2005, 269–298

Reich, H./Roth, H.-J.: Spracherwerb zweisprachig aufwachsender Kinder und Jugendlicher. Ein Überblick über den Stand der nationalen und internationalen Forschung. Hamburg 2002. Im Internet unter: http://fhh.hamburg.de/stadt/Aktuell/behoerden/bildungsport/service/veroef-fentlichungen/handreichung/gutachten-zur-zweisprachigkeit-pdf,property=source.pdf (14.1. 2008)

Reich, H./Roth, H.-J. (2003): Hamburger Verfahren zur Analyse des Sprachstandes bei 5-Jäh-rigen. HAVAS. Landau: Universität Koblenz-Landau 2003

Reichen, J.: Lesen durch Schreiben. Zürich 1982

Rindermann, H./Meisenberg, G.: Relevance of Education and Intelligence at the National Level for Health: The Case of HIV and AIDS. In: Intelligence. 37 (2009), 383–395

Rinker, T./Alku, P./Brosch, S./Kiefer, M.: Discrimination of Native and Non-Native Vowel Con-trasts in Bilingual Turkish-German and Monolingual German Children: Insight from the Mismatch Negativity ERP Component. In: Brain and Language 113 (2010), 90–95

Rodriguez-Aranda, C./Sundet, K.: The Frontal Hypothesis of Cognitive Aging: Factor Structure and Age Effects on Four Frontal Tests among Healthy Individuals. In: Journal of Genetic Psychology 167 (2006), 269–287

Ronnlund, M./Nilsson, L.-G.: Adult Life-Span Patterns in WAIS-R Block Design Performance: Cross-Sectional versus Longitudinal Age Gradients and Relations to Demographic Factors. In: Intelligence 34 (2006), 63–78

Rüesch, P.: Spielt die Schule eine Rolle? Schulische Bedingungen ungleicher Bildungschancen von Immigrantenkindern. Bern u.a. (Peter Lang) 1998

Rumbaut, R.G.: Ages, Life Stages, and Generational Cohorts: Decomposing the Immigrant First and Second Generations in the United States. In: International Migration Review 38 (2004), 748–794

Rushton, J.P./Cvorovic, J./Bons, T.: General Mental Ability in South Asians: Data from Three Roma (Gypsy) Communities in Serbia. In: Intelligence 35 (2007), 1–12

Saiegh-Haddad, E./Geva, E.: Morphological Awareness, Phonological Awareness, and Reading in English-Arabic Bilingual Children. In: Reading and Writing: An Interdisciplinary Journal 21 (2008), 481–504

Saiegh-Haddad, E./Kogan, N./Walters, J: Universal and Language-Specific Constraints on Pho-nemic Awareness: Evidence from Russian-Hebrew Bilingual Children. In: Reading and Writing: An Interdisciplinary Journal 23 (2010), 359–384

Saltzman, K.M./Weems, C.F./Carrion, Victor, G.: IQ and Posttraumatic Stress Symptoms in Children Exposed to Interpersonal Violence. In: Child Psychiatry and Human Development 36 (2006), 261–272

Sanders, L.D./Neville, H.J./Woldorff, M.G.: Speech segmentation by native and non-native spea-kers: The use of lexical, syntactic, and stress-pattern cues. In: Journal of Speech, Language and Hearing Research 45 (2002), 519–530

Saunders, P.: Reflections on the Meritocracy Debate in Britain: A Response to Richard Breen and John Goldthorpe. In: British Journal of Sociology 53 (2002), 559–574

Schiffer, K./Ennemoser, M./Schneider, W.: Die Beziehungen zwischen dem Fernsehkonsum und der Entwicklung von Sprach- und Lesekompetenzen im Grundschulalter in Abhängigkeit von der Intelligenz. In: Zeitschrift für Medienpsychologie 14/2 (2002), 2–13

Schoon, I./Cheng, H./Gale, C.R./Batty, G.D./Deary, I.J.: Social Status, Cognitive Ability, and Educational Attainment as Predictors of Liberal Social Attitudes and Political Trust. In: Intel-ligence 38 (2010), 144–150

Schulte-Körne, G: Lese-Rechtschreibstörung und Sprachwahrnehmung: Psychometrische und neuropsychologische Untersuchungen zur Legasthenie. Münster 2001

Schulte-Körne, G.: Neurobiologie und Genetik der Rechtschreibstörung (Legasthenie). In: Schulte-Körne, G. (Hrsg.): Legasthenie: Zum aktuellen Stand der Ursachenforschung der diagnostischen Methoden und der Förderkonzepte. Bochum 2002, 13–42

Schulz, E./Maurer, U./van der Mark, S./Bucher, K./Brem, S./Martin, E./Brandeis, D.: Reading for Meaning in Dyslexic and Young Children: Distinct Neural Pathways but Common Endpoints. In: Neuropsychologia 47 (2009), 2544–2557

Schweinhart, L. J.: Recent Evidence on Preschool Programs. In: ERIC Clearinghouse on Elementary and Early Childhood Education Champaign IL. www.ericdigests.org/2002–2/preschool.htm (1. 3. 2006)

Silven, M./Rubinov, E.: Language and Preliteracy Skills in Bilinguals and Monolinguals at Preschool Age: Effects of Exposure to Richly Inflected Speech from Birth. In: Reading and Writing: An Interdisciplinary Journal 23 (2010), 385–414

Shafiro, V./Kharkhurin, A. V.: The Role of Native-Language Phonology in the Auditory Word Identification and Visual Word Recognition of Russian-English Bilinguals. In: Journal of Psycholinguistic Research 38 (2009), 93–110

Sharif, I./Sargent, J. D.: Association between Television, Movie, and Video Game Exposure and School Performance. In: Pediatrics 118 (2008), 1061–1070

Skowronek H./Marx H: The Bielefeld Longitudinal Study on Early Identifikation of Risks in Learning to Write and Read: Theoretical Background and First Results. In: Brambring M./Lösel F./Skowronek H. (Hrsg.): Children at risk: Assessment, longitudinal research, and intervention. New York (DeGruyter) 1989

Slavin, R. E./Cheung, A.: A Synthesis of Research on Language of Reading Instruction for English Language Learners. In: Review of Educational Research 75 (2005), 247–284

Slavin, R. E./Madden, N./Calder, M.: Reading and Language Outcomes of a Five-Year Randomized Evaluation of Transitional Bilingual Education. In: Best Evidence Encyclopedia. Im Internet unter: www.bestevidence.org (11. 6. 2010)

Smith, S. D./Kimberling, W. J./Pennington, B. F./Lubs, H. A.: Specific Reading Disability: Identification of an Inherited Form through Linkage Analysis. In: Science 219 (1983), 1345–1347

Souvignier, E.: Lernbehinderung – Learning Disabilities. In: Schneider, W./Hasselhorn, M. (Hrsg.): Handbuch der pädagogischen Psychologie. Göttingen 2008, 663–671

Staatsinstitut für Schulpädagogik und Bildungsforschung (Hrsg.): Kenntnisse in Deutsch als Zweitsprache erfassen. Screening-Modell für Schulanfänger. München 2002

Stanat, P./Schwippert, K./Gröhlich, C.: Der Einfluss des Migrantenanteils in Schulklassen auf den Kompetenzerwerb. Längsschnittliche Überprüfung eines umstrittenen Effekts. In: Allemann-Ghionda, C./Stanat, P./Göbel, K./Röhner, C. (Hrsg.): Migration, Identität, Sprache und Bildungserfolg. In: Zeitschrift für Pädagogik. Beiheft 55 (2010), 147–164

Statsistisches Bundesamt: Pressemitteilung Nr. 345 vom 20. 09. 2011. Knapp die Hälfte der Großstadtkinder aus Familien mit Migrationshintergrund. Im Internet unter: http://www.destatis.de/ jetspeed/portal/cms/Sites/destatis/Intern (21. 10. 2011)

Sternberg, R. J.: Towards a Triarchic Theory of Human Intelligence. In: The Behavioral and Brain Sciences 7 (1984), 269–315

von Suchodoletz, W./Berwanger, D./Mayer, H.: Die Bedeutung auditiver Wahrnehmungsschwächen für die Pathogenese der Lese-Rechtschreibstörung. In: Zeitschrift für Kinder- und Jugendpsychiatrie und Psychotherapie 32 (2004), 19–27

von Suchodoletz, W.: Lese-Rechtschreibstörung (LRS) im Sprachenvergleich und im Fremdsprachenunterricht. In: Sprache – Stimme – Gehör. 31(3) 2007, 126–131

Sundet, J. M./Barlaug, D. G./Torjussen, T. M.: The End of the Flynn Effect? In: Intelligence 32 (2004), 349–362

Sundet, J. M./Borren, I./Tambs, K.: The Flynn Effect Is Partly Caused by Changing Fertility Patterns. In: Intelligence 36 (2008), 183–191

Swanson, T. J./Hodson, B. W./Schommer-Aikins, M: An Examination of Phonological Awareness Treatment Outcomes for Seventh-Grade Poor Readers from a Bilingual Community. In: Language, Speech, and Hearing Services in Schools 36 (2005), 336–345

Swanson, H. L./Saez, L./Gerber, M.: Growth in Literacy and Cognition in Bilingual Children at Risk or Not at Risk for Reading Disabilities. In: Journal of Educational Psychology 98 (2006), 247–264

Tiedemann, J./Billmann-Mahecha, E.: Leseverständnis, Familiensprache und Freizeitsprache. Ergebnisse aus der Hannoverschen Grundschulstudie. In: Zeitschrift für pädagogische Psychologie 21 (2007), 41–49

Toman, W.: Familienkonstellationen. Ihr Einfluß auf den Menschen und sein soziales Verhalten. München[2] 1974

Tong, F./Irby, B. J./Lara-Alecio, R./Mathes, P. G.: English and Spanish Acquisition by Hispanic Second Graders in Developmental Bilingual Programs: A 3-Year Longitudinal Randomized Study. In: Hispanic Journal of Behavioral Sciences 30 (2008), 500–529

Uchikoshi, Y.: Early Reading in Bilingual Kindergartners: Can Educational Television Help? In: Scientific Studies of Reading 10 (2006), 89–120

Ulich, M.: Literacy – Sprachliche Bildung im Elementarbereich. In: kiga heute 3 (2003), 6–18

Valtin, R.: Förderung von Kindern mit Schwierigkeiten beim Schriftspracherwerb (LRS). Vortrag im Rahmen der GEW-Fachtagung: Fördern statt Auslesen – Können Förderpläne das leisten? 1. Juni 2006

Walter, J.: Differenzielle Effekte des Trainings des phonologischen Wissens auf das Lesen- und Schreibenlernen: Ergebnisse der international angelegten Meta-Analyse von Ehri u. a. (2001). In: Heilpädagogische Forschung 28 (2002), 38–49

Walter, J.: Diskrepant oder nicht-diskrepant. Ist das noch die Frage? Über eine problematische Untergruppenbildung bei lese-rechtschreibschwachen Kindern und deren diagnostisch-konzeptionelle Überwindung. In: Sonderpädagogik (2005), 63–79

Wang, M/Anderson, A./Cheng, C./Park, Y./Thomson, J: General Auditory Processing, Chinese Tone Processing, English Phonemic Processing and English Reading Skill: A Comparison between Chinese-English and Korean-English Bilingual Children. In: Reading and Writing: An Interdisciplinary Journal 21 (2008), 627–644

Wang, M. P. Y/Lee, K. R.: Korean-English Biliteracy Acquisition: Cross-Language Phonological and Orthographic Transfer. In: Journal of Educational Psychology 98 (2006), 148–158

Wang, M./Yang, C./Cheng, C.: The Contributions of Phonology, Orthography, and Morphology in Chinese English Biliteracy Acquisition. In: Applied Psycholinguistics 30 (2009), 291–314

Webbink, D./Posthuma, D./Boomsma, D. I./de Geus, E. J. C. Visscher, P. M.: Do Twins Have Lower Cognitive Ability than Singletons? In: Intelligence 36 (2008), 539–547

Weber, J.: Lese-Rechtschreibschwierigkeiten und Legasthenie. Verursachungsfaktoren und Fördermöglichkeiten. Hamburg 2003

Weber, J./Marx, P./Schneider, W.: Die Prävention von Lese-Rechtschreibschwierigkeiten bei Kindern mit nichtdeutscher Herkunftssprache durch ein Training der phonologischen Bewusstheit. In: Zeitschrift für pädagogische Psychologie 21 (2007), 65–75

Whitaker, S.: The Stability of IQ in People with Low Intellectual Ability: An Analysis of the Literature. In: Intellectual and Developmental Disabilities 46 (2008), 120–128

Wicherts, J. M./Dolan, C. V./Carlson, J. S./van der Maas, H. L J.: Another Failure to Replicate Lynn's Estimate of the Average IQ of Sub-Saharan Africans. In: Learning and Individual Differences 20 (2010), 155–157

Wicherts, J. M./Dolan, C. V./Hessen, D. J./Oosterveld, P./van Baal, G. C. M./Boomsma, D. I. Span, M. M.: Are Intelligence Tests Measurement Invariant over Time? Investigating the Nature of the Flynn Effect. In: Intelligence 32 (2004), 509–537

215

Witthoeft, M./Sander, N./Suess, H.-M./Wittmann, W.W.: Adult Age Differences in Inhibitory Processes and their Predictive Validity for Fluid Intelligence. In: Aging, Neuropsychology, and Cognition 16 (2009), 133–163

Wocken, H.: Fördert Förderschule? Vortrag im Rahmen der 20. Integratonsforschertagung in Rheinsberg/Brandenburg. 2/2006 (Bericht im Internet unter: http://bidok.uibk.ac.at/library/wocken-forschungsbericht.html (26. 3. 2006)

Wocken, H.: Leistung, Intelligenz und Soziallage von Schülern mit Lernbehinderungen. In: Zeitschrift für Heilpädagogik 51 (2000), 492–503

Wolf, R. C./Sambataro, F./Lohr, C./Steinbrink, C./Martin, C./Vasic, N.: Reading for Meaning in Dyslexic and Young Children: Distinct Neural Pathways but Common Endpoints. In: Neuropsychologia 47 (2009) 2544–2557

Zajonc, R. B.: Family Configuration and Intelligence. In: Science 192 (1976), 227–236